权威·前沿·原创

皮书系列为
"十二五""十三五"国家重点图书出版规划项目

旅游安全蓝皮书
BLUE BOOK OF
TOURISM SAFETY

中国旅游安全报告
（2020）

ANNUAL REPORT ON CHINA'S TOURISM SAFETY
AND SECURITY STUDY (2020)

主　编／郑向敏　谢朝武

社会科学文献出版社
SOCIAL SCIENCES ACADEMIC PRESS（CHINA）

图书在版编目（CIP）数据

中国旅游安全报告. 2020 / 郑向敏，谢朝武主编
. -- 北京：社会科学文献出版社，2020.8
（旅游安全蓝皮书）
ISBN 978 - 7 - 5201 - 6932 - 5

Ⅰ. ①中…　Ⅱ. ①郑…②谢…　Ⅲ. ①旅游安全 - 研
究报告 - 中国 - 2020　Ⅳ. ①F592.6

中国版本图书馆 CIP 数据核字（2020）第 128325 号

旅游安全蓝皮书
中国旅游安全报告（2020）

主　　编 / 郑向敏　谢朝武

出 版 人 / 谢寿光
组稿编辑 / 王　绯
责任编辑 / 孙燕生　赵慧英

出　　版 / 社会科学文献出版社·政法传媒分社（010）59367156
　　　　　　地址：北京市北三环中路甲 29 号院华龙大厦　邮编：100029
　　　　　　网址：www. ssap. com. cn
发　　行 / 市场营销中心（010）59367081　59367083
印　　装 / 天津千鹤文化传播有限公司
规　　格 / 开　本：787mm × 1092mm　1/16
　　　　　　印　张：25.75　字　数：382 千字
版　　次 / 2020 年 8 月第 1 版　2020 年 8 月第 1 次印刷
书　　号 / ISBN 978 - 7 - 5201 - 6932 - 5
定　　价 / 148.00 元

本书如有印装质量问题，请与读者服务中心（010 - 59367028）联系

《中国旅游安全蓝皮书》 编辑部

主　　　编　郑向敏

副　主　编　谢朝武

参与编写人员名单

总　报　告
撰　稿　人　华侨大学旅游学院暨中国旅游研究院旅游安
全研究基地

执　笔　人　郑向敏

专题报告撰稿人（以专题报告出现先后为序）

郑向敏	陈雪琼	吴巧芳	何封源	汪京强
李　聪	冯　萍	林明珠	余淼晶	施亚岚
黄安民	范满满	陈秋萍	吴佳佳	林美珍
伍玉婷	侯志强	胡雪萍	曹　咪	叶新才
徐天雷	王新建	池丽平	汪秀芳	王　芳
佟晓宇	杨秀娣	张　慧	董　青	唐　铭
李洪波	章　坤	谢朝武	周灵飞	成汝霞

曾武英	杨文棋	曾　怡	李勇泉	李　蕊
张　帆	张少平	罗景峰	范向丽	吴阿珍
殷　杰	程　云	叶欣梁	梅俊青	董艺乐
赖菲菲	吴春安	杨文棋	郭茜雅	张少平
邹永广	李强红	关智慧	李兆睿	张　琪
厉新建	韩玉灵	崔言超	周　航	陈学友
张立军	李永权	杭　伟	付　瑜	江泰罗
胡艳红	陈　旭	郑亚威	艾献计	张佳庆
罗海英	方林江	罗　祺	陈金华	严尚霞
杨雪可	马少思	黄远水	张梦娇	王芷安
王宇平	吴耿安	王　璐	方旭红	李招弟

《旅游安全蓝皮书》编辑部办公室

谢朝武	王新建	邹永广	殷　杰	罗景峰
阮文奇	熊娜娜	李　响		

主要编撰者简介

郑向敏 华侨大学旅游安全研究院院长、教授、博士生导师，中国旅游研究院旅游安全研究基地主任、首席教授，中国旅游协会教育分会副会长、教育部 MTA 教学指导委员会委员、全国旅游星级饭店评定委员会国家级星评员、国家旅游局《旅游安全管理暂行办法》修订专家组组长。长期从事旅游安全与风险领域的研究工作，主持旅游安全领域的国家级、省部级科研项目 10 余项，出版国内首部旅游安全领域的专著《旅游安全学》，近期主要关注方向包括旅游安全评价、旅游职业安全、岛屿旅游安全等。

谢朝武 华侨大学旅游学院副院长、教授、博士生导师，华侨大学旅游安全研究院副院长，曾担任国家旅游局"旅游安全管理实务培训丛书"原执行副主编、参与原国家旅游局配合《旅游法》起草研究工作。长期从事旅游安全与应急领域的研究工作，曾主持旅游安全领域的国家自然基金、国家社科基金项目、教育部人文社科基金项目、原国家旅游局重点科研项目等省部级以上项目 10 余项，曾入选"福建省高等学校新世纪优秀人才支持计划""国家旅游局旅游业青年专家培养计划"。近期主要关注方向包括旅游应急管理、旅游安全行政治理等。

摘　要

　　旅游安全蓝皮书《中国旅游安全报告（2020）》是华侨大学旅游学院、华侨大学旅游安全研究院与中国旅游研究院旅游安全研究基地组织专家编写的年度研究报告，是社会科学文献出版社"皮书系列"的重要组成部分。2020年旅游安全蓝皮书由总报告和专题报告两部分组成，其中专题报告又分设产业安全篇、安全事件篇、安全管理篇和区域安全篇四个篇章。

　　总报告从2019年我国旅游安全的总体形势入手，全面分析了我国旅游住宿、餐饮、交通、景区、购物、娱乐、旅行社等主要分支行业的安全情况，并深入剖析了涉旅自然灾害、事故灾难、公共卫生事件、社会安全事件等各类型旅游安全突发事件的发展态势。总报告系统回顾了各类旅游主体在2019年的主要管理工作，分析了2019年影响我国旅游安全的主要因素，并对2020年的旅游安全态势进行了分析与展望。

　　2019年全国旅游安全形势总体平稳。国家层面高度重视安全生产工作，各级旅游管理部门继续秉持"科学发展、安全发展"理念，坚持"安全第一、预防为主、综合治理"方针，逐步打造共建共治共享的社会治理格局，旅游安全生产有序稳步开展，旅游业的形势安全稳定。但影响境内外旅游安全的因素更为复杂多变，可预见与不可预见、传统与非传统的不安全因素依然存在，给旅游业的安全稳定带来了一定程度的影响。

　　旅游分支行业的安全形势包括：旅游住宿业安全事件的规模有所扩大，旅游餐饮业安全事件的发生原因多样化且部分事件危害性大，旅游景区安全事件表现了时空的不均衡性，旅游购物安全呈现国内旅游购物投诉急剧增加、出境旅游购物纠纷显著下降等特征，旅游娱乐业安全事件呈现区域、主体和时间的集中性。旅行社企业的旅游纠纷和质量事故较为多发。从事件类

型来看，涉旅自然灾害安全事件数量减少，但伤亡人数有所增加，涉旅事故灾难的规模趋于平衡，但时空分布不均，涉旅公共卫生安全的形势比较严峻，涉旅社会安全事件的管控难度较高，高风险类旅游项目是旅游安全事件的多发载体。

总报告提出，2019年全国旅游安全形势总体平稳，但影响旅游安全的因素依旧复杂多样，可预见与不可预见、传统与非传统的不安全因素依然存在。2019年，我国在强化旅游安全预防预备、重视多层次旅游安全监测、加强旅游安全生产、完善旅游应急机制、发挥旅游保险作用等方面优化旅游安全治理。展望2020年，新冠肺炎疫情将对我国旅游业造成重大挑战，我国应在协作抗疫、旅游安全智能化建设、旅游应急体系建设、夜间安全保障、跨区域协作等方面加强旅游安全建设。

专题报告分设了产业安全篇、安全事件篇、安全管理篇和区域安全篇四个篇章。其中，产业安全篇对旅游住宿业、旅游餐饮业、旅游交通业、旅游景区、旅游购物、旅游娱乐业和旅行社业的安全态势进行了全面分析；安全事件篇对涉旅自然灾害、涉旅事故灾难、涉旅公共卫生、涉旅社会安全等旅游安全事件的态势进行了综合分析；安全管理篇主要围绕旅游安全行政管理、节假日旅游安全、自助旅游安全、高风险旅游安全、旅游保险、旅游安全预警、女性旅游安全、高聚集游客群安全和在线旅游企业用户数据安全及其管理等组织了一系列文章；区域安全篇主要对国内较具代表性的北京、贵州、重庆等省、市的旅游安全形势与管理经验进行了深度分析，同时对港澳台地区以做出入境旅游的安全形势进行了介绍。

关键词：旅游产业安全　旅游安全事件　旅游安全管理　区域旅游安全

序

2019 年底，新冠肺炎疫情悄然来袭，迅速席卷全国。病毒的来源、传播路径和治疗手段尚未明晰，各行各业的艰难困境却已然凸显。住宿、餐饮和旅游业遭受的冲击尤为显著。旅游业所具备的季节性、敏感性、脆弱性等本质特性在此次疫情中暴露无遗。在此严峻形势之下，如何看待公共卫生与旅游安全的关系，如何预防公共卫生事件所导致的各种旅游安全问题，如何在突发性公共卫生事件中化险为夷、化危为机，就显得尤为重要。旅游安全研究的必要性、紧迫性和重要性也自在情理之中。

从地理学研究的角度来看，空间移动是旅游的本质属性之一。在突发性公共卫生事件中，旅游者的空间移动可以为旅游业发展带来经济收益，却会加剧病毒的传播，导致公共卫生风险加剧，危及社会稳定和安全；旅游者的空间移动被限制，会降低病毒传播的概率、降低公共卫生风险，却又导致旅游业的暂时停滞和旅游运营风险加大。可见，突发性公共卫生事件与旅游安全是相互对立又统一的矛盾关系。

突发性公共卫生事件导致的旅游安全问题极为复杂，涉及领域广，触及层次深。就旅游行业本身而言，旅游市场、旅游经营、旅游就业、旅游结构等方面的安全问题不容小觑。从旅游市场安全来看，突发性公共卫生事件的发生，国内区域之间控制人员流动，国家之间限制游客入境，国内旅游市场和国际旅游市场双双受挫。而且，由于公共卫生所带来的旅游目的地"污名化"问题导致旅游形象受损，旅游市场复苏面临挑战。从旅游业经营安全来看，酒店、景区、旅行社、餐饮业首当其冲，经营收入显著下降，经营成本持续高企，中小型旅游企业营运风险加剧，甚至破产倒闭。从旅游就业安全来看，旅游行业是劳动力密集性行业，突发性公共卫生事件导致旅游从业人员面临身体被感染的风险，离岗、停岗现象时常发生，旅游失业率很可能突然提高。当然，旅游本身是一个大系统，旅游市场、旅游经营、旅游就业等方面的安全问题密切相关，一个环节上出现问题，其他环节也无法独善其身。旅游市场活力的衰减，必然导致旅游经营风险的增加，也进一步导致旅游失业风险的加剧。"隔离"人员的处理方式导致从业人员无法及时返岗，旅游行业经营也难以保证，旅游市场恢复受限。由此，可以进一步推测旅游结构安全也将陷入复杂的动态变局，无论是酒店住宿、旅行社、景区、餐饮等传统旅游业态，还是文化旅游、休闲农业、体育旅游、养生旅游、研学旅行等新兴旅游业态，都必有一批企业遭遇毁灭，也有一批企业可能痛苦转型，凤凰涅槃，迎来新生，"吃、住、行、游、购、娱"等结构形态将步入新的演化阶段。

    站在整个社会发展的角度，突发性公共卫生事件下的旅游安全问题，还可能引发大产业链与价值链、社会经济与民生根基等方面的安全问题。首先，旅游业范畴大、边界广，以其为核心的产业链纵横交错，旅游业与其所依赖的上下游第一、第二、第三产业的互动影响，因公共卫生疫情而变得更为复杂。产业链顺畅联结面临风险，人力物力步步艰难；价值链上战略环节受困，创收增收步步惊心。如何厘清旅游产业链和价值链上各个环节的互动作用机制和传导机制，准确评估各个环节的风险，并提出应对之策，是当下需要重点考虑的问题。其次，突发性公共卫生事件导致旅游业发展短期停滞，旅游业对社会经济的综合贡献率在短期内也会显著下行。经济的显著下行又进一步限制了旅游业的发展，旅游企业关闭甚至消亡，旅游业中大量的中低收入群体遭遇失业之苦，生存尚如此艰难，何谈有品质的生活，何谈有价值的生命。双向负面作用之下，如何保障和改善民生，如何增进民生福祉，如何让旅游继续满足人们对美好幸福生活的向往之情，关系着国泰民安。

    如此看来，规避公共卫生事件和其他事件而导致的旅游风险，增强旅游安全，确保旅游业稳定持续健康发展，尚需扎实且深入的理论研究和实践分析。郑向敏教授领衔的中国旅游研究院旅游安全研究基地，自 2009 年由国家旅游局正式授牌成立以来，以中国旅游研究院和华侨大学旅游学院为依托，长期深入耕耘旅游安全领域的相关研究，研究积淀厚重，研究范围不断拓宽，学术和智库成果丰硕。旅游安全研究基地曾主持过我国第一个旅游安全领域的国家社科基金课题"我国旅游安全保障体系研究"，出版过我国第一本旅游安全领域的专著《旅游安全学》，承担了大量国家级和省部级课题，在旅游安全评价、旅游保险、旅游安全预警、旅游警察、旅游公共卫生等方面有深入系统的研究。旅游安全研究基地自 2002 年组织编撰和出版第一本《中国旅游安全报告》（旅游安全蓝皮书）以来，持续全面地分析我国旅游市场和旅游业态的安全状况，并结合时事热点深入剖析了各类专题旅游产品的安全态势，提出相应的应对管理之策。《中国旅游安全报告 2020》保持了其一贯的全面且深入的研究风格，同时又紧跟时事形势，响应社会关切，对公共卫生疫情给各类市场、各业态和各类旅游产品造成的冲击进行了细致解析，为今后旅游安全管理和旅游业的持续健康发展提供了良好的借鉴。

　　研究永无止境。期待华侨大学旅游安全研究团队扎根祖国大地，把这项研究工作持续深入推进下去，在旅游安全理论和实践中取得更辉煌的成绩。

中国社会科学院财经战略研究院副院长、研究员、博士生导师
中国市场学会会长
国家发展改革委服务业专家咨询委员会主任委员
2020 年 3 月 3 日于北京

前　言

2019 年是文化和旅游融合深化发展之年，在"宜融则融，能融尽融，以文促旅，以旅彰文"的思路指引下，文旅融合、全域旅游进程加快，旅游市场稳步增长，旅游安全形势不断向好。2019 年国内旅游人数达 60.1 亿人次，比上年同期增长 8.4%；入出境旅游总人数达 3.0 亿人次，同比增长 3.1%；全年实现旅游总收入 6.63 万亿元，同比增长 11%。我国旅游消费安全总体形势继续趋好，在旅游总体规模不断扩大的情况下，涉旅安全事件数量及造成的伤亡人数保持较低的水平。

安全是品质旅游的基本保障。我国旅游经济正在进入品质旅游新阶段，旅游市场消费诉求正在从"有没有"转向"好不好""精不精"，需要更安全的市场消费环境和安全保障。当前，老年旅游、研学旅游和亲子旅游、海洋旅游、航空旅行、冰雪旅游、夜间旅游、特殊定制游蓬勃发展，旅游产品和组织形式不断创新和丰富，旅游消费分层更显著，对旅游安全提出更高的要求。游客不文明旅游、漠视旅游安全风险提示、盲目参与高风险旅游活动项目，旅游市场主体对安全事故自主防范意识不高，旅游安全行业监管缺乏常态性和系统应对，公共卫生安全、自然灾害、国际恐怖主义频繁发生等，对旅游产业优质发展带来巨大挑战。

科技创新是旅游高质量发展的驱动力，新技术在旅游业的广泛应用既为旅游消费安全提供了技术支撑，也为旅游行业带来新的安全挑战。在文化和旅游融合发展的大背景下，大数据、5G、人工智能、区块链、物联网等新技术广泛融入旅游产品生产、游客消费和旅游市场监管各环节中，不断为旅游消费模式创新、旅游市场经营组织模式创新和旅游市场监管创新提供动力。一方面，有关安全的新技术更深入渗透游客安全消费和旅游安全预警、

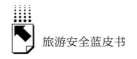

监控、客流聚集场景控制、高风险设施设备维护与管理、旅游应急响应等旅游安全生产保障与安全防控体系中；另一方面，在线旅游消费信息安全、新技术设施设备安全、高流量CTA运营安全等，成为旅游安全消费的新课题。让广大游客既能实现简单、安全、可靠的旅行，也能享受高品质的服务，成为科技创新在旅游业应用的重要方向。

2019年底，一场突如其来的新冠肺炎疫情给全球旅游业带来严重冲击，景区关闭、文化和旅游活动取消、阻路、断航、封城使旅游活动锐减，旅游者行程取消和退订造成整个旅游市场大乱，许多旅游企业因现金流断裂破产或濒临倒闭。无论是一个季度或半年甚至更长时间，公共卫生事件、自然灾害来势汹汹，终会过去。在后新冠肺炎疫情时代，不确定性仍是世界旅游业必然面临的重要挑战；疫情重创了旅游业，也改变了人们的消费观念，对旅游品质、公共卫生安全和旅游环境质量提出了更高的要求，旅游市场的恢复和产业的振兴必将建立在高质量、更安全、更可信的旅游创新基础上。多元旅游产品的开发、旅游市场组织模式的创新、旅游消费体验的提升和旅游市场监管科学化需要更多安全科技创新保障，也需要旅游消费主体、市场主体和行政监管主体对旅游安全的共同关注与投入。

《中国旅游安全报告2020》是中国旅游研究院旅游安全研究基地（华侨大学旅游学院）按年度推出的重大研究成果。在华侨大学旅游学院及中国旅游研究院的领导和支持下，旅游安全研究基地依托华侨大学教学平台，在全国率先开始旅游安全本科课程"旅游安全管理"，开展旅游安全方向的研究与博士教育，坚持追踪和研究旅游安全热点问题，郑向敏教授、谢朝武教授等基地骨干先后在贵州、陕西、海南、江苏、黑龙江、福建等20余省份开展旅游安全相关讲座，培养了一批旅游安全人才，形成了一批示范性的研究成果，取得广泛影响。

《中国旅游安全报告2020》由总报告、专题报告两部分组成。总报告对2019年全年旅游安全的总体形势及2020年发展趋势进行了概括。专题报告由产业安全篇、安全事件篇、安全管理篇、区域安全篇四个篇章组成，前三个篇章结合调查案例数据与行业管理实践，分析了旅游各行业、各类旅游安全以及旅游安全监管的形势、影响因素和动态，提出了 2020 年面临的挑战和发展趋势。区域安全篇主要对国内较具代表性的北京、贵州、重庆等省、市的安全形势与管理经验进行了深度分析，同时对入境旅游、港澳台旅游等区域旅游安全表现形态、影响因素、管理手段等进行了系统分析。

本报告是中国旅游研究院旅游安全研究基地及全国旅游安全研究专家学者集体智慧的结晶。由华侨大学旅游学院郑向敏教授和谢朝武教授担任主编，负责全书逻辑框架的确定、书稿组织和通稿及部分章节撰写等工作。旅游安全研究基地、华侨大学旅游学院及全国旅游安全领域的专家学者分别参加了部分章节的编写。本书的完成与出版得到了文化和旅游部、中国旅游研究院领导的指导与帮助，得到了福建、四川、浙江、吉林等省文化和旅游厅、华侨大学校领导和科研管理部门的大力支持，也得到了社会科学文献出版社的关心、支持与帮助！在此一并表示诚挚的谢意。

鉴于旅游安全涉及范围广，旅游安全案例庞大，但缺乏权威的来源，加之作者认识和判断的局限性，难免出现统计数据的疏漏，热诚欢迎广大读者批评指正！希望《旅游安全蓝皮书》系列能为中国旅游业的高质量发展做出贡献。

郑向敏

目 录

旅游安全蓝皮书

皮书数据库阅读 **使用指南**

总　报　告

General Report

B.1

2019~2020年中国旅游安全
形势分析与展望

旅游安全蓝皮书编委会　郑向敏（执笔）

　　全面提高依法防控依法治理能力，健全国家公共卫生应急管理体系。确保人民群众生命安全和身体健康，是我们党治国理政的一项重大任务。要始终把人民群众生命安全和身体健康放在第一位，从立法、执法、司法、守法各环节发力，切实推进依法防控、科学防控、联防联控。既要立足当前，科学精准打赢疫情防控阻击战，更要放眼长远，总结经验、吸取教训，针对这次疫情暴露出来的短板和不足，抓紧补短板、堵漏洞、强弱项，完善重大疫情防控体制机制，健全国家公共卫生应急管理体系。

　　　　——习近平总书记在《求是》上的重要文章《全面提高依法防控
　　依法治理能力，健全国家公共卫生应急管理体系》

着力防范化解重大风险，确保国庆假日旅游安全。要始终把习近平总书记关于坚持底线思维、着力防范化解重大风险的重要论述作为根本遵循，将安全工作作为一项重要的政治任务来抓；要以对党和人民高度负责的态度，强化担当作为，补短板、堵漏洞、强治理、除隐患；要以"防风险、保安全、迎大庆"为主线抓实抓细安全防范工作，确保广大游客度过一个欢乐祥和的国庆假期，以优异的成绩向新中国成立 70 周年献礼。

各地要高度重视，牢牢守住政治安全底线和生产安全底线，落实好假日旅游安全工作部署；坚持问题导向，树立隐患即事故的理念，夯实旅游市场安全主体责任，强化旅行社、A 级旅游景区、星级旅游饭店以及文化和旅游节庆活动安全管理，发挥行业组织作用；畅通机制、加强保障，切实做好假日旅游安全应急和信息报送工作，充分发挥综合执法监督作用以及信用监管的效能。

——2019 年国庆假日旅游安全工作电视电话会议

一 2019年中国旅游安全形势回顾

（一）旅游安全总体形势

2019 年，全国旅游安全总体形势趋好。在党中央、国务院的统一领导下，在各级党委和政府的支持下，全行业继续坚持"安全第一、预防为主、综合治理"方针，贯彻执行《中华人民共和国安全生产法》《中华人民共和国旅游法》《中华人民共和国突发事件应对法》《安全生产事故报告和调查处理条例》等安全规定，旅游安全管理水平不断提升，旅游专项整治力度进一步加强，旅游安全形势明显趋好。

2019 年，境内外旅游安全的影响因素依旧复杂多变，对旅游行业产生了一定影响。2019 年，我国旅游业先后遭遇了桂林导游强制游客消费事件、湖南常德旅游客车起火事故、江苏宜兴旅游客车重大交通事故、河南虞城尘卷风事件等旅游安全突发事件。尽管 2019 年旅游安全事件类型多样、旅游安全形势较为复杂，但全国各级政府和行业通过强化旅游安全监管，规范旅游安全生产，落实旅游企业安全生产责任，加强旅游安全培训、监管、防范、指导及应急处理，规范和强化了旅游行业安全生产，妥善处置了旅游业发展过程中各种突发事件，保障了2019年旅游业总体安全形势趋好。

（二）旅游行业安全形势

1. 旅游住宿业安全突发事件总数有所下降，常规不安全因素仍占主要地位

2019年，我国旅游住宿业安全突发事件总数较2018年有所下降，各类突发事件所占比重与2018年相似，常规不安全因素仍占主要地位，非常规不安全因素较多。从事件类型来看，社会安全事件的发生数量最多，其次为事故灾难，公共卫生事件与自然灾害引发的事故灾难数量相对较少。从事件发生的地点和时间来看，旅游住宿业发生的安全突发事件在全国各省区市都有出现，并在时间上覆盖全年各月份；突发事件发生时间主要集中在第三季度。从事件造成的损失程度来看，不仅对顾客的生命、隐私安全等造成严重的影响和威胁，也在一定程度上影响了我国旅游住宿业的形象。

2. 旅行社业安全事件呈明显规律特征与发展倾向，但总体安全状态较为平稳

旅行社当前面临的安全事件类型主要为旅游纠纷、旅游质量事件和旅游安全突发事件。2019年旅行社安全形势呈以下特征：①暑假、五一等节假日依旧是旅行社安全事发生的集中时期；②线上旅行社市场火爆的同时带来了诸多安全问题；③旅游从业人员安全意识和应急能力有待进一步提升；④旅游行业受香港暴乱影响，旅行社纠纷数量明显增加。此外，2019年旅行社安全事件也呈现明显的时空规律：从时间上看，旅行社安全事件发生的高峰期为5月、7月、8月、9月。从空间上看，境内安全事件排名前五的省市为云南省、北京市、广东省、四川省、上海市；境外旅游安全事件主要集中在我国港澳台地区，以及泰国、日本、越南、菲律宾等地，东南亚的旅游安全事件发生率相对来说占比较高。

3. 旅游购物业安全发展态势整体平稳，但国内旅游购物投诉事件明显增多

2019年我国旅游购物业安全形势整体平稳。与2018年对比，国内旅游

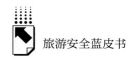

购物投诉事件明显增多，出境旅游购物纠纷显著下降，入境旅游购物安全事件数量明显减少。2019年旅游购物安全事件的类型、时间与地域分布与往年相似，但投诉内容略有变化，退货成功率显著提升。2019年旅游购物业安全状况呈现以下特征：①购物退货成为旅游投诉的热点；②珠宝药材等贵重商品仍是购物投诉事件的重灾区；③三大旅游市场购物安全事件变化比较明显。2019年旅游购物业安全的主要影响因素和事件特征包括：①国内旅游持续快速发展带来的基数增大；②旅游商品经营因循守旧带来的弊端；③度假型游客与自由行游客增多带来的安全隐患；④旅游购物退货便捷化与游客维权意识增强带来的事件频次增加。

4. 旅游娱乐业安全总体形势趋好，娱乐场所安全事件数量有所下降

2019年，我国旅游娱乐业安全总体形势趋好，与2018年对比呈如下特征：①旅游娱乐场所安全事件总数有所减少；②在全国区域范围的娱乐场所安全事件中，华东地区居榜首，是娱乐场所安全事件发生的主要区域；③在类型上，游乐场与海滨浴场是安全事件发生的主要场所；④在时间上，双休日与寒暑假属于娱乐场所安全事件的高发期；⑤儿童和青少年依然是娱乐场所安全事件发生的主要对象。虽然2019年我国旅游娱乐场所安全事件数量有所下降，但伤亡人数没有降低。因此，加强经营者和游客安全教育，制定旅游娱乐场所设施安全标准，建立多方协作联动机制和旅游娱乐场所安全事件信息发布平台，做好自然灾害和旅游高峰的安全防控是我国旅游娱乐业需要重视的工作。

5. 旅游餐饮业安全形势较好，但仍有较多安全事件发生

2019年，我国旅游餐饮业消费持续增长，旅游餐饮业安全形势总体较好，与2018年对比，餐饮安全事件数量有所下降，形势趋好，但餐饮安全事件类型仍然呈多样化，也造成不同程度的人员伤亡和财产损失。从安全事件类型看，食物中毒、火灾爆炸、打架斗殴类安全事件占比较多，造成的财产损失、人员伤亡也相对严重。餐饮安全管理制度不完善、餐饮经营主体安全防护意识和消费者安全意识较弱是影响餐饮安全的主要因素。从安全事件的发生空间上看，2019年旅游餐饮安全事件在酒店、饭店、餐厅、餐馆均

有发生。因此，旅游餐饮业安全仍需高度重视，安全管理水平有待进一步提高。

（三）旅游安全事件形势

1. 涉旅自然灾害事件数量持续下降，但伤亡人数与2018年相比较高

2019年国内自然灾害及其涉旅安全事件虽然持续下降，但是伤亡人数与2018年相比较高，自然灾害涉旅安全事件仍需加强重视。2019年我国涉旅自然灾害事件具有以下特征：①自然灾害涉旅安全事件数量呈回落趋势；②自然灾害涉旅安全事件类型分布比较集中，主要表现在气象、洪水、地质三大类自然灾害引发的涉旅安全事故；③自然灾害涉旅安全事件伤亡人数明显较2018年大幅增多；④自然灾害涉旅安全事件的时空分布主要集中在华东和西南地区，安全事件主要在7～8月暴发。自然因素是国内自然灾害及其涉旅安全事件最主要的影响因素，旅游行业安全意识淡薄、自然灾害应急处置能力不足、游客自身安全意识不高等人为因素也是不可忽视的影响因素。

2. 涉旅公共卫生安全形势依然严峻，疫情事件影响重大

2019年我国涉旅公共卫生事件总体安全形势仍然严峻，各种涉旅公共卫生事件对旅游行业影响严峻。与2018年相比，2019年涉旅公共卫生事件发生数量增加6起，同比增长了4.9%；发病人数虽减少了48人，降低了11.4%；但涉旅公共卫生事件死亡人数增加6人，同比增长了46.1%。2019年上半年涉旅公共卫生安全总体态势基本稳定，但2019年底暴发的新冠肺炎疫情，对旅游、经济都造成损失。2019年涉旅公共卫生安全形势及状况如下：①旅游全民化趋势下游客旅游公共卫生安全防范意识薄弱，潜在隐患大；②旅游扩张化趋势下旅游供给的公共卫生配套设施严重不足，防控力度差；③旅游全域化趋势下公共卫生安全防范与管控难度大，制度与措施不力；④旅游国际化趋势下全球旅游公共卫生安全协作面临新挑战。

3. 涉旅社会安全形势有所好转，但安全管控依然难度较大

2019年涉旅社会安全总体形势有所好转，但安全问题形式多样，仍然

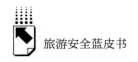

需要各部门加强管控力度。2019年涉旅社会安全总体形势表现出以下特征：①风险与安全问题有所缓解，管控依旧难度加大；②安全事件发生区域广泛，安全防控困难加大；③舆情传播发酵迅速，社会关注与日俱增；④政府部门职责范围模糊，管理分工不够清晰。2019年涉旅社会安全事件也呈现明显的时空特征，7月份为涉旅社会安全事件高峰期，华东地区是涉旅社会安全事件高发区域。2019年涉旅社会安全事件主要的影响因素为：人员因素、设施设备因素、环境因素、管理因素四个方面，人员因素是导致涉旅社会安全事件诱发的主要因素之一，主要为旅游者的不安全行为和旅游从业人员的安全防范意识等方面。

4. 涉旅事故灾难形势趋稳，事故类型发生次数没有增加

2019年我国涉旅事故灾难数量与人员伤亡数整体与2018年持平，总体形势趋好。2019年我国涉旅事故灾难呈现以下特征：①涉旅事故灾难时空分布不均，5~8月为高发期，华东地区为高发区；②涉旅事故类型以自发组织活动的高风险事故为主，是涉旅事故灾难的增长区；③山地户外运动风险大，安全事故多，救援成本高；④交通事故安全风险时有出现，仍需重点关注；⑤重大涉旅事故灾难时有发生，人为因素引发突出。随着相关条例和规定的出台与实施，旅游专项整治力度加强，景区治理持续发力，社会共识逐步形成，相信我国涉旅安全总体形势会进一步趋好。

二 2019年中国旅游安全管理状况回顾

（一）安全预防：强化预防预备

1. 加强旅游安全宣传，增强消费者安全意识与防范能力

为了进一步提升游客自身的安全防护意识，让旅途更加轻松、愉快、安全。文化和旅游部于2019年7月发布《旅游安全实务手册》。《旅游安全实务手册》一共有七个部分，包含了自然灾害、事故灾难、社会安全事件、公共卫生事件、特殊旅游项目、境外旅游目的地安全提示、旅行意外险攻

略方面的内容，提高游客的安全意识与警觉性，让游客在真正面对各种突发事件时能够采取适当的应急措施，减少损失。除了文化和旅游部发布的《旅游安全实务手册》外，全国各省、自治区、直辖市政府都开展了相应的旅游安全宣传主题活动以及相关讲座，强化旅游者安全意识，提升公众的旅游安全关注度，进一步促进了各级政府、行业旅游安全工作的开展。

2.完善法规制度，加强风险预防和安全防范

推进旅游安全法律制度建设对旅游安全事件预防至关重要。2019年4月15日，法国巴黎圣母院发生的火灾事故给文化和旅游消防安全管理敲响了警钟，事故发生后，各省、自治区、直辖市政府先后出台了相关文件，如《广东省博物馆和文物建筑消防安全大检查方案》《青岛市文物火灾隐患整治督查年活动工作方案》《吉林省安委会办公室关于开展全省安全生产督查检查的通知》等，并对全行业的文物消防进行了相关的安全检查，对各地贯彻落实行业部门安全生产工作部署情况、安全生产管理机构建立和人员配备情况、安全生产责任制和安全生产管理制度建立健全与落实情况等进行重点检查①。此外，国家发改委、文化和旅游部等九部门联合发布《关于改善节假日旅游出行环境促进旅游消费的实施意见》，国家体育总局、文化和旅游部《关于发布"2019十一黄金周体育旅游精品线路"的公告》《关于发布"2019春节黄金周体育旅游精品线路"的公告》等意见和办法，协调节假日旅游工作，为游客提供精品路线和良好旅游环境，减少安全事故发生；进一步完善和强化与旅游相关的交通、保险、住宿、消费、服务、设施等安全管理工作，保证了节假日旅游工作的规范开展，引导节假日旅游市场平稳有序发展。

（二）安全预警：多层面监测管理

1.国家层面：出台文件推进旅游安全预警建设

2019年，国务院办公厅及文化和旅游部等国家旅游行政主管部门出台

---

① 沈啸：《全面排查安全隐患，健全完善长效机制》，《中国旅游报》2019年4月19日。

多个文件，进一步加大和推进旅游安全预警建设。《国务院办公厅关于进一步激发文化和旅游消费潜力的意见》指出，保障景区游览安全是推动景区提质扩容、发展假日和夜间经济的主要任务，要求旅游企业推广景区门票预约制度，确定并严格执行最高日接待游客人数规模，根据节假日及高峰期旅游消费集中的规律特征及时发布景区拥堵预警信息。文化和旅游部《关于实施旅游服务质量提升计划的指导意见》要求政府需全面落实景区流量控制预警制度、引导游客合理安排出行，在线旅游企业应不断完善高风险等旅游项目的风险提示机制。国家发改委、文化和旅游部等九部门联合发布的《关于改善节假日旅游出行环境促进旅游消费的实施意见》要求加强部门沟通协作，充分利用大数据加强预警分析和信息发布，引导游客在节假日期间理性出行。

2. 省、自治区、直辖市层面：旅游安全预警工作尚需进一步推进

2019 年，各省、自治区、直辖市层面大力推进旅游安全预警工作的有序开展。与 2018 年相比，多数省份的旅游安全预警工作，无论是在窗口发布机制，还是预警信息规范化程度，或是自主发布预警信息机制都没有明显进展，还有少数省份尚未制订省一级的《旅游突发公共事件应急预案》，各省、自治区、直辖市层面旅游安全预警工作仍任重道远。在旅游安全预警信息发布数量方面，四川、贵州、广西、江西居前四位，浙江、辽宁、山东、西藏居后四位。与 2018 年相比，贵州省预警信息发布数量骤增，广东、辽宁、浙江、福建、天津等五省市预警信息骤减，其余地区增减幅度相对较小，全国各省市的预警信息发布数量呈现不平衡和波动性态势。

3. 地市级层面：旅游安全预警机制进展缓慢

根据各省、自治区所辖 334 个市、盟、自治州及地区文化和旅游局预警状况统计，全国已经建立预警机制的地市有 187 个，占 55.99%。2019 年新增 2 个地市中，营口市预警分级为四级［Ⅰ级特别严重（红色）、Ⅱ级严重（橙色）、Ⅲ级较重（黄色）、Ⅳ级一般（蓝色）］，铁岭市也建立了简单预警机制。与 2018 年相比，2019 年地市级层面旅游安全预警机制

建设情况进展缓慢，且预警标准不统一现状仍未得到改善，与《文化和旅游部关于实施旅游服务质量提升计划的指导意见》（文旅市场发〔2019〕12号）中所要求的任务目标不相匹配，地市级层面旅游安全预警工作仍需努力前行。

4.旅游景区层面：旅游安全预警状况不容乐观

目前，我国景区主要关注景区容量预警，而对综合预警、专项预警等其他类型预警关注较少，在预警机制建立健全方面尚存在诸多问题。在综合预警、专项预警方面，目前仅有伊犁哈萨克自治州阿勒泰地区布尔津县喀纳斯景区建立了四级预警机制、乐山市峨眉山市峨眉山景区建立了大气监测信息发布机制、东莞的"登革热"健康预警机制、芜湖的乡村旅游气象预警机制等。在预警系统建设方面，云南地区的"一部手机游云南"预警系统、贵州地区的"小雨伞"预警系统建设进一步完善。此外，世界文化遗产明孝陵监测预警平台建设项目开始启动；宽窄巷子景区与中国电信合作构建了5G智慧旅游预警系统；贵州智慧旅游气象服务平台投入使用；山东移动携手浪潮共同打造了"5G＋智慧旅游"云服务平台预警系统；黑龙江省智慧旅游市场监管和公共服务平台上线使用；携程旅游成立我国首家"重大自然灾害旅游预警中心"等。与2018年相比，2019年旅游景区层面旅游安全预警工作推进缓慢，无论是预警机制建立方面，还是预警系统开发建设方面，或是预警内容形式创新方面，均显后劲不足，旅游景区层面预警现状总体不容乐观。

（三）安全监管：强化安全生产

1.强化安全生产，加强安全专项整治

2019年，从国家到地方，针对各地的旅游市场，开展了多种形式的安全专项整治工作。国家层面上，国家卫生健康委员会通报了关于住宿场所卫生专项整治情况，依法立案查处了3474家单位，责令25868家单位整改。省、市层面上，吉林省文化和旅游厅召开冬季安全生产工作专题会议，要求重点围绕旅游交通、滑雪运动、旅游节庆活动、食品安全和消防安全等制定安全风险防范措施①；青海省对住宿行业的住宿卫生进行专项排查；北京市发布了《关于进一步做好春节、元宵节期间旅游安全工作的通知》，切实保障广大游客生命财产安全；福建、吉林、四川等省也陆续开展全省文化和旅游市场整治行动，着力规范文化和旅游市场经营秩序，营造良好的文化和旅游市场环境。景区层面上，峨眉山市人民政府、峨眉山风景名胜区管理委员会《关于严厉整治峨眉山景区旅游秩序的规定》，对于破坏旅游秩序的行为进行严厉打击；广西石林景区和浙江雁荡山景区针对文化和旅游部在全国 A 级旅游景区质量提升工作电视电话会议通报的有关问题，迅速行动进行整改；等等。

2. 加强安全监督，丰富监管手段

安全监管是保障旅游业正常运行的重要手段。为了在国庆期间营造良好、舒适、安全的旅游环境，2019 年文化和旅游部先后派出了七个专项督察组，对交通集散地、旅游景区、大型娱乐活动设施等进行了相关的安全检查，排查景区内可能存在安全隐患，确保安全设施的正常运行。2019 年 12 月 20 日，文化和旅游部印发《国家级旅游度假区管理办法》，强调建立有进有出的动态管理机制，采取重点复核与随机抽查相结合、明查与暗访相结合，或者委托第三方机构开展社会调查与游客意见反馈相结合等方式进行管理和复核，对发生旅游安全责任事故等情形给予通报批评或者取消等级处理②。2019 年 10 月，文化和旅游部发布关于《在线旅游经营服务管理暂行规定（征求意见稿）》，提出依法建立在线旅游企业的信用档案③，强化网信办、工商、部委的各级主管部门的信用监管。

---

① 《吉林全面部署保障冬季旅游安全》，《中国旅游报》，https：//www.mct.gov.cn/whzx/qgwhxxlb/jl/202001/t20200108_850173.htm，2020 年 1 月 8 日。

② 文化和旅游部印发《国家级旅游度假区管理办法》，中华人民共和国文化与旅游部网站，https：//www.mct.gov.cn/whzx/bnsj/dwwhllj/202001/t20200102_850037.htm，2020 年 1 月 2 日。

③ 《在线旅游经营服务管理暂行规定（征求意见稿）》公开征求意见 - 新华网 http：//www.xinhuanet.com/travel/2019 - 10/11/c_1125089400.htm，2019 年 10 月 11 日。

（四）安全应急：完善应急管理机制

为深入贯彻落实习近平总书记关于旅游安全相关工作的重要指示精神，切实做好旅游安全防控工作，2019年7月文化和旅游部发布了《文化和旅游部办公厅关于进一步做好汛期及暑期旅游安全工作的通知》，要求各地要结合当前防汛工作形势，完善汛期旅游应急预案，提前制订紧急避险转移预案，组织开展旅游安全应急演练。要进一步加强与水利、应急管理、公安、消防救援、交通运输等部门的应急联动，协同专业力量和社会力量应对汛期各类涉旅安全突发事件。同时，要求各地要强化应急响应，一旦发生涉旅安全突发事件，确保做到应急响应及时、组织有力、救援到位，力争把损失降到最低程度①。在省市层面，云南省文化和旅游厅2019年12月25日召开了全省文化旅游安全工作电视电话会议，要求云南省文化和旅游系统要进一步建立健全文化和旅游安全工作机制，建立文化和旅游安全隐患清单整改机制，建立安全隐患自查和排查制度、台账制度、清单整改报告制度、整改督办制度、整改问责制度；优化文化和旅游应急管理能力体系建设，形成有效应对安全事故的强大合力②。此外，各地区也纷纷建立安全制度，开展旅游安全培训，制订旅游应急预案，加强旅游应急演练，并且在旅游安全管理中都发挥着举足轻重的作用，有效应对各类旅游安全突发事件。

（五）安全保障：发挥旅游保险作用

1. 旅行社责任保险统保示范项目持续推进

近年来，随着《中华人民共和国旅游法》和《旅行社条例（2017年修

---

① 《文化和旅游部办公厅关于进一步做好汛期及暑期旅游安全工作的通知》，中华人民共和国文化与旅游部网站，https：//www.mct.gov.cn/whzx/ggtz/201907/t20190715_845057.htm，2019年7月15日。

② 《云南部署岁末年初文旅安全工作》，《中国旅游报》，https：//www.mct.gov.cn/whzx/qgwhxxlb/yn/201912/t20191227_849945.htm，2019年12月27日。

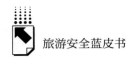
订)》等法律法规的不断完善，在文化和旅游部及各级文化和旅游厅的统一部署下，2019 年旅行社责任险统保示范项目续保投保的工作稳步向前推进。2019 年是旅行社责任险统保示范项目实施运行的第十个年头，各省在这十年工作中收获颇丰。从旅行社责任保险产品保障范围看，该项保障涵盖了四大责任、两大事故、两大人群、六种常见疏忽与过失、五种费用以及三种额外保障。旅游社责任险统保示范项目显示，出境旅游安全风险高发地区主要在东南亚地区，其中泰国占比第一，印尼和马来西亚分别位列第二、第三；出境旅游安全风险较高的项目有海上项目如浮潜和快艇以及交通问题。① 全国各地在全力组织运行统保示范项目过程中，坚持"以人为本"的理念，不仅首创了"依法赔偿、依约赔付、预赔垫付"的模式，而且形成了"保、救、调、赔、防、管"的全方位保险与服务机制②，强有力地保障了旅游责任险统保项目的平稳发展。

2. 旅游保险产品推陈出新

2019 年旅游企业与保险企业合力推陈出新，不断完善国内旅游保险险种。随着旅游的快速发展，旅游安全事故类型日渐增多，保险险种滞后，特别对于极端特殊情况下的风险如绑架和战争损伤等，国内诸多险种并未涵盖。针对这种现象，鸿海德仁与易安财产保险股份有限公司及华盾 GCS 等公司于 2019 年 6 月联合发布了《全球旅游意外综合险》新型险种，以满足出境旅游者遭遇极端特殊事件时的需求③。据携程旅游大数据实验室统计，近年来，旅游公司与保险公司积极合作，针对一些特殊项目开发相对应的旅游保险产品，例如，海岛游保险产品就是一个典型代表④。旅游企业和太平

① 广东投资快报传媒有限责任公司：《广东 2091 家旅行社受益处置 7399 起》，《投资快报》，https：//baijiahao. baidu. com/s?id =1648865089486840278&wfr=spider&for=pc，2019 年 10 月 31 日。
② 《山西旅行社责任保险统保示范项目见成效》，《山西经济日报》，http：//www. shanxi. gov. cn/yw/sxyw/201911/t20191102_706904. shtml，2019 年 11 月 2 日。
③ 《出境游的安全卫士 全球旅游意外综合险给你"准军事级"的安全保障》，中国航空旅游网，http：//news. cnair. com/c/201907/101163. html，2019 年 7 月 9 日。
④ 《户外运动险、自驾险、海岛险……售价 3 元起! 国庆旅游，你买保险了吗?》，央视财经，https：//baijiahao. baidu. com/s?id=1646289396971314887&wfr=spider&for=pc，2019 年 10 月 2 日。

洋产险黑龙江分公司合作，在开办旅行社责任保险和旅游人身意外伤害保险的基础上，又推出了"财富U保"系列保险产品，包括民宿旅游综合保险和风景名胜区责任保险等保险产品。① 平安保险商城针对国内游客开发了国内自助旅游保险，该险种保障范围较广。② 各保险公司为满足不同游客的购险需求，在丰富旅游保险品种方面有显著的推进。

3.保险覆盖范围扩大，游客投保意愿愈加强烈

各类旅游安全事件的频发为广大游客出游购险敲响了警钟，同时伴随着旅游消费的快速增长，游客为其旅程购买保险的意愿也更加强烈。据统计，假期出游投保已逐渐成为游客标配。保险市场分析显示，国内游旅游者选择40元以下的旅游险占比约50%，选择40～80元的约40%③；出境游客购买旅游保险40%倾向于100～150元的旅游险，20%选择高于200元的险种，选择50元以下险种的游客仅占总数的1.87%④。根据最新调查和携程报告显示，中国游客投保意识不断增强，有意愿购买旅游险的游客量近50%，30%左右的游客需要根据具体情况再做决定，总体数量较之上一年增长不少⑤。携程平台推出的"一日游旅游保险"在短时间内销量就已达8.5万份，且2019年投保境外旅游险的人数年增幅近40%⑥。

---

① 《旅游保险产品推陈出新　打造龙江安全旅游》，人民网，http：//hlj. people. com. cn/n2/2019/0711/c392866－33134124. html，2019年7月11日。

② 《国内旅游保险多不多？平安保险商城：满足不同旅游人士的购险需求》，北国网，https：//xuexi. huize. com/study/detal－297449. html，2019年12月6日。

③ 《周边游要买旅游保险吗，假期保险成游客标配》，腾讯网，https：//new. qq. com/omn/20191010/20191010A0E4WI00. html，2019年10月10日。

④ 《国庆假期保险成游客标配　国内游投保者半数买40元以下旅游险》，证券日报，http：//finance. ce. cn/insurance1/scrollnews/201910/08/t20191008_33276998. shtml，2019年10月8日。

⑤ 《国庆长假八亿人次出游　近五成游客　有意愿买旅游保险》，四川新闻，https：//sichuan. scol. com. cn/cddt/201909/57049504. html，2019年9月6日。

⑥ 《新春出游模式即将开启！境外旅游，你买对保险了吗？》，中国经济网，https：//baijiahao. baidu. com/s?id＝1624334840527270988&wfr＝spider&for＝pc，2019年2月2日。

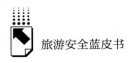

三 2020年中国旅游安全形势展望

（一）2020年影响中国旅游安全的主要因素

1. 风险因素：以公共卫生为主的多元风险将持续影响旅游行业安全

一是各种可预见、不可预见的社会风险因素在2020年将依然存在，但公共卫生风险将是影响2020年我国旅游业安全最主要和最重要的因素。1988年的上海甲型肝炎病毒，2003年的SARS病毒，非洲的埃博拉病毒以及2020年的"新冠肺炎疫情"对旅游行业和旅游者的影响极大。2019年底暴发、2020年上半年持续的"新冠肺炎疫情"将对全球旅游业造成难以估量的影响和损失。在我国，"新冠肺炎疫情"持续时间较长，不仅影响旅游行业、社会经济、人民生活，而且会影响和波及国际经济格局。"新型冠状病毒"的强传染性和易扩散性，给旅游行业的风险防范和安全管控带来更多的挑战性。2020年，旅游发展将会面临严峻的挑战。此外，随着国际之间旅游活动越来越频繁，疫情防控的沟通协作面临众多挑战，跨国际间的游客传染病疫情防控以及国际之间旅游公共卫生的全面、有效合作面临巨大挑战。

二是以事故灾难风险、自然灾害风险为主的多元风险仍将持续影响2020年我国旅游行业安全。随着我国进入大众旅游时代和全域旅游的推进发展，旅游新业态层出不穷，新业态的出现导致旅游风险、安全事故类型和特征更加错综复杂，事故灾难事件与日俱增，风险防控难度越来越大。2020年，事故灾难风险仍将持续影响我国旅游行业安全。在自然灾害方面，自然因素仍然是我国涉旅安全事件中最主要的影响因素，属于外在的不可抗力因素。每年的夏季中国都要面临太平洋上形成的台风入侵。2019年登陆的超强台风"利奇马"带来大量的降水，导致多地发生洪涝灾害，对各地旅游者生命安全造成极大的威胁。1月31日，湖北武当山景区突降暴雪，200多名游客滞留。12月30日，黑龙江雪乡和亚布力景区突降暴雪，多达1.5万名游客滞留在高速公路上。西南地区每年7月、8月长时间的降雨，引发的滑坡、泥石流等地质灾害，也时刻威胁西南地区旅游行业的运行与游客的生命安全。除了自然因素外，旅游从业人员的安全防范意识、应急处置能力，以及旅游者的自我安全保护意识等人为因素，也是影响我国旅游行业安全的因素之一。

2. 技术因素：信息技术将在旅游风险防范与安全监管中发挥重要作用

《国务院办公厅关于进一步激发文化和旅游消费潜力的意见》（国办发〔2019〕41号）将智慧景区建设纳入推动旅游景区提质扩容任务的重要内容，"互联网＋旅游"在5G赋能旅游时代迎来新突破。5G技术的应用为旅游安全预警提供了全新解决方案：基于5G技术的旅游安全预警趋势已经初露锋芒，九寨沟基于5G技术的自然灾害实时游客预警系统、宽窄巷子基于5G技术的人流量预警系统、雄安新区基于5G技术的客流安全预警系统、天津市气象局基于5G技术的预警信息快速靶向发布系统等开始投入使用并发挥作用。互联网技术在自助旅游安全管控方面持续发挥重要作用，通过互联网技术对景区状况进行实时监控，及时动态发布景区游客承载量预警及重大安全事件预报，互联网技术在安全监测、快速呼救、紧急救援等方面的促进作用日益增强，智慧景区建设步伐正在加快，大数据、云计算等技术手段对于景区风险防范与安全管理的作用也日渐增强。

3. 治理因素：旅游安全的风险管控与应急能力将更加重要

2020年春季，受新冠肺炎疫情的影响，我国文化和旅游行业受到断崖式的重创，国内旅游全线拉闸，入境旅游基本停滞，出境旅游遭遇寒冬。2020年旅游行业的走势尚不明朗，可以肯定的是行业复苏、提升品质、转型升级将成为新冠肺炎疫情后期旅游业的重头戏。因此，加强旅游安全应急与管控对疫情的防控至关重要，也是疫情过后旅游业恢复的重要基础。疫情结束后，旅游企业可在防控措施到位、确保员工健康安全的前提下，有序地复工复产，促进行业的逐步复苏。在疫情的冲击和影响下，我国旅游业可能迎来新的变革，旅游企业的优胜劣汰更为迅速，旅游商品生产与经营企业也面临着生存危机。完善和优化企业管理制度，练好内功，提升市场的应变能

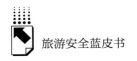

力与运营能力，以新冠肺炎疫情造成的负面影响为教训，制订重大突发公共安全事件危机应对方案和相关措施，增强旅游风险防范能力与安全管控及应急能力，将是 2020 年旅游业复苏发展亟须解决的重要问题。

4. 保障因素：旅游保险将顺应"场景化"趋势，更加具有针对性

旅游保险产品与不同场景间的较高贴合度是消费者接受的基础。随着人们个性化旅游需求的日益增多，旅游风险的种类也在逐渐增多。根据国际SOS 救援中心统计数据显示，每 10 万人的出境游客中有 6.5 人会遭遇人身意外风险，而且这一情况仍有加剧趋势①。因此，旅游保险产品场景化发展是必然趋势。随着旅游保险的迅速发展，旅游保险产品种类虽也日益丰富，但整体上仍落后于飞速增长的旅游需求带来的保险需求。因此，旅游保险产品亟须进一步丰富与创新。保险企业应该和旅游企业进一步加强合作，充分利用旅游大数据来掌握旅游者遭遇的风险类型、不同类型旅游者投保情况等，在海量大数据中挖掘核心信息并预测未来趋势，进而根据这些客观数据有针对性地开发创新旅游保险产品，满足不同游客的保险需求。

（二）2020 年中国旅游安全态势展望

1. 受疫情严重影响，全国乃至全球旅游行业将协作抗击疫情

"新冠肺炎疫情"在 2019 年底暴发，已经成为一场全球性疫情战役。"新冠肺炎疫情"对旅游行业的景区、旅行社、餐饮、住宿及 OTA 等领域产生了巨大影响。疫情后期和后疫情期旅游行业的复苏和振兴除了需要世界各国政府联手抗击疫情，阻止疫情进一步扩散外，中国乃至世界各国旅游行业也需要协同合作、联手抗击疫情给旅游业带来的影响，通过如国家经费支持、专家研究献策、预防预控、医疗保障与救助、及时公布相关信息、加强游客卫生安全防护教育等方式方法共渡难关，共振行业。同时，要充分利用政府、社区和公益组织，加强知识信息、科学技术和物资设备等资源共享，

---

① 《"场景化"成新趋势，旅游保险护航暑期》，云掌财经，http：//baijiahao. baidu. com/s？id = 1640360924493201018&wfr = spider&for = pc，2019 年 7 月 29 日。

共同防范公共卫生事件，共同组织市场抗击传染病疫情威胁，推进旅游公共卫生跨国、跨境、跨区域深度协作，共建旅游公共卫生安全体系，保障旅游国际化的常态发展。

2. 基于5G技术的智能化建设将成为旅游风险预警与安全治理的新趋势

5G浪潮即将全面涌来，万物互联时代即将开启，把握时代机遇，积极推进5G赋能旅游，利用5G技术实现旅游安全预警智慧化已成时代必选项。基于5G技术的利用风险和安全预警发布可以克服以往各类App预警信息发布精度低、时效差和推送难等缺陷，是新时代旅游安全预警的新技术和新手段。旅游景区等旅游相关企业应在政府引领下，科学辨识本企业安全生产进程中可能存在的各类旅游安全风险因素，建立不同类型的、适合企业实际情况的旅游安全风险提示预警机制，并根据自身智慧化建设程度精准定位，寻求与中国移动、中国联通、中国电信及中国广电等5G运营商合作，协同搭建适合本企业特点的、基于5G技术的、综合性旅游安全预警平台系统，是2020年旅游风险防范与安全管控的工作重点与发展态势。同时，借助智慧旅游平台和大数据，投入更多旅游公共卫生智能化设备，把无人机、直升飞机等先进设备投入应急处置和紧急救援，推动交警、医务人员和志愿者协同应急与救援，提升旅游安全事件信息通报速度和应急响应能力，完善和优化风险预防与应急救援机制，提高旅游安全预防与应急救援的及时、精准、智能将是2020年将基于5G技术的旅游风险预警与安全治理的热点与趋势。

3. 旅游应急处置与安全管理将体系化、全息化与制度化

旅游安全事件伴随着旅游业的发展日益渐增，已经成为旅游安全生产的常态，旅游景区安全管理水平的提升刻不容缓。伴随着旅游玩法花样不断翻新，不同风险类型和安全事件不断发生，旅游安全问题成为制约旅游业发展的最大障碍①。近年来，我国旅游安全管理法律制度、旅游合同法律制度、导游人员管理法律制度、旅游住宿业管理法律制度等逐步深化，旅游安全管

---

① 《景区网红玻璃滑道出事了！1死6伤！多名游客冲破护栏掉下山坡!》，网易新闻，http：//dy. 163. com/v2/article/detail/EJJ3O69C05310IVA. html，2019年7月8日。

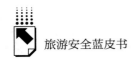

理制度化、体系化的形成让各级政府和旅游管理部门执法有据可依，也使游客的安全权益得以保障。因此，今后一个时期各级政府和相关部门将会对旅游安全问题更加重视，相关法律、政策、规定和管理办法将会进一步完善和体系化，安全管理的责任部门、反馈机制和投诉渠道会更加清晰和顺畅。由于旅游安全事件具有复杂多变的特点，安全事件有效防范需要多方位协调合作和全息化的信息共享平台。因此，总结旅游风险防范与旅游安全事件处置中的问题和不足，进一步优化防范风险机制，完善旅游安全管理体系的制度化建设，逐步提升旅游企业、旅游从业人员以及游客的风险应对与应急处置能力，提升全行业的应急处理能力将是 2020 年我国旅游行业的全员任务。

4. 建立夜间旅游安全预警与安全保障机制迫在眉睫

国务院办公厅《关于进一步激发文化和旅游消费潜力的意见》（国办发〔2019〕41 号）明确了夜间旅游对于提振我国夜间经济的重要性，强调鼓励有条件的旅游景区在保证安全、避免扰民的情况下开展夜间旅游服务。"夜游锦江""成都博物馆奇妙夜""西安大唐不夜城""深夜食堂"等夜间旅游项目如雨后春笋般出现，旅游夜间经济已经成为我国新时期旅游经济发展的新动能。夜间旅游安全保障的基础工作是夜间旅游风险的预警。夜间旅游较之白天旅游风险更高、安全隐患更多，安全管控更复杂，夜间旅游安全已经成为限制游客夜间体验和制约夜间旅游可持续发展的关键因素。因此，如何构建夜间旅游安全预警机制将是各级旅游行政主管部门和旅游相关企业亟须解决的一个全新课题，夜间旅游安全保障服务体系建立势在必行，夜间旅游安全预警体系构建与安全服务体系建设也必将成为 2020 年旅游行业的工作热点与新趋势。

5. 旅游安全治理将形成跨组织、跨产业、跨区域的协同合作机制

合作与发展是新时代旅游发展的必然，构建旅游风险防范与旅游安全服务保障等方面的跨组织、跨产业、跨区域的协同合作机制势在必行。

一是建立公共救援、商业救援和公益救援三位一体的应急协同合作体系。需要充分发挥政府的核心领导作用构建各级政府间内部应急合作网络与平台，联合企业和公益救援组织构建政府外部应急合作平台，以便在旅游安

全突发事件发生时，通过内外部应急合作网络与平台，迅速整合资源，集中优势力量应对突发事件。二是继续推进旅游业和保险业之间的合作与协同，扩大保险的覆盖范围和覆盖面，制定有效的定价策略，拓展旅游保险销售渠道，形成现代旅游保险服务意识，加强旅游保险人才的培养和管理，增强旅游者、旅游企业等在旅游过程中的风险抵抗力。三是建立旅游安全培训合作机制与平台，定期举办区域之间旅游培训和考察观摩活动，宣传旅游安全管理新理念，通过知识和技能的传递，提高旅游从业者的安全意识和危机应对能力，提高全国范围和全行业的旅游安全保障能力。四是构建共建共治共享的安全综合治理体系，以"软治理"和"硬治理"为着力点，加快旅游安全治理法制化、制度化以及明确各治理主体的责任，树立正确的旅游安全价值观和先进的安全文化；以制度、法律、道德意识、文化等为上层建筑，以技术、人才、资金、物资设备为物质基础，构建全息化、体系化、数字化的旅游安全综合治理体系。

结　语

2019 年，我国旅游安全管理工作在《中华人民共和国旅游法》《旅游安全管理办法》《中华人民共和国安全生产法》《中华人民共和国突发事件应对法》《旅行社条例》《安全生产事故报告和调查处理条例》等政策文件的指导下，各级政府和旅游主管部门在旅游安全突发事件的安全预防、安全预警、安全监管、安全应急、安全保障等方面取得了一系列的进展与突破。2020 年，各地各级政府和旅游主管部门将科学部署旅游安全管理的各项工作，着眼于疫情危机协作治理，运用信息技术强化旅游安全预防与预警，打造综合性旅游安全应急与治理体系，构建旅游安全保障网，实现旅游业持续健康发展。

专题报告

Special Reports

产业安全篇

B.2
2019~2020年中国旅游住宿业的
安全形势分析与展望

陈雪琼　吴巧芳　何封源*

摘　要：　2019年，我国旅游住宿业业态更加多元化。随着旅游市场
　　　　　规模的不断扩大，我国旅游住宿业的安全突发事件发生规
　　　　　模亦有所扩大，主要原因为旅游住宿业大多作为抓捕犯罪
　　　　　团伙的第一现场。旅游住宿业安全突发事件的特征主要表
　　　　　现为：发生时间主要集中在第三季度，事故种类结构变化
　　　　　显著，常规不安全因素占主要地位，非常规不安全因素层

---

* 陈雪琼，华侨大学旅游学院教授、硕士生导师，主要研究方向为旅游服务与管理；吴巧
芳，硕士研究生，研究方向为旅游企业管理；何封源，硕士研究生，研究方向为旅游企
业管理。

出不穷。

关键词： 旅游住宿业　安全突发事件　安全形势

2019 年，我国旅游住宿业整体呈飞速发展趋势，住宿业业态呈现多元化。本文在中国旅游新闻网、百度网、新浪网、迈点网等知名门户网站上输入"民宿/酒店/客栈/公寓偷盗""精品酒店/宾馆/民宿抢劫""酒店/短（长）租公寓/民宿偷盗""客栈/酒店/饭店玻璃门破碎事件""酒店/宾馆事件"等关键词，对 2019 年我国发生的旅游住宿业安全突发事件进行搜索，共搜索到事件 383 起。本文结合案例，分析了 2019 年我国旅游住宿业的安全特点，探寻了影响旅游住宿业安全突发事件的因素，并对 2020 年旅游住宿业安全形势进行了展望，最后提出了旅游住宿业安全管理建议。

一　2019年中国旅游住宿业的安全总体形势

2019 年，我国旅游住宿业延续了 2018 年的发展特征，业态趋向多元化，传统品牌跨界发展、星级酒店平稳运行、非标准住宿不断扩展、旅游住宿业共享经济影响和覆盖的范围持续扩张。从事件类型来看，旅游住宿业安全突发事件主要有事故灾难、公共卫生事件、社会安全事件和自然灾害四大类。根据事件统计（见表1），2019 年，我国旅游住宿业安全突发事件总数较 2018 年有所下降，各类安全突发事件所占比重与 2018 年大致相同，其中，社会安全事件的发生数量最多，其次为事故灾难，公共卫生事件与自然灾害发生的数量依然较少。从事件发生的地点和时间来看，旅游住宿业发生的安全突发事件基本上覆盖了全年各月与全国各省区市。从事件造成的损失程度来看，不仅对顾客的生命、隐私安全等造成严重的威胁，还严重影响了我国旅游住宿业的形象。

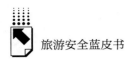

表1　2019年旅游住宿业安全突发事件发生数量

单位：起

事件类型	细分类型	2019年	2018年
事故灾难	消防事故	45	68
	设施事故	76	93
	施工事故	4	14
	小计	125	175
公共卫生事件	食物中毒	13	25
	突发疾病与死亡	1	7
	精神安全问题	25	50
	职业危害	0	0
	小计	39	82
社会安全事件	刑事治安案件	167	98
	人员冲突	12	6
	非正常伤亡	37	46
	小计	216	150
自然灾害	—	3	1
总计	—	383	408

资料来源：根据门户网站资料整理。

二　2019年旅游住宿业安全的概况与特征

（一）旅游住宿业安全突发事件种类

1. 事故灾难

旅游住宿业的事故灾难类型主要为消防事故、设施事故和施工事故。2019年，事故灾难约占住宿业安全突发事件总数的32.6%，较上年有显著下降。与往年相同，事故灾难中发生数量最多的是设施事故，约占事故灾难的60.8%，这类事故基本每月都发生，其中电梯事故、浴室玻璃门炸裂事故，旋转门夹人事故发生频率高。例如，2019年8月4日，贵州省贵阳市某酒店，一名 4 岁左右的小男孩被酒店入口的旋转玻璃门卡住了左脚，无法脱身①。而消防事故占事故灾难的 36.0%，较上一年也略有下降。消防事故发生的原因主要是部分住宿企业缺乏消防安全意识，存在严重的消防安全隐患，对有关消防工作不够重视，从而增大了火灾事故的发生概率。

2. 公共卫生事件

旅游住宿业的公共卫生事件类型主要分为食物中毒、突发疾病与死亡、精神安全问题及职业危害。2019 年公共卫生事件约占住宿业安全突发事件总数的 10.2%，与 2018 年相比显著下降。在时间分布上与旅游市场淡旺季及假期具有一致性，而在空间地域分布上多集中于旅游城市且分布较广。在该类型事件中，精神安全问题类事件发生最多，占公共卫生事件的 64.1%，事件表现形式多是因为酒店存在安全隐患或是酒店侵犯顾客隐私安全，使顾客受到惊吓。近年来，国家对于食品卫生安全的监管和施策逐渐显效，食物中毒事件和突发疾病与死亡事件数量皆有显著下降。

3. 社会安全事件

旅游住宿业的社会安全事件类型主要分为刑事治安案件、人员冲突及非正常伤亡。2019 年，社会安全事件约占住宿业安全突发事件总数的 56.3%，仍是四大类事件中发生数量最多的，主要因为近两年国家扫黑除恶整治力度的提升，犯罪团伙与案件不断破获，而旅游住宿业多数作为抓捕现场，曝光率随之增高。从事件类型上看，社会安全事件各类型占比与前两年相仿，仍是刑事治安案件发生数量最多，约占社会安全事件的 77.3%，非正常伤亡事件次之，人员冲突事件发生数量相对较低。刑事治安案件表现形态多样，如打架斗殴、嫖娼、赌博、吸毒、偷盗、杀人和抢劫等。旅游住宿业提供的临时场所具有隐蔽性，往往成为蓄意自杀和故意杀人的场所，因此防控难度

---

① 《酒店旋转门卡住 4 岁男孩脚　消防特种设备营救》，新浪网，http：//gz.sina.com.cn/news/sh/2019-08-06/detail-ihytcerm8786454.shtml，2019 年 8 月 6 日。

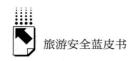

更大。同时，旅游住宿业客源具有很强的流动性，这也为黄赌毒事件的发生提供了空间。例如，2019 年 1 月 6 日，广东省清远市连山公安局接到群众举报，某酒店有人聚众吸毒①。人员冲突主要表现形式为主客间实施暴力、主客发生口角和各种投诉等。

4. 自然灾害

自然灾害主要有山体滑坡、地震、泥石流、洪水、气候灾害等各类自然灾害以及由此引发的二次灾害。2019 年自然灾害中危害最大的是 6 月 17 日四川省宜宾市长宁县发生的 6 级地震，导致梅硐镇一宾馆坍塌②。

（二）旅游住宿业安全突发事件的特征

1. 旅游住宿业安全突发事件在淡旺季时段具有差异性

2019 年，我国旅游住宿业安全突发事件月份分布不均，事件发生高峰期主要在 5 月、7 月和 8 月，安全突发事件的数量均占全年事件总量的 10%以上，淡旺季两极分化差异显著。其中第三季度安全突发事件共计 121 起，约占全年安全突发事件的 31.6%。暑期与黄金周住宿业安全突发事件数量的增加与出游人数的增多有关。

2. 旅游住宿业安全突发事件的类型结构变化显著

与 2018 年相比，2019 年事故灾难与社会安全事件仍占住宿业安全突发事件的大部分，但事故灾难数量有所下降，社会安全事件数量有所上升。消防事故、设施事故和施工事故与上年相比，事件数量均有所下降。公共卫生事件数量，是 2017 ～ 2019 年中最少的，不及 2018 年的一半。在社会安全事件中，2019 年发生刑事治安案件 167 起，是 2018 年（98 起）的 1.7 倍。其中，多为黄赌毒相关事件。例如，2019 年 7 月 17 日，广西南宁市公安局开展"暴风十号"集中统一行动，对南宁市 53 个涉"黄赌毒"、传销、电信

---

① 《以案说法　客房变"吸毒窝"？男子酒店开房容留他人吸毒获刑》，澎湃新闻，https：//m. thepaper. cn/baijiahao_ 4712839，2019 年 10 月 18 日。

② 《四川宜宾地震梅硐镇一宾馆坍塌　警方：伤亡暂不明》，新浪新闻，http：//news. sina. com. cn/c/2019－06－18/doc－ihvhiqay6368975. shtml，2019 年 6 月 18 日。

诈骗等治安乱点开展地毯式清查整治①。人员冲突与非正常死亡类事件发生的数量与前两年基本持平。

3. 常规不安全因素占主要地位，非常规不安全因素层出不穷

2019年旅游住宿业安全突发事件，主要是由犯罪分子故罪重犯、企业安全管理不善、员工及顾客安全认知不足、相关部门监管不到位等因素引起。随着购物渠道的不断拓展，不法分子更容易获取作案工具，科技犯罪屡见不鲜。例如，2019年5月1日，山东省青岛市的一家民宿内，入住的情侣在路由器内发现针孔摄像头②。个别住宿企业员工的非常规操作等因素导致以往出现频次较低的旅游住宿业安全突发事件逐渐增多。例如，2019年10月5日，江西省南昌市某酒店，因新员工操作不熟练导致重复开房，使顾客在洗澡时房门被打开受到惊吓③。这与旅游住宿业员工离职率高、流动性大，服务技能培训无法及时落实到位有关。

（三）旅游住宿业安全管理主要进展

1. 旅游住宿业行业标准不断完善

2019年7月3日，文化和旅游部发布新版《旅游民宿基本要求与评价》（LB/T065—2019）已经通过批准，并自发布之日起实施。新版《旅游民宿基本要求与评价》（LB/T065—2019）将代替2017年国家旅游局发布的《旅游民宿基本要求与评价》④。相比各种地方标准，2019年新版《旅游民宿基本要求与评价》没有设置房间数量上的限制，但对建筑面积和层数方面有了要求。同时，将旅游民宿等级由金宿、银宿两个等级

---

① 《多人被抓！南宁夜查酒店、按摩场所等，这些人通通都挨了》，网易网，http://3g.163.com/dy/article/EKGCBE3K0514TTKN.html200，2019年7月20日。

② 《情侣Airbnb预订青岛一民宿竟发现摄像头》，百度网，https://baijiahao.baidu.com/s?id=1632789132429156137&wfr=spider&for=pc，2019年5月7日。

③ 《酒店重复开房致顾客受到惊吓》，江西晨报网，http://www.jxcbw.cn/mainpages/newsInfo_xiangxi.aspx?NewsID=353345，2019年10月9日。

④ 《文化和旅游部关于发布〈旅游民宿基本要求与评价〉行业标准的公告》，中华人民共和国文化和旅游部，https://www.mct.gov.cn/whzx/zxgz/wlbzhgz/201907/t20190719_845178.htm，2019年7月19日。

修改为三星级、四星级、五星级 3 个等级,并划分条件,这更有助于消费者鉴别。

2. 旅游住宿业自身安全监督整治力度不断加强

随着国家对住宿业多种标准及监管政策的出台,我国各省份住宿业相关部门也不断加强安全防范管理。例如,2019 年 2 月 26 日,由珠海市第九届人民代表大会常务委员会通过的《珠海经济特区旅游条例》,于 3 月 1 日起施行。① 条例针对珠海市旅游业存在的政府及部门职责不清、统筹不够,旅游基础设施建设和公共服务相对滞后,旅游市场监管力度及执法手段不足,以及民宿等旅游新业态迅猛发展、存在监管空白等主要问题进行规范。

3. 人工智能时代下新型旅游住宿业态的安全管理亟待规范

近年来,传统旅游住宿业面临着新型旅游住宿业态(如民宿、邮轮、房车等)的冲击,尤其是人工智能作为时下最热点的主题之一,被越来越多的住宿业主运用于住宿管理中。例如,2019 年 11 月 13 日,我国首个"智慧邮轮"正式运营,整艘邮轮利用人工智能系统,简化游客登船手续,受到游客的一致好评。② 而我国民宿市场中的智能民宿规模也在不断扩大,民宿中的人工智能运用,从过去的 AR、VR 看房模式到现在的智能家居甚至是无人化阶段。③ 可见,传统酒店的安全管理已不再适用于所有住宿形态的需求,目前国内尚未对智慧型住宿的安全管理提供统一的规范,因此,未来对人工智能时代下,新型住宿业态的安全规范是旅游住宿业需要关注的重点。

---

① 《最新通知!〈珠海经济特区旅游条例〉将于 3 月 1 日施行!》,搜狐网,http://www.sohu. com/a/298329700_ 660455,2019 年 2 月 27 日。

② 《中安未来助力打造国内首个"智慧邮轮"》,搜狐网,http://www.sohu.com/a/356815592_ 397987,2019 年 11 月 27 日。

③ 《权威发布:2019 上半年中国民宿行业发展研究报告》,中文网,http://ex.chinadaily. com.cn/exchange/partners/82/rss/channel/cn/columns/sz8srm/stories/WS5db16cbca31099ab995e7 a64.html,2019 年 10 月 24 日。

三 2019年影响中国旅游住宿业安全的主要因素

（一）旅游住宿企业因素

1. 住宿业门槛降低，经营者群体复杂

近年来，我国旅游业发展迅速，在第三产业中占据重要地位，不仅推动经济增长还促进相关企业的发展。尤其是随着旅游业中新型住宿业态的出现，旅游住宿业呈现以下几点特征：投入成本低、市场准入门槛低、竞争力大、住宿业水平参差不齐。旅游住宿业较低的行业门槛决定了该行业经营者群体的复杂性，特别是小型住宿业的经营者大多数追求利益而忽视住宿条件的安全性。具体表现在：对消防设施等投资少、定期维护安全设备的频率低、员工安全管理培训不足、相关工作人员安全意识薄弱等。如2019年7月22日，河南省商丘市睢阳区一家快捷酒店火灾自动报警系统、室内消防栓、疏散指示标志、应急照明灯等设备存在不合格现象，存在严重的火灾安全隐患。[①]

2. 服务意识薄弱，忽视安全管理

旅游住宿业中主体服务意识不强，特别是旅游住宿业经营者盲目追求利益、不重视服务管理、忽视安全问题等都极大地增加了旅游住宿业安全事件的发生并造成顾客的人身财产损失。如电梯故障、客房内偷窃、公共区域地板过滑导致客人摔伤等，大多是由于住宿业安全管理不足而导致的安全事件。

3. 旅游安全知识普及率低

旅游住宿业中相关企业的安全知识宣传力度不足、缺少内部员工安全知识培训、员工安全事故警惕性低，主动对顾客进行安全知识讲解的意识薄

---

① 《消防突击检查 酒店安全隐患大》，商丘安全网，http：//sqtv. net/news/bencandy. php？fid = 57&id = 150196，2019年7月23日。

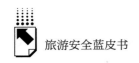

弱。因此，员工在工作过程中极有可能由于操作不当或安全意识薄弱导致安全事故的发生。

（二）相关旅游部门因素

1. 行业主要法律法规及产业政策还有待完善

目前，我国旅游住宿业现行的法律法规主要围绕住宿规范、食品安全、卫生管理、消防等方面展开。[①] 其中，关于住宿规范的条例有《中国旅游饭店行业规范》（2009 年修订）、《商品房屋租赁管理办法》（2010 年修订）、《中国饭店管理公司运营规范（试行）》（2010）、《旅游业治安管理办法》（2011 年修订）；关于食品安全的条例有《中华人民共和国食品安全法》（2009）、《食品经营许可管理办法》（2017 年修订）；关于卫生管理的条例有《住宿业卫生规范》（2007）、《公共场所卫生管理条例实施细则》（2017年修订）；关于消防的条例有《中华人民共和国消防法》（2008 年修订）。另外，为鼓励住宿业发展及产业结构的升级，我国还推行了一系列有关政策，如《商务部关于加快住宿业发展的指导意见》（2010）、《关于开展特色小镇培养工作的通知》（2016）、《关于促进全域旅游发展的指导意见》（2018）等。

虽然我国在旅游住宿业的相关法律法规及产业政策已经有所成效，但是旅游住宿业安全突发事件还频频出现，如酒店内发现针孔摄像头、客房内遭陌生人入侵、"黄赌毒"事件频发等。可见，旅游住宿业相关法律法规还有待完善，尤其近年来新型住宿业态（如房车、邮轮、民宿等）的兴起，传统的旅游住宿业相关政策并不完全适用于此新型住宿业态。

2. 相关执法部门执法力度不够

现阶段，我国旅游住宿业的分管部门众多，包括中华人民共和国文化和旅游部、中华人民共和国公安部、国家卫生健康委员会、中华人民共和

---

① 《2019 年中国酒店住宿行业主管部门、监管体制、法律法规及政策》，中国报告网，http：// zhengce. chinabaogao. com/jiudiancanyin/2019/0H64355092019. html，2019 年 7 月 26 日。

国商务部等。目前，我国还未设立专门的住宿业安全管理部门处理相关旅游住宿业安全事件。因此，在旅游住宿业发生安全突发事件时，容易出现有关部门职责分配不清、相互推卸责任的现象。近年来，旅游相关部门受理的多起旅游投诉案件中，大多数是顾客在网络媒体上曝光才引起相关部门的重视。

（三）旅游住宿业员工因素

由于旅游住宿业在国内的快速扩张，对员工的需求也越来越大，且旅游住宿业从业人员中以基层人员的数量居多，故对员工的素质要求不高，员工中极易混入犯罪分子。如2019年5月，深圳南山瑞某酒店工作人员郭某利用其职位优势，潜入客房偷换客人购买的昂贵酒水。①

（四）顾客自身因素

顾客安全知识不足及安全意识薄弱也是造成旅游住宿业安全突发事件发生的重要因素之一，如2019年4月8日，黑龙江省哈尔滨市江洪宾馆客房内被子起火导致宾馆发生火灾，造成宾馆严重损失。② 另外，顾客自身心理素质差导致的自杀或杀人事件及在住宿客房内从事违法犯罪活动（如黄赌毒等）也屡屡发生。如2019年3月18日，湖南省娄底市金谷南路某酒店一男子在客房内吸毒被发现后，爬上酒店广告牌以自杀相逼③。

（五）自然环境因素

据中华人民共和国应急管理部官方数据显示，2019年，我国自然灾害

① 《酒店管理员购买假酒　偷梁换柱盗走客人茅台》，新浪深圳，http：//shenzhen.sina.com.cn/news/s/2019－09－27/detail－iicezzrq8689097.shtml，2019年9月27日。
② 《哈尔滨一宾馆突发火灾，现场浓烟滚滚，所幸没有人员伤亡情况》，网易号，http：//dy.163.com/v2/article/detail/ECDJ6M4B05450U61.html，2019年4月10日。
③ 《娄底一男子酒店吸毒怕被抓　爬上酒店广告牌摇摇欲坠》，腾讯大湘网，https：//hn.qq.com/a/20190324/002348.htm，2019年3月24日。

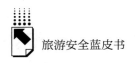

以洪涝、台风、干旱、地震、地质灾害为主①。其中对旅游住宿业安全影响较大的自然灾害为台风、地震，且受害酒店集中在四川、浙江两地。如2019年6月17日，四川省宜宾市长宁县发生6级地震，导致一宾馆局部坍塌②。

（六）设施设备因素

旅游住宿业硬件设施的脆弱性也是导致安全事件发生的重要因素之一。旅游住宿业设施设备主要包括两个部分，一是客房内硬件设施；二是公共区域的设施设备（如餐厅、娱乐区域、大堂等）。客房作为顾客停留时间最长的区域，其设施设备的使用率、磨损率最大。如2019年旅游住宿业发生的安全事件中，就出现顾客在客房洗手间内遭到玻璃门破碎而造成人身伤害的事故。③另外，住宿业公共区域的设施故障，也容易引发安全问题。

四 2020年中国旅游住宿业安全形势展望与管理建议

（一）形势展望

1. 新型住宿业态的安全仍将是未来关注的重点

短短几年内住宿业新型业态不断出现并快速扩张，我国住宿业开始进入新的发展阶段。精品酒店、民宿客栈、主题酒店、度假公寓、短租民宿、房车、邮轮等非传统住宿业态百花齐放，受到顾客的欢迎与喜爱，这些住宿形式和传统酒店业共同组成了国内住宿业的市场新形态。未来，随着旅游业的发展，游客更注重旅游体验，尝试新的出游方式，选择新的住宿形式。因

---

① 《应急管理部发布2019年全国自然灾害基本情况》，应急部网站，http：//www. gov. cn/ shuju/2020－01/17/content_5470130. htm，2020年1月17日。

② 《四川宜宾地震梅硐镇一宾馆坍塌　警方：伤亡暂不明》，新浪新闻，http：//news. sina. com. cn/c/2019－06－18/doc－ihvhiqay6368975. shtml，2019年6月18日。

③ 《浴室玻璃门倒下砸伤来访女孩　酒店称只赔付一半医药费》，华商网，http：//news. hsw. cn/system/2019/0525/1087648. shtml，2019年5月25日。

此，旅游住宿企业及有关部门要高度重视新型住宿业态的发展及安全事件的发生，为旅游住宿业提供安全保障。

2. 地方性相关民宿政策将会继续加强

2019年，国内许多城市尤其是沿海城市为支持当地民宿业的发展陆续颁布了相应的政策[①]：海南省住建厅发布《海南省乡村民宿发展规划（2018~2030）》；浙江省金华市颁布了《全市民宿发展总体规划》；浙江省宁波市出台《特色客栈等级划分规范》；广东省深圳市出台《深圳市大鹏新区民宿管理办法（试行）》等。未来，受到沿海城市的带动作用，中西部地区也需要加强对民宿的管理，规范民宿服务，打造安全有序的住宿环境。

3. 旅游住宿业依旧是黄赌毒事件聚集的重要场所

2019年社会安全事件中刑事治安事件突出，尤其是黄赌毒安全事件。虽然近年来有关政府扫黄打黑行动持续进行，但是犯罪事件依旧存在。由于住宿业的大量增多，门槛降低，给不法分子有了可乘之机。特别是经济型小旅馆治安防范不高、隐蔽性较强，黄赌毒人群瞄准住宿业特别是经济型小旅馆作为犯罪场所，因此在未来住宿业发展中，还是要注意如民宿、宾馆等家庭式经营住宿场所的顾客往来记录，排除安全隐患。

4. 旅游住宿业要处理好新型冠状病毒带来的影响

2019年底发生的新冠肺炎疫情，至今已经对各行各业造成了严重影响，旅游住宿业作为人口集聚的产业，受此次疫情的影响不容小觑。因此，2020年旅游住宿业当务之急是加快完善公共卫生的管理，特别重视的是餐饮卫生的监督。另外，疫情过后要特别注意公共区域的卫生管理，进行全方面消毒，以提高顾客安全感知并恢复入住信心。

（二）管理建议

1. 构建合时合地的旅游住宿业安全防范体系

相关部门首先要重视旅游住宿业安全管理，制定完善的旅游住宿业安全

---

① 《2019年全国民宿政策汇总》，网易网，http://m.sohu.com/a/357300508_120416963/，2019年11月29日。

保护政策。特别是针对近年来住宿新业态的出现，重视新型住宿形式的安全管理，区分其与传统酒店的差异，加快出台针对不同类型旅游住宿企业的安全规范条例。严格监督好旅游住宿企业的服务管理以提高旅游住宿业服务品质，并对其进行走访检查以减少安全事件的发生。加大执法力度，对违反规定的企业进行严厉惩治。

2. 增强安全预警和应急管理能力

旅游住宿企业要及时向有关部门反馈安全事件的发生，为构建旅游住宿业安全防范体系提出具有建设性的意见。同时，针对不对类型的旅游住宿业安全事件，采取不同的应对措施：对于事故灾难事件，旅游住宿企业要及时对安全设施设备进行维护，加大对硬件配套设施的资金投入；对于公共卫生事件，旅游住宿业要保证住宿卫生条件符合相关规定、关注员工健康及精神状态；对于社会安全事件，旅游住宿企业应加强住宿安全保卫系统的构建，为顾客提供安全的住宿环境；对于自然灾害事件，旅游住宿企业要积极配合相关部门做好安全防备措施并建立紧急预备方案，以备不时之需。

3. 提高员工和顾客安全意识

旅游住宿业员工和顾客作为住宿业安全事件发生时直接受到威胁的人群，有必要提高其安全意识和应急自救能力。政府和企业首先要起到引导作用，具体表现为：相关部门应加大安全知识的社会宣传，企业定期对员工进行安全培训。员工和顾客也要提高自身的安全防范意识，自主学习相关安全知识，关注新闻动态，在安全事件发生时做出正确的判断，保护自己和他人、减少损失。

4. 密切关注气象变化，加固旅游住宿业硬件设施建设

自然灾害的发生具有不可预测性和极大的破坏性，旅游住宿业应时刻关注气象变化的相关动态，在不良天气发生前提前做好防御措施。特别是位于自然灾害多发区（如山脚、海边、地震带等）的酒店、民宿等，更要注意台风、地震、海啸等自然灾害。同时旅游住宿业要加固硬件设施建设，不定期排查安全隐患，最大限度地发挥建筑物在自然灾害发生时的承受能力。

B.3

2019～2020年中国旅游餐饮业的
安全形势分析与展望

汪京强　李聪　冯萍*

摘　要： 2019年，我国餐饮业依旧保持着迅速发展态势，旅游餐饮业安全形势较好，但是仍有较多餐饮安全事件发生。餐饮安全事件类型及引发原因多种多样且部分事件危害性大，造成严重后果。餐饮安全管理、餐饮经营主体和消费者自身是影响餐饮安全的主要因素。展望2020年，旅游餐饮业安全风险仍呈多样化趋势，传染性公共卫生安全事件防控将成为旅游餐饮业安全管理的新目标，小型餐饮店仍是政府监管的主要对象，为保障旅游餐饮业的安全、加强传染性公共安全事件防控意识需要政府、餐饮经营者和消费者共同努力。

关键词： 旅游餐饮业　餐饮业安全　安全形势展望

在消费升级、团餐崛起、资本介入、冲击上市、智能科技渗透、新零售浪潮席卷等大背景下，中国餐饮业引来了巨大的机遇与挑战，据国家统计局最新公布数据显示，2019年1～10月全国餐饮业收入达36932亿元，与上年同期相比增长9.4%，据商务部服贸司司长冼国义表示，2019年全国餐饮

---

* 汪京强，华侨大学旅游学院高级实验师、硕士生导师，博士，主要研究方向为神经旅游实验学、酒店管理、餐饮管理、旅游实践教学等；李聪，华侨大学旅游学院硕士研究生，研究方向为旅游企业管理；冯萍，华侨大学旅游学院硕士研究生，研究方向为旅游企业管理。

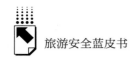

业收入有望达到 4.6 万亿元。餐饮作为旅游六要素之一，餐饮安全成为旅游安全的重要组成部分，是旅游活动顺利展开的重要保障。

以"餐厅、饭店、酒店""食物中毒""食物造假""食物卫生""外卖造假、卫生事件""价格虚高、欺诈""火灾爆炸""打架斗殴事件"等为关键词在百度网、网易网、新浪网、腾讯网、搜狐网以及各地方网站对 2019 年我国发生的旅游餐饮业安全事件进行搜索，搜索日期截至 12 月 31 日，共搜索到安全事件 137 起。结合事件类型，分析了 2019 年我国旅游餐饮业安全事件类型分布与特点、影响旅游餐饮业安全的主要因素以及旅游餐饮业安全管理的主要进展，并且针对性地提出了 2020 年旅游餐饮业安全管理建议。

一　2019 年中国旅游餐饮业安全总体形势

2019 年，我国旅游餐饮业消费持续增长，旅游餐饮业安全形势总体较好，旅游餐饮业安全事件较 2018 年有所下降。然而，由于影响餐饮业安全因素的复杂性，旅游餐饮安全事件的发生仍不可避免。通过八大类餐饮安全事件的搜索结果可知，餐饮安全事件类型呈多样化，造成不同程度的人员伤亡和财产损失，但从事件后果来看，食物中毒、火灾爆炸、打架斗殴类安全事件所造成的财产损失、人员伤亡更为严重。总的来说，2019 年旅游餐饮安全事件虽较往年有所下降，形势逐渐向好，但仍不可避免地发生在全国各地大大小小的酒店、饭店、餐厅、餐馆。因此，对于旅游餐饮业安全仍需高度重视，而旅游餐饮业安全管理水平仍有待提高。

二　2019 年中国旅游餐饮安全事件内容分析与特征

（一）旅游餐饮安全事件分布特征

1. 时间分布特征

从事件发生的时间来看，旅游餐饮安全事件在一年内的各个月份都有发生，但是也存在集中特点。2019年集中发生在3月（23起），7月（20起）和5月（15起），总计58起，占事件总数的42.3%。3月餐饮安全事件数量多，是因为"3·15"期间一些安全事件被爆出。综合2018年和2019年的数据，餐饮安全事件在3～8月发生较多，这和我国的旅游旺季的时间相对应，同时这几个月天气较热，容易发生食物变质、食物卫生难控制等问题（见图1）。

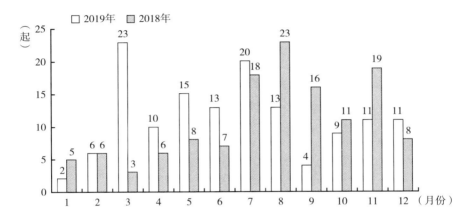

图1 2018年与2019年中国旅游餐饮安全事件时间分布对比

资料来源：根据新浪网、腾讯网旅游餐饮安全事件新闻文本内容整理分析。

2. 空间分布特征

从事件发生的地域来看，2019年全国共25个省区市发生旅游餐饮安全事件，事件发生最多的省份是浙江省（17起），其次是江苏省、江西省和河北省，各发生了10起安全事件，山东省和云南省各发生了9起安全事件，四川省和海南省各发生了7起安全事件，共计79起，占旅游餐饮安全事件总数的57.7%。事件发生的区域主要集中在华东（53起）和华南（28起），总计81起，占总数的59.1%，与2018年相比，华东地区仍是发生安全事件的主要区域，其次是华南地区，华北地区发生的事件有所增加，华中地区有所减少，东北、西北和西南地区基本保持持平（见图2）。

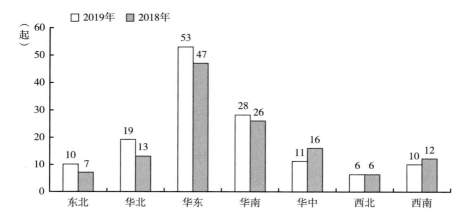

图2 2018年与2019年中国旅游餐饮安全事件各区域分布对比

资料来源：根据新浪网、腾讯网旅游餐饮安全事件新闻文本内容整理分析。

3. 类型分布特征

参照国家旅游局综合协调司编纂的《旅游安全知识总论》中的安全事件类别，可将旅游餐饮安全事件归为事故灾难、公共卫生事件、社会安全事件和网络餐饮购物安全事件四大主类。事故灾难37起，占比为27.0%，公共卫生事件62起，占比为45.3%，社会安全事件34起，占比为24.8%，网络餐饮购物安全事件4起，占比为2.9%。其中事故灾难包括火灾爆炸和设施事故，公共卫生事件包括食品安全事件、食品卫生事件、设施环境卫生事件和食品造假事件，社会安全事件包括刑事治安事件和价格虚高事件，网络餐饮购物安全事件包括外卖卫生事件和外卖造假事件。在这些旅游餐饮安全事件亚类中，火灾爆炸事故最多，共34起，占比24.8%，其次是食品安全事件，共26起，占比19.4%（见图3）。

（1）事故灾难

①火灾爆炸

火灾爆炸事故是餐饮业出现频率较高且往往会造成很严重后果的一种安全事故。2019年共搜集到34起火灾爆炸事故，具体包括液化气罐泄漏引起爆炸，管道、电线等设备老化引起火灾，油污处理不及时遇明火被点燃引起

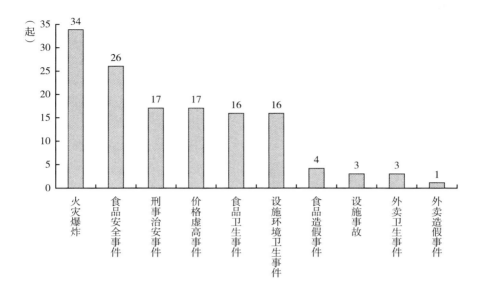

图3　2019年中国旅游餐饮安全事件类型分布

资料来源：根据新浪网、腾讯网旅游餐饮安全事件新闻文本内容整理分析。

火灾，员工工作过程中违规操作和操作不当引起火灾。其中7起事故造成人员死亡，20起事故造成人员受伤。例如2019年4月17日晚9：50左右，河南一饭店因餐桌旁一煤气罐出气管脱落导致煤气泄漏发生燃烧，现场共造成8人受伤[①]。

②设施事故

餐饮业设施事故主要是设施设备年久失修、使用不当等原因引发的安全事故，这类事故往往具有突发性，危害顾客和员工的人身和财产安全，对餐厅的声誉也造成影响。例如2019年10月13日，北京一网红餐厅的玻璃窗掉落，导致一位顾客后背和腿部严重擦伤[②]。

---

① 《巩义市回郭镇一饭店煤气泄漏烧伤8人应急管理部门赶往现场救援》，中原网，https：//news. zynews. cn/zz/2019－04/18/content_11758682. htm，2019年4月18日。
② 《失重餐厅玻璃砸人网红餐厅惹事了两米多长三五厘米厚玻璃碎一地》，万家资讯，http：//365jia. cn/news/2019－11－21/FB115EED34F22351. html？spm = 0. 0. 0. 0. e0z74z，2019年11月21日。

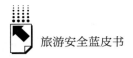
（2）公共卫生事件

①食品安全事件

食品安全事件是每年发生频率极高的一种餐饮安全事件，对于受害者有很严重的影响。食物中毒是食品安全事件的常见表现形式，无论是在小餐厅还是大酒店都时有发生，且这种事件一旦发生往往波及范围较大。如2019年2月8~10日，黑龙江一度假村内有100多位游客出现了腹泻、腹痛、呕吐、发烧等食物中毒症状。①

②食品卫生事件

食品卫生可能暂时没有造成严重的后果，但是当其累积到一定程度时也会造成很大的伤害。2019年共搜集到16起食品卫生事件，主要包括就餐过程中吃出异物、餐具卫生不达标和食物中检测出不应该有的化学成分。例如2019年7月，杭州食品安全监督抽检活动中检出7家餐厅卫生不合格，原因都是在餐具上检出大肠菌群（国家食品安全标准规定不得检出）。②

③设施环境卫生事件

设施环境卫生保障是餐饮卫生保障的一大基础，设施环境不仅包括与顾客直接接触的就餐环境，还包括间接与顾客接触的厨房环境。2019年共搜集到16起设施环境卫生事件，主要包括厨房卫生不达标、就餐环境恶劣、从业者个人不注意卫生等问题。如2019年8月27日，记者暗访广东莞城一人气西餐厅过程中发现，该餐厅无食品安全公示，诸多管理细节问题需改善，如厨师处理食材时没有佩戴口罩和手套，没有餐具消毒设备等。③

---

① 《复星旅文旗下亚布力Club Med数名消费者现食物中毒症状》，北京商报，http：//www.bbtnews.com.cn/2019/0210/285464.shtml，2019年2月11日。

② 《餐具检出大肠菌群！杭州富阳7家餐厅上卫生黑榜，你去过哪家？》，消费者报告，https：//baijiahao.baidu.com/s?id=1646019604120034619&wfr=spider&for=pc，2019年9月29日。

③ 《一起查餐厅 | 记者暗访莞城一家人气西餐厅：无食品安全公示管理细节需改进》，东莞新闻网，http：//news.timedg.com/2019-08/27/20864536.shtml，2019年8月27日。

④食品造假事件

食品造假是一种令人发指的行为，因为这种餐饮安全事件都是人为因素造成的。不良商家为了谋取利益，做出以次充好的行为，这种行为严重损害了消费者的健康和利益。2019年共搜集到4起食品造假事件，如2019年8月11日，有顾客发现海南一家茶餐厅的咖喱牛肉包的馅料中完全没有咖喱，只有是牛肉和菠菜。①

（3）社会安全事件

①刑事治安事件

餐饮业刑事治安事件包括偷窃、打架斗殴、纵火、恶意打砸、诈骗、凶杀等。2019年共搜集到17起餐饮刑事治安事件，其中包括打架斗殴15起，恶意打砸2起。打架斗殴事件多发生于相关人员饮酒后，如2019年2月16日，广东汕头一家酒吧门口发生一起多人打架斗殴事件②。

②价格虚高事件

自从宰客事件被爆出后，公众对宰客事件给予了关注，价格虚高事件得到了一定的压制，但是仍有发生。2019年共搜集到价格虚高事件17起，其中包括未明码标价、价格欺诈、乱收费、高价菜、最低消费限制等问题。如江西一餐厅包厢设置最低消费为每人200元，另外每人还要收取10元的餐位费及10%的服务费③；浙江一家餐厅提供的菜单没有标价，并且在给客人结账时将两个菜品重复收费④。

（4）网络餐饮购物安全事件

随着互联网的快速发展，外卖餐饮发展越来越火爆，但是随之也引发了

---

① 《咖喱牛肉煎包里没有咖喱？海口一餐厅被质疑欺骗消费者》，南国都市报，http：//www. hinews. cn/news/system/2019/08/12/032153227. shtml，2019年8月12日。

② 《海丰美食街某酒吧门口发生打架斗殴事件》，网易网，http：//dy. 163. com/v2/article/detail/E84U3J1J05381T4K. html，2019年2月16日。

③ 《南昌荣府餐厅收费潜规则多：包厢人均最低消费200元》，凤凰网，http：//jx. ifeng. com/a/20191121/7840164_ 0. shtml，2019年11月21日。

④ 《点了11个菜算了13个菜的钱，海宁一小餐馆不明码标价还乱收钱……》，浙江新闻，https：//zj. zjol. com. cn/news/1159624. html，2019年3月18日。

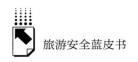

一些新的问题，主要包括外卖卫生问题和外卖造假问题。有的外卖餐饮店使用变质食材，有的外卖餐饮店并没有实体店，网络平台提供的信息与实际严重不符，食品制作环境非常恶劣。

（二）旅游餐饮安全事件特点

1. 旅游餐饮安全事件类型及引发原因多种多样，安全隐患排除难度加大

2019 年旅游餐饮安全事件包括事故灾难、公共卫生事件、社会安全事件和网络餐饮购物安全事件四大主类，四大主类又可具体分为 10 个亚类，19 个小类，可见安全事件的种类很多。除此之外，每一类安全事件的产生原因也比较复杂，如火灾爆炸事件的发生，有的是人为因素造成，如厨师擅自离开油锅等；有的是设备因素造成，如线路老化、管道老化、燃气泄漏等。这些各种各样的因素增加了安全隐患排查工作的工作量，为安全排查工作的展开造成了困难。

2. 社会安全事件比例增加，人为因素影响显著

和往年相比，社会安全事件占餐饮安全事件总数的比例大幅度增加，2018年社会安全事件占比为 17%，2019 年占比为 25%，增加了 8 个百分点。相比事故灾难，人为因素在社会安全事件的形成原因中占比较高，多起刑事治安事件是由于消费者自身因素造成的，如酒后打架、语言冲突引发肢体冲突；价格虚高事件同样是人为因素造成的，比如经营者乱收费、售卖高价菜、账单与菜单价格不一致等。如果相关人员足够重视，这些安全事件都是可以避免的。

3. 部分安全事件危害性极高，后果严重

火灾爆炸事故和食物中毒事件是餐饮安全事件中发生频率最高的两种事件类型，且两种事件爆发后均会造成较为严重的后果，对于经营者和消费者的人身和财产安全均会造成较大的危害。火灾爆炸事故具有突发性，一旦发生，相关人员很难及时得到保护，最终造成严重后果。食物中毒事件往往会一次性涉及较多人员，在 2019 年搜集到的 26 起食物中毒事件中，有 3 起事件造成相关人员死亡，10 起事件造成人员伤亡数达到几十人甚至上百人。

三 2019年影响中国旅游餐饮业安全的主要因素

（一）餐饮安全管理因素

餐饮安全管理因素主要是监管执行存在漏洞，给予不法商家可乘之机。虽然近年来国家出台了很多与餐饮安全相关的法律法规，但是在具体落实的过程中却没能做到百分之百。对于一些不起眼的小餐饮店未能进行查处，对于一些查出问题的餐饮店处罚力度不够，导致警示作用不够，对于网络外卖等问题不够重视，还没有找到切实可行的处罚措施。

（二）餐饮经营主体因素

首先，部分餐饮经营者安全意识薄弱，且对其员工的安全培训不够重视。火灾爆炸和设施等事件多是由于经营者对安全隐患的排除不够重视，没能做到定期检查相关设施设备，造成设备的老化成为事件爆发的主要导火索。同时，还有很多事件是由于工作人员操作不当引起的，这说明经营者对其员工的安全培训工作没有做到位。

其次，部分餐饮经营者道德操守恶劣。在这些发生的事件中有很多是人为因素造成的，例如食品卫生、食品造假、高价菜、乱收费等问题。部分经营者在追求低成本，高利润的过程中忽略了安全。还有部分餐饮经营者为了自身利益，利用制度的缺陷"打擦边球"企图蒙混过关。

（三）消费者自身因素

首先，部分消费者安全意识薄弱。除了政府和餐饮经营者之外，消费者自身的安全意识薄弱也是造成一些餐饮安全事件的重要原因。有很多消费者选择在外就餐后就完全放松了警惕，把所有的安全责任都放在商家身上，如2019年5月15日，有顾客在密闭的环境中吃铜锅，没有询问铜锅使用的具体燃料，最后因木炭未完全燃烧导致多人一氧化碳中毒。在外卖点餐时，多

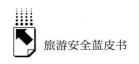
数消费者并不会考虑商家的资质而直接点餐，餐饮安全完全得不到保障。

其次，部分消费者维权意识不足。部分消费者在遇到餐饮安全事件时，维权意识完全不够。一是没能留下事件发生时足够的证据，导致后续维权过程变得困难；二是很多消费者怕麻烦或者不知道如何正确地维权，最终没有选择去维权。这些做法使一些商家没有受到应有的惩罚，没能认识到事件的严重性，进而助长了不正之风。

四 2019年中国旅游餐饮安全管理主要进展

（一）利用数字化监管系统，提高监管靶向性

宿迁市市场监管局积极建设"互联网＋食品安全"数字化监管系统，包括远程监控、食品安全风险预警、社会共治等 16 个子系统，实现了食品安全监管工作的实时化、精准化；咸阳市市场监管局与第三方平台建立12315 直通车，将消费者的投诉第一时间传递给企业，大大提高了投诉举报结案率，通过"美团"天眼大数据分析系统，推动线上线下监管一体化，提高了网络市场监管效率。

（二）提升社会监督效果，媒体传播助力实现

厦门市市场监管局通过开设"食安厦门"微信公众号，针对百姓关注热点，采取线上线下融合的方式，联合多家媒体推出《月月十五查餐厅》特别节目，邀请人大代表、政协委员、市民代表全程参与餐饮单位的现场检查工作，为公众参与执法监督、共筑餐饮安全综合治理防护网提供了渠道。

（三）外卖卫生成监管重点，企业、政府合力治理

平顶山市市场监管局推行外卖封签全覆盖政策，切实保证餐饮外卖配送环节中的安全问题。整合多方力量，通过定点制作、线上订购、线下配送，解决外卖封签推广、普及过程中的瓶颈问题。眉州东坡餐饮管理（北京）

有限公司针对餐饮外卖菜品，统一要求所有门店专设"外卖打包间"，做"有品质的外卖"。福州市市场监管局搭建"e治理"平台，建设监管部门、网络订餐第三方平台和从业人员的共治信息通路，一同为推进网络餐饮市场社会共治保驾护航。

五　2020年中国旅游餐饮业安全形势展望与管理建议

（一）2020年旅游餐饮业安全形势展望

1. 传染性公共卫生安全事件防控将成为餐饮安全管理的新目标

新冠肺炎疫情给餐饮安全管理者敲响了警钟，此次疫情具有突发性、未知性、潜伏期长、传染性强等特点，暴露了餐饮安全管理此前未曾"开发的领域"，即针对未知的突发性公共卫生安全事件以及常见型传染性疾病的餐饮安全管理。中国餐饮业用户体量庞大，餐饮行业的日常预防在突发疫情时就显得极为重要，不仅如此，针对常见型传染性疾病的餐饮安全管理为堂食消费者健康安全提供了保障。因此，2020年针对传染性公共卫生安全事件的餐饮安全管理将成为餐饮行业安全管理的新目标。

2. 食物中毒、餐饮卫生以及火灾爆炸类安全事件仍是旅游餐饮安全的最大隐患

尽管影响旅游餐饮安全的风险因素呈多样化，但回顾2019年餐饮安全事件发生类型可以发现，旅游餐饮类安全事件多集中在食物中毒、餐饮卫生、火灾爆炸方面。随着智能设备在旅游餐饮中的运用，旅游餐饮安全风险逐年降低，但食物的贮存以及燃气设备的保养仍是旅游餐饮安全漏洞存在的最大危机，这导致一定时间内食物中毒、餐饮卫生、火灾爆炸类安全事件仍然存在。

3. 小型餐饮店铺仍是政府监管的主要对象

由于小型餐饮店经营者安全意识通常较为薄弱，对食材贮存、后厨设施设备保养、火灾防范不够重视，加之复杂的经营环境，给餐饮安全监管造成

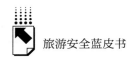

较大难度，最终使小型餐饮店成为火灾爆炸类和餐饮卫生类事件的常发地。因此，2020 年小型餐饮店依旧是政府有关部门主要的监管对象。

（二）2020年旅游餐饮安全管理建议

1. 政府应扮演好餐饮安全管理的监管者和引领者角色

政府有关部门应加大对餐饮市场的监管力度，重视各类型餐饮店安全隐患排查，定期进行餐饮安全教育、培训工作，不定期对各餐饮店进行卫生检查和安全检查，以防止食物中毒、造假、火灾爆炸类安全事件的发生；建设多元化的消费者维权渠道、完善消费者权益保障体系，坚决打击餐饮经营者诱导消费、食物掺假、阴阳菜单等行为，加大对餐饮经营者不正当经营行为的处罚力度，严格执行警告、罚款、责令改正、行政拘留等处罚；大力推动智慧餐饮平台的建设，以防止因技术不过关而导致的食材污染、食物中毒、火灾爆炸等安全事件的发生，对于推进现代化技术在餐饮安全领域的应用，政府应在政策、资金上给予一定的支持。

2. 经营者应积极建设餐饮安全防控体系

旅游餐饮经营者应重视店内安全隐患排查、食材贮存条件的建设及日常卫生检查工作，积极引进智能设备，建设智慧厨房和餐饮安全智慧监管平台，从原料采购、贮存、加工、服务、残渣处理、设备维修保养，全方位做好监督管理，建设一套系统、完整的餐饮安全防控体系；旅游餐饮经营者应始终对餐饮市场怀有敬畏之心，不在食物中掺假，不以次充好，充分尊重消费者正当利益；旅游餐饮经营者要建设良好的用餐环境，引导消费者文明用餐，维持良好用餐秩序，以防止打架斗殴事件的发生。

3. 消费者应提高维权意识及文明用餐意识

消费者应提高自身维权意识，敢于投诉，勇于"爆料"，积极利用各种正当渠道维权，借助社交媒体和社会舆论来加强对问题店铺的监管，形成以政府为主导、社交媒体为辅、全民参与的餐饮安全监管体系；消费者要提高文明用餐意识，用餐时不可高声喧哗，不可酒醉闹事，与餐饮经营者一起建设良好的就餐环境，以杜绝不必要的安全事件发生；消费者要始终怀有警惕之心，切不可因眼前一时之利而盲目消费，对于诱导消费、虚假宣传、阴阳菜单等不正当行为要敢于质疑、敢于发声。

4.加强传染性公共安全事件防控意识

自上而下加强传染性公共安全事件防控意识。首先，政府应扮演好领头人的角色，加强对消费者的宣传教育以提高其防控意识，普及日常预防措施相关知识；同时，加大对餐饮门店传染性疾病安全管理工作的督导力度，针对餐饮经营者做相关培训工作。其次，餐饮经营者不仅要重视员工个人卫生的检查，更要加强对堂食消费者卫生情况的检查以及传染性疾病的防控，如进店前的体温测量、用餐距离、用餐人数的控制、餐具及店内其他设备消毒等。此外，应大力推动外卖业务的发展，加速线上业务进程，开拓在线经济运营新模式。最后，消费者应加强自身预防意识，积极配合餐饮门店安全管理措施，不带病用餐，不与他人密切接触。

B.4
2019~2020年中国旅游交通业的安全形势分析与展望

林明珠　余淼晶　施亚岚[*]

摘　要：　2019年全国旅游交通业安全形势总体良好，主要呈现以下几点显著特征：旅游道路交通安全事故占比高，旅游客车安全事故引关注；水路、铁路、民航交通运输形势总体安全有序，未发生重特大交通安全事故；景区内部交通安全事故时有发生，索道、缆车交通事故较多；境外旅游交通安全事故居高不下，东南亚成交通安全事故多发地等，旅游交通安全问题不容忽视。2019年，我国多部门联合出台政策，在优化节假日旅游出行环境，大数据与综合交通运输深度融合，深化交通运输与旅游融合发展及助力交通强国目标实现等方面多措并举推动旅游交通安全管理。展望2020年我国旅游交通安全形势，应通过大力发展智能科技，进一步明确旅游交通监管主体和监管责任，加强境外旅游交通安全宣传教育等举措，保障旅游交通安全。

关键词：　旅游交通业　交通安全事故　旅游客车事故

---

* 林明珠，华侨大学讲师，主要研究方向为旅游地理、区域旅游和环境；余淼晶，华侨大学旅游学院硕士研究生；施亚岚，华侨大学旅游学院副教授，主要研究方向为旅游规划与开发、旅游环境管理。

　　旅游交通是旅游者进入旅游目的地的主要途径，也为旅游者在旅游目的地各景点进行旅游活动提供服务。旅游交通主要包括公路、铁路、水运、航空和公共旅游交通等。随着人们消费升级与旅游服务产品需求的急剧增大，旅游产业已进入全域发展时代，旅游交通成为旅游产业的催生素和发展的重要引擎。因此，旅游交通安全是旅游安全的重要载体，是推动旅游产业健康快速发展的有力保障。

一　2019年中国旅游交通业安全的总体形势

　　2019年，我国交通运输呈现良好发展态势。全国交通运输四大系统工作成效显著，铁路和民航运输各方面数据保持较快增长速度，继续发挥各自优势。公路方面，据交通运输部统计数据，2019年1~11月旅客客运量累计1199973万人，为2018年同期的95.2%，旅客周转量达82085524万人公里，为2018年同期的95.5%。水路方面，2019年1~11月旅客客运量累计25583万人，为2018年同期的97.6%，旅客周转量达751097万人公里，为2018年同期的101.2%[①]。铁路方面，根据中国铁路总公司官网统计数据，2019年1~11月旅客发送量累计331578万人，为2018年同期的108%。旅客周转量达13606.77亿人公里，为2018年同期的103.5%[②]。民航方面，根据中国民用航空局发布的统计数据，2019年1~10月，全国旅客运输量达55406.5万人，为2018年同期的108.3%，旅客周转量达9826亿人公里，为2018年同期的109.8%[③]，2019年我国民航行业规模稳居世界第二位，服务能力显著增强，在经济社会发展中的战略地位更加凸显。

　　2019年全国旅游交通业安全形势总体良好，但依旧存在旅游道路交通安全事故频发、境外旅游交通安全事故多发等情况。境内以湖南常德旅游客车起火事故和江苏宜兴旅游客车特大交通安全事故最为严重，境外以老挝中

---

① 数据来源：中华人民共和国交通运输部网站，http：//www. mot. gov. cn/。
② 数据来源：中国国家铁路集团有限公司，http：//www. china‐railway. com. cn/。
③ 数据来源：中国民用航空局，http：//www. caac. gov. cn/index. html。

国旅行团严重车祸和美国犹他州巴士事故最为严重。在时间上，8 月为旅游交通安全事故高发期，共发生 6 起交通安全事故，其次为 6 月，共发生 5 起交通安全事故（见图 1）。2019 年水路、铁路、民航交通运输安全形势总体稳定，未发生重特大交通安全事故，但其安全问题依旧不容忽视。旅游景区内部索道、缆车等交通安全事故时有发生，也需引起相关管理者和经营者的重视。2019 年交通运输部联合其他部门出台优化节假日旅游出行环境的相关政策，推动大数据与综合交通运输深度融合，发布众多水路交通政策，旨在推动我国立体交通网形成，提升游客舒适感和满意度，保障旅游交通安全，向交通强国目标迈进。

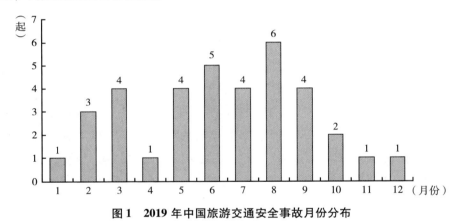

图 1　2019 年中国旅游交通安全事故月份分布

资料来源：人民网、中华网、新浪网、佰佰资讯等知名门户网站。

二　2019年中国旅游交通安全的特点和进展

（一）2019年旅游交通安全的基本特点

1. 旅游道路交通安全事故占比高，旅游客车事故引关注

据不完全统计，2019 年旅游交通安全事故除少数几起水上交通安全事故外，大部分是道路交通安全事故，其中又以旅游客车事故居多，引起社会

和业界广泛关注。例如3月22日，湖南常德境内发生一起旅游客车突然起火事故，造成26人死亡，30人受伤，事故原因为乘客携带烟火突然爆炸①。6月22日，沪昆高速江西上饶段发生一起旅游大巴自撞护栏的单方面交通事故，事故造成5人死亡，6人重伤，42人轻伤。据了解，事故与雨天视线不良、路面湿滑和司机对路况判断不准有关②。9月28日，江苏宜兴境内发生一起特别重大交通安全事故，事故起因是河南省旅游汽车客运有限公司一辆旅游客车左前轮爆胎后驶入对向车道，与货车相撞，造成36人死亡，36人受伤③。

综观以上旅游道路交通安全事故，一方面，需要加强旅游客车驾驶员和乘客的安全培训，驾驶员应加强对驾驶车辆的检查以及上车前安检工作，乘客应有安全意识，选择正规有资质的旅行社和安全风险低的客运企业。公安部排查了2019年1～10月的交通安全事故情况，筛选出河南省旅游汽车客运有限公司等在内的10大交通安全风险突出客运企业，这些旅游客运企业、公路客运所属客运车辆均发生过导致多人死伤且负有主要及以上责任的道路交通事故。另一方面，应加强安全管理工作，取缔非法经营的旅游客车、完善车辆和人员的例行检查制度等，预防减少交通安全事故的发生。

表1　2019年中国主要旅游交通安全事故分析

日期	事故地点	交通工具	事故类型	伤亡情况	事故原因
2月7日	泰国沙美岛	快艇	船祸	2人伤	快艇倾覆
2月9日	泰国普吉岛	快艇	船祸	7人伤	快艇与运油船相撞
3月8日	新西兰南岛	自驾车	车祸	3人死2人伤	撞车
3月15日	厦门	中型客车	车祸	3人伤	撞车

---

① 《交通运输部紧急派员赴湖南指导长张高速客车起火事故处置》，搜狐网，http://www.sohu.com/a/303280079_120027043，2019年3月23日。

② 《突发！已致5死6重伤，沪昆高速上一旅游大巴侧翻》，搜狐网，http://www.sohu.com/a/322482169_372698，2019年6月23日。

③ 《江苏宜兴警方通报长深高速特别重大交通事故最新进展》，搜狐网，http://www.sohu.com/a/344101160_162522，2019年9月29日。

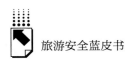

续表

日期	事故地点	交通工具	事故类型	伤亡情况	事故原因
3月19日	美国弗吉尼亚州	旅游巴士	车祸	2人死,30余人伤	翻车事故
3月22日	湖南长张高速公路	旅游客车	车祸	26人死,30人伤	乘客携带烟火爆炸,客车起火
5月	印尼巴厘岛	摩托车	车祸	1人伤	游客无照驾驶摩托车发生交通意外
5月24日	青海海南州	自驾车	车祸	2人死1人伤	撞车
5月25日	青海海南州	普通客车	车祸	6人死	撞车
5月28日	俄罗斯乌苏里斯克	旅游大巴	车祸	2人死19人伤	司机突发不适,大巴侧翻
6月5日	广西平南	玻璃滑道	—	1人死6人伤	游客由于下滑速度过快,撞破玻璃滑道护栏
6月22日	江西上饶	旅游大巴	车祸	5人死48人伤	旅游大巴自撞护栏
6月29日	广东湛江	快艇	船祸	3人死	驾驶人员安全意识薄弱,操作不规范引发翻船
6月29日	泰国清迈	旅游大巴	车祸	4人伤	司机操作不当
6月30日	内蒙古阿尔山	旅游客车	车祸	6人死30余人伤	撞车
7月11日	四川阿坝松潘县	旅游大巴	车祸	8人死16人伤	大巴被飞石击中
7月20日	哈尔滨松花江	游船	船祸	51人伤	撞船
7月21日	柬埔寨荔枝山	客运汽车	车祸	2人死11人伤	车速过快翻车
7月28日	河北承德	自驾车	车祸	7人伤	刹车失灵
8月7日	尼泊尔塔纳胡县	旅游巴士	车祸	5人伤	撞车
8月11日	台湾阿里山	游览车	车祸	11人伤	撞车
8月18日	俄罗斯莫斯科	旅游大巴	车祸	29人伤	旅游大巴撞上路灯电线杆
8月19日	老挝	旅游大巴	车祸	14人死30人伤	陡坡急弯及雨天路滑致使驾驶员刹车失灵
8月22日	泰国清迈	旅游大巴	车祸	19人伤	撞车
8月28日	云南昆明	缆车	车祸	无伤亡	索道技术故障
9月15日	澳大利亚珀斯	自驾车	车祸	2人死1人伤	撞车
9月20日	美国犹他州布莱斯峡谷	旅游大巴	车祸	4人死26人伤	大巴偏离公路撞上护栏

日期	事故地点	交通工具	事故类型	伤亡情况	事故原因
9月28日	江苏宜兴	大型客车	车祸	36人死36人伤	车辆爆胎后撞车
10月3日	江苏连云港	缆车	车祸	无伤亡	索道故障
10月初	加拿大班夫	旅游大巴	车祸	13人伤	因道路结冰发生侧翻事故
11月11日	安徽黄山	缆车	车祸	无伤亡	索道控制系统通信故障
12月8日	湖南岳阳	小型客车	车祸	3人死19人伤	司机操作不当，车辆侧翻下山谷

资料来源：人民网、中华网、新浪网、搜狐网、网易新闻、凤凰网、佰佰资讯等知名门户网站。

2. 铁路、民航、水路交通运输安全形势总体稳定，未发生重特大交通安全事故

2019年，铁路、民航、水路未发生重特大交通安全事故，安全形势总体稳定。民航局公布的数据显示，2019年，中国民航航班正常率达到81.65%，实现运输航空持续安全飞行112个月、8068万小时的安全新纪录，连续17年7个月空防安全零责任事故[1]。虽然2019年安全形势总体平稳，未有重特大安全事故，但是民航的安全问题依旧不容忽视，需进一步规范安全运行管理，增强工作人员守规意识和工作技能，抓好民航全链条安全管控。

2019年，铁路运输安全保持稳定，未发生一般A类及以上责任行车事故，未发生造成旅客死亡的责任行车事故，铁路交通安全事故和路外死亡人数同比分别下降23.3%和11.7%[2]，铁路安全保持持续稳定。

继2018年境内外旅游船难事件的发生，水上旅游安全引发关注，2019年水路交通形势总体较好，未发生重特大交通安全事故，但水路旅游交通安全事故依然没有杜绝，7月20日，哈尔滨交通集团轮渡旅游公司天河2号

---

① 《2019年中国民航运输旅客6.6亿人次，航班正常率达到81.65%》，新浪网，https：//tech. sina. com. cn/roll/2020－01－06/doc－iihnzhha0728407. shtml，2020年1月6日。

② 《2020全国铁路新目标来了！预计投产新线超4000公里》，中国日报网，http：//china. chinadaily. com. cn/a/202001/03/WS5e0ebf9aa31099ab995f5234. html，2020年1月3日。

游船载着 98 名乘客夜游松花江，与一艘运沙船相撞，造成 51 人受伤。[1] 6 月 29 日广东湛江 7 人开快艇出海，由于驾驶人员操作不规范导致翻船，3 人死亡[2]。民众的安全意识需加强，有关部门也需进一步加强国内水路交通安全管理。

3. 旅游景区内部交通安全事故时有发生，索道、缆车交通安全事故较多

2019 年旅游景区内部交通安全事故也不容忽视。8 月 28 日，由于索道技术故障，一游客在云南昆明滇池上"悬空"45 分钟。[3] 11 月 11 日，安徽黄山高空索道突发故障导致三四百位游客滞留。[4] 近年来兴起的"网红"项目玻璃滑道也存在安全隐患，6 月 5 日广西安怀镇佛子岭发生一起玻璃滑道意外伤亡事故，致 1 人死亡，6 人受伤。[5] 景区对于设施设备的检查和管理不及时，游客防护措施不到位，恶劣天气，工作人员安全意识淡薄等都会导致景区内部安全事故发生，对此应尽快制定相关标准，保障游客景区内交通安全。

4. 境外旅游交通事故居高不下，东南亚成事故多发地

2019 年境外旅游交通安全事故依旧居高不下，已严重威胁出境游客的生命安全。东南亚成为 2019 年境外旅游交通事故高发地，泰国、老挝、柬埔寨、印度尼西亚均有发生，其中，2 月 7 日和 2 月 9 日在泰国接连发生 2 起海上快艇安全事故，造成 7 名中国游客受伤[6]。除此之外，2019 年 8 月 19 日中国旅行团在老挝遭遇严重车祸，导致 14 人死亡，30 人受伤，造成重大

① 《松花江客轮相撞 你说停我就停多没面子?》，佰佰资讯，https://www.bbaqw.com/wz/135160.htm，2019 年 7 月 22 日。
② 《湛江 7 人开快艇出海，翻船至 3 人失联》，搜狐网，http://m.sohu.com/a/325129341_120065874/，2019 年 7 月 5 日。
③ 《索道突然停运，游客在滇池上"悬空"45 分钟》，搜狐网，http://www.sohu.com/a/337562863_100260304，2019 年 8 月 30 日。
④ 《黄山一高空索道突发故障! 景区发布情况说明》，合肥都市网，http://www.hfwb.com.cn/anhui/20191113/41954.shtml，2019 年 11 月 13 日。
⑤ 《"网红"玻璃滑道再爆伤亡事故，致 1 死 6 伤》，新浪网，http://finance.sina.com.cn/roll/2019-06-10/doc-ihvhiews7915731.shtml，2019 年 6 月 10 日。
⑥ 《泰国旅游连发快艇事故 涉水安全问题难解》，新京报网，http://www.bjnews.com.cn/travel/2019/02/10/545881.html，2019 年 2 月 10 日。

人员伤亡①。2019年7月21日，中国游客柬埔寨荔枝山遇车祸导致2人死亡，11人受伤，初步原因是车速过快致使翻车②。紧接着是北美洲、美国和加拿大均有发生旅游交通安全事故。此外，中国到澳洲自驾车旅游的隐患也在增加。

（二）旅游交通安全管理的主要进展

1. 优化节假日旅游出行环境

节假日作为旅游高峰期，交通安全事故易发多发。2019年11月24日，国家发改委联合交通运输部、文化和旅游部等9部门印发《关于改善节假日旅游出行环境促进旅游消费的实施意见》，提出完善交通基础设施、提升旅游景区管理水平、健全节假日旅游出行监测和拥堵防范化解工作机制等举措，旨在缓解节假日集中出行导致的交通拥堵问题，优化游客交通体验，推动旅游高质量发展。

2. 大数据与综合交通运输深度融合

为提升交通运输服务水平，推进交通运输治理体系和能力现代化，2019年12月9日交通运输部印发《推进综合交通运输大数据发展行动纲要（2020～2025年）》。通过夯实交通大数据发展基础、推进交通大数据共享开放、推动大数据创新应用、加强大数据安全保障、完善大数据管理体系等五项举措，推进大数据与综合交通运输深度融合。共享开放、创新、完善的交通大数据及管理体系将有益于旅游交通安全管理、旅游交通精准信息服务、景区集疏运监测预警等内容，使"交通+旅游"进一步发展。

3. 水路交通政策相继出台

近年来，发展长江经济带、"一带一路"等建设使得水路交通越来越受到重视。2019年，交通运输部联合多部门陆续出台《交通运输部关于推进

---

① 《中国旅行团在老挝车祸事故已造成14人遇难2人失联》，新浪财经，http://www.sohu.com/a/334980247_120269792，2019年8月20日。
② 《中国游客柬埔寨遇车祸2死8重伤 柬籍汽车司机逃逸》，网易新闻，http://news.163.com/19/0722/03/EKLKHGMF0001875P.html，2019年7月22日。

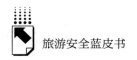
长江航运高质量发展的意见》《中华人民共和国水上水下活动通航安全管理规定》《关于推广实施邮轮船票管理制度的通知》等重磅文件，进一步完善航运基础设施功能，提供便捷的航运服务，保障航运安全，推动航运高质量发展。同时提出深化航运与旅游融合发展，完善旅游码头建设，打造游轮核心品牌等举措，推动水路旅游交通不断发展。

4. 深化交通运输与旅游融合发展

2019 年 9 月，中共中央、国务院印发实施《交通强国建设纲要》，提出深化交通运输与旅游融合发展，推动旅游专列、旅游风景道、旅游航道、自驾车房车营地、游艇旅游、低空飞行旅游等新业态发展，同时完善客运枢纽、高速公路服务区等交通设施旅游服务功能。全国多个省区市也采取措施加快构建"交通 + 旅游"融合发展新格局，例如构筑"快进慢游"的交通运输体系。

三 2019年影响中国旅游交通业安全的主要因素

（一）人员安全意识不足

综观 2019 年旅游交通安全事故，不论是境内还是境外，驾驶员及乘客安全意识薄弱、驾驶员驾驶和判断能力不足等，都是导致旅游交通安全事故发生的重要原因。"3. 22"湖南客车起火事件由于乘客携带烟火爆炸导致[1]，6 月 29 日广东湛江快艇翻船由于驾驶人员安全意识薄弱，操作不规范引发翻船[2]，5 月 28 日，俄罗斯乌苏里斯克旅游大巴车祸造成 2 人死亡，19 人受

---

① 《长张高速客车起火致 26 死原因查明：系乘客非法携带烟火药引发爆燃》，搜狐网，http：//m. sohu. com/a/304807875_100160354/，2019 年 3 月 30 日。

② 《湛江 7 人开快艇出海，翻船至 3 人失联》，搜狐网，http：//m. sohu. com/a/325129341_120065874/，2019 年 7 月 5 日。

伤,则是因为司机突发不适,导致大巴侧翻。^① 澳洲近年发生的自驾交通安全事故中,由于中国游客对澳洲交通规则和道路情况的不熟悉,危险驾驶的惨烈车祸不在少数。

(二)交通工具和设施故障

交通工具和设施故障包括车辆爆胎、刹车失灵、交通工具故障等。7月28日,河北承德自驾车刹车突然失灵导致7人受伤。^② 9月28日,江苏宜兴由于肇事车辆爆胎导致重大交通安全事故,造成36人死亡,36人受伤。2019年发生的三起旅游景区内部交通安全事故,均是因为缆车和索道发生通信故障导致。

(三)管理工作不到位

9月28日,江苏宜兴特别重大交通安全事故,其表面原因是肇事车辆爆胎,其内在原因则是肇事车辆的养护和检查存在漏洞、肇事客车长期非法运营等,事故的发生和管理的失误密不可分。无独有偶,3月22日,湖南长沙客车起火交通事故,也反映相关部门在旅客安全检查、安全宣传教育等方面的工作缺失。泰国是中国游客最为热门的境外旅游目的地之一。大量中国游客的涌入,并参与了一些高风险的涉水项目,增加了涉水项目安全事故发生的概率。但另一方面也暴露了泰国水上项目安全监管的不足。

(四)自然灾害、气候和道路因素

自然灾害、气候因素以及道路因素也影响着旅游交通安全。例如7月11日,四川阿坝松潘县旅游大巴被飞石击中^③、10月初加拿大大巴因道路

---

① 《俄滨海边疆区旅游大巴翻车 两名中国游客遇难》,人民网,https://news.china.com/internationalgd/10000166/20190528/36282546.html,2019年5月28日。
② 《承德:外出旅游突发交通事故交警迅速处置护送伤员》,河北公安交管网,https://www.hbgajg.com/html/2019/0729/41390.html,2019年7月29日。
③ 《四川松潘县一旅游大巴被飞石击中 已致8死16伤》,新浪新闻,http://news.sina.com.cn/c/2019-07-11/doc-ihytcerm3007910.shtml,2019年7月11日。

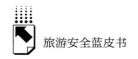

结冰发生侧翻①。东南亚雨季时期雨天能见度低、其中道路湿滑是交通事故频发的一个重要原因。再加上路况原因，更增加了交通安全隐患。中国驻柬埔寨大使馆曾于6月发布提醒，柬埔寨当地道路狭窄，机动车、摩托车、突突车（TUK - TUK）等车辆混行，当地交通安全事故频发且常造成重大伤亡，游客应掌握路况，保障交通安全。

四　2020年中国旅游交通业安全形势展望与对策研究

（一）2020年旅游交通业安全形势展望

1. 交通强国建设纲要出台，安全建设迎来新的机遇

2019年9月，中共中央、国务院印发实施《交通强国建设纲要》，提出建设完善可靠、反应快速的交通安全保障，从交通基础设施、交通安全生产体系、交通应急救援能力等方面提出了交通安全建设任务。加强交通基础设施建设和养护，规范交通基础设施技术标准，加大交通基础设施安全防护能力等，将进一步提高旅游景区的可进入性、安全性、舒适性，促进全域旅游发展。完善交通安全生产体系，将进一步健全交通安全生产法规制度和标准规范，完善交通安全责任体系，进而有助于旅游交通安全事故责任认定和后续处理等工作的完成。此外，强化交通应急救援能力，加强交通应急救援装备、设施、队伍建设，也能提升旅游交通事故救援应急能力。

2. 大数据与交通运输深度融合，安全获得更有利保障

交通运输部12月9日发布的《推进综合交通运输大数据发展行动纲要（2020～2025年）》中指出，推动综合交通运输大数据标准体系更加完善，基本建成基础设施、运载工具等成规模、成体系的大数据集，开放共享交通运输信息大数据，保障交通大数据安全。交通部门将与文化和旅游等部门形

---

① 《提醒赴加拿大中国游客注意交通安全》，中国领事服务网，http://cs.mfa.gov.cn/gyls/lsgz/fwxx/t1711423.shtml，2019年10月29日。

成数据共享交换机制，机制将在旅游交通服务、旅游交通创新、旅游交通监测预警和应急救援等方面发挥作用，使旅游交通安全得到更有利保障。

3. 综合立体交通网不断发展，推进安全体系日趋完善

2019年，国家在公路、水路、铁路、民航等交通系统建设和管理方面都发布了相关促进措施，并启动编制《国家综合立体交通网规划纲要（2021～2050年）》，目标是建立布局完善、规模合理、互联互通的海陆空综合立体交通网络。在建设过程中，也将把握安全第一的原则，推动海陆空安全体系的完善。交通是旅游的命脉，综合立体交通体系的形成，助力旅游可进入性、通达性的改善，也有利于旅游安全体系的形成和完善。

（二）2020年旅游交通业安全管理对策

1. 科技智能加持，助力旅游交通安全

大力发展以互联网、大数据、云计算、人工智能等为主要内容的新一代智能科技，将极大提升和改变旅游业的服务品质，也将起到保障旅游交通安全的作用。首先，利用互联网、大数据、云计算等现代科技手段，收集游客需求数据，精准预测、分析游客的旅程规划，做好旅游交通安全防范工作。其次，利用现代科技完成交通智能化基础设施建设，实时监控交通状况与服务状况，比如在长途驾驶过程中，驾驶员难免出现生理疲劳、分神驾驶等情况，有时还会在行车过程中接打电话、抽烟等，开发安全智能监控系统对其进行身份识别并报警提醒。再次，可利用现代科技建立云平台，通过云计算，助力旅游交通安全事故处理工作，实现事故现场远程可视化和实时化，保证事故处理的及时性，真正做到云在算、人在看、车在转。最后，可以充分利用"云端"优势开展大数据稽查，实现数据、图片、音频、视频等资料全流程可保存、可追溯、可使用，建立实时安全信息发布与预警预测机制，提高面对旅游交通安全事件的应急管理能力。智能科技也可联合境内和境外，完成实时数据交换，促进境内外旅游交通运营安全管理。

2. 进一步明确旅游交通监管主体和监管责任

注重责任认定是维护交通安全的前提保障。导致旅游交通安全事故发生

的原因纷杂,自然原因、人为原因、车辆原因等。因此,明确旅游交通监管主体和其监管责任,对旅游交通事故的预防和处理将起到较大作用。政府应完善旅游交通相关的法律法规,明确旅游交通安全事故的责任处理和落实。同时,不仅将政府作为交通监管主体,更应落实旅游企业主体监管责任,强化旅游交通源头管理。政府应组织旅游客运公司、旅行社等旅游企业,进行旅游安全教育,使其明确自身应尽的监管责任和义务。在政府部门配合下,企业应及时、按时完成车辆检查工作,处理不合格车辆等,加强对驾驶员的业务能力与应急能力培训,从源头排除交通安全隐患。

3. 保障后新冠时代旅游交通安全

2019 年底发生的新冠肺炎疫情对我国众多行业产生了巨大的负面影响,旅游业首当其冲。在疫情背景下,乘客对旅游交通卫生安全提出更高的要求,应做好交通工具的消毒、通风、清洁等工作,加强乘客的信息登记和体温检测,以避免出现新疫情;受疫情影响,大量旅游订单退单,行程取消,出行旅游人数急速下降,民航局数据显示,整个春节假期 7 天总共完成旅客运输量 651 万人次,客座率仅为 51.7%。2003 年非典过后,国家旅游市场出现井喷现象,此次疫情过后可能较多的人们会选择出游,疫情过后旅游可能会出现短暂性的爆发,这无疑会给 2020 年的旅游交通安全保障带来新的挑战,应结合大数据做好旅游流预测,保障旅游交通安全有序稳定;在疫情期间,生命和健康是最重要的,疫情以后,生活质量是最重要的,人们在旅游的时候会更倾向于以自驾游的方式参与一些户外的游憩和体验田园生活休闲等疗愈系旅游产品,这样就需要加强自驾游的旅游安全防范工作和田园乡村道路的完善工作,以保障后新冠时代的旅游交通安全。

2019~2020年中国旅游景区的
安全形势分析与展望

黄安民　范满满*

摘　要：　旅游景区是重要的旅游目的地，也是旅游者进行旅游活动的聚集场所，是旅游产业链中的核心环节，旅游景区的安全与否与整个旅游活动的顺利开展息息相关，从而影响整个旅游产业的安全。本文依据对2019年我国旅游景区安全突发事件（不包含港澳台地区）进行统计分析，系统梳理和总结了2019年我国旅游景区安全总体形势、安全事件的概况与特点、安全事件形成的原因。对2020年我国旅游景区安全发展形势进行了展望，并对2020年的旅游景区安全管理提出了建议。

关键词：　旅游景区　景区安全　旅游安全

一　2019年中国旅游景区安全的总体形势

通过文化和旅游部、国家安全生产监督管理总局、新华网、人民网、凤凰网、百度网、新浪网、搜狐网等各门户网站及各地区的新闻门户网站2019年1~12月所有关于旅游景区安全突发事件的新闻报道，对我国旅游景区安全突发事件（不包括港澳台地区）进行统计，2019年旅游景区共发

---

* 黄安民，华侨大学旅游规划与景区发展研究中心主任，教授、博士生导师，主要研究方向为旅游与休闲、景区管理、区域旅游发展战略；范满满，华侨大学旅游学院硕士研究生。

生安全突发事件 186 起，分布在 28 个省、自治区、直辖市，死亡人数为 127 人。涵盖的景区类型有地文景观类、水域景观类、生物景观类、天象与气候景观类、建筑与设施类、主题公园类。其中，地文景观类景区的旅游安全事件突发频率最高，共 88 起，占景区安全突发事件总数的 47.31%；发生在水域景观类景区的安全事件共 55 起，占景区安全突发事件总数的 29.57%；发生在生物景观类景区的安全事件共 9 起，占景区安全突发事件总数的 4.84%；发生在天象与气候景观类景区的安全事件共 1 起，占景区安全突发事件总数的 0.54%；发生在建筑与设施类景区的安全事件共 18 起，占景区安全突发事件总数的 9.68%；发生在主题公园类景区的安全事件共 15 起，占景区安全突发事件总数的 8.06%。从事件的时空特征来看，旅游景区安全突发事件大致覆盖全年各月，尤其以 7~8 月最多，这与旅游的节假日特征是一致的，并且以广西壮族自治区、四川省和浙江省最多，这与各省区市的旅游景区发展水平与旅游热度有关。从事件后果来看，旅游景区安全突发事件造成了景区的破坏、游客与景区的财产损失和人员伤亡。

二 2019 年中国旅游景区安全的概况与特点

（一）旅游景区安全事件的分布类型

1. 旅游景区安全事件的时间分布特征

从时间上看，2019 年旅游景区安全突发事件的总数较 2018 年相差无几，各月份分布略有差异。旅游景区安全突发事件较多的月份分布在 2 月、4 月、5 月、6 月、7 月、8 月、10 月。这一现象的出现与 2 月寒假、4 月清明假期、5 月五一假期、6~8 月暑期、高考结束和国庆小长假等有密切的关联，也进一步使相应月份的旅游景区安全突发事件总数占全年各月份总数的排位相对应（见图 1）。

2. 旅游景区安全突发事件分布的空间特征

从空间上看，旅游景区安全突发事件分布广，在全国 28 个省、自治区、

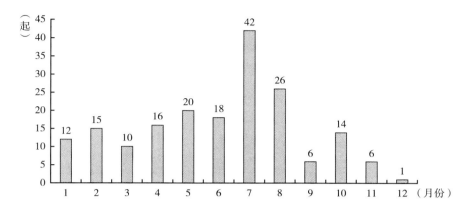

图1　2019年中国旅游景区安全突发事件不同月份分布

直辖市都有发生。其中广西壮族自治区在旅游景区安全突发事件数量上最为突出，位列第一，发生了22起旅游景区安全突发事件，较2018年明显增加；四川省位列第二，发生18起旅游景区突发事件；浙江省位列第三，发生了15起旅游景区突发事件。从整体来看，全国各省、自治区、直辖市旅游景区在安全事件数量方面相对于2018年，事件多发地区略有不同，在分布空间角度上呈现更为广泛的空间态势，应当引起全国各景区管理人员的关注（见图2）。

3. 旅游景区安全突发事件的类型分布特征

从旅游景区安全突发事件的类型分布上看，2019年发生的旅游景区安全突发事件，灾难类事件数量最多，共169起，占旅游景区安全突发事件总数的90.86%；自然灾害10起，占旅游景区安全突发事件总数的5.38%；社会安全事件6起，占景区安全事件总数的3.23%；公共卫生事件1起，占景区安全突发事件总数的0.54%。从事件性质上看，旅游游览安全事件发生最多，共136起，大多是迷路、跌倒、落水导致的旅游安全事件；其次是旅游娱乐安全事件，共47起，主要是旅游设施不完善导致，以及游客自身安全措施不到位的安全事件；此外还有旅游交通安全事件2起和旅游餐饮安全事件1起（见表1）。

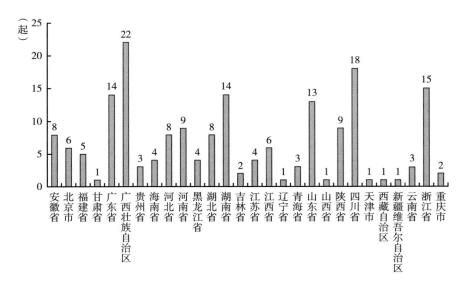

图2 2019年中国旅游景区安全事件在全国各省、自治区、直辖市的分布

表1 2019年中国旅游景区安全事件类型与性质分布情况

单位：起

事件类型	旅游交通安全	旅游餐饮安全	旅游游览安全	旅游娱乐安全
自然灾害	—	—	9	1
灾难事件	2	—	122	45
公共卫生事件	—	1	—	—
社会安全事件	—	—	5	1
合计	2	1	136	47

4. 旅游景区安全事件景区类型分布特征

从旅游景区安全突发事件发生的景区类型来看，88起分布在地文景观类景区，有55起分布在水域风光类景区，9起分布在生物景观类景区，1起分布在天象与气候景观类景区，18起分布在建筑与设施类景区，15起分布在主题公园类景区。据此，应该加大地文景观类景区和水域风光类景区的安全防范措施，提高景区管理人员与工作人员以及游客的安全意识。

（二）旅游景区安全事件的发生特点

1. 事故灾难类安全事件频繁发生

根据2019年旅游景区安全突发事件数据，突发灾难事件以169起的数量依旧占四大事件类型的首位，占旅游景区安全突发事件总数的90.86%，大多为溺水、不慎摔倒、迷路导致的事件灾难类事件。山体滑坡、违规攀登、意外坠崖、景区安全设施不完善及车辆路滑失控等原因虽相对较少，但也不能忽视。

2. 假期旅游引发安全事件高峰期

旅游安全事件每个月都有发生，但又有数量上的差异。2019年旅游景区安全突发事件，集中发生在2月、4~8月和10月。这几个月份，对应的假日旅游热分别为二月春节、4月清明节、5月劳动节、6~8月暑假、10月国庆小长假。假期旅游一直都是旅游的高峰时期，因此，游客大多选择假期出门游玩，这也在一定程度上增加了旅游景区安全事件的数量。

3. 旅游景区娱乐安全事件较去年明显增多

主题公园类旅游景区大多选址在市区近郊，吸引的人流量大，旅游景区设施使用率高。随着"网红打卡点"这一名词热度不断提升，"网红"游乐项目越来越成为深受年轻人群体和家庭旅游群体喜欢的项目，这就增加了儿童在主题公园类景区安全事件的事故概率。在2018年旅游景区娱乐安全事件数据统计中占比为14.29%，而2019年旅游景区娱乐安全事件数据统计中占比为25.27%，大约是2018年的两倍。

4. 安全事件的主要因素以游客溺水为主

从2019年旅游景区安全事件的整理结果来看，游客溺水造成的安全事件占多数，达39起，占比20.97%；相比较于2018年旅游景区溺水安全事件，在数量上增加了7%。游客溺水成为发生旅游安全事件的主要因素。39起溺水安全事件中，有2起救人导致溺水事件，1起醉酒溺水，2起海边大浪吞噬，1起游客心脏原因导致溺水，1起被水泵吸住导致溺水，2起游客不会游泳导致溺水，30起游水玩耍溺水。在水域风光类景区游览，游客需加强自身的安全意识。

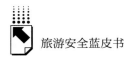

（三）旅游景区安全管理的主要进展

1. 门票预约制度得到实施和推广

为了控制旅游景区游客流量，部分热点旅游景区采取了门票预约制度，2019 年 8 月国务院办公厅印发《关于进一步激发文化和旅游消费潜力的意见》中提出推广景区门票预约制度，合理确定并严格执行最高日接待游客人数规模，到 2022 年，5A 级国有景区全面实行门票预约制度。截至 2019 年末，国内已有数十家 5A 级旅游景区实施门票预约制度，如敦煌莫高窟实行预约和单日人数限定 6000 人次的参观模式；故宫博物院试行每天限流 8 万人次及实名制购票等措施。门票预约制度的实施有效控制了景区的流量，减少了景区安全风险。

2. 景区安全管理法律法规逐步完善和落实

2019 年，文化和旅游部、国家体育总局等为景区安全出台了一系列行业标准和规范性文件，来加强对景区的安全监管（见表 2）。

表 2　2019 年出台的与中国旅游景区安全管理相关的行业标准或规范性文件

颁布时间	法律法规
2019 年 2 月 1 日	《国家体育总局　文化和旅游部关于发布"2019 春节黄金周体育旅游精品线路"的公告》
2019 年 1 月 16 日	《文化和旅游部关于实施旅游服务质量提升计划的指导意见》（文旅市场发〔2019〕12 号）
2019 年 3 月 1 日	文化和旅游部办公厅关于印发《国家全域旅游示范区验收、认定和管理实施办法（试行）》和《国家全域旅游示范区验收标准（试行）》的通知（办资源发 2019〔30〕号）
2019 年 1 月	《文化和旅游部办公厅关于加强 A 级旅游景区玻璃栈道项目管理的通知》（办资源密发〔2019〕5 号）
2019 年 7 月 3 日	《旅游民宿基本要求与评价》（LB/T 065—2019）
2019 年 3 月 14 日	《文化旅游部关于促进旅游演艺发展的指导意见》（文旅政法发〔2019〕29 号）
2019 年 7 月 13 日	《文化和旅游部办公厅关于进一步做好汛期及暑期旅游安全工作的通知》
2019 年 8 月 23 日	《国务院办公厅关于进一步激发文化和旅游消费潜力的意见》（国办发〔2019〕41 号）

续表

颁布时间	法律法规（颁布/公布单位）
2019 年 9 月 15 日	《自驾车旅居车营地质量等级划分》（LB/T 078－2019）
2019 年 11 月 12 日	《游戏游艺设备管理办法》（文旅市场发〔2019〕129 号）
2019 年 12 月 20 日	《国家级旅游度假区管理办法》（文旅资源发〔2019〕143 号）

2019 年特别值得关注的是文化和旅游部办公厅下发的《关于加强 A 级旅游景区玻璃栈道项目管理的通知》（办资源密发〔2019〕5 号），随后，黑龙江、湖北、湖南、江西、广东、福建等省文旅厅均展开行动，许多不规范的玻璃栈道项目被责令停业。[①] 一度成为各地景区"网红"项目的玻璃栈道在经历了"野蛮生长"后，得到了遏制。

3. 景区安全培训得到了管理部门的普遍重视

安全教育和安全知识培训十分重要，每个人都应该重视安全问题，安全是一切的根本。我国各地旅游主管部门积极开展安全教育培训班、研讨座谈会、实景演习等，为景区的旅游安全保驾护航。例如 6 月 27 日，华山景区举办旅游安全综合应急救援演练，分别模拟防暴恐、防地质灾害及索道救援演练，锻炼处理应急突发事件的能力[②]；7 月 5 日，浙江省永嘉县召开第三季度旅游安全例会暨安全培训会明确了各大景区、星级饭店、旅行社等旅游企业安全工作的具体职责。[③]

4. 智慧旅游技术在旅游景区安全监管中得到更多的应用

国务院强调提出"强化智慧景区建设，实现实时监测、科学引导、智慧服务"[④]，各地积极创建国家全域旅游示范区和国家 A 级景区的工作也促使一些景区的智慧旅游技术不断完善。5G 通信、物联网、云计算、大

---

① 王诗培：《玻璃栈道问题频发规范管理势在必行》，《中国旅游报》2019 年 11 月 4 日。
② 《华山景区举办全省旅游安全综合应急救援演练》，华山网，https：//baijiahao. baidu. com/ s?id＝1637503102856511105&wfr＝spider&for＝pc，2019 年 6 月 27 日．
③ 《永嘉县召开第三季度旅游安全例会暨安全培训会》，永嘉县人民政府网，http：//www. yj. gov. cn/art/2019/7/5/art_1249789_35335704. html，2019 年 7 月 5 日．
④ 《国务院办公厅关于进一步激发文化和旅游消费潜力的意见》（国办发〔2019〕41 号），2019 年 8 月 23 日。

数据、人工智能等技术广泛应用于景区安全智慧监测和安全管理系统中。例如张家界景区防控能力"智能化",率先建设景区游客集散地和旅游环保车治安视频监控系统,依托村级综治中心建立"995 十户联防 + 视频监控 + N"信息系统,自动全天候监测火险、危险地段、人车流量和治安状况。①

三 2019年中国旅游景区安全事件发生的主要原因

(一)自然灾害突发事件仍然是主要的安全隐患

根据 2019 年旅游景区安全事件统计中,自然灾害突发事件造成的后果最为严重,有山体滑坡、石头坠落、冰柱掉落、海上起浪、突发山洪等自然灾害。如 2019 年 10 月 2 日,湖北省恩施大峡谷风景区内"一炷香"平台处山体突发落石,造成 3 人经抢救无效死亡、1 人轻伤。② 旅游景区要加强地文景观类型景区和水域风光类型景区的安全防范措施,增加安全警示标识,强化安全游览教育。

(二)游客自我安全保护意识还不够

游客在旅游过程中,缺乏自我安全保护意识也是发生安全事件的一个主要原因。如 2019 年 10 月 30 日,陕西华山景区,游客背对悬崖、仰身取景自拍时突然踩空后跌,从山顶跌落悬崖③。2019 年 5 月 2 日,游客进入西双版纳国家级自然保护区野象活动区域后停车并下车活动,导致在树林内遭野

---

① 《张家界:三个推进、三项举措、三大行动打造平安景区》,湖南长安网,http://www.hnzf. gov. cn/Index. aspx,2019 年 2 月 27 日。

② 《湖北省恩施州又发生严重事故,位于大峡谷景区,事故致现场 3 死 1 伤》,搜狐网,https://www. sohu. com/a/345026088_120353550,2019 年 10 月 4 日。

③ 《女大学生华山仰身自拍,坠崖身亡》,半岛晨报,https://baijiahao. baidu. com/s? id = 1650141392766887947&wfr = spider&for=pc,2019 年 10 月 30 日。

象攻击受伤。① 2019 年 3 月 15 日，游客三人同行，独自穿越 1500 多公里的羌塘无人区，结果失联。②

（三）主题公园类景区设备维护有待加强

主题公园类景区的旅游活动主要是以旅游项目体验为主，而旅游项目体验多需要依靠设备辅助达到娱乐性的目的，但是游乐设备维修检测不及时就会造成设备故障，形成安全事故，如 2019 年 6 月 1 日，江西省九江市甘棠公园的过山车项目，突然发生故障，过山车连人带车一起被卡在了半空中。③

（四）景区餐饮安全问题监管不当

景区内人流集中，食品卫生安全问题十分重要，尤其是食物中毒会造成病毒传染，极易造成公共卫生安全事件，给游客带来生命安全威胁，如 2019 年 2 月 4 日（除夕）开始，住在哈尔滨 Club Med 度假村的游客在度假村用餐后陆续出现腹泻、腹痛、呕吐、发烧等食物中毒症状。到 2 月 10 日，就有百余人患病。④

四　2020年中国旅游景区安全形势展望与管理建议

（一）形势展望

1. 国家和旅游景区对景区安全更加重视

2020 年是全面建成小康社会和"十三五"规划收官之年，文化和旅游

---

① 《游客在野象活动区下车上厕所　遭野象攻击多处骨折》，新浪广东，http：//gd. sina. com. cn/news/2019 – 05 – 04/detail – ihvhiew9693320. shtml，2019 年 5 月 4 日。

② 《非法穿越无人区失联 50 天被救》，中国新闻网，https：//baijiahao. baidu. com/s？id = 1632935248835341710，2019 年 5 月 8 日。

③ 《今天甘棠公园过山车高空卡壳，两名孩子惊悚半空中》，腾讯网，https：//new. qq. com/omn/20190603/20190603A04DAQ00，2019 年 6 月 1 日。

④ 《哈尔滨一度假村部分游客感染诺如病毒，此前疑为食物中毒》，东方网，https：//baijiahao. baidu. com/s?id = 1625153754891863220&wfr = spider&for=pc，2019 年 2 月 11 日。

系统将以高质量发展为目标[1]，戴斌认为"景区是生活的温暖，更是向上的力量"[2]，旅游景区安全是旅游高质量发展和"体现温暖生活"的保障，尤其是2019年底发生的新冠肺炎（2019 - nCoV）疫情，全国景区关闭，给我国经济和人民生活带来很大的影响，因此，2020年国家和全社会将更加重视旅游安全和景区安全，2020年旅游景区安全作为政府的公共安全管理体系重要的监控对象将受到更为严格的监管。例如，美团将联合中国旅游景区协会、旅游景区代表和科研机构，推进旅游景区卫生安全线上化展示的标准研制。[3]

2. 旅游景区安全管理多部门协作性

旅游景区安全管理涉及到景区及政府各个职能部门，需要相关政府部门，如文旅、安监、食品卫生、医疗、自然资源、应急、消防、交通、海事等部门合作。目前，我国旅游景区管理中还存在着政府部门之间的重复监管和管理缺位问题，有些旅游景区项目审批找不到审批部门，造成旅游景区很多未经审批的建设项目，为旅游景区带来了极大的安全隐患。此外，随着国家加大对国土空间规划的管制和政府治理体系的改革，旅游景区安全管理的政府多部门协作性将得到明显增强。

3. 旅游景区安全管理监测的多技术融合性

旅游景区安全管理涉及景区监测、预警和响应处置等多个环节，是一个复杂的管理系统工程，旅游景区安全管理将更加依赖各种技术。随着5G通信技术、地理信息系统（GIS）与全球定位系统（GPS）、遥感系统（RS）的应用、物联网技术、人工智能（AI）、数字化技术、存储技术、环境预测与模拟技术及可视化技术的进步，这些技术将以多技术融合的趋势应用于景区安全服务、安全管理和安全监控中。例如云南省2019年推出"一部手机

---

① 《推动文旅产业高质量发展　全国文化和旅游厅局长会议召开》，人民网—旅游频道，http：//travel. people. com. cn/n1/2020/0113/c41570 - 31546192. html，2020年1月13日。

② 戴斌：《景区是生活的温暖，更是向上的力量》，中国旅游大数据，https：//mp. weixin. qq. com/s/crzrxjg6EDngm5H9Ed9S7g，2020年3月6日。

③ 《全国51家景区联名承诺安全有序开展复工》，人民网—旅游频道，http：//travel. people. com. cn/n1/2020/0222/c41570 - 31599731. html，2020年2月22日。

游云南"平台①就整合了物联网、云计算、大数据、人工智能、区块链、人脸识别、小程序、微信支付等多项技术，2019年10月23日，上海也发布了一部手机游上海App。②

4. 旅游景区安全管理的社交性

在信息透明及自媒体和大数据时代，游客出行前对旅游景区安全信息获取的渠道和方式更多、更便捷，游客将更多地通过景区的社交平台了解旅游景区的各种资讯，包括旅游景区的各种安全资讯和游客的安全体验等都将通过旅游景区社交平台获得。通过旅游景区游客互动平台的建立，增加旅游景区和游客的互动，促进旅游景区和游客的沟通，展示旅游景区的安全管理文化。

（二）管理建议

1. 旅游景区安全演练的常态化

常态化旅游景区安全演练可以增强景区面临突发事件的应急应变能力，提高景区员工的安全应急处理水平。景区安全演练科目要考虑到景区最有可能遭遇的突发事件，有针对性地开展安全项目演练，将游客大规模流入、交通事故、餐饮事故、灭火疏散、游乐设备故障、山体滑坡、游客落水救援、电梯应急救援和反恐处置等应急处置综合起来。加强景区各部门之间的协调合作能力，做好应急管理工作，加强景区人员的工作责任意识，促进旅游景区安全发展。

2. 景区安全预案的实操化

景区要面对各种复杂的情况，按照实战性的要求，制订景区安全防控应急预案。针对景区可能出现的所有类型的安全事故和可能的突发事件，按科目做好安全应急预案；并按照实操化的要求进行景区全员培训和演练。同时，聘请专业管理部门和实际第一线人员参与的由专业机构的第三方机构编

---

① 《"一部手机游云南"亮相旅交会》，中国日报网，2019年11月16日。
② 《一部手机游上海！"游上海"App启动试运行啦》，上海市人民政府办公厅，2019年10月23日。

制景区预案，提高景区安全预案的实操化。

3. 景区安全管理精细化

景区安全管理将逐渐向精细化管理方向发展。景区对内细化安全管理，对游客细化安全服务，在景区安全管理的各个环节都要注重管理细节。同时，随着景区散客比例不断增加，景区要为游客提供更多更优质安全服务和更精细的服务。例如，景区细化安全解说系统，增强知识性、趣味性的安全警示标志。将现代技术融入景区安全管理中，促进景区安全管理的精细化。运用互联网、微信小程序、App 和 OA 系统实现景区安全协同管理，提升景区安全问题响应速度。

4. 景区安全技术融合化

景区将适应大数据和移动互联时代需求，建设便利性的移动 App，微信公众号，针对游客开启移动旅游新时代。整合物联网、云计算、大数据、人工智能（AI）、区块链、人脸识别、可视化、微信小程序及移动支付等多项技术融合应用于智慧景区建设，利用物联网技术对景区内可能形成安全隐患的山体、护坡、水体、桥梁等进行安全监测；综合协调调度和指挥景区安全防控工作，监测景区的人流、车流和景区安全隐患地段。景区智慧管理平台与政府相关部门建立信息共享机制，建设数字景区，实施景区全范围覆盖监控。

5. 景区安全监管综合化

景区安全监管涉及政府相关部门多，需要各部门协调与配合，实现景区安全监管的综合化管理。例如目前玻璃栈道和玻璃观景平台类项目并没有明确的建设标准、安全审批部门和监管部门。因此，要尽快构建类似项目的管理机制，确定主管部门，加快出台建设、验收和运营的统一标准。还有诸如景区的一些小木屋和临建项目、新型的团建类拓展项目等也存在类似情况。此外，民宿项目存在消防办证难等问题也应尽快解决。

B.6
2019~2020年中国旅游购物的
安全形势分析与展望[*]

陈秋萍　吴佳佳[**]

摘　要： 2019年我国旅游购物安全形势整体平稳，国内旅游购物投诉急剧增加，出境旅游购物纠纷显著下降，入境旅游购物安全事件明显减少。与2018年对比，2019年旅游购物安全事件的类型、发生时间与地域分布等特征基本相似，投诉内容有所改变，退货成功率显著上升。在旅游购物安全管理方面，相关法律法规建设、专项整治行动持续进行，在旅游先行赔付、理赔服务管理、在线旅游经营服务监管等方面取得新的进展。随着相关法规的完善、行政执法力度的加强，以及游客规避购物风险能力的提升，我国旅游购物安全整体形势趋好。2020年，受新冠肺炎疫情的影响，我国旅游行业受到重创。随着疫情在全球范围内的蔓延，我国的出境旅游与入境旅游将受到较大冲击，出境与入境旅游安全事件数量可能均出现较大幅度的下降。

关键词： 旅游购物　旅游安全形势　危机应对

---

* 基金项目：泉州市社会科学规划项目"全域旅游背景下游客文明行为引导机制研究"（2019D05）。

** 陈秋萍，华侨大学旅游学院副教授，从事旅游人力资源管理研究；吴佳佳，华侨大学旅游学院硕士研究生。

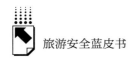

一 2019年中国旅游购物安全的总体形势

据中国旅游研究院统计，2019 年我国国内旅游人数达 60.06 亿人次，国内旅游收入 5.73 万亿元，比上年各增长 8.4% 和 11.7%；入境旅游人数达 1.45 亿人次，国际旅游收入达 1313 亿美元，比上年各增长 2.9% 和 3.3%；出境旅游人数约 1.55 亿人次，比上年增长 3.3%，2019 年旅游总收入高达 6.63 万亿元，同比增长 11%[①]。本文通过互联网搜索的方式，在人民网、新华网、中国新闻网、第一新闻网、中国旅游新闻网等门户网站，以及文化和旅游部、各地市文化和旅游局、中国消费者协会的官网上，以"旅游购物安全""游客购物投诉""旅游购物欺诈"等关键词搜索，共搜集到 2019 年国内游购物安全事件 151 起，出境游购物安全事件 25 起，入境游购物安全事件 2 起，分别占总数的 84.83%、14.04% 和 1.12%。2019 年旅游购物安全事件总数较 2018 年略有增长，国内游购物安全事件的增幅高达 81.9%，出境游购物安全事件的降幅约为 60.9%，入境旅游购物安全事件的下降最为明显，高达 87.5%。整体而言，我国旅游购物安全形势依然不容乐观，购物安全管理各项工作还需持续跟进。

二 2019年中国旅游购物安全的概况与特点

（一）旅游购物安全概况

1. 国内游购物安全事件大幅增加

2019 年全国旅游购物投诉事件总数急剧增加，从 2018 年的 83 起猛涨

---

① 《中国旅游研究院：2019 年我国旅游经济继续保持较快增长》，《经济日报》2020 年 3 月 13 日。

到 151 起，增幅高达 81.9%。其中，云南、福建、四川三省的旅游购物安全事件数量位居前三，分别为 68 起、18 起、16 起。云南省仍然是旅游购物安全事件的高发地区，邻近省份的旅游购物安全事件数量也呈上升趋势；北京、广东等省市的旅游购物安全事件明显减少。在中国东北部与中部地区的一些省份，旅游购物安全事件数量较少，旅游购物安全事件的发生主要集中在云南、福建、四川等旅游大省。

2. 出境游购物投诉显著下降

2019 年出境游购物安全事件较 2018 年急剧减少，仅为 25 起。随着网络信息技术的发展，大众媒体的传播，越来越多的游客乐于分享旅游攻略以及出游体验，为出境游客安排旅游计划提供参考，再加之许多游客选择自由行或定制化出游，对旅行社及导游人员的诱导购物有一定的防范意识，因此，出境游购物纠纷的减少也在情理之中。

3. 价格虚高是购物投诉的主要原因

旅游景点及购物店的商品价格虚高等现象仍然普遍存在。在旅游购物投诉平台上，发生于云南省的 68 起购物安全事件，超过六成是由于旅游商品的价格虚高所致。其中，主要以投诉珠宝首饰、名贵药材和乳胶产品等商品为主。除云南省外，北京、珠海、武夷山、厦门等地也发生多起玉器、药材价格虚高的投诉案例。

（二）旅游购物安全事件的特点

1. 购物退货成为旅游投诉的热点

2019 年上半年，旅游 3.15 投诉平台共收到有效旅游投诉 462 起，其中指向旅游购物的投诉事件达 97 起，占总投诉量的 21%[①]。投诉的焦点主要集中于旅游购物退货方面。可见，旅游购物安全形势仍然不容乐观。

---

① 《旅游投诉半年报：涉及 OTA 投诉近八成》＿旅游资讯信息网 https：//www.5ihse.com/hy/yn/13798.html，2019 年 8 月 5 日。

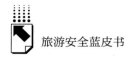

2. 贵重商品仍是购物安全的重灾区

珠宝首饰、名贵药材、特色工艺品、保健品等旅游商品以次充好、假冒伪劣、质价不符的情况屡见不鲜。部分旅行社、导游人员置相关法律法规于不顾，以各种理由引导游客进入购物店，或在旅游行程中强行安排购物活动，一定程度上存在着诱导、欺骗甚至强迫游客购买质次价高旅游商品的行为。

3. 国内与出入境旅游购物安全事件的变化

与 2018 年相比，2019 年国内游购物安全事件增加 68 起，增幅为81.9%；出境游购物安全事件减少 39 起，降幅为 60.9%；入境游购物安全事件减少 14 起，降幅为 87.5%。由此可见，从数量与占比而言，国内与出入境旅游购物安全事件都发生了显著的变化。

2014～2019 年，我国国内游、出境游、入境游三大旅游市场购物安全事件的数量对比见图 1。与往年相比，2019 年国内游购物安全事件呈现重新抬升的势头，出入境旅游购物安全事件则明显减少。虽然 2019 年旅游购物安全事件总数与上年相差无几，但是国内游安全事件数量激增，因此，对国内游的购物安全监管还需进一步加强。

图 1　2014～2019 年中国国内游、出境游、入境游三大旅游市场购物安全事件数量对比

2019年，国内游购物安全事件占比呈显著上升的趋势，出境游购物安全事件占比和入境游购物安全事件的占比均出现较明显的下降。

4. 诱导购物行为呈增长趋势

如今，商家或导游人员诱导购物的方法与手段愈加多样，且更为隐蔽，让游客防不胜防。如越南芽庄专为中国游客开设的旅游购物店，不仅地点偏僻、价格虚高，存在大量假货，而且早在旅游团到来之前，已从旅行社获知游客的具体信息，如客源地、经济条件、购物偏好等，便于购物店经营者与导游合伙诱导游客购物。这种以诱导、欺骗游客而臭名昭著的购物商店不仅遍布芽庄、岘港、河内、胡志明市等越南热门城市，而且在泰国、日本、韩国、法国等中国游客常去的目的地国家也屡见不鲜，初次跟团出游的游客尤其容易上当受骗。

5. 出境游购物消费陷阱集中

2019年，日本、越南、香港是境外旅游购物投诉的高发地区。出境游购物投诉的热点商品集中为珠宝首饰、乳胶产品、保健品等。无论是香港、东南亚，或是日本、莫斯科等，引发购物投诉仍以贵重旅游商品为主，不一定是当地特产。

6. 购物安全事件高峰期与旅游旺季匹配

通过对2014～2019年我国旅游购物安全事件的时间分布进行比较，发现购物投诉的数量波动与旅游活动的季节性特征存在密切的联系，我国旅游购物安全事件的高峰期与旅游旺季高度吻合（见表1）。

2019年，2月、3月、8月、9月四个月的旅游购物安全事件共计71起，约占全年的39.89%，这四个月适逢春节、暑假。旅游投诉的低谷时期则出现在12月，具体分布如图2所示。旅游购物安全投诉高峰期与春节、五一、暑假、国庆黄金周等节假日交叠。因此，如何在客流密集、服务不够到位的情况下，保障游客的购物便利与安全是旅游购物安全管理的重要议题。

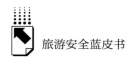

表1　2014～2019年中国旅游购物安全事件的时间分布

单位：起

时间	2014 年	2015 年	2016 年	2017 年	2018 年	2019 年
1 月	5	24	19	29	12	14
2 月	9	23	24	30	18	18
3 月	13	21	24	22	11	17
4 月	19	25	25	17	8	13
5 月	17	25	30	29	16	13
6 月	16	20	29	21	10	13
7 月	22	38	51	32	19	13
8 月	22	35	45	27	21	18
9 月	11	26	19	19	9	18
10 月	24	33	32	22	16	16
11 月	15	16	20	18	12	15
12 月	8	24	18	15	11	10
合计	181	310	336	281	163	178

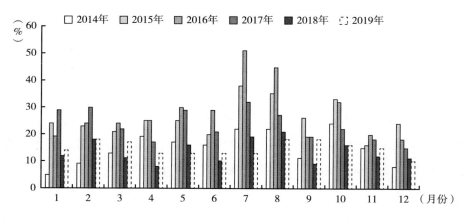

图2　2014～2019年各月中国旅游购物安全事件分布

（三）旅游购物安全管理的主要进展

1. 全国各地市施行新修订的旅游条例

2019 年，全国各地市修订旅游条例，对旅游购物及其赔付等事项做出详细说明，在引导旅行社规范经营、处罚导游诱导购物行为、保护游客利益等方面做出具体的规定，在一定程度上减少了旅游购物安全事件的发生。如3月1日起施行新修订的《苏州市旅游条例》第二十三条规定，旅行社安排旅游者购物和增加旅游自费项目的，应当征得旅游者同意并在书面旅游合同中明确。第二十五条规定旅行社不得指定具体购物场所，不得诱导、欺骗、强迫或者变相强迫旅游者购物或者参加付费旅游项目①。又如新修订的《西安市旅游条例》提出对旅行社组织团队旅游活动实行电子行程单管理，通过信息化技术实现对团队旅游的实时监管，防止旅行社随意更改行程或增添强制消费活动。②《厦门经济特区旅游条例》也明确规定旅行社在接待游客过程中不得指定具体购物场所。此外，购物场所不允许采取包厢式、封闭式销售；不得欺骗、误导游客消费；不得以回扣、人头费或者奖金等财物或者其他手段贿赂旅行社、导游或旅游客运车辆的驾驶员。③

2. 文旅系统开展行业乱象专项整治工作

云南省持续推进"旅游革命"，包括"整治乱象"、推动"智慧旅游"、实现"无理由退货"等具体内容。新疆旅游行政部门整理总结近五年办理的案件，查找涉黑涉恶的幕后"保护伞"；并对歌舞厅、游戏厅、网吧等娱乐场所和景区、酒店、导游、旅游车辆等对象进行重点清查，解开问题的症结，对"不合理低价游""非法经营旅行社业务""强迫或诱导购物""擅自变更行程"等旅游购物的顽疾开展专项整治④。2019年7月5日，张家界市42家旅游购物企业向市场监管局集中承诺加强自律、规范经营。在新一轮的旅游购物场所集中整治行动中，张家界市旅游行政部门要求旅游购物企业坚决取缔所有人头费、保底费、停车费等违法违规行为，做到明码标价、质价相符，不得有虚假宣传行为、强买强卖和欺诈游客的行为⑤。珠海市旅

---

① 《苏州市旅游条例》，2019年3月1日起施行。
② 《西安市旅游条例》2019年7月1日起施行。
③ 《厦门经济特区旅游条例》，2020年1月1日起施行。
④ 张艳芳、杨舒涵：《营造健康有序的市场服务环境》，《新疆日报》2019年5月21日。
⑤ 《张家界市集中约谈42家旅游购物企业》，中国质量新闻网，http://www.cqn.com.cn/zj/content/2019-07/23/content_7340803.htm，2019年7月23日。

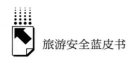

游行政部门不仅关停多家违规旅游购物场所，加大日常巡查力度，还联合其他相关部门开展现场检查和"回头看"行动，对旅行社经营门店、景区景点、出境团、导游等进行全面检查①。

3. 推行旅游购物"先行赔付"制度

《江西省旅游者权益保护条例》规定江西省设区的市、县级人民政府应当设立旅游专项理赔金，并指定旅游专项理赔金管理机构，建立旅游购物"先行赔付"制度。游客在旅游购物场所购买商品后，认为商品不合格或者存在"质价不符"情形，可以在 30 日内要求退货。旅游经营者拒绝退货的，由专项理赔金先行赔付。该条例还明确要求旅游过程中，导游、领队人员不得诱导、欺骗、胁迫或者变相胁迫游客购物，不得擅自变更旅游线路、增减景点；临时增加购物场所，应征得全体游客的书面同意，并对相关违规行为做出了具体的处罚规定②。

4. 在线旅游经营服务监管被纳入法律法规体系

2019 年 10 月 9 日，文化和旅游部发布关于《在线旅游经营服务管理暂行规定（征求意见稿）》，提出依法建立在线旅游企业的信用档案。③ 不仅通过全国旅游监管服务平台统一归集并公示在线旅游企业的信用信息，还可以通过官方网站、在线旅游经营者首页显著位置等方式公示信用信息。鼓励消费者组织、行业协会、第三方机构等开展服务质量评价，并公布评价结果。同时，强化网信办、工商、部委的各级主管部门的信用监管。该规定要求在线旅游经营者不得为"不合理低价游"提供交易机会。另外，在线旅游经营者应接受文旅行政部门与市场监管、公安、网信、电信等部门的监督检查或联合执法工作。

5. 规范旅游购物店的经营管理

全国各地的旅游行政部门继续加强对旅游购物商店的监管。三亚市旅游

---

① 《已关停 24 家违规旅游购物场所》，《珠江晚报》2019 年 11 月 10 日。
② 《诱骗游客购物最高可罚 50 万元》，《新法制报》2019 年 12 月 3 日。
③ 文化和旅游部关于《在线旅游经营服务管理暂行规定（征求意见稿）》公开征求意见，新华网，http://www.xinhuanet.com/travel/2019 - 10/11/c_1125089400.htm，2019 年 10 月 10日。

行政部门要求所有购物店必须"五证"俱全,对于未办理消防手续的购物店一律关门停业整治,责令游客投诉集中的7家乳胶购物店停业整顿,并对购物店经营场所的法人进行摸底排查。根据对正在经营且接待旅游团队的购物店及其法定代表人、董事、监事、财务总监、主管、实际控股人、保安队长等管理人员的诚信排查情况,对购物店高管人员名下企业存在失信情形的5家企业予以受限处罚①。

三 影响2019年中国旅游购物安全的主要因素

(一)旅游商品经营者唯利是图

目前,很多景区销售的旅游商品仍以珠宝玉器、药材、工艺品等传统商品为主,缺乏创新与吸引力,旅游商品的生产者与经营者固守一成不变的经营理念与操作方式,唯利是图,以次充好、故意提价的现象普遍存在,陷入商品滞销－诱导购物－处罚关停的恶性循环,未能走出困境。随着游客复游率的提高,旅游纪念品在景区旅游商品中的比重呈下降趋势。游客更青睐有特色、实用化的旅游商品,旅游商品的升级换代势在必行。

(二)导游的诱导购物行为屡禁不止

虽然国家三令五申发布禁令,仍然有导游以身试法,存在诱导购物行为,而且新的市场结构与消费特征,给旅游购物安全管理带来更严峻的挑战。经济收入水平的提升使消费结构发生了明显的变化,"85后"与"90后"已经成为境外旅游的生力军,消费主体正趋于年轻化。"70后"及"75后"第一次出境游的平均年龄在30岁,这是处于工作较为稳定并具备良好经济条件的阶段。② "95后"第一次出境游的平均年龄为18岁左右,

---

① 《三亚多管齐下整治旅游购物行业乱象》,《三亚日报》2019年12月6日。
② 《马蜂窝旅游账单2.0:全球旅游消费报告2019》品橙旅游 http://www.pinchain.com/article/199887,2019年8月16日。

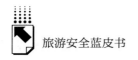

因尚未工作，拥有较多的休闲时间出境旅游。"95 后"的社会经验不足，鉴别能力较差，在旅游中遭遇欺诈或诱导购物时，容易被各类骗局蒙蔽。

（三）游客的防范意识依然薄弱

稳步增长的国内旅游需求为旅游业发展带来利好消息的同时，也为旅游购物安全事件的发生埋下隐患。随着旅游成为人们调节生活节奏的首选，我国年人均出游次数达到 4 次，标志着进入了大众旅游时代。调查显示，63%的国民每年在旅游上的消费超过万元。从消费占比来看，56% 的国民旅游花费占生活总消费的 20% 以上[①]。当人们从常居地前往旅游目的地时，消费心理与消费行为可能发生较大的变化，防范意识薄弱，在匆忙紧凑的旅游行程中，很容易落入各类购物陷阱。

（四）旅游购物退货便捷化与游客维权意识增强

随着旅游投诉渠道的多元化、购物退货制度的完善，以及消费者维权意识增强，游客购物投诉量呈上升趋势。云南省 16 个州市、15 个机场、重点旅游县均设有游客购物退货受理中心，实行 30 天无理由退货。云南省旅游行政部门建立游客购物退货工作机制，将游客购物退货工作纳入云南省旅游市场监管综合调度指挥体系，并在"一部手机游云南"平台投诉系统增设退货转办模块，让游客退得放心、退得便捷[②]。玉溪市在旅游购物退货中心的各受理点与咨询服务点定期开展业务培训，提高工作人员的责任意识与业务水平，确保及时、高效地为游客提供退换货服务。[③]

---

① 《马蜂窝旅游账单 2.0：全球旅游消费报告 2019》品橙旅游 http：//www. pinchain. com/article/199887，2019 年 8 月 16 日。

② 《云南：让游客旅游时"购物开心、退货省心"》，云南省文化和旅游厅，http：//www. ynta. gov. cn/Item/42660. aspx，2019 年 4 月 30 日。

③ 《玉溪市开展旅游购物退货中心业务培训》，新华网云南频道，http：//yn. xinhuanet. com/travel/2019 - 12/09/c_138617652. htm，2019 年 12 月 9 日。

四　2020年中国旅游购物安全事件的展望与管理建议

（一）2020年旅游购物安全事件的新形势

2020年春，受新冠肺炎疫情的影响，国内旅游阻断，入境旅游基本停顿，出境旅游遭遇寒冬，全年旅游行业的走势尚不明朗。当疫情结束，旅游行业日渐复苏时，国内旅游市场可能首先恢复，并快速增长，安全防范难度加大，国内购物安全事件可能呈增长之势，旅游购物安全监管仍然不能懈怠。

随着新冠肺炎疫情在全球范围内的蔓延，预计2020年我国出境游将受到较大冲击，出境旅游人次与旅游消费可能呈现双下降趋势。另外，目前世界各国疫情的控制情况尚不乐观，我国入境旅游的复苏情况尚不明朗。因此，出境与入境旅游安全事件可能都出现较大幅度的下降。

（二）旅游购物安全事件的管理建议

游客需求与旅游方式的多元化、消费结构的升级给旅游购物安全形势带来新挑战，可从有序恢复旅游市场、提升旅游商品企业的危机应对能力、提高游客的防范与维权能力、着眼景区旅游商品的开发、创新景区旅游商店的运营方式等方面构建旅游购物安全体系。

1. 提升旅游商品企业的危机应对能力

在新冠肺炎疫情结束后，旅游企业可在防控措施到位、确保员工健康安全的前提下，有序地复工复产，促进行业的逐步复苏。2020年，我国将迎来旅游产业加速变革的阶段，在疫情的强烈冲击下，旅游企业的优胜劣汰更为迅速，旅游商品生产与经营企业也面临着生存危机。只有在休整期间保存实力，加强自身建设，并在商业模式、产品模式、服务模式方面进行调整，及时查漏补缺，才能迎接疫情之后的报复性消费反弹。旅游商品企业一方面可认真谋划，加强市场和营销的研究，研发优质旅游商品，且多管齐下做优

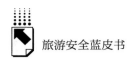

服务；另一方面还可完善和优化企业管理制度，练好内功，提升自身运营能力与危机应变能力。

2. 提高游客的防范意识与维权能力

首先，由政府部门、媒体等发出警示，提醒游客加强对购物欺诈的防范。其次，通过各种举措，让游客维权更为便利可行。再次，游客选择团队旅游时，应确认旅行社的经营许可证和营业执照，在网上报名时须辨别网络信息的真伪。在签订的正规书面旅游合同中应明确团费所包含的项目、具体行程安排以及购物次数、自费项目等内容，不轻信导游或销售员的口头承诺或诱导宣传。最后，在法规建设、行政组织、工作人员等方面提供保障，让游客可以更便捷、更有效地进行购物投诉与索赔。

3. 着眼景区旅游商品的开发

首先，关注大旅游商品的发展趋势。如今，化妆品、服装、鞋、包、电子产品等生活类工业品在旅游购物中所占比重逐年上升，这类旅游商品又被称为大旅游商品。区别于旅游纪念品、工艺品等"华而不实"的传统旅游商品，大旅游商品更加生活化，更具有使用价值。其次，可根据景区特点进行重新定位，开发特色的旅游商品。如景区可利用当地物产或制造工艺，从游客的角度出发，结合景区文化内涵进行旅游商品的设计与开发，避免千篇一律贴画式的旅游纪念品。例如山东泰安的泰山玉智能手链，既有景区的文化特色，充分利用当地物产，又兼具时尚感与现代功能，深受游客的青睐。最后，通过打造金牌"旅游商品"，促进旅游购物消费的健康发展。旅游商品拼开发数量的观念已经过时，从盲目开发走向重点开发，越来越多的景区着力于打造"爆款"商品。开发游客喜欢且实用的优质旅游商品，不仅可以增加旅游购物消费，还可能在一定程度上减少旅游购物投诉的发生。

4. 创新景区旅游商店的运营方式

传统的旅游商店遍布景区内外，商品雷同，售货员苦口婆心地推销，不仅未能很好地吸引游客的目光，还可能让人平添反感，间接损坏了旅游景区的形象。因此，建议旅游景区内的购物店宜精不宜多，旅游商店可设在门票区域范围之外，不干扰游客的基本行程，商店的外观与景区协调，售卖商品有品质保障，经营管理合乎规范，以产品特色与实用价值等吸引游客。另外，还可利用现代化的销售手段和渠道，改变传统经营方式，扩大旅游商品的销售对象，不仅局限于景区的游客，而且面向社会各界销售旅游商品，实现旅游购物业的可持续发展。

B.7
2019~2020年中国旅游娱乐业的安全形势分析与展望

林美珍　伍玉婷*

摘　要： 2019年，我国旅游娱乐业安全总体形势趋好，旅游娱乐场所安全事故数量有所下降。双休日、暑假和其他法定节假日依旧是事故高发时段；华东地区是事故高发区域；水上项目和游乐场的一般项目是安全事故类型高发项目；儿童和青少年在游乐活动中较易发生意外。虽然2019年我国旅游娱乐场所安全事故数量有所下降，但伤亡人数没有降低，需加强经营者和游客安全教育，制定旅游娱乐场所设施安全标准，建立旅游娱乐场所安全事故信息发布平台，以及做好自然灾害和旅游高峰安全防控。

关键词： 旅游安全事故　旅游娱乐场所　事故信息发布

一　2019年中国旅游娱乐业安全总体形势

与2018年相比，2019年我国旅游娱乐业安全总体形势如下：就事故发生总数而言，2019年旅游娱乐场所发生的安全事故总数有所减少；就事故发生的区域而言，华东地区发生的安全事故数量仍居榜首，是安全事故发生

---

* 林美珍，华侨大学旅游学院副教授、硕士生导师，主要研究方向为旅游企业管理；伍玉婷，华侨大学旅游学院硕士研究生。

的主要区域；就事故发生的项目类型而言，水上项目和游乐场的一般项目是安全事故高发类型；就事故发生的时间而言，双休日和暑假是安全事故的高发时段；就事故发生的群体而言，儿童和青少年仍然是事故发生的主要群体。

二 2019年中国旅游娱乐场所安全事件的概况与特点

本文的旅游娱乐场所安全研究范畴界定为：以大中小型游乐设施为依托所进行的游乐活动场所安全。本文通过百度等主流搜索引擎，以及在新浪网、腾讯新闻、网易新闻、佰佰安全网等知名门户网站，使用"旅游娱乐场所""主题公园""游乐园""动物园""游乐设施""索道/漂流""滑雪""快艇游船"等搜索词，并结合"安全"或"事故"为后缀关键词，对2019年1~12月发生在我国境内旅游娱乐场所的安全事故进行搜索，共筛选出30起旅游娱乐场所安全事故案例，并以此为基础进行统计分析。

（一）旅游娱乐场所安全事故的时间分布特点

2019年，旅游娱乐场所安全事故集中发生在5月（4起）、7月（12起）和8月（3起），总计19起，占事故总数的63.33%；节假日期间（仅包含国家法定节假日）共发生安全事故4起，占事故总数的13.33%。如图1所示，2019年旅游娱乐场所安全事故发生的高峰时段主要集中在5~8月，尤其在暑假期间的安全事故发生率最高。另外，就安全事故在一周内的分布来看，如图2所示，2019年旅游娱乐场所安全事故以周五（5起）、周六（9起）和周日（6起）居多，共20起，占事故总数的66.67%，说明双休日是旅游娱乐场所安全事故发生的高峰时段。

（二）旅游娱乐场所的空间分布特点

2019年旅游娱乐场所安全事故发生区域主要集中在华东地区（8起）、华北地区（5起）、华中地区（5起）和华南地区（5起）（见图3），共23

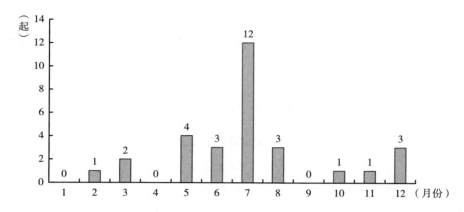

图1 2019年中国旅游娱乐场所安全事故月份分布

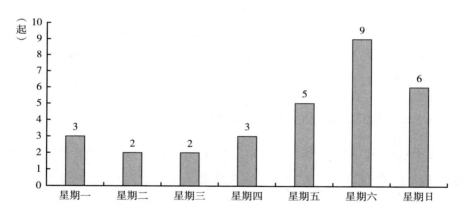

图2 2019年中国旅游娱乐场所安全事故一周分布

起，占事故总数的76.67%。华东地区依然是安全事故的高发区域。全国共15个省（自治区、直辖市）发生旅游娱乐场所安全事故（见图4），事故发生最多的省份是山东省（5起），其次是河北省和四川省，各发生了3起安全事故，共11起，占事故总数的36.7%。

（三）旅游娱乐场所安全事故的发生场所特点

2019年旅游娱乐场所安全事故未涉及公共卫生事件，其中事故灾难有

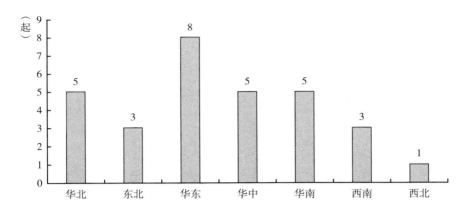

图3　2019年中国旅游娱乐场所安全事故各区域分布

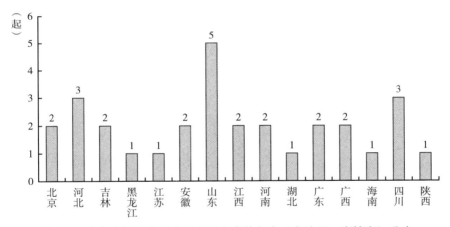

图4　2019年中国旅游娱乐场所安全事故各省（自治区、直辖市）分布

25起，自然灾害5起。综合来看，游乐场仍然是旅游娱乐场所安全事故的主要发生场所，其次是海水浴场。新兴旅游娱乐项目玻璃滑道也发生了安全事故（见图5）。可见，新兴的旅游娱乐项目需要做好安全管控，采取相应配套的预警防范措施。

（四）旅游娱乐场所的伤害主体特点

安全意识相对薄弱及自我保护能力缺乏，儿童和青少年始终是旅游娱乐

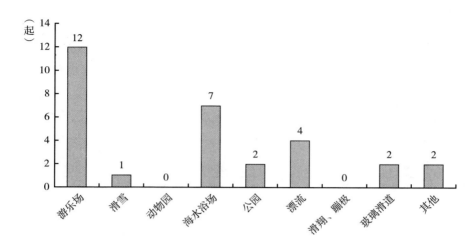

图5 2019年中国旅游娱乐场所安全事故发生场所

场所安全事故的主要对象。2019 年涉及儿童的旅游娱乐场所安全事故共有
15 起，占事故总数的 50.0%，明确提及青年群体的旅游娱乐场所安全事故
共 3 起。游乐场、海滨浴场等娱乐场所因设施设备不完善、安全监管不到位
及突发的自然灾害等不确定因素，导致儿童和青少年在参加旅游娱乐活动过
程中陷于危险环境。此外，该类群体缺乏对相关安全规则和注意事项的足够
重视，在私自开展不恰当的旅游活动时又缺乏自我保护意识，并且自救能力
弱，容易导致安全事故的发生。7 月 2 日，黑龙江省哈尔滨市呼兰区的大顶
子山欢乐水世界，一名四岁女童在家长的陪同下到大顶子山温泉室外水世界
漂流池游玩。当她游到吸水口附近（7 号服务区 11 号泵房）时，身体和腿
部被吸水口吸入，头部置于水中。经过现场人员施救后被 120 车接走，经抢
救无效死亡。

（五）旅游娱乐场所安全事故类型分布与伤亡人数

2019 年，旅游娱乐场所安全事故的项目类型可划分为高空项目、高速
项目、水上项目、探险项目和一般项目（游乐场的蹦床、滑梯等）。其中，
水上项目发生的安全事故数量最多，共 11 起，占事故总数的 36.67%，其

次是游乐场的一般项目，共发生安全事故 8 起。此外，高空项目和高速项目也是安全事故高频发生的项目类型（见图 6）。从伤亡情况看，在 2019 年旅游娱乐场所安全事故中，发生死亡的安全事故 15 起、受伤的事故 10 起，总计 25 起，占事故总数的 83.33%。所有娱乐场所安全事故类型中，又以水上项目发生的安全事故的死亡率最高。水上项目属于高风险的娱乐项目类型，因此，需要加强安全管理规范、不断完善安全防范工作以及增强人们的旅游娱乐安全意识，降低事故的发生率以及死亡率。

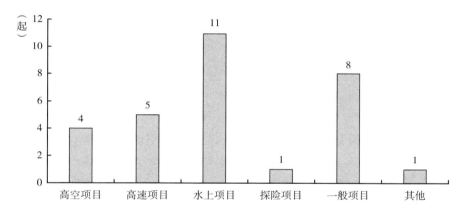

图 6　2019 年中国旅游娱乐场所安全事件类型分布

三　影响中国旅游娱乐场所安全事故的主要因素

（一）游客自身安全意识淡薄

游客安全意识薄弱是影响旅游娱乐场所安全事故的重要因素。3 月 18 日，河北河间市河道内两个游艇相撞，造成游艇侧翻，船上人员没有穿救生衣，6 名落水人员经医院抢救无效死亡。该事故中游客未穿救生衣进行水上娱乐活动是导致游客死亡的直接原因。6 月 5 日，广西平南县安怀镇佛子岭景区 7 名游客只用简单的布质护垫和简易手套进行防范，在玻璃滑道下滑途

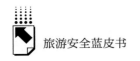

中因速度过快游客来不及抓住护栏而发生意外。事故造成一名游客死亡，数名游客骨折，以及一名游客轻伤。对于速度快、刺激性强的娱乐项目，游客对于娱乐项目经营者提供的简单护垫和简易手套并未提出安全隐患的质疑。

（二）安全管理与保障措施制度不完善

旅游娱乐场所经营者缺少安全管理与保障措施也是引发安全事故的重要因素。5月1日，四川成都天府新区"孩子的院子"亲子乐园发生游客冲出滑梯防护设施事故，共造成14名游客受伤，其中2名成人伤者送医后经抢救无效死亡。12月15日，四川省阿坝藏族羌族自治州茂县南新镇九鼎山风景区发生多起游客滑雪冲撞事故，造成多名游客被撞受伤。景区人员称景区并未限制滑雪游客人数，并且没有设置初、中、高三级滑道的缓冲隔离区域，导致很多不会滑雪的游客因无法控制速度而发生冲撞事故。

（三）设施设备故障

旅游娱乐场所设施设备故障是引发旅游娱乐场所发生安全事故的最常见因素。2019年，因缺乏定期的安全性检查及日常维护引发的设施设备安全事故有多起。5月14日，北京欢乐谷的"欢乐风火轮"项目机器突然停转，9名游客悬挂在空中4分钟，随后工作人员启动手动控制程序将大臂下降到安全区域，设备恢复运行。无独有偶，6月1日，江西省九江市甘棠公园游乐场"疯狂米老鼠"过山车项目突然发生故障，过山车连人带车一起被卡在了半空中，车里面坐了两个小孩。

四 2020年中国旅游娱乐业安全形势展望与管理建议

（一）2020年旅游娱乐业安全形势展望

1. 游乐场和涉水区域是旅游娱乐场所安全事故防控的重点场所
2019年发生在游乐场和涉水区域的安全事故共计23起（其中发生在

游乐场的安全事故12起，发生在涉水区域的安全事故11起），占全年安全事故总数的76.67%。游乐场和涉水区域是游客访问最多的旅游娱乐场所之一，高访问率意味着游乐场和涉水区域的游乐设施使用频率高，事故发生的可能性就更大。其中，游乐场游乐设施种类多样，日常检修任务较重，对检修人员的专业技能要求较高。游乐设施施工瑕疵或维护不到位等众多问题都会引起设施故障，进而导致安全事故的发生。而海水浴场和漂流活动易受水文和风浪等不可控自然因素的影响、加上疏忽大意或疏于管理等人为因素，意外事故时有发生。2020年，游乐场和涉水区域依旧是旅游娱乐场所安全事故的高发区域，需要加强对这些场所的防控。

2. 双休日、寒暑假和其他法定节假日仍是事故高发时段

双休日、寒暑假和其他法定节假日是旅游高峰期，旅游娱乐场所的到访人数，特别是儿童和青少年剧增。如果经营方不注意采取措施控制人流，游客的大量聚集会加大工作人员的工作压力，导致基础设施和娱乐设施超负荷运转，进而增加游乐设施故障的可能性，不利于保障游客的安全。高峰期游客密集会导致单个游客的活动空间减少，增加游客之间摩擦碰撞的风险。从2019年旅游娱乐场所安全事故来看，漂流、滑雪和滑梯活动中因经营方没有限制人数，发生了多起游客之间碰撞事故。双休日、寒暑假和其他法定节假日等游乐活动高峰期需要重点关注。

3. 儿童和青少年是安全事故防控中需重点关注的对象

2019年涉及儿童的旅游娱乐场所安全事故较多。儿童和青少年因为年龄较小，危机意识较弱，判断力和应对紧急情况的能力不足。同时有些家长忽视对儿童的监护，使儿童和青少年在旅游娱乐活动中很容易受到伤害。近几年来，涉及儿童或青少年的旅游娱乐场所安全事故所占的比例一直居高不下。2020年，儿童和青少年依旧是旅游娱乐场所需要重点监控的对象。

4. 自然灾害防范是旅游娱乐场所安全事故防控中不可忽略的一环

近年来，落石、大风和海浪造成多起安全事故。在大风、地震等极端自然条件下，游乐设施的安全性和可靠性尤为重要。旅游娱乐场所缺乏极端自然条件下的管理方案和应急措施是旅游娱乐场所安全事故发生的重要原因之

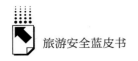

一。建立旅游娱乐场所自然灾害防范机制，预防极端自然条件可能带来的危害十分必要。

5. 高速、高空游乐设施故障是重大安全事故防控的重点之一

从往年旅游娱乐场所安全事故案例来看，高空和高速游乐设施故障引起的事故较多。短路、安全带断裂和脱轨等是常见的事故发生原因。高空坠落，高速撞击，或高速甩出时携带的重大的动能和冲击力会对顾客身体造成严重的伤害。高空悬停则会引起顾客严重的不安情绪，甚至产生危害其自身生命安全的应激反应。2020年，高速和高空游乐设施故障的防范不容忽视。

6. 新兴游乐项目是安全事故防控的盲点与难点

近年来，一些新兴游乐项目快速发展，而国家尚未出台相关安全标准，这使其处于监管的盲区。新兴游乐项目的安全性往往没有经过严谨评估，建设和运营强制性标准的缺乏，导致建设质量和管理水平难以保证。以网红项目"蜘蛛塔"为例，虽然该项目已经导致多名顾客摔伤，但这一项目并没有处于政府部门的重点监管范围之内。无标准可依造成了新兴游乐项目监管的困局。新兴游乐项目是安全事故防控中的盲点、难点和痛点。

7. 公共卫生事件为旅游娱乐场所安全保障提出了新要求

自2019年底，全国甚至全球范围内暴发了新冠肺炎疫情。这一公共卫生安全事件威胁着人类的生命健康并对人们的生产生活产生了重大影响。旅游娱乐场所人员密集，增加了游客与游客之间接触感染的风险。旅游娱乐场所的设施设备共用性的特点增加了患病游客通过公用设施传染其他游客的可能性。这给旅游娱乐场所的运营提出了新的巨大挑战。疫情持续时间长、危害面大，这要求政府各部门、旅游协会和旅游娱乐场所经营者采取积极措施严格保障游客生命安全。

（二）2020年旅游娱乐场所安全管理建议

1. 安全意识教育既要面向游客，又要面向经营者

旅游娱乐场所安全事故的发生一方面是由于游客安全意识不足，忽视了

游乐过程中的危险;另一方面是由于旅游娱乐场所经营者缺乏安全保障意识。经营者未能提醒游客采取保护措施(如穿戴救生衣提示等),为了营利使游乐设施超负荷运转等行为威胁着游客的人身和财产安全。为此,相关部门应该采取生动、活泼的形式(如短视频、漫画和脱口秀等),通过线上和线下方式向大众普及安全防范意识和安全应急知识,提升消费者自我保护的能力。在加强对游客安全意识教育的同时应该积极向经营方施加制度压力,促使经营方主要负责人、管理者和一线员工主动学习安全保障知识,并将这一学习过程制度化、常规化,反复强化其安全意识。

2. 建立、完善并落实新兴游乐设施建设、运营管理和维护检修的权威标准

建立权威标准以指导游乐设施建设、运营管理、维护检修是保障旅游娱乐场所安全的关键。其中,对于新兴的游乐设施,政府相关部门在认真调查的基础上应尽快出台法律法规,以指导行业的发展并约束企业危害游客安全的行为,经营者在没有充分评估其安全性的前提下,不能贪功冒进,匆匆上马。对于不适宜新情况的落后旧标准,政府相关部门应及时修订。经营者要在企业内部建立并执行具有可操作性的安全规章制度,同时设立面向游客的易懂易得的安全须知。在此基础上,经营者需要保障企业内部规章制度的执行力度和执行质量,保证顾客安全须知能够被顾客所知。

3. 关注小型、流动性游乐设施监管

政府有力的监管措施对防范安全事故的效果显著。相关政府部门应坚持核实各类游乐设施的建设运营是否合乎国家规定,严厉打击未经许可或未严格执行相关法规要求建设运营的娱乐场所。政府相关部门在关注大中型游乐设施的同时,不能忽视对小型、流动性游乐设施的监管。许多小型游乐场所游乐设施简单,经营方式灵活,经营地点多变。其流动性和灵活性的特点常常导致经营者粗放式管理,很难按照规范的检修程序维护游乐设施,存在较大安全隐患。政府部门要加大对这类游乐设施的排查力度,将其备案后纳入管理和监督范围,同时建立小型、流动性游乐设施经营地点更换申报审核制度,降低监管难度和成本。

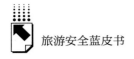

4. 建立旅游娱乐场所安全事故信息发布平台

许多发生在旅游娱乐场所的安全事故在成因和处理方法上有一定的相似性。建立统一的旅游娱乐场所安全事故信息发布平台，及时上传安全事故案例，有利于发现安全事故发生的规律，为同类安全事故的预防和处理提供宝贵的经验，并能发挥对旅游娱乐场所经营者和游客的警示作用。建立旅游娱乐场所安全事故信息发布平台可以采取由政府部门或者旅游行业协会牵头、其他组织和企业作为成员共同建设的方式。信息发布平台在运营过程中要以实用性、功能性的内容为主，注重发布案例的时效性和真实性。

5. 加强对自然灾害和旅游客流高峰期引起的意外因素的防控

游乐设施在设计时应该考虑可能的自然风险要素。旅游娱乐场所经营者和相关监管部门应及时关注天气、水文等自然条件的变化，当自然条件不允许经营的时候要及时关闭游乐场所。此外，旅游娱乐场所经营者应评估游乐设施承载游客数量的阈值，当游客较多时及时发布预警，采取引导或限制客流等措施。政府相关部门也应该关注旅游客流高峰期可能存在的踩踏、碰撞等风险，加强对经营方的监督。

6. 重视高空和高速游乐设施、水上游乐设施和特殊人群游乐设施管理

摩天轮、过山车等高空和高速游乐设施事故具有高危害的特点。针对这类游乐设施应该以预防为主，重点防范娱乐设施突然停机、设施断裂和游客坠落风险，督促经营者严格按照标准建造和维护游乐设施。同时，建立高空和高速游乐设施事故的应对机制，针对不同情况提出相应的应对预案，以消除危害；涉水区域游乐设施管理应重点解决粗放经营和设备质量参差不齐的问题，整顿或关停管理水平低和设施设备质量差的水上游乐园区；特殊人群游乐设施的安全保障措施则应做到量体裁衣，根据特殊人员生理和心理特点设计安全保护装置，配备安全保障人员。如设计儿童和青少年能够理解的安全标识，设计儿童和青少年专用的安全带，调低儿童和青少年乘坐的游乐设施的运行速度和高度等。

7. 建立公共卫生事件响应机制

面对公共卫生事件，如受新冠肺炎疫情的影响，政府相关部门应该根据

事件严重程度及时发布预警，下达行政命令。旅游娱乐场所经营者应该严格执行政府指令，在防疫部门和专家的指导下视情况采取消毒防疫、游客健康监测、限制客流或关停园区等措施。要充分发挥旅游大数据在公共卫生事件中的作用，识别高风险游客并限制其入园。旅游娱乐场所经营者应该主动总结积极有效的管理经验，形成适用的公共卫生事件响应方法，并在此基础上将其制度化、体系化，然后融入旅游娱乐场所安全管理的整个流程。此外，旅游娱乐场所经营者应在平时做好危机管理，保障企业有能力应对公共卫生事件带来的不利影响，并遵循旅游娱乐市场恢复的规律逐步恢复经营。

　　2019年我国旅游娱乐场所安全事故数量虽有所减少，但伤亡人数没有减少。游客的安全意识增强、设施设备的正常运行以及相关部门的监管仍是保证旅游娱乐场所安全的重中之重。2020年，伴随着新冠肺炎疫情在全球的蔓延，旅游娱乐场所的公共卫生防控工作仍任重道远。

B.8

2019~2020年中国旅行社业的安全 形势分析与展望

侯志强 胡雪萍 曹 咪*

摘 要: 2019年,我国旅行社业持续发展,安全形势总体平稳,其主要特征表现为:暑期、节假日依旧是旅行社业安全事件发生的集中期;线上旅游平台火爆的同时潜在安全问题频发;旅游行业从业人员综合素质和业务能力亟待提升;香港暴力示威活动造成旅游纠纷总量增加。旅游安全事件类型主要为旅游纠纷、旅游质量事故及旅游突发事件。展望2020年,旅行社业安全事件继续以旅游纠纷和旅游服务质量问题为主体,OTA依然为旅行社业安全事件的主角;受新冠肺炎疫情的影响,2020年旅游退票纠纷案例将激增。基于此,为进一步减少旅行社业安全事件的发生,旅游监管部门应加强旅游市场监管,营造安全旅游环境;旅行社应线上线下协同推进,保障消费者合法权益;旅游者应提高安全防范意识,遇事敢于维权;旅游平台应推进安全信息技术,构建智能个性平台等。

关键词: 旅行社业 安全形势 趋势展望

---

* 侯志强,博士,华侨大学社会科学研究处副处长、旅游学院教授,研究方向为区域旅游发展与旅游目的地管理;胡雪萍,华侨大学旅游学院硕士研究生;曹咪,华侨大学旅游学院硕士研究生。

2019 年，中国旅游业整体发展趋势良好，旅游者消费需求更加趋向个性化、多元化。旅行社业规模进一步扩大，根据文化与旅游部发布的旅行社调查报告，截至 2019 年 6 月 30 日，全国旅行社总数达到 37794 家；广东省、北京市、江苏省、浙江省和山东省旅行社数量超过 2500 家，广东数量最多，为 3108 家。伴随着旅行社数量的持续增加和线上线下的融合发展，旅游安全事故频发，当前旅行社业面临诸多挑战。旅行社作为旅游业务的代理机构，既关联旅游活动参与主体，又联系行业其他业务部门，因而一旦旅行社业出现安全问题，势必波及整个旅游安全系统。由此，洞悉当前旅行社业安全问题的本质，具有重要的现实意义。

为了搜集到较为全面的旅行社业安全事件，本文借助人民网 315 旅游投诉平台、百度、谷歌等主流搜索引擎进行搜索，以"旅游纠纷""旅行社安全""旅行社人身安全""旅游事故"等为关键词，对 2019 年旅行社业的相关安全事件进行搜索。在删除重复事件后，最终共计搜索旅行社业安全事故 1055 起。本文以此为样本，对我国 2019 年旅行社业的安全形势进行分析。

一 2019年中国旅行社业的安全总体形势

（一）暑期、节假日依旧是旅行社业安全事件集中期

根据本文搜集的案例可知，2019 年我国旅行社业安全事件高发期主要集中在 5 月、7 月、8 月、9 月，囊括了我国的端午节、五一小长假、暑假等重要节假日。值得注意的是，相比于 2018 年，2019 年春节出游趋势上升，旅游安全事件也随之增加。综观 2019 年旅行社业的节假日安全情况，安全事件依旧频发，尤其以暑假最为突出。究其原因在于，当前旅游业呈现以旅游核心驱动，以文化、体育、户外、研学、亲子等辅助带动的发展趋势，同时暑假孩子时间安排灵活，气候适宜，因而大多数父母倾向于选择暑期研学游和亲子游，由此火爆的暑期旅游市场驱使父母更加关注旅游安全问

题。暑假、节假日集中出游容易造成交通道路拥堵，旅游景区拥挤、旅游服务质量降低等系列安全问题，相应也带来了一定的安全风险。

（二）线上旅游平台火爆的同时潜在安全问题频发

中商产业研究院发布的分析显示，我国在线旅游不断升级，预计2019年在线旅游（以下简称"OTA"）用户突破5亿人，市场交易规模进入万亿元时代，2019年，在线旅游市场仍处于持续增长阶段，且游客更倾向于方便快捷的网络机票、酒店、火车票、汽车票、景区门票等预定。去哪儿网、携程旅行网、飞猪平台列综合类旅游App前三位，拥有用户数量多，但在享受OTA带来便利之余，OTA也潜藏着诸多安全隐患，包括：信息泄露、信息不对称、虚假宣传、霸王条款等。2019年，旅行社业安全事故大部分来源于在线旅游平台，同时游客需求日趋多元化，游客体验日趋优质化，因而面对频发的安全问题，追求优质旅游服务的游客与在线旅游平台之间的矛盾持续激化。

（三）旅游行业从业人员综合素质和业务能力亟待提升

综观2019年旅行社业安全事故，大多可归因于以下几点：从业人员综合素质低，譬如客服欺骗游客，向游客提无理要求；从业人员业务能力差，譬如客服在操作游客信息中出现低级错误导致游客行程受耽搁；从业人员不作为，譬如处理事情效率低下，未能及时通知游客行程变动和导游强制购物，导游不提供讲解服务等。近年来，此类事件的发生频率一直居高不下。旅游从业人员是旅游行业的重要窗口和形象代表，其服务过程和结果直接影响游客的感知和满意度，因此必须重视从业人员的业务能力提升和综合素质培养。

（四）香港暴力示威活动造成旅游纠纷总量增加

根据香港旅游发展局公布的数据，2019年，初步访港游客数字逾5590万人次。上半年访港游客同比增长13.9%，但受废青暴乱事件影响，访港游客数量从7月开始下跌，且跌势持续加剧；下半年访港游客跌幅达到

39.1%，香港旅游业遭受重创。暴乱事件越演越烈，香港局势进一步恶化，受暴乱事件影响，旅行社业安全事件主要是游客原定的香港行程受交通等不可抗力因素影响而无法实现，但游客在取消原定机票、酒店、景区门票等订单的过程中，平台、商家不予退款，从而引发游客与商家、平台之间的旅游纠纷且数量呈增加趋势。

二 2019年中国旅行社业安全的概况与特点

（一）旅行社业安全事件的分布概况

1. 时间分布概况

2019年旅行社业安全事故数量大致以8月为中轴，呈现左右对称的波动趋势，如图1所示。旅行社安全事故发生的高发期为5月、7月、8月、9月，究其原因在于公众对美好生活的追求促使具有潜在旅游需求的群体（上班族、退休族、学生族）选择节假日出游。2019年总体出游人数增幅显著，然而出游人数的增加势必引发道路交通拥堵、酒店客房供给不足、景区服务质量下降、工作人员态度低劣等问题，由此旅行社业安全事件数量随之上升。同时，7月、8月是亲子游、研学游的出游高峰期，因而青少年相关的旅游安全事故频频发生，致使8月的安全事件数量达到高峰，而6月则处于低谷。值得注意的是，10月的旅行社业安全事件数量相对较少，究其原因可能是相关旅游部门高度重视国庆期间的旅游安全，有效推进和落实各项旅游安全保障工作，另外台风"米娜"的出现可能阻碍了游客的出行等。

2. 空间分布概况

境内旅行社业安全事故数量排名前五的省份分别为云南省、北京市、广东省、四川省、上海市，其中北京市、广东省、上海市经济发达，交通便利，旅游资源丰富，是国内重要的热门旅游目的地（见图2）。然而，一旦大规模的外来游客和庞大的当地人口出现聚集现象，安全隐患快速增加，风险指数显著上升，因而容易造成踩踏事件、交通拥堵等安全问题。同时，旅

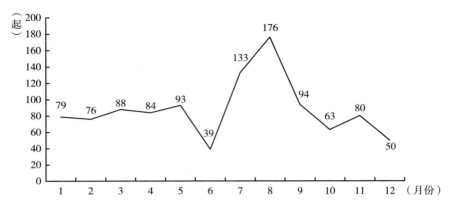

图 1 2019 年中国旅行社业安全事件月份数量分布统计

行社业务数量巨大，但服务质量参差不齐，因而旅行社和人员导致的安全事故居多。而云南省、四川省旅游资源丰厚，自然景观神奇独特，人文景观独具吸引力，丰富优越的景观景点奠定了旅游大省的资源基础，但是配套旅游基础设施的开发速度、旅游从业从人员的安全服务意识提升速度远不及游客的增长速度，造成旅行社业安全事故的发生。

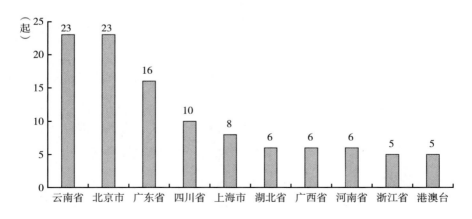

图 2 2019 年旅行社业境内安全事故数量分布统计

境外旅行社业安全事件发生地主要集中在泰国、日本、越南、菲律宾、我国港澳台等国家和地区，其中东南亚旅游安全事故尤为频发。在过去的一年中，泰国既成为最受中国游客欢迎的旅游目的地国家，同时也成为旅游纠纷发生地的重灾区。有关泰国旅游目的地的旅行社业安全事故多发，究其原因主要在于：泰国对中国游客实行开放的旅游政策，且泰国国内景色迷人，旅游性价比高；游客前往泰国旅游目的地呈现集中化特征，主要安全事故涉及旅游购物买到假货，旅游团导游不负责任，商家虚假宣传等。此外，2019年港澳台旅行社业安全事故相对高发，香港暴力示威活动为旅游业发展带来众多不稳定因素，因而在香港旅游业遭受重大打击的同时引发了大量的旅游纠纷。

3. 类型分布概况

基于收集的 2019 年旅行社业安全事件，对其安全事件类型进行统计，主要特征以旅游纠纷、旅游服务质量安全事故为主；"霸王条款"、旅游欺诈等安全事件次之。其中，旅游纠纷占比为 71.28%，旅游服务质量占比为 27.2%，旅游人身安全占比约为 1%，其他约占比为 0.57%。同时，线上线下安全事件均以旅游纠纷为主，主要表现为旅行社与游客之间的合同纠纷、退款进度纠纷、实际提供服务与签订合同不符等。旅游服务质量则主要表现为旅行社或者 OTA 客服在为游客提供服务的过程中态度恶劣，服务缺失、疏忽或失误导致游客遭受精神和财产损失。旅游人身财产安全主要表现为游客在参与旅游活动过程中，自身财产、生命安全受到威胁。其他主要表现为旅行社的"霸王条款"，如游客在未消费的情况下，旅行社拒绝游客的合理要求。

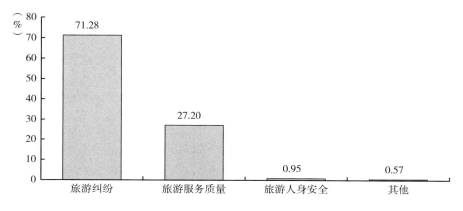

图 3　2019 年中国旅行社业安全事件类型分布统计

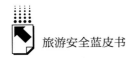

4. OTA 分布概况

随着社交媒体和在线旅游业的发展，借助 OTA 预订酒店、景点门票、交通等成为旅游大趋势，与此同时，OTA 产品购买和售后环节的纠纷事件不断增加。在2019年的1055起旅行社安全事故中，OTA 有859起，占比约81.42%。其中，去哪儿网、携程旅行网、飞猪平台较为集中。这主要因为去哪儿网、携程旅行网、飞猪平台发展良好，游客信任这些平台并倾向于借助此类平台进行预定或者购买产品，然而这也是其安全事件多发的原因之一。值得注意的是，2019年由微信小程序导致的安全纠纷相比往年有所增加。综观 OTA 产生的旅游纠纷，具体表现在：游客正当合理的旅游需求遭到商家或者平台拒绝；OTA 虚假宣传导致游客遭受欺诈；平台"霸王条款"、在线客服态度恶劣、不负责、无回应等。

（二）旅行社业安全事件的特点

1. 旅行社业安全事件发生时间相对集中

随着国内基础设施的提升，高速铁路的推进，休假制度的完善，游客春节出行更加便利，小长假国内旅游出行人次大幅回升。其中，2019年清明节、五一假日期间，国内接待游客均高于去年同期，同比增速分别达11%、14%；端午假期国内接待游客同比增速达7.7%；同时结合2019年春节、暑期出游情况，庞大的游客数量势必加大了旅行社业安全防控的难度。此外，出游人群结构不断年轻化，且暑期亲子游、研学游持续升温，而年轻人一旦在旅游活动中权益受损，多数人会选择合适的渠道进行维权，因而暑期旅行社业安全事故多发。

2. OTA 安全问题增加，去哪儿网纠纷多

近年来，线上旅行社迅速发展，在线预订酒店、交通、景区门票等成为旅游常态，在线旅游企业综合竞争力持续提升，目前去哪儿网、携程旅行网、途牛旅游网、马蜂窝旅游网等均拥有庞大的用户数量，然而 OTA 在为游客提供便利的同时，暴露的安全问题也不容忽视。相较2018年，尽管在数量上2019年安全案例涨幅不大，但是安全形势依旧严峻。2019年，有关

OTA 的旅行社业安全事故总计 800 多起，事故类型主要为旅游纠纷和旅游服务质量问题。

3. 安全事故受国内外政治及经济形势影响大

2019 年，无论是境内旅游还是境外旅游均受到国内外政治及经济形势的影响。文化与旅游部重点整治旅游市场秩序，譬如对未整改的 A 级景区进行摘牌，取消不合格的旅行社的出境旅游业务等。在一定程度上，政府的一系列举措有效地遏制了旅行社业安全事件的发生。但是，2019 年某些安全事件同样值得重视，如香港暴乱造成的游客安全问题、订单纠纷等；印度多个城市发生暴乱，严重威胁出境游客的安全；美国枪击、抢劫、盗窃案件频发，游客旅行风险增大，人身和财产安全面临重大挑战。

三 影响中国旅行社业安全的主要因素

（一）外部宏观环境因素

1. 自然灾害等不可抗力因素的影响

自然灾害等不可抗力因素，包括台风、地震、洪水、山体滑坡等。如 2019 年 1 月，热带风暴"帕布"登陆泰国，导致众多中国游客被困在海岛；2019 年 12 月，新西兰怀特岛发生火山喷发，造成多人伤亡，伤者及失联人员中有中国公民；2019 年 11 月，意大利"水城"威尼斯受恶劣天气影响遭遇历史性水灾，7 大著名地标性建筑惨遭洪水侵袭和破坏，并造成 2 人遇难；2019 年 8 月，最强台风"利奇马"肆虐杭州，而在台风登陆的前一天，西湖仍有大量游客停留，台风当天风力巨大，游客们猝不及防，都被淋成了"落汤鸡"。2019 年底在世界各国出现并持续肆虐的新冠肺炎疫情，成为影响世界的突发公共卫生事件，也将对世界旅游业发展和安全运行带来深远的影响。综上所述，自然灾害是游客和旅行社均无法预料的，且此种由不可控因素引起的事故安全隐患更大。

2. 境内旅游行业政策措施因素的影响

旅游行业政策措施的推行与旅行社业的安全相互关联。具体而言，政府

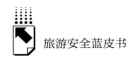

的相关政策和措施能够推动旅游安全的发展，2019 年以来，文化和旅游部开展市场整治行动、A 级旅游景区整改提质行动，全国复核 A 级旅游景区5000 多家，1186 家旅游景区受到处理，其中 405 家受到取消等级处理，由此也给旅游市场和旅游景区的安全和服务质量管理敲响了警钟。此外，文化与旅游部加强旅行社业监管，取消不合格旅行社的出境经营旅游业务，自2019 年 3 月 6 日起，已注销了 4 家旅行社的相关业务。综上所述，加强文化与旅游部对旅行社的监管，能够有效避免旅行社安全事故的发生。

3. 境外政治、社会形势变化的影响

近年来，出境游市场持续火热，但境外发生的恐怖事件、社会安全突发事件、社会治安事件等时有发生。宏观上，此类事件会对旅游业的安全管理造成极大的阻碍，同时也会对旅行社的出境业务造成严重威胁；微观上，此类事件会对旅游者的人身安全和心理安全带来负面影响。譬如，2019 年 4月，中国游客与越南边检人员因小费问题发生冲突，而后边检人员扣押下孩子护照，并由此引发其他中国游客的不满，最终导致航班延误 40 分钟。2019 年 8 月，香港激进分子堵塞机场，并对内地游客实施暴力，严重威胁到游客的人身安全和生命安全。综观以上安全事故案例，旅行社业必须提高安全警惕，加强安全保障体系建设，以此保障游客的出境安全。

（二）旅行社业及相关行业内部因素

1. 旅行社管理力度及安全经营理念有待加强

旅行社在全过程的活动推进中发挥枢纽作用，在各环节的安全保障中承担不可推卸的责任。只有旅行社安全管理工作落实到位，旅行社安全责任意识持续提升，每一位游客的出行安全才能得到保障。在 2019 年的安全事故中，大部分是由旅行社管理不到位，缺乏员工系统化职业培训造成的。譬如，客服操作不熟练导致订单信息失误而让游客蒙受损失；旅行社出团前未确保领队、导游签发旅游安全日志，未履行随时提醒游客注意安全义务；旅行社未在节假日、重大活动提前做预案，引导游客安全出行；等等。

2. 旅游者及旅行社从业人员缺乏安全意识

旅游过程中，旅游者缺乏应有的旅游安全意识，不具备基本的突发事件应急能力，无法保证自身生命安全，更别说在中途帮助他人。譬如，旅游者进行旅游购物时，缺乏一定的辨识力而上当受骗，买到假冒伪劣产品。此外，旅行社业从业人员既有线上线下之分，还涉交通、景区、酒店等部门，因而复杂烦琐的工作过程中容易疏忽潜藏的安全隐患。综观2019年的安全事故，工作人员操作不熟练、违规操作的案例并不在少数。因此，旅行社行业有必要强化从业人员的业务训练，加强安全意识宣传，定期开展安全专题讲座，以提升从业人员的综合能力。

四　2020年中国旅行社业安全的趋势展望与管理建议

（一）趋势展望

1. 旅游纠纷和服务质量问题依旧频发

基于2019年的旅行社业安全事故的分析，发现旅游纠纷和旅游服务质量问题依旧是安全事故多发的症结。因此，2020年旅游纠纷和旅游服务质量问题依旧是安全问题的主角，且此类问题在境内外旅游中均表现严重。2020年，国内经济发达地区和旅游大省依旧是安全事故的主要发生地；泰国依旧是境外旅游安全事故的多发地；OTA售票、退订单问题以及导游强制购物等安全事故依旧频发；旅游纠纷和旅游服务质量问题仍集中在节假日、暑期及旅游旺季，其中随着春节出游人数的增加，安全事故数量也会随之有所增加。

2. OTA成为旅行社业安全事件主角

在线旅游交易规模日趋庞大，相应地，安全风险也逐步增加。其中，2019年OTA安全事件的发生数量占安全事件发生总数的一半多。综观OTA近几年的发展，企业活力不断涌现，产业结构日益完善，不过结合2019年的安全情况，预计2020年旅游安全事件依旧是以OTA为主体。基于此，如

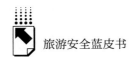

何减少交易量变大带来的服务质量降低、合同纠纷、虚假宣传、霸王条款问题，需要政府部门和旅行社在2020年做出进一步的思考。

3. 受新冠肺炎疫情影响，旅游退票纠纷激增

2020年新冠肺炎疫情给旅行社业带来巨大冲击，春节期间国内旅游业基本处于停滞状态，旅游者不得不延期或取消既定的出游计划，能否退款、何时退款、退款到账时间等问题瞬间成为游客关注的焦点。尽管各大OTA采取各种退款保障方案，政府也颁布了相关政策，但退款涉及供应商众多，且各平台规定和要求不尽相同，因而处理程序烦琐，过程复杂，退票过程中可能会对旅游者造成一定的损失。旅游线路的退订还涉及景区、酒店、交通、餐厅、导游等环节，加之新冠肺炎疫情期间企业人手不足，从而造成无法退全款、退款慢、效率低下等问题，并由此引起众多消费者的不满和投诉。受新冠肺炎疫情影响，2020年旅游退票纠纷的案例会有所增加。

（二）管理建议

1. 监管部门：加强旅游市场监管，营造安全旅游环境

旅游市场的无序发展会增加旅行社业的安全隐患，借助旅游监管部门的监管作用，可有效减少安全事件的发生：首先，全面落实安全责任，清楚地划分安全监管主体，切实明确主体安全责任，避免游客投诉无门的情况出现。其次，做好旅游安全宣传教育，加强行业良好风气建设。再次，定期开展安全排查，做好安全预防工作。最后，监管部门要心系游客安全，对于突发安全事故，及时反应，启动应急机制。综上所述，监管部门应加强旅游市场监管，以营造安全旅游环境。

2. 旅行社：线上线下协同推进，保障消费者合法权益

旅行社业减少安全事件的发生，首先应从传统旅行社做起，传统旅行社应严格落实出游前安全教育，持续完善突发事件应急预案，并加强应急管理队伍建设。其次，随着在线旅游市场的快速发展，OTA开始占据重要地位。在线旅游企业和平台既是线下的服务主体，又是线上电子商务平台的经营者，因此OTA涉及利益相关者众多，更加应该关注各主体的安全问题，包

括平台、产品、人员、游客等。最后，旅游产品供应商应当诚信经营，规范操作，不欺骗消费者，不侵犯消费者正当权益，灵活应对一些突发安全事件。

3. 旅游从业人员：树立高度安全意识，主动承担游客责任

就某个游客而言，发生安全事件是小概率事件，但是由于游客总体规模非常大，安全事件的发生几乎就是必然的，旅游安全事件成为一种新的"常态"。因此，旅游从业人员必须树立高度的安全意识，时刻警惕各类安全风险，主动承担对游客的不可推卸的责任。旅游从业人员安全意识和职业素质的提升可有效减少安全事故的发生，譬如导游及时提醒游客相关安全注意事项，包括知识宣传、安全防范等；酒店、航空、旅游景点工作人员在出单前仔细核对订单以防止出错；客人的合理要求尽可能满足；对待游客采用和善的态度等。

4. 旅游者：提高安全防范意识，遇不公事敢于维权

不少游客为了满足自身的猎奇心理，而忽视隐藏的安全风险，情不自禁地去冒险。如2019年游客为了站在更好的角度欣赏钱塘江，而违反禁止靠近江边观景的规定，最后迎来不可预见的风险。游客自身安全意识低下造成的安全事故时有发生，因此必须提高游客的安全意识，在旅游之前做足功课，充分了解旅游产品和旅游目的地。同时，准确识别旅游消费套路，充分防范消费陷阱。旅游过程中的安全问题和侵权行为不可避免，旅游者自身要学会消费维权，且遇到权益受损事件要敢于发声维权。

5. 平台：推进安全信息技术，构建智能个性平台

首先，由于旅游业务的复杂性、参与主体的多元性，旅行社服务渠道对于信息技术的要求较高。其次，年轻人消费时喜欢选择智能渠道，因为智能渠道作为智能服务终端，能够提升自助服务效率。再次，随着网络支付、网络分享端口的发展，手机旅游App因其便于携带、便于使用，已成为旅游者购买旅游产品的主要渠道，因而手机平台的安全化信息建设至关重要。最后，针对性地提升个性化、特质化的渠道服务，可有效满足不同类型的客户需求。

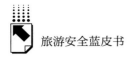

6. 新冠肺炎疫情管控：认清当前旅游发展现状，全面应对当前疫情危机

突如其来的新冠肺炎疫情，使旅游行业受到严重冲击，旅行社业应认清疫情期间的旅游发展现状，正确看待行业发展受限现象，稳定旅游市场秩序；及时调整旅游产品供需，做好疫情期间的纠纷处理；加大安全宣传工作，开通多渠道的业务协调途径；积极建立行业外部沟通，获取更多政府、媒体、行业协会等的支持；建立疫情防控防御机制，实时对接疫情发展状况；此外，旅行社业要全面且理性应对当前疫情危机，合理预测未来时期旅游发展态势，对可能出现的爆发式增长做好引导工作，探索全新的旅游发展途径和模式。

安全事件篇

B.9

2019~2020年中国涉旅自然灾害的
安全形势分析与展望

摘　要：　自然灾害是影响我国旅游安全的主要因素之一。对国内涉旅
自然灾害安全事件案例整理分析发现，2019年国内涉旅自然
灾害安全事件数量比2018年减少，但是伤亡人数有所增加，
山洪带来的旅游安全影响较为突出。2019年文化和旅游部发
布《旅游安全实务手册》、组建国家自然灾害防治研究所、
加强监督和管理等措施来应对涉旅自然灾害，并取得了较好
成效。预计2020年涉旅自然灾害安全事件数量将呈现平稳下
降趋势，但是新冠肺炎疫情将对各地旅游安全保障和风险管
控带来极大压力，迫切需要各部门之间的协同合作，加大智
能化监测设备的使用，加强景区旅游安全监督，提高旅游者
与居民的旅游安全防范意识，全力做好涉旅自然灾害的预防
和应对。

关键词：　涉旅自然灾害　旅游安全　疫情应对

---

* 叶新才，博士，华侨大学旅游学院副教授，华侨大学旅游科学研究所所长，主要从事旅游规
划与景区管理方面的教学与科研工作；徐天雷，华侨大学旅游学院旅游管理专业硕士研究生。

一 2019年中国涉旅自然灾害安全事件总体情况

根据应急管理部数据可知,2019 年国内自然灾害主要由台风、洪涝、干旱、地质灾害等构成,地震、火灾、雪灾、雷暴等也有不同程度的发生。各种自然灾害共造成 1.3 亿人次受灾,909 人死亡失踪,直接经济损失 3270.9 亿元①。2019 年全国自然灾害导致的人员伤亡以及公众财产等损失较 2018 年略有扩大。

以"景区 + 各类自然灾害"为检索词,借助百度新闻对国内涉旅自然灾害安全事件进行搜索,共汇总了 2019 年全国 26 起涉旅自然灾害安全事件(见表1)。与 2018 年相比,2019 年涉旅自然灾害安全事件总量呈下降趋势,但涉旅自然灾害造成的人员伤亡事故总量呈稳中有升趋势。2019 年,全国涉旅自然灾害安全事件数量减少了 8 起,但死亡人数增加 17 人、受伤人数增加 10 人、失踪人数增加 2 人。

表 1 2019 年全国涉旅自然灾害安全事件汇总

序号	灾害类型	时间	地点	情况
1	气象灾害	1 月 31 日	湖北武当山景区	暴雪,200 多名游客滞留
2	气象灾害	2 月 12 日	四川神木垒景区	暴雪,多起交通事故,百名游客被困
3	气象灾害	2 月 19 日	重庆武隆仙女山镇	结冰,车辆打滑致 1 名驾驶员受伤
4	气象灾害	3 月 31 日	河南虞城万亩梨园景区	龙卷风,2 名儿童死亡,18 名儿童受伤
5	气象灾害	8 月 7 日	江西庐山仙人洞景区	雷电,3 人轻伤,2 人重伤
6	气象灾害	8 月 20 日	四川西岭雪山景区	暴雨,2700 名游客滞留,2 名重伤
7	气象灾害	9 月 14 日	陕西西安秦岭	暴雨,2 名驴友被困秦岭
8	气象灾害	11 月 9 日	四川五台山景区	暴雪,7 名游客被困
9	气象灾害	11 月 17 日	北京房山某野山	大风,1 名驴友死亡
10	气象灾害	12 月 30 日	黑龙江雪乡和亚布力景区	暴雪,1.5 万名游客滞留高速公路
11	洪水灾害	7 月 14 日	广西桂林阳朔景区	洪水,1 辆吉普车被冲走,5 人受伤

---

① 国家减灾中心应急管理部发布《2019 年全国自然灾害基本情况》,百度网,https://baijiahao. baidu. com/s? id = 1655980483791962210&wfr=spider&for=9pc 2020 年 1 月 17 日。

续表

序号	灾害类型	时间	地点	情况
12	洪水灾害	7 月 21 日	江西靖安县吕阳洞溯溪	山洪,4 名驴友死亡,283 人被困
13	洪水灾害	7 月 25 日	四川广安天意谷风景区	山洪,22 人被困
14	洪水灾害	8 月 3 日	安徽牯牛降景区附近	山洪,1 人死亡,5 人被困
15	洪水灾害	8 月 4 日	湖北省鹤峰县未开发景区	山洪,13 人死亡
16	洪水灾害	8 月 5 日	山西阳城县蟒河景区	洪水,40 余人被困
17	洪水灾害	8 月 5 日	河南济源九里沟景区	洪水,5 名游客被困
18	洪水灾害	8 月 6 日	山西晋城邓家庄附近	山洪,4 人死亡,3 人失联
19	洪水灾害	8 月 9 日	北京密云景区	山洪,5 人被困
20	洪水灾害	8 月 10 日	浙江温州雁荡山景区	洪水,数十辆车冲走
21	洪水灾害	8 月 15 日	山东青州瀑水涧湿地公园	洪水退去,1 名老人陷入淤泥
22	洪水灾害	10 月 5 日	四川省九寨沟景区	山洪,26 人被困
23	地质灾害	1 月 12 日	广西桂林龙脊景区	滑坡,1 名被埋身亡,2 人受伤
24	地质灾害	7 月 12 日	贵州凯里市南花苗寨景区	滑坡,500 余人被困
25	地质灾害	7 月 17 日	江西赣州大山脑景区	滑坡,3 人被困
26	地质灾害	7 月 29 日	四川省海螺沟景区	泥石流,48 人被困

二 2019年中国涉旅自然灾害安全事件的概况与特点

(一)2019年涉旅自然灾害安全事件的概况

2019 年全国涉旅自然灾害安全事件共发生 26 起,总量较 2018 年有所回落。其中,地质灾害涉旅安全事件 4 起、洪水灾害涉旅安全事件 12 起、气象灾害涉旅安全事件 10 起。2019 年全国涉旅自然灾害造成的影响较 2018 年呈稳中有升趋势,共造成 26 人死亡、33 人受伤、3 人失踪及大量游客与当地居民受困。

(二)2019年涉旅自然灾害安全事件的特点

1.2019年涉旅自然灾害安全事件数量呈回落趋势

2012～2019 年累计发生涉旅自然灾害安全事件 308 起,自 2015 年以来涉旅自然灾害安全事件总量呈逐年下降趋势。2019年涉旅自然灾害安全事件共发生26起，接近8年来的最低水平（见图1），政府部门加强了对于涉旅自然灾害的监测、预警和预报及防控，尽可能减少涉旅自然灾害安全事件发生。

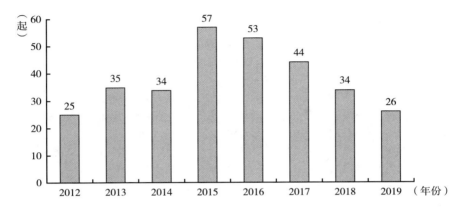

图1　2012~2019年全国涉旅自然灾害安全事件数量

资料来源：根据2012~2018旅游安全蓝皮书整理。

2. 2019年涉旅自然灾害安全事件类型分布集中

中国的涉旅自然灾害安全事件主要集中在气象灾害、洪水灾害和地质灾害这三大类（见图2）。据统计，2012~2019年，这三类自然灾害在累计至少导致278起旅游安全事件，占所有类型的涉旅自然灾害安全事件比重高达90.26%。2019年洪水灾害涉旅安全事件多达12起，其次是气象灾害涉旅安全事件10起，另外还有4起为地质灾害涉旅安全事件。海洋灾害在最近几年对旅游的影响越来越不明显。近8年来，地震灾害造成的旅游安全事件数量较少，仅在2017年出现了1起地震灾害涉旅安全事件。气象灾害涉旅安全事件数量一直居高不下。

3. 2019年涉旅自然灾害安全事件伤亡人数大幅提升

与2018年相比，2019年涉旅自然灾害安全事件造成的死亡人数大幅增长，处于近8年来的较高水平。全年涉旅自然灾害安全事件造成伤亡或失踪

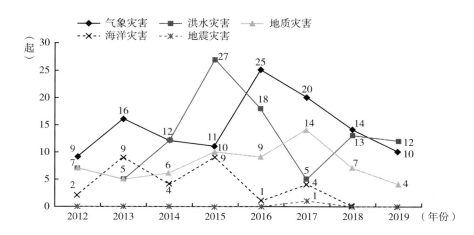

图2　2012 ~ 2019 年全国涉旅自然灾害安全事件类型分布

资料来源：根据 2012 ~ 2018 年旅游安全蓝皮书涉旅自然灾害安全事件汇总表整理。

人数达 60 人，其中死亡人数 25 人，受伤人数达 32 人，失踪人数 3 人（见表 2），大量游客和当地居民被困。

表2　2012 ~ 2019 年全国涉旅自然灾害安全事件伤亡人数

单位：人

年份	死亡人数	受伤人数	失踪人数	合计
2012	9	21	11	41
2013	25	69	4	98
2014	11	7	0	18
2015	40	51	2	93
2016	19	40	5	64
2017	41	545	13	599
2018	8	22	1	31
2019	26	33	3	60
合计	178	787	39	1004

资料来源：根据 2012 ~ 2019 旅游安全蓝皮书全国涉旅自然灾害安全事件汇总表整理。

4. 2019年涉旅自然灾害安全事件的时空分布

从空间分布看，2019 年全国涉旅自然灾害安全事件主要集中在华东和西南地区（见表3）。其中，西南地区最为集中，共发生8起，主要集中在四川省（6起）；其次是华东地区共发生6起，主要集中在江西省（3起）；再次是其他的地区均匀分布。东北和西北地区发生涉旅自然灾害安全事件最少，只有1起。

表3　2019年全国涉旅自然灾害安全事件地区分布

单位：起

地区	城市	数量	地区	城市	数量
华东	浙江	1	西北	陕西	1
	安徽	1	华中	湖北	2
	山东	1		河南	2
	江西	3	华北	北京	2
西南	重庆	1		山西	2
	四川	6	华南	广西	2
	贵州	1	东北	黑龙江	1

资料来源：根据2012~2019旅游安全蓝皮书全国涉旅自然灾害安全事件汇总表整理。

从时间分布看，2019年全国涉旅自然灾害安全事件大多发生在7~8月，累计数量16起。7~8月受季风气候的影响，各地降水增多，短时间的暴雨导致多地山洪暴发，如7月25日四川广安天意谷风景区山洪暴发导致22人被困，8月6日，山西晋城邓家庄附近山洪暴发，导致4人死亡，3人失联。每年1~2月、11~12月也会发生少量的涉旅自然灾害安全事件。冬季的结冰以及突发暴雪导致车辆打滑，并造成大量游客被困。其他月份较少发生涉旅自然灾害安全事件，但有时也会突发涉旅自然灾害安全事件，如3月31日，河南省虞城县万亩梨园景区突发龙卷风，因游玩设施气垫床飞入空中，导致2名儿童死亡和18名儿童受伤。总体来说，中国涉旅自然灾害安全事件在地域和空间上呈现大集中、小分散特征，即涉旅自然灾害安全事件时间上主要发生在7~8月，空间上主要集中在华东和西南地区，其他月份和地区均有零星的分布（见图3）。

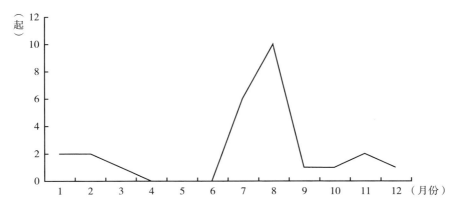

图3 2019年全国涉旅自然灾害安全事件时间分布

三 2019年中国涉旅自然灾害安全管理现状

（一）持续优化自然灾害管理体系

我国不断推进自然灾害管理体系的优化。2019年12月30日，应急管理部和中国科学院共同组建国家自然灾害防治研究院①，应急管理部是国家重大决策的中心，通过组建研究院汇集国内外最顶尖的科学家和技术力量，能够更好地面对突发自然灾害问题。同年11月国家发展改革委、财政部、应急管理部三部门联合发布《关于做好特别重大自然灾害灾后恢复重建工作的指导意见》②，对于应对涉旅自然灾害安全问题具有重要的指导意义。中共中央政治局于11月29日就我国应急管理体系和能力建设进行第十九次集体学习，习近平主席出席并发表重要讲话，表明国家对于自然灾害管理体

---

① 应急管理部国家自然灾害防治研究院在京成立，腾讯网，https：//new. qq. com/omn/20191231/20191231A0FX7Z00. html，2019年12月31日。

② 中国应急管理报：重磅！三部委联合印发《关于做好特别重大自然灾害灾后恢复重建工作的指导意见》，百度网，https：//baijiahao. baidu. com/s? id = 1651444168597483845&wfr = spider&for=pc，2019年11月28日。

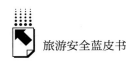

系建设的重视，这些也对中国涉旅自然灾害安全管理起到了很好的示范作用。

（二）持续推进涉旅灾害安全监管

为了给全国人民在国庆期间营造良好、舒适、安全的旅游环境，文化和旅游部派出 7 个专项督察组，对交通集散地、旅游景区、大型娱乐活动设施，进行安全检查，排查景区内可能存在的自然灾害隐患，确保安全设施的正常运行，让游客玩得安心。除此以外，在每年的自然灾害高发期，各地政府部门都会派出工作小组，监督当地自然灾害的防治情况以及旅游安全生产工作的进行。同时各地区对于旅游管理者安全意识的培训加强，使更多管理者有能力应对突发的涉旅自然灾害安全事件，更好地保障游客安全。

（三）不断加大旅游安全宣传力度

为了进一步提升游客自身的安全防护意识，让旅途更加轻松、愉快、安全，文化和旅游部于 2019 年 7 月发布《旅游安全实务手册》。《旅游安全实务手册》一共有 7 个部分，第一部分主要介绍自然灾害，起到了有效的科普作用，让游客在真正面对突发性自然灾害时能够采取适当的应急措施，不至于出现慌乱和踩踏事件。除了文化和旅游部发布的《旅游安全实务手册》外，每个地区的当地政府都会开展相应的旅游安全宣传主题活动及讲座，提升了公众对于旅游安全的关注度，有利于之后政府旅游安全工作的开展。

四　影响2019年中国涉旅自然灾害安全问题的主要因素

我国涉旅自然灾害安全问题的影响因素包括自然因素和人为因素。

（一）自然因素

自然因素是中国涉旅自然灾害安全事件中最主要的影响因素，属于外在的不可抗力因素。表 1 中所有的涉旅自然灾害安全事件，都是由于自然因素造成，主要集中在气象灾害、地质灾害及洪水灾害。每年的夏季中国都要受到东南季风的影响，同时还要面临太平洋上形成的台风的入侵。2019年登陆的超强台风"利奇马"带来大量的降水，导致多地发生洪涝灾害，对于各地的旅游者生命安全造成极大的威胁。冬季来自西伯利亚的冷空气，使北方多地降下暴雪，大量游客因为暴雪被困。1月31日，湖北武当山景区突降暴雪，200多名游客滞留。12月30日，黑龙江雪乡和亚布力景区突降暴雪，多达1.5万名游客滞留在高速公路上。每年的七八月由于长时间的降雨，西南地区易发生滑坡和泥石流地质灾害，时刻威胁西南地区游客的生命安全。除此以外，地震灾害也是影响旅游安全的重要自然因素，2019年，大陆地区发生超过5级的地震20次，未对景区游客生命安全产生威胁。虽然2019年地震灾害等级偏低，但是其潜在的安全问题是不容忽视的。毕竟中国西部青藏高原地区、东部靠太平洋地区都是主要的地震带。自然因素的发生具有不可避免性，加强自然灾害的监测、预警、预报及防控就显得非常必要。

（二）人为因素

除了自然因素以外，旅游行业的安全防范意识、应急处置能力和旅游者的自我安全保护意识等人为因素成为涉旅自然灾害安全事件发生的助燃剂。

1. 旅游行业安全防范意识不足

旅游行业的整体安全意识处于比较低的层次。一方面，部分旅游管理部门在进行景区规划建设时往往会忽略安全管理制度的建设，制定了安全管理制度的景区往往也是条款模糊、漏洞百出。各大景区安全设备的投入和安装情况也是参差不齐，且多数景区安全设备不齐全，存在较大的安全隐患。另一方面，旅游行业经营人员更是安全意识淡薄，部分经营人员在景区内随意摆摊设点，堵塞消防安全通道，当自然灾害来临时严重威胁游客的安全。除此以外，民宿经营者的安全意识也有待提高，近年来民宿业得到迅猛的发展，越来越多的自然环境得到开发，如何去提高民宿经营者的安全意识，确保游客的居住安全显得尤为重要。

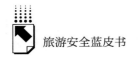

2. 自然灾害应急处置能力薄弱

国内自然灾害的应急处置能力比较薄弱，一方面国内旅游管理部门对于自然灾害事件的监测和预警能力不够，缺乏先进的设备进行比较精准的预判，加之自然灾害具有一定的突发性，极大地影响了自然灾害的应急处置能力。另一方面景区管理部门缺乏相关自然灾害的应急预案措施。当自然灾害发生时，景区管理人员手足无措，无法及时地采取合适的应急方案，极大影响救援的效果。

除此以外，由于国内对于涉旅自然灾害安全事件的防控系统尚处于构建和完善的阶段，各部门、各技术之间无法做到完全的协调一致、统筹管理。在一定程度上影响了自然灾害应急处置能力的提升。

3. 游客自身安全意识淡薄

游客自身安全意识淡薄也是涉旅自然灾害安全事件发生的重要原因之一。8月4日，湖北省鹤峰县未开发景区，13名驴友死于洪水暴发。几乎每年都会有类似"驴友不顾景区的安全警示，涉险进入未开发的景区"新闻报道。游客出于满足好奇心、探索心理的需要，将自身安全抛在了脑后，最终造成了较大的伤亡。除了冒进的驴友，其实大多数游客的安全意识十分淡薄，对于潜在自然灾害的风险，没有自己的预判能力，当自然灾害发生的时候更没有基本的应急处理能力，从而增加了伤亡的风险。

五 2020年中国涉旅自然灾害安全事件的形势与对策

（一）2020年涉旅自然灾害安全事件形势预测

结合中国近8年来的涉旅自然灾害安全事件形势，以及国外自然灾害发生的状况，预判2020年涉旅自然灾害安全事件数量仍将呈平缓下降态势，但是部分地区可能出现涉旅自然灾害安全突发事件，伤亡人数存在不确定性。新冠肺炎疫情在全球多地区暴发并呈蔓延与扩散态势，这将对中国国内旅游和出入境旅游安全管理工作带来严峻的挑战。主要形势如下：

1. 自然灾害日趋频繁增加管理压力

伴随着全球经济的高速发展，人类对于大自然的破坏越发严重，各种极端天气发生的频率越来越高。在未来的一年，国内旅游行业面对来自气象灾害、洪水灾害、地质灾害的考验难度继续上升。局部地区涉旅自然灾害安全事件的伤亡高风险，伤亡人数存在不确定性。这将无形中增加旅游行业和应急管理部门应对涉旅自然灾害安全事件的压力。

2. 旅游全域化将加大安全防控难度

过去每个地区只有少数的几个旅游景区，景区乃至政府的管理压力较小，如今随着全域旅游的深入化发展，各地景区的未开发地带得到快速建设。除此以外，中国的广大农村进入旅游产业快速发展期，由于这些地区大多处于发展的初级阶段，旅游安全设施配备不齐全，以及许多农村在发展乡村旅游前没有对当地的安全风险进行评判，给未来的旅游行程埋下了隐患。随着防控范围的扩展，有些地区的旅游安全思想得不到及时的宣传和发展。逐渐成为下一阶段面临的严峻挑战。

3. 游客多元需求将增加安全新风险

游客对于旅游的体验已经不仅仅停留在观光游览的层面，新一代旅游群体认为冒险、刺激、新颖是他们所关注的重点。西藏地区的高原旅游、云贵川地区的探险旅游越发的火热。可以发现这都是一些高风险的旅游方式，因此未来的旅游行业管理者需要面临来自这些群体的旅游安全风险。对旅游安全管理提出了更高的要求。

4. 疫情类灾害带来安全管理新挑战

来源于自然界的病毒，无色、无味、无形。1988年的上海甲型肝炎病毒，2003年的SARS病毒，非洲的埃博拉病毒等以及2019年底暴发的新冠肺炎疫情都对旅游者和居民的健康和活动造成了极大威胁。每一次病毒的入侵，都是全球旅游业的一次巨大震荡，如今新冠肺炎疫情有蔓延扩散的趋势。预测新的一年，疫情类非传统涉旅自然灾害安全问题还可能带来新的考验。

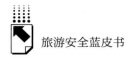
（二）2020年涉旅自然灾害安全管理建议

1. 增强各方协同合作能力

旅游的发展离不开住建、交通、公安、消防等各个部门的协助合作，当自然灾害来临的时候，需要当地政府牵头各部门制定科学合理的灾害处置措施[①]，以最快的速度救治伤员，帮助受困游客、群众脱险。其次努力打造各部门资源共享系统，及时分享与涉旅自然灾害安全事件相关的信息。另外也要加强同游客的协同合作[②]。统筹一致，做好防灾、减灾、救灾的工作。

2. 提升灾害应急处置能力

一方面，要利用好5G技术，增加智能化监测设备的安装，当某地区发生泥石流、滑坡等地质灾害时，可以利用遥感卫星进行实时的监控[③]，并以此为依据安排科学合理的应对措施。同时景区、高速等地方也要安装智能化监测设备，实时感知人流变化，当景区发生涉旅自然灾害安全事件时，能对游客进行科学合理的疏导，降低人员二次踩踏事故的风险。另一方面，要加强政府对于旅游景区、管理部门的监管，将各项措施落到实处，完善涉旅自然灾害安全应急管理体系，提高旅游安全突发事件的应急处置能力。除此以外还需要加强各个旅游行业从业人员的安全救援知识以及应急处置能力的培训。

3. 培育游客自身安全意识

游客要努力提高自己的安全意识，由于国内自然灾害的发生主要集中在气象灾害、洪水灾害和地质灾害，多数情况下与降水、降雪、大风等天气状况密不可分。因此在出行前可以提前关注天气状况，如果未来几天有暴雨、暴雪等情况，可以视情况适时修改出行计划。当游客进入景区后应当遵守景

---

① 雷春：《海南滨海旅游突发事件安全管理机制研究》，《中国市场》2017年第30期，第240～241页。

② 高伟雯、陈金华、李秋璞：《东南亚海岛旅游安全管理研究》，《东南亚纵横》2014年第9期，第22～27页。

③ 刘海燕：《基于GIS技术的中国自然灾害与旅游安全空间分析研究》，《科技广场》2014年第4期，第165～169页。

区的规章制度，不得自行前往未开发区域，威胁自身安全。当游客前往高原地区或者进行例如蹦极、森林徒步等旅游活动时，更应该提前了解一些安全活动知识，降低潜在的旅游安全风险。

4. 提高全民疫情防控意识

病毒的威胁无处不在，游客要避免食用野生动物，注意养成良好的卫生习惯，在景区游玩的时候自觉将擦拭过的纸巾投入垃圾桶。当发生疑似症状时，游客需要保持冷静的心态，及时就医，避免延误最佳治疗时间，也避免了人传人的现象发生。同时景区也需要有相应的疫情防控意识，缓解突发传染事件时游客恐慌的心理，做好疫情防控工作。

参考文献

[1] 雷春：《海南滨海旅游突发事件安全管理机制研究》，《中国市场》2017年第30期，第240~241页。

[2] 高伟雯、陈金华、李秋璞：《东南亚海岛旅游安全管理研究》，《东南亚纵横》2014年第9期，第22~27页。

[3] 刘海燕：《基于GIS技术的中国自然灾害与旅游安全空间分析研究》，《科技广场》2014年第4期，第165~169页。

B.10

2019~2020年中国涉旅事故灾难的
安全形势分析与展望

王新建　池丽平*

摘　要： 本文采用案例分析法与比较分析法，从总体形势、各类型事
故特征、管理进展、展望与管理建议等四个方面，对2019年
我国境内涉旅事故灾难进行分析。研究发现：（1）涉旅事故
灾难总体形势继续趋好，事故类型发生次数趋于平衡；涉旅
事故灾难时空分布不均，5~8月为高发期，华东地区为高发
区；重大涉旅事故灾难时有发生，人为因素突出。（2）随着
相关条例和规定出台与实施，旅游安全管理水平不断提升；
旅游专项整治力度不断加强，景区治理持续发力；旅游安全
综合治理力度不断加大，社会共识逐步形成。（3）自发组织
的高风险事故是涉旅事故灾难的增长区；山地户外运动风险
大，救援成本高；交通事故安全风险仍需重点关注。本文指
出应强化全社会的旅游安全教育体系；继续加大对"无证照、
无资质"水上运动监管；加大整治无资质旅游团体的旅游组
织项目；建设和完善有偿救援机制，促进户外救援市场化。

关键词： 涉游事故灾难　旅游安全　救援机制

---

* 王新建，华侨大学旅游学院副教授，主要研究方向为旅游安全与应急管理；池丽平，华侨大
学旅游学院硕士研究生。

　　近年来，旅游安全相关条例和规定相继出台与实施，旅游安全管理水平不断提升，旅游专项整治力度不断加强，旅游安全综合治理力度不断加大，社会共识逐步形成，涉旅事故灾难总体形势继续趋好，但旅游安全是旅游发展的基本要素和生命线，是时刻都要关注的要点。本文以我国境内（不含港澳台）的涉旅事故案例为研究对象，从总体形势、各类型事故特征两方面对中国涉旅事故灾难进行回顾，并对 2020 年我国旅游安全管理工作的趋势进行展望。

一　2019 年中国涉旅事故灾难的总体形势

（一）涉旅事故灾难总体形势继续趋好

　　2019 年，我国涉旅事故灾难总体形势良好，共发生 83 起事故，造成 166 人死亡或失踪，事故数量与致死人数分别较 2018 年轻微上升 1.22% 和 5.73%。从 2015 年至 2019 年总体趋势上看，涉旅事故灾难致死人数连续 5 年呈现下降趋势，2019 年较前 5 年平均值低 11.13%，涉旅事故灾难总体形势继续趋好（见表 1）。

表 1　2015 ~ 2019 年中国涉旅事故灾难统计

事故类型	2015 年		2016 年		2017 年		2018 年		2019 年	
	事故数量（起）	死亡或失踪（人）	事故数量（起）	死亡或失踪（人）	事故数量（起）	死亡或失踪（人）	事故数量（起）	死亡或失踪（人）	事故数量（起）	死亡或失踪（人）
涉旅交通事故*	16	566	10	70	11	60	9	39	7	57
山地户外运动事故	38	44	40	47	33	44	23	25	30	35
漂流与游船游艇事故	17	30	11	39	4	11	5	21	8	30
娱乐项目事故	11	16	6	7	7	6	7	7	12	13
低空旅游事故	4	5	9	18	6	7	4	8	6	8

事故类型	2015 年		2016 年		2017 年		2018 年		2019 年	
	事故数量（起）	死亡或失踪（人）	事故数量（起）	死亡或失踪（人）	事故数量（起）	死亡或失踪（人）	事故数量（起）	死亡或失踪（人）	事故数量（起）	死亡或失踪（人）
酒店安全事故	7	11	5	7	26	39	20	40	20	23
其他	5	13	6	12	18	25	14	17	0	0
合计	98	685	87	200	105	192	82	157	83	166

＊注：表中仅统计造成至少 1 名游客或旅游从业人员死亡或 2 人重伤，或重大财产损失的涉旅事故。每年发生的一般交通事故（死亡人数小于 3 人）以万计，难以鉴别与统计，本项目仅采用国家安监总局网站事故查询系统数据，统计了死亡人数 3 人及以上的旅游交通事故。

资料来源：根据网络媒体报道的事故灾难整理。

2019 年，涉旅事故类型分布不均，差异较大，其中山地户外运动事故最多，共 30 起，占比为 36.14%，其次是酒店安全事故，共 20 起，占比为 24.10%。盘点 2013～2019 年涉旅事故类型分布的变化情况，从时间上看，涉旅安全事故类型分布逐步趋于均衡。其中山地户外运动一直是涉旅事故中占比最高的类型，但总体呈现下降趋势。其次酒店安全事故自 2017 年以来占比增加，居第二位，是涉旅安全事故的重点关注类型（见图 1）。

（二）涉旅事故灾难时空分布不均

从涉旅事故灾难的时间分布上看，涉旅事故灾难月份分布不均衡，5～8 月旅游事故灾难最多，共 59 起，占总数量的 71.08%，其中 6 月和 7 月是旅游事故灾难发生数量最多，分别为 19 起和 17 起（见图 1）。主要原因是 5～8 月适逢暑假、五一劳动节、端午节，较多的游客选择该段时间去游玩，旅游人流规模大且密集，是涉旅事故灾难的高发期。

从 2019 年涉旅事故灾难的空间分布来看，华东地区居首位，共 27 起，占 32.53%，中南地区次之。省区市分布上，四川省全年共发生 12 起涉旅事故灾难，居首位；山东省居第二位，河南省居第三位（见图 2）。就事故类型的空间分布而言，2019 年，四川、山东和四川三地发生山地户外运动

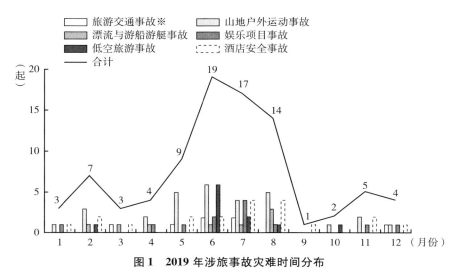

图1 2019年涉旅事故灾难时间分布

资料来源：根据网络媒体报道的事故灾难整理。

事故的次数最多，山东和四川发生娱乐项目事故的次数最多，山东发生低空旅游事故的次数最多，四川、云南和福建发生酒店安全事故的次数最多。

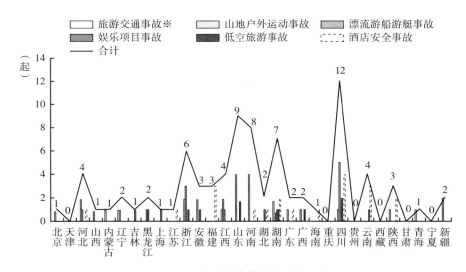

图2 2019年涉旅事故灾难空间分布

资料来源：根据网络媒体报道的事故灾难整理。

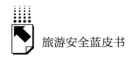

（三）重大涉旅事故灾难时有发生，人为因素突出

2019 年重大涉旅事故灾难发生 2 起，39 人遇难；2017～2019 年连续 3 年未发生特大涉旅事故灾难，特大涉旅事故灾难得到有效遏制。其中涉旅交通事故 1 起，共造成 26 人死亡，山地户外运动 1 起，共造成 13 人死亡，两起重大事故中人为因素皆是根本原因（见表 2）。

表 2　2015～2019 年涉旅事故灾难等级统计

事故等级	2015 年		2016 年		2017 年		2018 年		2019 年	
	数量（起）	死亡（人）	数量（起）	死亡（人）	数量（起）	死亡（人）	数量（起）	死亡（人）	数量（起）	死亡（人）
特大事故	2	477	1	35	0	0	0	0	0	0
重大事故	3	34	2	26	3	34	2	36	2	39
合计	5	511	3	61	3	34	2	36	2	39

资料来源：根据网络媒体报道的事故灾难整理。

二　2019 年中国涉旅事故灾难特征分析

（一）涉旅交通事故灾难分析

2019 年，涉旅交通事故 7 起，共造成 57 人死亡或失踪，其中重大交通事故 1 起，共造成 26 人死亡，28 人受伤。从事故发生原因看，7 起事件中 5 起由人为因素导致，1 起由自然灾害导致，1 起原因暂未查明。人为因素可分成司机操作不当与乘客不遵守规范两类。司机操作不当包括司机强行超车、变道等。如造成 6 人死亡和 38 人受伤的 6·30 内蒙古旅游大巴与货车相撞事件中，原因是大货车司机未看清对面来车强行超车导致。乘客在旅游交通安全中扮演着重要角色，在 3·22 湖南旅游大巴涉旅交通事故中，因该车乘客非法携带易燃易爆危险品乘车而引发客车爆燃，造成 26 人死亡和 28 人受伤的悲剧。

（二）漂流与游船游艇事故灾难分析

2019年发生漂流与游船游艇旅游等事故灾难8起，共造成30人死亡。其中重大事故1起，13人死亡，漂流与游船游艇事故灾难自2017年起，发生次数与死亡人数呈缓慢上升趋势。在8起涉旅事故中，发生在旅游景区或漂流水域事故两起，在禁止或非漂流区域事故6起。事故原因以管理不当与游客不遵守规定为主。管理方面，监控不当，无资质人员违规操作钻空子，如8·4湖北洪水暴发事故中，黑导游避开管制带游客前往躲避峡，逃生道路崎岖且无救生衣，最终导致13人死亡。游客方面，一是私自在禁止漂流水域开展漂流。例如，2月19日，浙江省一男子带妻女私自河道越野导致妻女死亡，7月12日，湖南省7人在岳阳市南湖自行驾驶一艘小型快艇不慎翻船导致三人死亡，8月16日，黑龙江省17名网友自发组织乘坐6条皮划艇在哈尔滨市松花江上漂流导致1人死亡。二是不遵守规定带身高不足的小孩开展水上活动且未穿救生衣。例如4月14日和8月15日浙江省发生了两起水上运动事故，分别造成1名两岁男孩和1名4岁女孩死亡。

（三）山地户外运动事故灾难分析

山地户外运动主要包括登山、徒步、攀岩等。据不完全统计，2019年共发生涉旅山地户外运动事故灾难30起，造成35人死亡。山地户外运动事故多发生在6月，在四川、山东和河南三地发生山地户外运动事故的次数最多。事故产生的直接原因主要有滑坠或高坠、突发天气情况、突发急症、高原反应等。不完全统计，其中因坠崖或高坠致死事故11起，占山地户外运动事故总数的36.67%；高原反应或突发疾病事故4起；自然灾害突发事故5起；其他事故10起。从事故的相关因素看，违规到禁止区域游玩或者独自进行的山地户外运动为主要原因，2019年由于独自开展户外运动酿成事故有5起，造成5人死亡，违规进山或者攀爬野山事故两起，造成3人死亡。除驴友伤亡外，救援人员的安全也应予以重视，8月24日，广东省两名蓝天救援队队员救援途中突遇溪水暴涨均遇难。

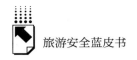
（四）旅游娱乐项目事故灾难分析

旅游娱乐项目事故灾难指游客借助旋转类、滑行类或蹦跳类等游乐设施游玩时发生的事故。据不完全统计，2019 年共发生旅游娱乐项目事故灾难 12 起，共造成 13 人死亡。在 12 起旅游娱乐项目事故中，有 6 起发生在水上乐园，5 起发生在游乐场和亲子乐园，1 起发生在动物园。园区设备问题导致事故 7 起，园区安全管理不规范问题导致事故 1 起，未及时救援导致事故 1 起，自然灾害造成事故 1 起，其他因素导致事故 2 起。2019 年水上乐园安全事故频发，主要原因包括：一是水上乐园的监管多头管理，许多乐园证照不全。二是涉水充气游乐设施质量难保证，使用无规范。三是涉水充气游乐设施尚未明确质量标准，存在监管盲区。

（五）低空旅游事故灾难分析

随着我国旅游业的不断发展，低空高风险体验项目受追捧，市场前景广阔，但机遇与风险同在。据不完全统计，2019 年共发生低空旅游事故灾难 6 起，共造成 8 人死亡。在 6 起低空旅游事故灾难中，滑翔伞事故 3 起、小型飞机事故 1 起、跳伞事故 1 起、热气球事故 1 起。低空旅游事故时有发生，主要是因为我国低空旅游处于起步阶段，设施设备质量有待提升、安全评估机制不完善、运营过程不规范。

（六）酒店安全事故灾难分析

2019 年共发生 20 起酒店安全事故灾难，23 人遇难。自 2017 年起，酒店安全事故数量整体呈上升趋势。事故的原因主要包括自杀、塔吊坍塌、中毒等原因，其中 10 起是酒店自杀事故，烧炭、跳楼、自缢自杀的比例高。酒店违规操作事故 2 起，造成 2 人中毒死亡；酒店塔吊坍塌事故 1 起，造成 3 人死亡；奸杀事故 1 起，造成 1 人窒息死亡；其他事故 6 起。近年来，酒店自杀事故频发，多发生在无星级或者低星级酒店，侧面说明了酒店安全管理存在隐患。

三 2019年中国涉旅事故灾难管理的主要进展

（一）相关条例和规定出台与实行，旅游安全管理水平不断提升

2019年，文化和旅游部对《在线旅游服务管理暂行规定（征求意见稿）》公开征求意见，该规定明确了适用范围、相关主体和平台相关责任，回应了社会热点问题并增加了旅游者自损规定，有利于进一步保障旅游者合法权益，规范在线旅游市场秩序，提升旅游安全管理水平。2019年3月中共中央办公厅、国务院办公厅印发《〈关于以2022年北京冬奥会为契机大力发展冰雪运动的意见〉的通知》，提出"明确责任、强化监管、落实制度、加强检查"等若干意见，有利于进一步加强冰雪运动场所安全管理工作。此外，修订后的《汽车客运站安全生产规范》2019年11月1日起施行，进一步落实了汽车客运站安全生产主体责任，对有效预防和减少因汽车客运站源头管理不到位引发的生产安全事故有重要作用。《生产安全事故应急条例》2019年4月1起正式施行，明确了应急准备、应急救援和法律责任；《生产安全事故应急预案管理办法》部分条款进行修改，规范了旅游安全事故应急工作。上述条例与规定的修订与实行，不断提升了我国旅游安全管理水平。

（二）旅游专项整治力度加强，景区治理持续发力

2019年，从国家到地方，针对各地的旅游市场，开展了多种形式专项整治工作。一是国家层面，国家卫生健康委员会通报了关于住宿场所卫生专项整治情况，依法立案查处了3474家单位，责令25868家单位整改。二是省市层面，青海省对住宿行业的住宿卫生进行专项排查，北京市发布了《关于进一步做好春节、元宵节期间旅游安全工作的通知》，切实保障广大游客生命财产安全；新疆实施"史上最严整治"，助推旅游业高质量发展；福建、吉林、四川等省也陆续开展全省文化和旅游市场整治行动，着力规范

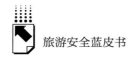
文化和旅游市场经营秩序，营造良好的文化和旅游市场环境。三是景区层面，峨眉山景区发布《关于严厉整治峨眉山景区旅游秩序的规定》，对于破坏旅游秩序的行为进行严厉打击。石林景区和雁荡山景区针对文化和旅游部在全国A级旅游景区质量提升工作电视电话会议通报的有关问题，迅速行动进行整改。

（三）旅游安全综合治理力度加大，社会共识逐步形成

随着全域旅游的持续推进，政府对旅游安全管理的认识提升到更广泛的层面，除了行业监管和专项监管，综合监管的力度持续加大，对综合监管提出更高的要求。一是综合执法力度显著增强，地方各级人民政府建立综合执法队，整合旅游、公安、工商、交通、文化等部门职能，在治理整顿和惩处扰乱旅游市场秩序方面起到了良好的作用，大大提升了旅游安全监管的力度。二是地方各级人民政府修订《旅游管理条例》，强调行业管理向综合管理转变，增加了综合监管的内容。三是在《关于加强旅游市场综合监管的通知》中，旅游综合监管机制创新，明确了旅游市场综合监管的责任主体与责任范围。

四 2020年中国涉旅事故灾难的趋势展望与管理建议

（一）2020年涉旅事故灾难的趋势展望

1. 自发组织的高风险事故是涉旅事故灾难的增长区

2019年发生多起自发组织的高风险事故不下20起，自发组织的高风险事故已成为涉旅事故灾难的增长区。一些无旅行社业务经营资质的团体或个人，利用微信、微博等网络平台，私自组织旅游者进行高风险运动，游客的安全得不到保障且维权困难，为旅游安全埋下隐患。例如7月21日，283人分别通过南昌众城户外群、江南户外群、户外健身旅游群、人生何处不相逢户外群等微信群自发到江西靖安进行沿河徒步运动，突发山洪溪水上涨，4人遇难。自发组织的高风险事故增多，一方面反映了进行高风险运动中的

旅游者缺乏对生命的敬畏和对安全的重视；另一方面表明旅游者安全知识、安全意识与自救能力的匮乏。

2. 水上乐园持续升温，园区安全隐患多

近年来，水上乐园受到热捧，市场前景广阔。水上乐园除了泳池的基本配置，还配置了丰富多彩的水上游乐设施，成为夏天游玩的热门场所之一。近年来除了大型旅游集体开发的水上乐园，小型企业在郊区、城乡接合部等陆续建设水上乐园。但水上乐园存在多头管理、监管盲区、质量标准尚未明确等问题，例如市场监管部门只负责特种设备，卫生健康部门只负责水质卫生，涉水充气游乐设施不属于特种设备存在监管盲区。资质审查、设备质量监管、日常运营监管等问题亟须进一步明确。

3. 山地户外运动风险大，救援成本高

山地户外运动属于高风险运动，事故发生后的救援成本高。救援一位迷路或受伤的驴友，需要多部门合作、制订救援方案、安排线路、救助伤员、联系医院、统筹人员、调配资源等。一方面救援耗费了大量的社会公共资源；另一方面意外情况可能造成搜救人员伤亡。目前为遏制违规"野游"行为，四姑娘山、黄山等景区开始实行有偿救援，游客仅仅赔偿了少数救援费，大部分费用依旧由景区承担，不利于户外救援市场的良性发展。

4. 交通事故安全风险仍需重点关注

交通是旅游安全的重要一环，比较近三年来的交通事故原因，发现司机未按规定让行、超速行驶、游客携带易燃易爆物品上车等人为原因比重大。结合未来趋势，旅游交通将面临新的挑战：一是自驾出游持续升温，小客车事故风险增大。统计显示，截至2019年8月底，全国私家车保有量超过2亿辆，私家车数量的大幅增加将助推假期自驾出行数量进一步攀升，交通安全风险量持续上升。二是节假日出游已经成为常态，节假日高速公路流量激增，且假期前两天与后三天是旅游交通高峰，事故风险明显高于平日①。

---

① 《国庆假期将迎出行高峰　公安部发布五类交通安全风险预警》，央广网，http://china.cnr.cn/yaowen/20190928/t20190928_524797561.shtml，2019年9月28日。

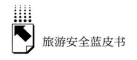

（二）2020年涉旅事故灾难的管理建议

1. 强化全社会的旅游安全教育体系

强化全社会的旅游安全教育体系非一日之功，需要长期坚持，多方配合，其中旅游监管部门、旅游运营主体、游客都要深刻牢记旅游安全，提升旅游安全意识，打造旅游安全思想基石。一是旅游监管部门，完善法律法规，加强旅游安全宣传教育，普及旅游安全、法律法规等知识。二是旅游运营主体要遵守法律法规，指定单位的安全规范，将员工和游客安全教育制度化和常态化，提升安全防范意识与风险应对能力。三是游客通过学习掌握旅游安全知识、理性对待每一次出游，购买旅行保险，不断提升自救能力。

2. 继续加大对"无证照、无资质"水上运动监管

夏秋两季，海边、内河、内江等涉水景点颇受游客青睐，不少景点都开发了水上运动的项目，水上项目存在监管主体不清、营业主体无证照无资质、项目质量标准不明确等问题。一是需要进一步明细各部门职责，确立责任清单。二是确定项目的质量标准，例如尽快制定涉水充气游乐设施的质量标准和技术规范，保障有章可循、有法可依。三是对水上营业主体进行全面排查，严格取缔无证照和无资质的项目，并提高水上运动的准入门槛。四是加强对水上运动场所日常监管，把各项安全措施真正落到实处。

3. 加大整治无资质旅游团体的旅游组织项目

无旅行社业务经营资质的团体或个人，组织旅游活动属于违法行为，严重扰乱旅游市场经营秩序，继续加大政治力度。一是开展专项检查，实行综合监管。整合多个部门，对旅游市场进行专项检查，严厉打击俱乐部、协会、户外群等非法开展旅行社业务。二是加强网络监管，利用技术手段从源头管控无资质旅游团体的交易，同时加大惩戒力度。三是畅通投诉渠道和建立举报奖励机制。通过报纸、网络、电视等多种渠道及时报道相关事故，做好旅游者安全教育工作，鼓励民众自觉举办与抵制此类活动。

4. 建设和完善有偿救援机制，促进户外救援市场化

目前进行有偿救援，以警示为主，收费为辅。因为旅游救援服务产生的

费用是客观存在的，且事故的突发性，景区和游客之间没有议价的空间和时间，如果想要让有偿救援服务具有可持续性，必须提前制定规范。一是作为救援主体的景区，应该提前清晰界定各类事故类型、救援效果以及对应的救援价格，避免救援后产生争议。同时救援费用的定价应该遵循市场化机制，并接受政府部门和社会大众监督。二是国家对有偿救援的规定可以更加细化，比如在不同情况下如何赔偿，赔偿多少，出台类似交通事故责任认定的细则，让有偿救援有法可依，实现可持续发展①。三是强化对救援机制的宣传，加大有偿救援的警示作用。

参考文献

［1］ 殷凌燕、王新建：《2016~2017年我国事故灾难与旅游安全形势分析与展望》，载《中国旅游安全报告（2017）》，社会科学文献出版社，2017。

［2］ 殷凌燕、王新建、李梦园：《2017~2018年我国事故灾难与旅游安全形势分析与展望》，载《中国旅游安全报告（2018）》，社会科学文献出版社，2018。

［3］ 《文化和旅游部提示——慎重选择高风险旅游项目》，《人民日报》2018年7月27日，第17版。

———————————

① 《四姑娘山景区开首张有偿救援罚单　违规驴友该付多少》，中国青年网，http://news.youth.cn/sh/201908/t20190817_12043958.htm，2019年8月19日。

B.11
2019～2020年中国涉旅公共卫生
事件的安全形势分析与展望

汪秀芳　王　芳　佟晓宇　杨秀娣*

摘　要：　2019年，我国涉旅公共卫生安全总体形势依然严峻，并有加
　　　　　重的趋势。主要特征有：食物中毒事件数量增加，但发病总
　　　　　人数减少，事件等级降低；涉旅传染病疫情发病人数增加比
　　　　　率较高，冬季诺如病毒和游客在东南亚旅游感染传染病携带
　　　　　输入量增加。年底，在武汉市发生了新冠肺炎疫情；涉旅突
　　　　　发疾病事件数量和发病人数与2018年基本持平。涉旅公共卫
　　　　　生事件容易发生在夏季高温与学生假期叠加的7月。2019年，
　　　　　国家加强了食品安全立法和对食品安全管理人员的监督考核，
　　　　　并要求加强食品生产企业的安全知识培训，同时强化了传染
　　　　　病疫情和突发公共卫生事件网络直报。2019年，涉旅公共卫
　　　　　生安全事件形势严峻的核心因素主要有病毒性传染疾病暴发、
　　　　　游客防范意识薄弱、监督防控存在漏洞等。因此，2020年，
　　　　　全国各地各级涉旅部门应加强安全意识教育和执法监督管理；
　　　　　促进旅游公共卫生的国际协作；进一步完善旅游公共卫生风
　　　　　险预防与应急救援服务网络。

---

* 汪秀芳，博士，华侨大学旅游学院讲师，主要研究方向为可持续旅游；王芳，博士研究生，
华侨大学旅游学院讲师，主要研究方向为遗产旅游与景观设计；佟晓宇，华侨大学旅游学院
本科生；杨秀娣，硕士研究生，浙江大学附属第一医院血液科主治医生，主要研究方向为白
血病及淋巴瘤的治疗。

关键词： 涉旅公共卫生事件　食物中毒　传染病

涉旅公共卫生事件，是指在旅行过程中"突然发生、造成或可能造成社会公众健康严重损害的重大传染疫情、群体性不明原因疾病、重大食物中毒和职业中毒以及其他影响公众健康的事件"①。公共卫生事件具有成因多样、差异分布、传播广泛、危害复杂、治理综合、国际互动等特点；而旅游具有高流动性、强异域性、高敏感性和集聚性[1]，容易将突发公共卫生事件，特别是传染性疾病扩大，甚者会对游客生命财产和经济社会造成无法挽回的损失。中国全域旅游发展如火如荼[2]，国际旅游双边合作持续加强[3]，满足人们多元化需求的同时，也间接导致游客公共卫生事件更加频繁暴发，旅游公共卫生安全防范与管控亟待旅游者、旅游经营者和管理者的广泛关注[4]。本文通过对旅游公共卫生安全相关的关键词进行组合筛选，全面系统查阅各类网站，使用"旅游+公共卫生安全/事故""旅游+卫生安全/事故""旅游+食物中毒/事故""旅游+传染疾病/事故"等关键词，对2019年1～12月发生的旅游公共卫生安全事件进行搜索，本文即以此为基础进行统计分析，总结了2019年旅游公共卫生的安全现状，分析了其发生特点及原因，并展望2020年旅游公共卫生的安全形势。

一　2019年中国涉旅公共卫生事件的总体形势

2019年我国涉旅公共卫生安全总体形势仍然严峻，各种涉旅公共卫生事件使游客防不胜防。据不完全统计：截至2019年12月31日，我国涉旅公共卫生事件共发生127起，发病人数381人，死亡人数19人。其中，游客食物中毒事件发生17起，发病人数156人，无人死亡；涉旅传染病疫情发生9起，发病人数121人，无人死亡；游客其他公共卫生事件发生101

---

① 中华人民共和国国务院令第376号：《突发公共卫生事件应急条例》，2003年5月9日。

起，发病 104 人，死亡 19 人；无游客群体性不明原因疾病发生。在事件等级上，重大（Ⅰ级）事件 1 起，发病 110 人，无人死亡①；较大（Ⅱ级）事件 21 起，发病 54 人，死亡 19 人；一般（Ⅲ级）事件 105 起，发病 217 人，无人死亡（见表 1）。

与 2018 年相比，2019 年涉旅公共卫生事件发生数量增加 6 起，同比增长了 5.0%；发病人数减少了 38 人，降低了 9.1%；死亡人数增加 6 人，同比增长了 46.2%。与 2018 年相比，2019 年涉旅公共卫生事件等级中重大事件减少 3 起，涉及游客数量减少 78 人。2019 年上半年涉旅公共卫生安全总体态势稳定，但 2019 年底在湖北武汉暴发了新冠肺炎疫情，被联合国世界卫生组织将新冠肺炎疫情列为国际关注的突发公共卫生事件②。

表 1　2019 年中国涉旅公共卫生事件统计概况

单位：起，人

类型等级	食物中毒事件			涉旅传染病疫情事件			其他公共卫生事件			合计		
	数量	发病人数	死亡人数	数量	发病人数	死亡人数	数量	发病人数	死亡人数	数量	发病人数	死亡人数
重大	0	0	0	1	110	0	0	0	0	1	110	0
较大	2	54	0	0	0	0	19	0	19	21	54	19
一般	15	102	0	8	11	0	82	104	0	105	217	0
合计	17	156	0	9	121	0	101	104	19	127	381	19

注：港澳台地区除外。

综观以上数据，2019 年全国涉旅公共卫生工作管理方面仍然存在不足，总体发生事件数量和发病人数分别在一定程度增长和降低，但重大事件数量和发病人数均在减少。

---

① 中华人民共和国国务院令第 376 号：《突发公共卫生事件应急条例》，2003 年 5 月 9 日。
② 中华人民共和国国务院令第 376 号：《突发公共卫生事件应急条例》，2003 年 5 月 9 日。

二 2019年中国涉旅公共卫生事件特点分析

（一）2019年涉旅公共卫生事件的基本特征

2019 年涉旅食物中毒事件基本呈上升态势，时间分布较为集中，空间分布较为分散；同比 2018 年游客突发疾病事件数量与发病人数基本持平，死亡人数降低；普通涉旅传染病疫情较往年差异不大，类型多样化、时间分布较为集中，主要来源集中在东南亚，而新冠肺炎疫情暴发，在 2020 年将对中国的旅游业造成重创。

1. 涉旅食物中毒事件概况及其特点

2019 年涉旅食物中毒事件发生 17 起，游客发病人数 156 人，分别占全年涉旅公共卫生事件总数的 13.4% 与 40.9%。与 2018 年相比，涉旅食物中毒事件增加 5 起，游客发病人数减少 66 人，无人死亡。涉旅食物中毒事件中没有发生重大事件；较大事件为 2 起，发病人数为 54 人；一般事件为 15 起，发病人数为 102 人。与 2018 年相比，没有发生重大事件；较大事件增加了 1 起，发病人数有所增加；一般事件数量增加 5 起，发病人数增加了41.6%。总体来说，涉旅食物中毒事件数量上升，但发病人数下降，事件等级下降。

（1）涉旅食物中毒事件时间分布较为集中

时间分布上，2019 年我国涉旅食物中毒事件较为集中。7 月是游客食物中毒事件发生的高发时期，发生了 7 起，发病人数 76 人，分别占涉旅食物中毒事件总数的 41.2% 与 48.7%，其中 1 起涉及 24 名中学生赴京旅行中细菌性集体食物中毒事件[①]；2 月发生游客食物中毒事件 4 起，发病人数共 51人，分别占涉旅食物中毒事件总数的 23.5% 与 32.7%；5 月和 11 月各发生

[①] 《四川内江 24 名学生旅游返程火车上食物中毒　最近一餐为方便食品》，搜狐网，http://www.sohu.com/a/328757891_120044203，2019 年 7 月 23 日。

游客食物中毒事件 2 起；另外 2 起发生在 4 月与 8 月（见图 1）。因此，7 月暑假期间、5 月和 11 月季节交替时期均为游客食物中毒集中高发时期，游客用餐时需提高警惕，旅游餐饮业也需加强食材卫生监督。

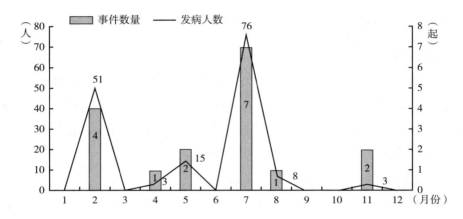

图 1　2019 年中国涉旅食物中毒事件时间分布

（2）涉旅食物中毒事件空间分布较为分散

空间分布上，2019 年我国涉旅食物中毒事件遍布于境内外。涉旅食物中毒事件在境外发生 6 起，发病人数 95 人，分别占涉旅食物中毒事件总数的 35.3% 与 60.9%，其中俄罗斯发生 2 起，发病人数共 29 人[①]；其次在越南、日本、美国和台湾各发生 1 起；涉旅食物中毒事件在境内共发生 11 起，发病人数共 61 人，分别占涉旅食物中毒事件总数的 64.7% 与 39.1%。街边小店是食物中毒事件发生的主要场所，但酒店甚至高端度假区也未能幸免。

2. 涉旅传染病疫情概况及其特点

2019 年我国涉旅传染病疫情事件共发生 9 起，占涉旅公共卫生事件总数的 7.1%；确诊发病人数 121 例，占涉旅公共卫生事件发病总人数的

---

① 《腾邦俄罗斯旅游团 14 人疑似食物中毒　就赔偿问题闹上法庭》，界面新闻，http://www.itripdaily.com/news_detail.jsp?classid=25&id=4602，2019 年 3 月 15 日。

31.8%，无人死亡。与2018年相比，游客传染病疫情事件不变，游客发病人数增加了5.2%。2019年，涉旅传染病疫情事件中发生重大事件1起，发病人数110人；无较大事件；一般事件8起，发病人数11人。与2018年相比，重大事件数量由2起变为1起，较重大事件由4起变为零；一般事件数量保持不变。但2019年底湖北武汉暴发了新冠肺炎疫情，新冠肺炎症状与感冒相似，潜伏期平均约7天①，甚至有无症状患者出现②，由于濒临春节假期，返乡和旅游人流量巨大，有关部门未及时通报并采取有效的隔离措施，游客受到感染却没有在2019年的数据中体现出来的情形大概率是存在的，可能在2019年底暴发，对中国的旅游业造成重创。

（1）涉旅传染病疫情时间分布较为集中

2019年我国涉旅传染病疫情时间分布较为集中，主要集中在7～11月和春节期间。其中春节期间亚布力Club Med高端度假村发生1起诺如病毒感染事件，造成110人腹泻等类似食物中毒症状，发病人数占涉旅传染病疫情事件总数的90.9%；7～11月传染病疫情发生占涉旅公共卫生事件总数的4.7%（见图2）。由此可知，2019年涉旅传染病疫情时间主要发生在冬季和夏季，夏季发病情形与以往的规律一致，新增冬季诺如病毒重大感染值得重视。

（2）涉旅传染病疫情主要来源集中在中国东北和东南亚

2019年我国涉旅传染病疫情中，1起诺如病毒感染事件发生于亚布力Club Med高端度假村，造成110人发病，构成重大事件；另外7起涉旅传染病疫情事件主要以国内游客在境外，特别是东南亚旅游感染传染病携带输入为主。随着"一带一路"倡议的推进，前往东南亚旅游的游客数量增加，有7起是游客在东南亚旅游后，入境时被检测出携带传染病，其中包括缅

---

① 《国家卫健委：新冠肺炎的潜伏期平均在7天左右》，中国新闻网，2020年2月12日，https：//3w. huanqiu. com/a/a4d1ef/9CaKrnKp1sJ？agt＝8%20% E5%8A% A0% E7% B2% 97，2020年2月12日。

② 《国家卫健委：新型肺炎出现无症状感染者》，第一财经，http：//www. itripdaily. com/news_detail. jsp?classid＝25&id＝4602，2020年1月28日。

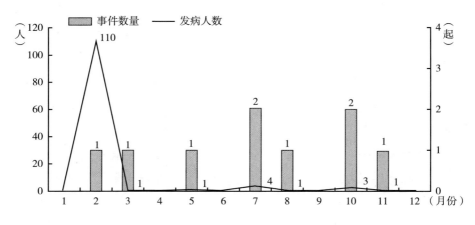

图 2　2019 年中国涉旅传染病事件时间分布

甸、柬埔寨、菲律宾、印度等国，波及柬埔寨被蚊虫叮咬感染登革热事件①
和感染肠毒性大肠杆菌事件②。

（3）涉旅传染病疫情类型多样化

2019 年我国涉旅传染病疫情类型趋于多样化。据统计，2019 年诺如病
毒感染事件 1 起，发病人数 110 余人；登革热疫情发生 4 起，发病人数 7
人；输入性基孔肯雅热事件共发生 3 起，发病人数 3 人；其次，肠毒性大肠
杆菌感染、痢疾、乙肝病毒③事件，均各发生 1 起。此外，值得注意的是，
在可确认年龄段的 4 起涉旅传染病事件，患病游客均为青年。

（4）新型冠状病毒暴发

2019 年 12 月 31 日共有 27 例新冠肺炎病例，其中 7 例严重。这些早期
病例中虽然没有游客，但由于其传染性强、潜伏期长、早期未有效隔离，而
且武汉城市人口多、交通方便、景点丰富，大概率会有游客感染并扩散，为

---

① 《3 市民去柬埔寨旅游　遭蚊子叮咬后感染登革热》，温州商报，http：//www. wzrb. com. cn/
article957662show. html，2019 年 7 月 22 日。

② 《准大学生出国游玩拉肚子原来是患上"旅游者腹泻"》，中国新闻网，http：//finance.
sina. com. cn/roll/2019 - 07 - 17/doc-ihytcitm2638586. shtml，2019 年 7 月 17 日。

③ 《可怕！女子旅游时竟查出传染病！医生的话让人震惊》，楚天都市报，https：//society.
huanqiu. com/article/9CaKrnKjfPf，2019 年 3 月 24 日。

2020 年公共卫生的防控埋下隐患①。

3. 涉旅其他公共卫生事件概况及其特点

涉旅其他公共卫生事件包括游客猝死、突发疾病、高原反应等严重影响游客身体健康的事件。此类公共卫生事件往往为游客个体事件，发生频率高，致死率较高，预防管控难。统计数据显示（见表2），2019 年涉旅其他公共卫生事件共发生 101 起，在全年涉旅公共卫生事件总数中占比高达 79.5%；发病人数 82 人，占涉旅公共卫生事件总发病人数的 21.5%；死亡人数 19 人。与 2018 年相比，涉旅其他公共卫生事件数量增加 7 起，游客发病人数增加 12 人，死亡人数增加 7 人。具体而言，2019 年游客猝死事件发生 12 起，相对 2018 年增加了 6 起，死亡人数增加了 7 人，其中 2 起为老年人因心力衰竭猝死②；游客突发疾病事件数量与发病人数同比 2018 年基本持平，死亡人数降低了 20%；游客高原反应事件数量也与上年基本持平，值得注意的是 1 人进藏旅游回程 10 天后引起高原反应事件③。

表2　2019 年中国涉旅其他公共卫生事件统计概况

单位：起、人

类型等级	猝死			突发疾病			高原反应			合计		
	数量	发病人数	死亡人数	数量	发病人数	死亡人数	数量	发病人数	死亡人数	数量	发病人数	死亡人数
重大	0	0	0	0	0	0	0	0	0	0	0	0
较大	12	0	12	4	0	4	3	0	3	19	0	19
一般	0	0	0	72	72	0	10	10	0	82	82	0
合计	12	0	12	76	72	4	13	10	3	101	82	19

注：发病人数不包含死亡人数。

---

① 《到底是谁耽误了武汉？》，职场大江湖，http：//news. hzhqu. cc/member/user/93044/ EE1468AC7298FDF86378D284289CC3DA，2020 年 1 月 29 日。

② 《一名中国女游客猝死在圣彼得堡餐馆》，中国新闻网，http：//news. fjsen. com/2019 - 08/08/ content_ 22592002. htm，2019 年 8 月 8 日。《一名中国游客突发心脏病　死于莫斯科一酒店》，海外网，https：//news. 163. com/19/1008/14/EQVK3AMR0001899N. html，2019 年 10 月 8 日。

③ 《去时平安无事　女子西藏归来 10 天后出现高原反应》，武汉晚报，http：//travel. china. com. cn/txt/2019 - 11/12/content_75398613. html，2019 年 11 月 12 日。

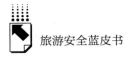
统计显示，游客猝死事件以老年游客居多，占比58.3%，多因劳累和不适应诱发身体疾病，也有1起泡温泉猝死事件①。游客突发疾病事件以10月、8月和5月最为频繁，分别占游客突发疾病事件总数的19.7%、15.8%和14.5%；游客突发疾病事件场所类型多样。突发疾病的人数男女持平，高原反应事件女性游客发生人数偏多，多发生于在9月和10月。总体来看，涉旅其他公共卫生事件数量多，时空分布跨度大，分布范围广，不确定因素多。

（二）涉旅公共卫生安全管理的主要进展

针对食品安全问题频发，2019年国家相关部门制定、修改并公布实施了多项法律制度。2019年5月6日发布修正后的《中华人民共和国食品安全法》②，随后国务院公布了《中华人民共和国食品安全法实施条例》③，自2019年12月1日起施行；2019年5月20日国家市场监督管理总局公布了《中共中央　国务院关于深化改革加强食品安全工作的意见》④；2019年12月23日国家市场监督管理总局通过了《食品生产许可管理办法》⑤，自2020年3月1日起施行。市场监管总局组织编写了《食品生产企业食品安全管理人员必备知识考试题库》，开发了"食安员抽考App"，对食品安全管理人

---

① 《贺州温泉旅游有限责任公司"4.4"游客猝死事件调查报告》，平桂区应急管理局，http://www.pinggui.gov.cn/doc/2019/06/19/2 - b2c6f359ea3640728ff968100 890204a.yhtml，2019年6月19日。

② 《中华人民共和国食品安全法》，国家市场监督管理总局，http：//gkml.samr.gov.cn/nsjg/tssps/201905/t20190506_293407.html，2019年5月6日。

③ 《中华人民共和国食品安全法实施条例》，国家市场监督管理总局，http：//gkml.samr.gov.cn/nsjg/tssps/201910/t20191025_291273.html，2019年10月25日。

④ 一图带你看《中共中央　国务院关于深化改革加强食品安全工作的意见》，国家市场监督管理总局，http：//gkml.samr.gov.cn/nsjg/xwxcs/201905/t20190524_296754.html，2019年5月24日。

⑤ 《食品生产许可管理办法》国家市场监督管理总局，http：//gkml.samr.gov.cn/nsjg/fgs/202001/t20200103_310238.html，2020年1月3日。

员进行监督抽查考核①，并组织食品生产企业要对职工进行食品安全知识培训，加强公共环境卫生的监督管制。

自国务院发布《关于促进"互联网＋医疗健康"发展的意见》以来，中国各地正在持续推进医疗健康领域的信息化建设。我国已经初步建立了疾控机构、医院、基层医疗卫生机构上下联动的服务网络，并建成了全球规模最大的传染病疫情和突发公共卫生事件网络直报系统②，这个系统具有即时直接报告传染病例个案的特点。但这一系统对尚未被确认为"法定传染病"的新发疾病失灵，如新冠肺炎是由一种新发的病毒导致，因此无法上传至法定传染病系统中，暴露了我们在重大疫情防控体制机制、公共卫生应急管理体系等方面存在的明显短板。后续加大财政投入，转变体制和机制，强化疾控中心的独立性和自主性，建立健全医疗体系是重中之重[5][6]。

三 影响2019年中国涉旅公共卫生事件安全的主要因素

2019年国内游客60.1亿人次，同比增长8.4%；国内旅游收入达5.7万亿元，同比增长11.7%，而且出境游的持续增长和入境游的加码，促使旅游行业蓬勃发展，然而游客、从业者、行业管理者等还未做好公共卫生防控方面的充分准备。

（一）旅游持续升温，大众游客旅游公共卫生安全意识薄弱

2019年旅游持续增长，各种性别和年龄的游客来自不同地域，他们的生活习俗和卫生习惯不同，身体抵抗能力差异显著，在旅游地不同的气候条件[7]、饮食文化[8]等的影响下，易诱发系列公共卫生安全事件。游客个体

---

① 《食品生产许可管理办法》国家市场监督管理总局，http：//gkml. samr. cn/nsjg/fgs/202001/t20200103_310238. html，2020年1月3日。

② 《我国建成全球规模最大传染病疫情网络直报系统》，央视网，http：//jiankang. cctv. com/2019/02/26/ARTIsseS2VPnwv0cVLrjo5Lm190226. shtml，2019年2月26日。

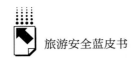

自我防范意识薄弱，食用明确已变质食物①、采食未知的野菜②、尝试网红新奇食物③④、带病旅行⑤、过度劳累导致昏倒⑥。旅游过程中总有游客存侥幸心理，旅游公共卫生安全意识跟不上。

（二）行业规模扩张，旅游公共卫生配套设施潜在隐患大

随着旅游需求扩张，国内外旅游业及相关行业规模快速扩张。既有景区不断扩大规模，新景区不断开发，旅游企业快速扩张，旅游公共卫生配套设施软件与硬件跟不上，隐患剧增。

（三）全域旅游盛行，旅游公共卫生安全防范与管控难度大

2019 年推行全域旅游，旅游活动空间增加，非景区部分旅游公共卫生监管大多处于空白地带，公共卫生安全防范挑战明显加大，防范与管控难度大，尤其是传染病疫情更难管控。

（四）国际旅游活动频繁，全球旅游公共卫生安全协作面临挑战

据统计，2019 年，中国出境游达 1.68 亿人次，入境游达 1.44 亿人次⑦。国际旅游活动越来越频繁，而各国处理公共卫生安全事件的力度、效度及彻

---

① 《飞鹭队员护送及时，食物中毒游客捡回一条命！》，三亚第一民生，http：//www.sohu.com/a/312558736_120055583，2019 年 5 月 7 日。

② 《两游客误食野菜中毒昏迷》，北青网，http：//news.sina.com.cn/c/2018 – 09 – 20/doc – ifxeuwwr6509405.shtml，2019 年 7 月 21 日。

③ 《游客地铁内突发过敏性休克　原是路边油炸蝉蛹惹的祸》，扬子晚报网，http：//www.sohu.com/a/249475819_100147748，2019 年 11 月 26 日。

④ 《小游客突发疾病呼吸困难　安康"铁骑"一路护送就医　西安游客写信寻找"救命守护神"西安晚报，http：//www.yybnet.net/ankang/news/201905/9046437.html，2019 年 5 月 8 日。

⑤ 《奇迹！厦门 26 岁女游客感冒，心脏停跳！"死亡"72 小时，她"复活"了》，厦门小猪，http：//www.xmpig.com/thread – 1662507 – 1 – 1.html，2019 年 1 月 13 日。

⑥ 《游客登武当山烧香途中晕厥　民警迅速救援脱险》，环京津聚焦，https：//www.360kuai.com/pc/9e93feb6f5fb991e8？cota = 3&sign = 360_57c3bbd1&refer_scene = so_1，2019 年 2 月 5 日。

⑦ 《今年入境游人数将达 1.44 亿人次》，人民日报海外版，http：//paper.people.com.cn/rmrbhwb/html/2019 – 12/16/content_1961647.htm，2019 年 12 月 16 日。

底性均存在差异，同步协调性面临巨大挑战，尤其是跨国际传染病疫情更是不容忽视。

四　2020年中国涉旅公共卫生安全未来展望

（一）旅游受疫情影响，全球协作抗击新冠肺炎

2019年底在武汉暴发的新冠肺炎，成为一场全球性的战役，世界各国必须联手抗击疫情，阻止疫情进一步扩散。

（二）创新旅游公共卫生风险预防与应急救援

"互联网＋旅游"的创新模式为旅游公共卫生防控提供了许多技术与管理新模式，借助智慧旅游平台和大数据，旅游公共卫生事件信息的通报速度、应急响应能力将得到增强，风险预防与应急救援机制将获得较大提升，旅游公共卫生风险预防与应急救援的及时性、精准性、智能性将获得质的飞跃。

参考文献

［1］殷杰：《高聚集游客群系统安全分析及其动态评估研究》，华侨大学博士学位论文，2018。

［2］陈岩英、谢朝武：《全域旅游发展的安全保障：制度困境与机制创新》，《旅游学刊》2020年第35（2）期，第10~12页。

［3］朱尧、邹永广：《中国游客赴欧洲旅游安全感知事件空间特征研究》，《地域研究与开发》2019年第6期，第74~79页。

［4］李军鹏：《加快完善旅游公共服务体系》，《旅游学刊》2012年第1期，第4~6页。

［5］谢朝武、黄锐、陈岩英：《"一带一路"倡议下中国出境游客的安全保障——需求、困境与体系建构研究》，《旅游学刊》2019年第3期，第41~56页。

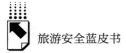

[6] 郑向敏、卢昌崇：《论我国旅游安全保障体系的构建》，《东北财经大学学报》2003年第6期，第17~21页。

[7] Xiaoyan Yang, Liang Dong, Changshun Li, " Microclimate Tourism and Microclimate Tourism Security and Safety in China," *Tourism Management*, 2019: 110 – 133.

[8] 陈金华、何巧华：《基于旅游者感知的海岛旅游安全实证研究》，《中国海洋大学学报》（社会科学版）2010年第2期，第38~42页。

2019~2020年中国涉旅社会安全事件的形势分析与展望

张慧 董青 唐铭[*]

摘　要： 本文基于2019年发生的99起涉旅社会安全事件，对2019年涉旅社会安全事件的形势进行了分析，并对2020年涉旅社会安全事件的形势进行趋势展望。本文分析了涉旅社会安全事件发生的时间特征和空间特征，并从人员因素、设施设备因素、环境因素、管理因素四个方面分析了涉旅社会安全事件诱发的主要成因。研究发现，2019年涉旅社会安全事件的形势有所缓解，但管控难度依旧较大；事件发生区域广泛，安全防控困难较大；舆情传播发酵迅速，社会关注与日俱增；政府部门职责不明，管理分工不够清晰。展望2020年，涉旅社会安全事件管理应强化安全演练、提升应急处理能力、建立事后恢复机制、强调以制度为核心并打造多方位的管理体系。

关键词： 涉旅社会安全事件　旅游安全形势　完善制度

旅游业产业链条长、涉及的相关行业较多，旅游业因而成为较易受到安全风险干扰的行业。社会安全事件主要是指群体性事件、恐怖袭击事件、暴

---

* 张慧，华侨大学旅游学院副教授，研究方向为旅游管理、会展管理；董青，华侨大学旅游学院硕士研究生；唐铭，华侨大学旅游学院硕士研究生。

力刑事案件等可能严重威胁社会公民人身财产安全和严重影响社会秩序的、需要采取应急措施进行处理的突发事件。[①] 涉旅社会安全事件则是指涉及旅游业、对旅游要素环节产生影响的社会安全事件。严重的涉旅社会安全事件常引起社会的广泛关注，并可能影响旅游业的健康发展。因此，需要重点关注分析涉旅社会安全事件，对其总体发展形势以及时空分布特征进行分析，并总结其发展趋势和类型特点。本文的开展将有助于明确当下涉旅社会安全事件的发展情况，为相关部门防控和处置涉旅社会安全事件提供管理建议，从而推动旅游行业的健康可持续发展。

本文以百度（www. baidu. com）作为主要的搜索引擎，以"社会安全""盗窃""偷拍""抢劫""打架""赌博"等作为关键词，共采集了2019年1月1日至2019年12月31日的99起涉旅社会安全事件，包括信息安全、黄赌毒、人身安全、暴恐、财产安全、群体性、打架斗殴7种事件类型。本文所采集的案例事件涉及我国29个省、自治区、直辖市以及台湾地区，覆盖食、住、行、游、购、娱等各个旅游要素环节。基于此，本文将重点对2019年涉旅社会安全事件的形势进行分析，并对2020年进行趋势展望。

一 2019年中国涉旅社会安全事件的总体形势

研究对2010~2019年近10年所发生的涉旅社会安全事件进行比较分析，其总体概况如图1所示。研究表明，2019年涉旅社会安全事件总体形势有所缓解，但仍然需要各部门加强管控力度。从整体事件发生的时间趋势来看，2011~2018年呈现不断递增上涨的趋势，但增长速度有所减缓，尤其是2019年有一定程度的下降，这说明近年来旅游各部门不断加大管控力度，有效地遏制了涉旅社会安全事件的发生。2019年旅游业的火爆程度再创历史新高，虽涉旅社会安全事件有所降低，但是各部门仍须保持警惕、安

---

① 周定平：《关于社会安全事件认定的几点思考》，《中国人民公安大学学报》（社会科学版）2008年第5期，第121~124页。

全管理工作依然存在巨大的挑战。在未来游客数量不断增多、游客群体类型愈加复杂，涉旅社会安全风险来源越来越多样的背景下，涉旅社会安全事件的管控难度依旧较大，各部门仍然需要严格防范涉旅社会安全风险。

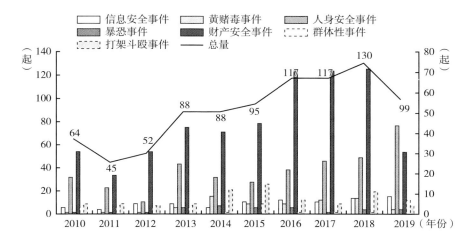

图1　2010 ~ 2019 年涉旅社会安全事件概况

（一）事件发生区域广泛，安全防控困难加大

从地域分布来看，我国涉旅社会安全事件分布于 29 个省、自治区、直辖市以及台湾地区，虽然在事件总数上较去年有所降低，但发生的地域多于 2018 年。由于具有发生的突发性、类型的多样性、地域分布的广泛性等特点，涉旅社会安全防控的困难程度在不断加大，且各旅游地所面临的重点社会安全风险类型不同、管理难度不同。对此，各旅游地需要强化社会安全管理责任，加强涉旅社会安全事件的防控，采取针对性的社会安全管理措施。

（二）舆情传播发酵迅速，社会关注与日俱增

在所采集的社会安全事件中，部分重大事件引起社会的广泛关注。其中，同一件事件在某一时间段内被各大新闻网络平台进行集中曝光，并呈现

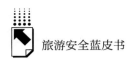

刷屏的场面。这说明，社会公众对于涉旅社会安全事件的关注度较高，并在短时间内引起较大的流量和关注。由于新闻舆情传播速度极快，热点涉旅社会安全事件引起网民的集中关注，事件的伤亡情况和后续处理工作都引起公众的持续热议，这给涉旅社会事件的旅游地带来了不良影响，冲击当地旅游业的稳定发展。

（三）事件处置涉及部门众多，协调管理难度较大

旅游业是个综合性产业，旅游业的发展涉及众多产业要素和主管部门，存在部分事件责权不明的弊端。具体而言，旅游部门是旅游行业安全的管理部门，主要承担旅行社业务产品领域的安全监管工作，但并不是盗窃、偷拍、抢劫、打架等社会安全事件的主管部门。对此，旅游部门常需要协调相关部门强化涉旅安全管理工作，以推动旅游领域的安全发展。因此，为了更好地处理涉旅社会安全事件，各地政府部门应该担负起统一负责旅游安全工作的职责，并在部门间建立起明确分工、各司其职的"联防联控机制"。

二 2019年中国涉旅社会安全事件的特征分析

（一）我国涉旅社会安全事件的时间分布特征

对所采集的99起涉旅社会安全事件进行时间分布统计，2019年涉旅社会安全事件发生的高峰期为7月，且5月、8月、9月、12月是事件发生的小高峰期（见图2）。由统计数据可得第一季度到第四季度的事件发生占比分别为14.14%，25.25%，36.36%，25.25%。这表明，涉旅社会安全事件的发生与我国的旅游淡旺季有着密切的关系，旅游旺季也是涉旅社会安全事件发生的高发期，这应当引起各旅游部门的重视。

由于游客大多在白天开展旅游活动，该时间段成为涉旅社会安全事件发生的高峰时段。在食、住、行、游、购、娱等各旅游要素环节，上午和

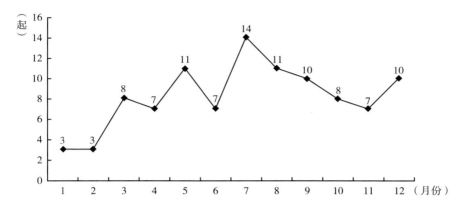

图2　2019年中国涉旅社会安全事件时间分布特征

下午是社会事件突发高峰期。由于夜间时段员工的安全意识淡薄且风险识别和觉察能力都较白天有一定的下降，因此晚上和凌晨安全事件发生率也不低。因此，各相关部门应当保持警惕，做好全时段应对突发情况的准备（见图3）。

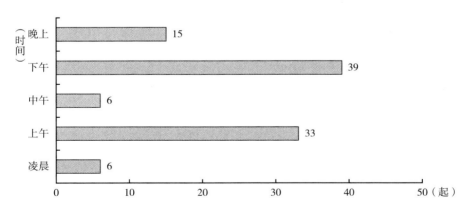

图3　2019年中国涉旅社会安全事件时间节点分布

（二）我国涉旅社会安全事件的空间分布特征

对所搜集的99起涉旅社会安全事件进行空间分布统计，根据统计数据，华东是涉旅社会安全事件的高发区域，全年占比 24.25%。其中，华东地区经济发达、资源丰富，旅游规模和流量与日俱增，因而也成为涉旅社会安全事件的高发区。华北地区和华南地区仅次于华东，占比分别为 20.20% 和 13.13%。该研究结果表明，华东、华北、华南地区作为旅游业快速发展的地区，其涉旅社会安全事件发生的概率远远高于其他地区，需要予以重点关注，并强化突发事件的应急处理机制，及时采取措施。

从省域空间分布来看，2019 年涉旅社会安全事件呈空间分散性的特征，空间范围广泛，涉及 29 个省、自治区、直辖市及台湾地区。其中，广西发生 13 起、山东发生 10 起、四川、浙江、江苏各发生 6 起，这些省份既是涉旅社会安全事件高发的地区，也是旅游业较为发达的地区（见表 1）。因此，这些省份的旅游行政部门应加强对涉旅社会安全事件的监控预测，维护其安全有序的旅游目的地形象。

表1 2019 年中国涉旅社会安全事件省域空间分布特征

单位：起，%

省区市	数量	占比	省区市	数量	占比	省区市	数量	占比
山西	2	3.03	江西	4	6.06	黑龙江	2	3.03
内蒙古	5	7.58	上海	2	3.03	台湾	1	1.52
陕西	5	7.58	云南	2	3.03	四川	6	9.09
山东	10	15.15	海南	4	6.06	辽宁	2	3.03
重庆	1	1.52	河北	5	7.58	吉林	1	1.52
江苏	6	9.09	广东	1	1.52	甘肃	1	1.52
浙江	6	9.09	安徽	1	1.52	贵州	1	1.52
河南	5	7.58	宁夏	1	1.52	湖南	5	7.58
广西	13	19.70	吉林	1	1.52	福建	2	3.03
北京	2	3.03	湖北	2	3.03			

旅游业是一个涉及众多产业链的行业，并涉及食、住、行、游、购、娱中的多个环节，因此，有必要对各旅游要素环节的社会安全风险进行探讨。统计显示涉旅社会安全事件主要发生在游和行两个要素环节，共发生事件 70 起，占比 71%。由于游客置身于陌生的环境易受到风险的侵袭，因此，

在游览环节的事件数量占比最高，出行环节的事件数量占比仅次于游览，主要由交通事故引发。因此，相关部门应当据此制订社会安全突发事件应急预案，在旅游要素环节层面积极预防和处理各种涉旅社会安全突发事件。

三 2019年中国涉旅社会安全事件的诱发因素分析

涉旅社会安全事件类型多样，风险隐患众多，本文对涉旅社会安全事件诱发因素进行归纳总结，其诱发因素主要包括人员因素、设施设备因素、环境因素和管理因素等。

（一）人员因素

人员因素是诱发涉旅社会安全事件的重要因素，主要包括旅游者因素和旅游从业人员因素两个方面。

1. 旅游者因素

旅游是游客离开惯常生活环境、前往非惯常环境开展的休闲体验活动。游客在陌生的环境可能遭遇偷窃抢劫、误解或违反旅游地交通规则，加之将大部分精力关注于观光休闲中，更容易导致涉旅社会安全事件的发生。主要表现在以下两个方面：一是旅游者安全防范意识较差，警惕性不高。旅游者在外出游玩过程中应当增强自身安全防范意识，注意保管随身贵重物品，谨防被盗。二是旅游者安全认知水平存在差异，自我安全规范能力不足。既表现在游客的安全知识、安全技能和安全素质等方面的差异，也包括游客自身的不安全行为。例如 2019 年 4 月，到西安旅游的许某夫妇被出租车司机骗取数万元[1]。2019 年 3 月，两位游客由于未在指定地点进行观潮直接被巨浪打落到了江中，造成一死一伤。[2] 游客在提高安全认知水平的同时也要学会

---

[1] 张晴悦：《雇佣司机忽悠游客买玉器 诈骗团伙 9 天获利 20 万元》，新浪网，http://sx. sina. com. cn/news/b/2019 – 06 – 02/detail – ihvhiqay3072428. shtml，2019 年 4 月 16 日。

[2] 搞笑的琪华：《游客翻越隔离带观潮，被潮水打落江中，致 1 死 1 伤》，腾讯网，https://new. qq. com/omn/20190328/20190328A0CXTI. html?pc，2019 年 3 月 23 日。

规范自己的旅游行为。此外，旅游者应急能力较弱也是诱发涉旅社会安全事件发生的主要因素。

2. 旅游从业人员因素

旅游从业人员因素主要包括以下两个方面：一是旅游从业人员疏忽大意。由于缺乏专业培训，许多旅游企业员工自身素质不过硬、安全防范意识相对薄弱，不仅在突发事件处理上能力不足，在日常服务操作上也容易出现失误。例如，2019 年 7 月 29 日凌晨，一男子爬上惠州某酒店吧台轻松将柜内几千元现金全部偷走，大堂管理人员丝毫未察觉①。二是旅游从业人员故意为之，监守自盗。旅游从业人员对工作环境较为熟悉，容易利用职务之便进行偷盗、诈骗等，侵害旅游者财产、人身安全。2019 年 10 月，青岛一旅行社的原员工周某某通过编造虚假出国优惠活动，先后骗取游客 100 余万元②。

（二）设施设备因素

设施设备的正常运行是保障游客旅游体验的重要基础。近年来，随着旅游大众化、常态化的发展，很多旅游活动场所中的设施设备常处于超负荷运行状态，安全隐患极大。加之旅游企业对设备维护、更新不及时，容易导致旅游安全事件的发生，并可能继发造成游客与景区之间的行为冲突，影响景区的安全运营。旅游企业应对旅游设施设备进行定期检查维护，保障游客生命财产安全，防患于未然。

（三）环境因素

环境因素是众多涉旅社会安全事件诱发因素中相对不可控的因素。从社

---

① 营天下 V 视：《嚣张！男子居然敢如此盗窃酒店，老板看到监控大喊"我亏死了"!》，百家号，https：//baijiahao. baidu. com/s? id=1640382955192649683&wfr=spider&for=pc，2019 年 7 月 29 日。

② 刘玉凡：《青岛一名 21 岁女导游诈骗游客 100 多万元已被刑拘》，半岛网，http：//news. bandao. cn/a/294546. html，2019 年 10 月 19 日。

会安全来看，环境风险因素主要包括社会治安、文化冲突、经济冲突、宗教冲突、政治冲突等社会环境风险因素。由于旅游活动综合性强、覆盖面广，社会环境的变化会直接影响游客旅游体验的安全性，并导致涉旅社会安全事件的发生。比如，恐怖袭击事件在西方社会屡屡发生，严重冲击和影响西方旅游业的稳定发展。

（四）管理因素

管理因素主要包括旅游企业管理和政府部门管理两个方面。从旅游企业层面来看，部分旅游企业存在风险认知模糊、缺少应急预案建设，在游客风险感知管理、预防监测、应急响应和事后恢复等方面还有较大的提升空间。其中，部分景区管理人员忽略景区承载力，一味追求经济利益，引发游客拥挤、踩踏、谩骂、打架等问题。例如，2019 年 7 月 29 日，安徽霍山大峡谷漂流景区人满为患，据游客反映当天景区人流量爆棚，出现游客自行组队抢夺皮划艇，并发生好几起翻船事故和打架斗殴事件①。从政府部门管理来看，政府及相关旅游管理部门的监管仍需进一步加强。在涉旅社会安全事件的宏观调控上，临时成立应急小组较难应对当下复杂多变的安全形势，建立科学有效的风险应急处理体系是政府部门需要重点考虑的。

四 2020年涉旅社会安全事件的趋势展望与管理建议

（一）2020年涉旅社会安全事件的趋势展望

1. 网络舆情发酵迅速

由于涉及敏感话题，如盗窃、诈骗、打架斗殴、黄赌毒等，涉旅社会安全事件容易引发网络舆情话题。网络舆情事件能够通过微信、微博等社交平

---

① 《疯了！安徽一漂流景区发生翻船事故！千人打架哄抢皮划艇！场面太混乱……》，搜狐网，http：//www.sohu.com/a/330434051_120067027，2019 年 7 月 30 日。

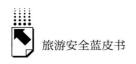

台以及抖音、快手等一些自媒体进行快速的传播、发酵。例如，"青岛大虾"事件、"和颐酒店女子遇袭"事件、"桂林导游发飙强制游客消费"事件、"武汉李文亮医生吹哨人"事件等都通过网络载体快速传播，对旅游目的地的形象认知、安全感知都将产生重要影响，涉旅社会安全事件管控将面临巨大的舆情压力。

2. 参与主体大众化

随着旅游维权意识在民众心中地位的觉醒，越来越多的民众希望掌握参与旅游安全事件处置的话语权。有效发挥非政府组织和公民参与的作用，通过"政府与公民关系平等化"，筑起预防和遏制涉旅社会安全事件的"铜墙铁壁"。① 其中，2020年"武汉封城"抗疫充分体现了政府与公民两者共同参与涉旅社会安全事件处置的协作过程。公民在涉旅社会安全事件处置中处在"一线"状态，他们在协助政府对涉旅社会安全事件处置上扮演着重要的角色，在共建共治共享的社会治理格局下，政府、非政府机构和社会民众的旅游安全联系将更为紧密。

3. 管理体系制度化

近年来，我国旅游安全管理法律制度、旅游合同法律制度、导游人员管理法律制度、旅游住宿业管理法律制度等逐步深化，制度化体系的形成让政府和旅游管理部门的执法有据可依，让游客群众权益得以保障。对于政府部门来说，制度化的管理体系为旅游安全防范工作提供法律支撑，使涉旅社会安全事件的处置和应对更加高效。2020年，我国将进一步完善涉旅社会安全事件管理体系的制度化建设，特别是新冠肺炎疫情后旅游市场恢复机制以及涉旅企业和从业人员保障体系的建设。

（二）管理建议

1. 以安全演练为基础，提升应急处置能力

涉旅社会安全事件的防范需要强化突发安全事件仿真演练。通过对涉旅

① 杨海坤、马迅：《总体国家安全观下的应急法治新视野——以社会安全事件为视角》，《行政法学研究》2014年第4期，第121~130页。

社会安全事件的反复演练训练，才能实际提升旅游企业的应急处理能力，保障游客的生命财产安全。由于涉旅社会安全事件具有复杂多变的特点，仿真演练需要多方位协调合作，各旅游景区、酒店等需要通过对社会安全突发事件进行情景化模拟，并对安全演练效果、应急处置效果等进行归纳和总结。旅游行政部门和旅游企业等管理机构应当全面提升应急处理能力，强化游客和旅游从业人员的安全意识、安全技能和安全素质，降低涉旅社会安全事件的负面影响。

2. 以网络技术为载体，注重事后恢复机制的建设

在新媒体时代，互联网技术和社交媒体已经成为影响涉旅社会安全事件处置和恢复的重要工具。因此，涉旅社会安全事件处置应充分借助网络技术手段，建设涉旅社会安全事件管控机制，特别是事后恢复机制的建设。一方面，相关管理部门要加大对涉旅社会安全事件网络舆情的监测，有效引导安全事件舆情走向，体现主流价值观。另一方面，通过自媒体和互联网平台推动旅游者心理情绪和旅游地形象的恢复，稳定旅游市场秩序。

3. 以制度为核心，打造多方位管理体系

涉旅社会安全事件要以制度为准则，不断深化涉旅部门之间的联系，多方位打造管理体系。在安全防控上，强化涉旅安全意识，建立旅游安全风险监测系统和旅游安全风险预警响应系统。在应急处置上，涉旅社会安全事件的复杂性决定了其需要依托于平台间的协作，建立以制度为框架的政企协作关系。在事后管控上，通过法律制度和道德准则的约束，规范游客安全行为、企业生产规范并优化政府执法体系，通过各主体的共同协作化解涉旅社会安全危机，形成良好的旅游市场秩序。

安全管理篇

B.13
2019～2020年中国旅游安全行政管理
工作分析与展望[*]

李洪波　章　坤　谢朝武^{**}

摘　要：　本文对2019年全国各级旅游行政部门的旅游安全管理工作进
　　　　　行了系统回顾与梳理，并对2020年我国旅游安全行政管理工
　　　　　作进行了分析和展望。2019年，我国文化和旅游部门以文旅
　　　　　融合发展为基础，积极开展旅游安全职能的调整与整合，并
　　　　　围绕法制建设、监督检查、风险警示、事件处置、安全培训
　　　　　等方面推动旅游安全行政管理工作，各类旅游突发事件得到
　　　　　了有效处置。展望2020年，我国应加强新冠肺炎疫情后的旅
　　　　　游安全体系建设，加强旅游安全形象宣传，并积极推动常规
　　　　　旅游安全行政管理工作的开展。

关键词：　旅游安全　行政管理　形象宣传

　　旅游安全行政管理工作，是指旅游行政管理部门围绕旅游安全行政监
督、协调和服务等开展的各项工作。本文以文化和旅游部官方网站以及全国
各省、自治区、直辖市旅游行政管理部门的官方网站作为信息来源，对

　　* 基金项目：泉州市社科规划青年项目（2016E13）。
　** 李洪波，华侨大学旅游学院教授，主要研究方向为生态旅游；章坤，华侨大学旅游学院硕士
　　　研究生；谢朝武，华侨大学旅游学院教授，主要研究方向为旅游安全管理。

2019年文化和旅游部旅游安全行政管理工作和全国各省、自治区、直辖市旅游安全行政管理部门的旅游安全行政管理工作进行系统的分析与梳理，并对2020年我国旅游安全行政管理工作的发展需要和发展形势提出了管理建议。

一　2019年中国旅游安全行政管理工作的总体形势

2019年，我国旅游安全行政管理工作在平稳中有序进行，各级旅游行政管理部门围绕旅游业的安全健康发展积极推进旅游安全行政管理工作，相关工作逐渐常态化、规范化、标准化。2019年，文化和旅游部门加强机构与职能整合力度，为旅游行业的安全发展建立根基。全国各省区市积极响应文化和旅游部政策指导及国家相关法律法规，加大对旅游市场监管力度，打击旅游市场中的违法违规行为。其中，文化和旅游部对酒店行业、旅行社行业以及旅游景区进行重点整治与全面监督，并设立"旅游安全工作整改落实小组"整改小组，进一步强化旅游安全管理工作。此外，文化和旅游部以及各省区市旅游行政管理部门加强旅游安全风险警示工作，及时发布游客出游风险提示信息，旅游安全培训工作、旅游安全突发事件应急处置以及旅游安全监督检查工作也得到了重点落实。

二　2019年文化和旅游部与相关部委的旅游安全行政管理工作

（一）旅游安全法制建设与规范指导工作

2019年，文化和旅游部加强旅游安全的规范指导工作。1月，文化和旅游部印发《关于实施旅游服务质量提升计划的指导意见》，强调提升旅游服务质量；同月，国家发展改革委、文化和旅游部等多部委联合印发《关于对文化市场领域严重违法失信市场主体及有关人员开展联合惩戒的合作备忘

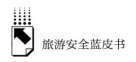
录》的通知。3 月，文化和旅游部发布《关于促进旅游演艺发展的指导意见》的通知，要求加大市场监管力度，牢牢守住安全底线。4 月，文化和旅游部发布《关于进一步做好旅游安全工作的通知》，并在江西上饶三清山召开全国旅游安全培训和应急演练会议，统一了旅游安全行政管理的目标导向。7 月，文化和旅游部颁布的旅游行业标准《旅游民宿基本要求与评价》加强了对卫生、安全、消防等方面的要求，健全了民宿市场退出机制。

（二）旅游安全监督检查工作

2019 年，文化和旅游部针对酒店、旅行社、旅游景区等多行业积极开展旅游安全监督检查，进一步落实相关旅游安全工作的部署。4 ~ 6 月，文化和旅游部取消了 16 家旅行社的经营出境旅游业务，注销了 9 家旅行社的旅行社业务，规范了旅行社行业的发展。6 月，文化和旅游部市场管理司专门设立"旅游安全工作整改落实小组"。此外，2019 年 1 ~ 7 月，文化和旅游部分三轮对广东、江苏、北京、浙江、山东、上海、天津、重庆、辽宁、河南等 10 个重点省市的部分五星级饭店进行了暗访调查，共计派出 27 个暗访组、54 人次，同时文化和旅游部根据暗访调查结果，对检查不合格的 20 家五星级饭店做出取消星级的处罚，对 26 家五星级饭店做出限期整改 12 个月的处理。

（三）旅游安全风险警示工作

2019 年，文化和旅游部针对地震、台风、海啸等自然灾害以及国际地区安全形势等社会问题多次发布风险警示信息。1 月，文化和旅游部发布针对加拿大的旅游提醒。2 月，发布针对新西兰山火的安全风险提示。3 月，发布针对赴泰滨海旅游和海啸的安全提醒。4 月，发布针对斯里兰卡的爆炸事件，暂勿前往的安全提醒。5 月，针对盗抢及溺水风险发布旅俄的安全提醒。6 月，发布赴美防范枪击、抢劫、盗窃等安全事件的提示。8 月，发布汛期防范自然灾害风险的安全提醒。9 月，发布中秋国庆出游加强安全防范的提示。10 月，发布谨慎前往厄瓜多尔、黎巴嫩安全形势严峻地区的提醒。

12 月，针对叙利亚安全局势发布谨慎前往叙利亚大马士革及相关地区的提醒。

（四）旅游安全通报批评工作

2019 年，文化和旅游部对酒店行业、旅游景区、旅游人员等违法违规行为进行了通报批评，对旅游市场存在的问题进行了严厉查处。2 月，文化和旅游部对酒店行业展开暗访行动，发现部分酒店存在诸如食品卫生、消防隐患、服务不规范等安全风险较大的漏洞，根据暗访结果，文化和旅游部予以 7 家饭店取消五星级旅游饭店资格的处理，予以 10 家饭店限期整改 12 个月的处理。7 月，文化和旅游部根据 5A 级旅游景区年度复核结果以及景区管理相关规定，对经营存在严重问题以及复核检查不合格的 7 家 5A 级旅游景区进行了严肃处理，并且予以山西省晋中市乔家大院景区取消旅游景区质量等级的处理，予以辽宁省沈阳植物园景区等 6 家景区通报批评责令整改的处理。11 月，文化和旅游部根据《旅游市场黑名单管理办法（试行）》将两名存在严重违法违规行为的旅游从业人员纳入全国旅游市场黑名单，此举进一步落实了旅游市场黑名单管理制度，彰显了文化和旅游部门维护旅游市场秩序以及广大游客合法权益的决心。

（五）旅游安全宣传培训工作

2019 年，文化和旅游部在全国范围内积极开展旅游安全宣传及培训工作。2 月，文化和旅游部在北京、四川举办导游人员专业素养培训班。4 月，在江西上饶三清山举办全国旅游安全培训和应急演练。5 月，文化和旅游部在安徽省黄山市举办 2019 年"中国旅游日"主会场活动，提出了"文旅融合，美好生活"的口号；同月，在北京召开文化和旅游领域信用体系建设的会议，强调要积极落实文化和旅游领域黑名单制度，提升旅游服务质量，推动旅游行业高质量发展。8 月，在安徽省举办导游专业素养培训活动，此次试点班主要围绕旅游政策法规、安全管理、突发事件应急处置等安全管理工作内容。9 月，在广西举办全国旅游监管服务平台推广活动。11 月，文化

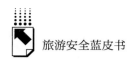

和旅游部在新疆乌鲁木齐开展景区安全管理培训活动，旨在进一步提高旅游景区政治安全、生产安全、服务质量意识，促进旅游景区的高质量发展。

（六）旅游安全突发事件应急处置工作

旅游安全突发事件应急处置是旅游安全应急工作的重要内容。2019 年，面对多起重大旅游安全突发事件，文化和旅游部积极采取相关安全措施与实际行动保障旅游者人身和财产安全。4 月 18 日，台湾花莲地区发生 6.7 级大地震，不仅给当地旅游业造成了巨大冲击，同时也造成了大量财产损失与人员伤亡，地震发生后，文化和旅游部立即启动应急预案，组织当地游客及时撤离危险区域，并采取相应措施做好游客的安全保障工作。4 月 21 日，斯里兰卡首都科伦坡多处发生爆炸事件，伤亡人数众多，爆炸事件发生后，文化和旅游部立即联同我国包括中旅总社、国旅总社、携程、同程艺龙在内的多加旅游企业于第一时间启动安全应急机制，迅速采取救援措施，确保游客安全。6 月 17 日，四川省宜宾市长宁县发生 6.0 级地震，地震发生后，文化和旅游部联同应急管理部以及地方各级文化和旅游部门迅速启动应急预案，调查游客伤亡和失踪状况，并采取相应措施做好游客的安全和疏散工作。8 月 19 日，一辆载有中国游客的旅游大巴在老挝发生严重交通事故，事故造成多名游客与旅游从业人员伤亡，事故发生后，文化和旅游部立即启动重大事故应急预案，迅速开展救援行动，确保游客的人身和财产安全。

三 2019年中国各省、自治区旅游安全行政管理工作

（一）文件转发

2019 年，全国各省、自治区文化和旅游部门积极转发文化和旅游部发布的各类规范性文件。其中，《文化和旅游部关于实施旅游服务质量提升计划的指导意见》《文化和旅游部办公厅关于进一步做好汛期及暑期旅游安全工作的通知》《游戏游艺设备管理办法》《国家级旅游度假区管理办法》

《国家级文化生态保护区管理办法》《旅游市场黑名单管理办法（试行）》《文化和旅游部办公厅关于进一步加强境外旅游包车安全工作的通知》《关于做好第9号台风"利奇马"防御工作的通知》《关于对文化市场领域严重违法失信市场主体及有关人员开展联合惩戒的合作备忘录》《文化和旅游部文化市场综合执法监督局〈关于在文化市场经营场所执法检查中加强安全生产监督检查的通知〉》等文件得到各省、自治区文化和旅游部门的重视。除积极转发并落实文化和旅游部出台的各类规范性文件外，各省、自治区文化和旅游部门还结合本地区的实际情况开展专项旅游安全治理活动。

（二）规范指导

2019年，全国各省、自治区积极落实文化和旅游部发布的相关文件，同时结合本省（自治区）具体情况出台相关规范指导意见。4月，云南省出台《云南省旅游从业人员"八不准"规定》，对旅游从业人员的行为进行了规范，旨在进一步构建安全文明有序的旅游市场环境。4月，安徽省市场监督管理局发布《"旅游团队境外突发事件防范和应急处置规程"等94项安徽省地方标准的公告》；同月，河北省文化和旅游厅制订《河北省文化市场综合执法培训计划（2019～2020）》，进一步提升本省文化和旅游市场管理人员的执法水平与执法能力。8月，江苏、浙江、安徽、上海等四省（市）旅游相关部门共同发布《长三角地区旅游领域市场主体及其有关人员守信行为认定标准和联合激励措施（试行）》《长三角地区旅游领域市场主体及其有关人员严重失信行为认定标准和联合惩戒措施（试行）》，推动构建与长三角协同发展的长三角旅游跨区域联合惩戒机制。10月，浙江省文化和旅游厅推出《文旅信用管理平台网络安全管理暂行办法》。

（三）监督检查

2019全国各省、自治区加强对本地区旅游安全工作的监督检查，全面推进各省市旅游业的健康发展，保障游客合法利益。3月，云南省文化和旅游市场监管部门查处涉及低价游、"霸王条款"等多起线上旅游违法违规事件。4月，甘肃省文化和旅游厅集中开展文化和旅游市场整治行动，对旅游景区、导游、旅行社等违法违规行为进行了集中统一查处；同月，浙江省旅游饭店星级相关评定部门组织本省星级酒店积极开展星级饭店自查自纠行动。5月，内蒙古、山东、陕西等省区加强"五一"期间文化和旅游市场的安全执法检查。6月，云南丽江通报3起旅游市场秩序整治案例，进一步规范了本地区的旅游市场环境。7月，广东肇庆开展非法港澳游专项整治行动，特别对"不合理低价游""黑旅行社""黑导"等违法违规行为进行了重点清理。9月，江苏苏州开展出境游专项整治行动。10月，新疆维吾尔自治区文化和旅游相关部门开展"不合理低价游""非法经营旅行社业务"等旅游市场问题专项整治行动。12月，青海省的市区联合开展出境旅游市场执法专项整顿行动，特别是进一步加强了对赴俄罗斯等出境旅游违法违规行为的查处。

（四）风险警示

2019年，全国各省、自治区针对本区域出现的旅游安全风险，全面加强旅游安全风险警示工作。2月，安徽省发布雨雪天气预警信息；同月，湖北省文化和旅游厅发布游客外出旅游消费安全提示。3月，正值3·15消费者权益日来临之际，黑龙江省文化和旅游厅发布旅游消费安全风险提示。4月，安徽省文化和旅游厅发布关于做好全省文化和旅游行业防汛抗旱工作的通知；同月，河南省文化和旅游厅发布"五一"旅游出行风险提示。6月，浙江省文化和旅游厅发布关于赴东南亚、非洲、南美洲、中东等国家旅游安全风险提示。7月，四川省文化和旅游厅发布旅游安全三级风险提示。8月，山西省文化和旅游厅针对夏季汛期出游风险较大的态势，及时向旅游者发布安全风险提示。9月，安徽省文化和旅游厅发布"十一"出行三大注意安全风险，提醒广大游客出行要提前做好规划，防范旅游安全风险，同时要文明出行，共同维护旅游市场环境。

（五）事件处置

2019年，全国各省、自治区针对多起涉及旅游安全的突发事件进行了及时处置。8月，受台风"利奇马"影响，浙江省文化和旅游系统迅速采取安全保障行动，一方面，通过网络平台发布风险警示信息；另一方面，派出各级文化和旅游系统工作人员深入景区、酒店等地排查安全风险隐患；同月，面对来势汹汹的台风"利奇马"，山东省文化和旅游厅也迅速启动应急预案，多次召开专项会议，要求加强台风监视预警，加强各类隐患排查，协同配合做好应急处置，省内各地景区做好运营、管理和安全防范工作。9月，广西壮族自治区文化和旅游厅向社会通告首例旅游市场"黑名单"人员，决定将两名旅游从业人员列入黑名单，执行期限为3年，同时向有关部门通报了这两名旅游从业人员在旅游领域严重失信相关责任主体的信息，相关单位或部门将依法依规在市场准入、行政许可等领域对两名失信人员实施联合惩戒。

（六）安全培训

2019年，全国各省、自治区积极开展旅游安全培训工作，不断提高旅游从业人员的安全工作能力。3月，内蒙古自治区文化和旅游部门积极开展旅游执法相关培训工作，进一步提高执法人员的执法水平与能力。5月，河南省文化和旅游部门举办全省文化和旅游市场执法人员培训班，培训内容主要围绕《中华人民共和国行政处罚法》《中华人民共和国旅游法》《旅行社条例（2017年修订)》《旅行社条例实施细则》等法律法规展开。6月，上海文化和旅游部门联合内蒙古、青海等地文化和旅游部门共同举办文化综合执法业务驻场式培训。10月，四川省文化和旅游部门在广元市开展多种形式法制宣传活动。11月，福建省文化和旅游部门举办全省文化和旅游市场综合执法骨干培训班。11月，海南省开展2019年全省文化和旅游市场执法人员培训活动，进一步推动全省文化和旅游市场行政执法工作的开展。12月，河南省文化和旅游部门组织文化和旅游系统相关工作人员集体学习安全生产宣传片，提高工作人员安全管理水平。

四　2019年中国各直辖市的旅游安全行政管理工作

（一）北京市旅游安全行政管理工作

2019年，北京市文化和旅游局重点围绕市场监管、执法检查、诚信公示、应急管理等方面做好旅游安全行政管理工作。2月，为确保规范有序的旅游市场环境以及全国"两会"在北京胜利召开，北京市文化和旅游局及时开展安全整治行动，加强旅游市场安全监督检查。3月，市文化和旅游局开展本市旅行社行业专项监督检查工作，积极落实旅行社退出机制。5月，为营造"五一"黄金周安全有序的旅游市场环境，市文化和旅游局重点加强对八达岭长城和水关长城等旅游风景区的安全检查工作。6月，市文化和旅游局会同多部门联合开展"黑导游"专项整顿行动。8月，受台风"利奇马"影响，市文化和旅游局多次发布台风预警信息，及时启动旅游防汛应急响应。9月，市文化和旅游局提醒游客参加旅游团时要注意核实相关旅行社资质，避免上当受骗。10月，市文化和旅游局发布做好2019年国庆假日旅游安全工作的通知。12月，北京市文化和旅游局发布《北京市文化和旅游行业安全生产集中整治工作方案》的通知。同时，北京市文化和旅游局还对2019年四个季度的北京地区旅游服务质量投诉工作情况进行了公示，进一步维护了游客的安全权益。

（二）天津市旅游安全行政管理工作

2019年1月，天津市文化和旅游局发布2019年春节旅游安全风险提示。2月，市文化和旅游局面向广大游客发布旅游投诉维权指南，保障游客安全权益。3月，市文化和旅游局召开全国"两会"期间文旅系统安全防范工作会议，采取相关措施维护全市文化和旅游系统安全生产工作。4月，市文化和旅游局召开扫黑除恶专项斗争专题会。8月，市文化和旅游局召开旅游行业消防安全工作会议，强调要进一步增强旅游从业人员消防安全意识，提升旅游行业消防安全管理水平。9月，市文化和旅游局针对即将来临的国庆假期，发布国庆期间旅游安全风险提示。12月，天津市文化和旅游局印发《天津市旅游服务质量提升计划实施方案》，旨在进一步提高天津市旅游服务质量；同月，市文化和旅游局召开全市文化和旅游系统安全生产工作会议，明确安全治理工作的任务重点。

（三）上海市旅游安全行政管理工作

2019年1月，针对春节期间群众出游意愿较大，上海市文化和旅游局积极发布 2019 年春节黄金周旅游安全风险提醒；同月，市文化和旅游局发布举办全市导游在线培训通知，此次培训将主要围绕"政策法规""旅游安全""突发事件应对""文明旅游服务"等内容展开。2 月，上海市人民政府印发《关于促进上海旅游高品质发展加快建成世界著名旅游城市的若干意见》《关于促进本市邮轮经济深化发展的若干意见》，进一步提升旅游品质，规范旅游市场。3 月，市文化和旅游局面向广大游客发布春季外出旅游安全风险提示。4 月，市文化和旅游系统多部门召开"五一"假期安全应急管理工作专题会议。6 月，市文化和旅游局在全市文化和旅游系统开展"安全生产月"活动，加强文化和旅游系统安全生产管理工作，营造安全生产氛围。11 月，上海市成立静安区文化和旅游局安全生产工作领导小组，进一步强化旅游安全管理工作。12 月，针对冬季旅游形式及特点，上海市文化和旅游局发布有关冬季旅游高风险项目的安全风险提示。

（四）重庆市旅游安全行政管理工作

2019 年，重庆市积极开展旅游安全行政管理工作。1 月，市文化和旅游发展委员会发布关于做好 2019 年春节期间文化旅游市场秩序和安全管理工作的通知。2 月，市文化和旅游发展委员会加强旅游市场监管，积极落实旅游市场黑名单管理制度。3 月，市文化和旅游发展委员会开展一系列安全督查工作，积极做好全国"两会"期间文化和旅游市场安全稳定工作。3 月，市文化和旅游发展委员会提醒赴泰旅游的游客要注意涉水旅游安全风险。4 月，市文化和旅游发展委员会制订了《着力解决旅游景区交通安全隐患突出问题工作方案》。5 月，市文化和旅游发展委员会积极开展"五一"假期返程旅游包车安全检查工作，强化对"五一"假期旅游交通安全问题的管理。6 月，为进一步提升全市文旅系统安全工作能力，市文化和旅游发展委员会召开"安全生产月"培训会议，加强旅游安全培训工作。8 月，市文化和旅游发展委员会发布《关于做好近期涉旅自然灾害防范工作的紧急通知》。9 月，市文化和旅游发展委员会积极开展国庆假日期间景区安全检查工作，保障新中国成立 70 周年期间文化和旅游市场环境安全有序。11 月，市文化和旅游发展委员会举办文旅系统法治建设宣传培训活动。

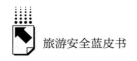

五　2019年港澳台地区的旅游安全行政管理工作

（一）香港地区的旅游安全行政管理工作

2019年，我国香港部分地区局势不稳定，给香港旅游业带来了巨大冲击，相关旅游行政管理部门一方面积极做好接待游客的工作；另一方面对暴力事件进行了强烈谴责。4月，香港旅游事务署积极协调各部门及业界迎接内地"五一"长假旅客，采取一系列措施来保障游客安全，如启动跨部门联合指挥中心监测各陆路管制站情况，加强巡查以保障团体旅客的权益，加强巡查接待内地访港旅行团的店铺，对强迫购物等不良经营行为进行打击和处理。8月，香港旅游业议会发表声明表示，旅游业议会联手各大旅游业商会，对示威者连日妨碍香港国际机场正常运作，令大量航班及旅行团被迫取消，严重损害香港及旅游业声誉的行为进行了强烈谴责。

（二）澳门地区的旅游安全行政管理工作

2019年，我国澳门地区旅游部门密切关注旅游行业安全形势，及时发布相关安全风险提示。3月，鉴于埃塞俄比亚航空客机坠毁事件，澳门旅游危机处理办公室密切关注该事件，并与外交部驻澳特派员公署紧密联系跟进该事件。4月，鉴于台湾花莲地区发生地震事件，旅游危机处理办公室与台湾澳门经济文化办事处保持紧密联系，及时发布相关风险信息。同月，鉴于斯里兰卡爆炸事件，澳门旅游危机处理办公室发出二级旅游警示，提醒计划前往该地旅游或已身处该地的澳门居民，重新考虑行程安排，避免非必要的旅行。9月，澳门旅游危机处理办公室密切留意香港的情况，提醒澳门居民出行应谨慎计划行程，留意当地最新情况、新闻资讯，避免前往示威或冲突区域。

（三）台湾地区的旅游安全行政管理工作

2019年，我国台湾地区进一步强化旅游安全行政管理工作，针对航空、酒店、民宿等多部门开展旅游安全行政管理工作。2月，针对华航机师0208罢工事件，交通观光部门与多部门联合商定旅客参团解约退费处理原则，保障参团旅客合法权益。3月，交通观光部门举办观光旅游安全宣导记者会，进一步宣导旅游安全工作重要性，希望结合产业界、地方政府及各相关部门力量，共同打造台湾安全旅游环境。4月，交通观光部门发布修正《星级旅馆评鉴作业要点》，旨在进一步提升游客旅游体验。6月，交通观光部门公布旅行业营运状况并发布暑假旺季旅游注意事项。7月，交通观光部门持续督导地方政府加强对无照非法及违规旅宿的监督检查，落实旅宿业安全管理工作。7月，交通观光部门举办观光旅游安全研讨会，探讨观光旅游安全课题，强化各项旅游安全宣导教育工作，共同营造台湾地区"开心游，平安归"的安全旅游环境。12月，针对远东航空无预警停止营业，交通观光部门与旅行业公会达成参团旅客解约退费处理共识，确保消费者权益。

六 2020年中国旅游安全行政管理工作展望与建议

（一）加强国际协作，构建国家旅游安全合作机制

2020年，新冠肺炎疫情预计将在全球持续蔓延，并影响全球旅游业的正常发展。对此，全球旅游行政管理机构应该加强国际合作，共同抗击新冠肺炎疫情带来的不利影响。在疫情传播期间，应该通过共同合作、控制旅游人流、减少旅游活动等措施，减轻疫情蔓延带来的负面影响。疫情结束后，全球旅游行政管理部门应该合作加强旅游安全形象的宣传，给予全球游客安全旅游的信息和信心，并通过合作性的旅游营销活动带热旅游气氛，为疫情后旅游业的恢复振兴提供条件。在日常旅游活动中，也需要通过旅游安全合作来强化对国际游客的安全保障。

（二）加强旅游行业部门协调合作与综合监管

旅游安全突发事件的应急响应、现场处置、实施救援等应急工作非单一

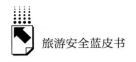

的旅游部门能够完成，需要各部门的协调合作与综合监管。对于大部分的应急工作，无论是酒店业、旅行社业还是旅游景区都缺乏足够的专业资源以及专业人才。因此要加强部门的合作，形成完善的旅游安全事件响应机制。旅游部门要加强与应急、消防、公安、医疗卫生、交通等相关部门的安全协作，建立起各部门联动协作的旅游应急机制。同时各地区旅游行政管理部门要加强对本地区旅游业的监管，积极做好本地区旅游行业的安全宣传、教育、培训、检查、监督等综合安全保障工作。

（三）加强高风险旅游项目管理，提升游客安全技能

随着旅游业态的多样化，越来越多的高风险旅游项目受到游客的喜欢。但由于旅游者自身的体能、技能和心理素质的原因，以及相关管理部门对高风险旅游产品缺乏有效的监督，我国各地高风险旅游产品导致的安全事件也在逐年增多，因此，要不断提高旅游者以及旅游从业人员的安全技能。一方面，要提高旅游者对高风险旅游项目的安全认知，提高旅游者的安全技能；另一方面，要提高旅游从业人员的安全认知，加强对旅游从业人员的培训和教育，加强旅游从业人员的应急能力。

（四）加强旅游安全舆情监测，积极引导涉旅舆情发展

虚假信息与不切实际的负面舆论如果不能得到及时有效的处理和回应，会影响游客的旅游安全感知，并对旅游目的地的安全形象造成影响。因此，各地旅游行政管理部门应重视涉旅安全的舆情发展，通过积极有效的措施引导网络舆论的健康发展，树立积极正面的目的地旅游安全形象。如面对负面舆论及虚假信息，相关旅游部门要及时加强对舆论信息真实性的甄别，建立负面舆论应对处置策略，通过正面的信息及报道积极引导旅游舆论的发展和调整游客的情绪感知。可以加大旅游目的地安全形象的宣传力度，建立良好的旅游安全口碑，提高游客忠诚度，促进本地区旅游业的健康发展。

B.14
2019～2020年中国节假日旅游安全的形势分析与展望

周灵飞　成汝霞*

摘　要：　2019 年，我国节假日旅游安全的形势总体稳定向好。但节假日旅游安全事件数量增多且影响因素复杂多样，新兴旅游安全风险愈加突出，自助游安全风险不断增加，夜间旅游安全问题逐渐凸显，并呈现事故灾难安全主体地位明显、社会安全及公共卫生安全影响大、业务安全发展趋于稳定、自然灾害安全相对较少等特征。2019 年我国节假日旅游安全稳定取决于政府措施有力、景区管理有序、游客素养提升的共同作用。建议强化安全综合管理机制、创新旅游安全智慧平台、完善自助游登记制度、鼓励支持社会援助力量以及警惕突发性公共安全事件，为节假日旅游安全保驾护航。

关键词：　节假日旅游安全　事故特征　管理机制

节假日是旅游休闲消费和旅游冲突的高峰①，也是旅游安全事件发生的高峰期。我国自 1999 年开始实行"黄金周"制度，尤其是 2007 年国家

---

* 周灵飞，华侨大学旅游学院讲师，主要研究方向为旅游经济等；成汝霞，华侨大学旅游学院硕士研究生。

① 谢朝武：《假日旅游安全重在预防与调控》，《中国旅游报》2013 年 9 月 30 日，第 2 版。

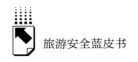
法定节假日调整以来，节假日旅游已成为人们约定俗成的休闲时间。节假日作为旅游活动高度集中时段，产生景区容量超载、交通拥堵、住宿紧张等旅游供需结构失衡问题，使其旅游安全面临高于平常的严峻形势。因此，节假日旅游安全不容忽视，综合分析其年度发展形势，强化安全管理，是弥补节假日旅游安全高发期薄弱环节、优化节假日旅游环境的重要途径。

一 2019年中国节假日旅游安全的总体形势

2019年我国节假日旅游安全的形势总体稳定向好。然而伴随旅游需求个性化、多样化，线下夜间旅游、自驾游、邮轮旅游等新兴旅游持续升温，线上服务类型多样及交易数量增加，旅游安全隐患依旧较大。

（一）节假日旅游安全整体形势向好

本文以中国旅游新闻网、佰佰安全网、百度、搜狐等多个影响力大、实时性高的平台为支撑，以2019年国家法定节假日为时间限制，利用"游客跌落""导游打骂游客""旅游设施故障""游客突发疾病""旅游大巴事故""游客食物中毒"等旅游安全相关关键词，汇总整理2019年节假日旅游安全事件共计134起，较2018年数量明显增加，其中轻微及一般事故14起，无重特大旅游安全事故，死亡人数24人。

尽管2019年我国节假日旅游安全事件数量增多，但通过政府及社会协同治理，从风险防控、预警机制、旅游保险及安全知识宣教等多方调控，节假日旅游安全整体形势向好。

（二）新兴旅游安全风险愈加突出

旅游快速发展的今天，个性化旅游蓬勃发展。低空旅游、邮轮旅游、房车露营等新兴旅游主题和形式层出不穷。新兴旅游潜在安全风险较高，由于兴起迅速，目前存在监管权责不明晰、管理盲区较大、运营不规范等问题，严重影响节假日旅游安全。2019年节假日期间马家沟景区载人氦气球坠落、游览车游客跌落、游客玻璃滑道冲出护栏等，予以游客、景区及相关部门深刻警示。新兴旅游迎合市场大批快速涌现，安全管理制度仍待完善，部分景区重收益，对安全隐患有所忽视；而游客大多有从众求新心理，重体验且心理较松懈，新兴旅游安全问题愈加突出。

（三）自助游安全风险不断增加

我国旅游已进入全民旅游、个人游为主的全新阶段[①]，游客追求品质化、深体验，旅游方式发生极大变化，自助游愈加成为新时尚。自助游是游客自主安排，以张扬个性、亲近自然、放松身心为目的且全程无导游的开放性旅游[②]。从组织者即游客来看，缺乏旅游经验，线路、交通、住宿等皆自行规划，目的地无专人接待，易发生主客冲突或迷路等，旅游过程不可预测，安全风险贯穿全过程；从管理方面看，自助游监管部门及体制还不完善，管理盲区较大，具有滞后性，安全风险系数较高。自助游正处于快速发展阶段，其安全隐患不可小觑。

（四）夜间旅游安全问题逐渐凸显

随着时代发展，社会压力增大，夜晚逐渐成为放松解压的重要时段，加之政府重视夜间经济，2019年夜间旅游持续升温，安全问题也逐渐显现。据统计，中国夜间旅游参与度高达90%，夜间旅游成为"新宠"。据《夜间旅游市场数据报告2019》显示，约一半游客夜游担心安全问题，夜间安全和游客休息成为限制夜游的主要因素[③]。夜晚环境视线模糊劣势明显，且我

[①] 《驴妈妈发布〈2016年自驾游十大趋势报告〉》，搜狐网，http：//www.sohu.com/a/59247318_334205，2016年2月17日。

[②] 杨俭波、肖顺金：《当前我国自助游监管"空心化"的成因、根源及对策分析》，《人文地理》2007年第3期，第87、91~97页。

[③] 《中国旅游研究院：2019年夜间旅游市场数据报告》，中文互联网数据研究资讯网，http：//www.liangjiang.gov.cn/Content/2019-03/17/content_512454.htm，2019年3月15日。

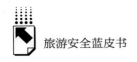

国夜游处于初步阶段，相关制度、人员及设施不完备，安全隐患大；另外游客夜晚较白天情绪波动大，容易冲动和缺乏理性，引发各类冲突。所收集事件中，夜游类有游客滑入江中、迷路被困山中、爬山被毒蛇咬伤、逛泉城广场被风筝线割伤脖子等，较 2018 年明显增多，成为旅游安全事件的重要部分。

二 2019年中国节假日旅游安全事件的特征及成因

（一）事件类型特征

1. 事故灾难主体地位明显

据统计，事故灾难在 2019 年节假日旅游安全事件中数量最多为 103 起（见图 1），约占旅游安全事件总数的 77%，较 2018 年（78%）变化较小，主体地位明显，其中达到国家旅游安全突发事件级别的 13 起，一般性旅游安全事故灾难 90 起。

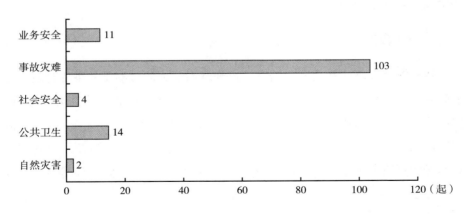

图1　2019 年中国节假日旅游安全事件类型统计

13 起旅游安全突发事件主要包括游乐设施故障 6 起、自驾交通事件 2 起、山石坠落事件 3 起、游客失足坠崖事件 1 起、景区火灾致死事件

1 起，主要旅游景区管理不规范、安全应急机制缺乏及游客安全意识薄弱造成。一般性旅游事故灾难 90 起，以游客不慎摔伤、迷路被困、设施故障致伤、溺水、意外被砸伤为主，以及旅游景区着火、被动物咬伤及观光车跌落等，主要原因为游客安全意识较差、身心准备不充分、线路规划不科学，加之自然灾害等客观因素，使一般性旅游事故灾难成为节假日旅游安全事件多发类型。

2. 社会安全事件及公共卫生事件影响大

2019 年节假日旅游社会安全事件及公共卫生事件数量较少，但社会影响大。公共卫生事件较为严重的 2 起，分别是春节哈尔滨亚布力一度假村超百名游客食物中毒、春节赴俄 8 日游 14 人食物中毒；一般公共卫生事件为 12 起；社会安全事件 2 起，即春节 50 余名中国游客旅游西班牙护照被盗、海南 3 岁女童景区被陌生女子骗走。此类社会安全事件数量虽少，但波及范围广、危害大，对游客甚至社会造成重大损害。此外，社会群体性事件影响力强，舆情关注度高，节假日为旅游高峰期，更应重点把控。

3. 业务安全趋于稳定

2019 年节假日旅游业务安全事件共 11 起，与 2018 年（10 起）相当，表明业务安全趋于稳定，其安全事件主要体现为以下方面。

旅行社业务纠纷事件共 7 起，主要表现在导游人员强制购物、服务态度恶劣，旅行社违规经营、工作人员坑骗游客等，究其原因为导游人员业务水平较低、旅行社经营专业水平有待提高。

住宿业务事件 3 起，包括游客入住民宿被偷拍、游客酒店内煤气中毒、酒店天花板掉落，主要是由于部分商家安全资质不达标，存在安全隐患等。

线上业务事件 1 起，即线上工作人员携款逃跑事件。随着网络技术发达，旅游信息鱼龙混杂，线上诈骗、劣质旅游产品、宣传与实际不符等问题屡禁不止。

4. 自然灾害事件相对较少

近年来，随着我国气象监测和预警防控技术的进步，自然灾害诱发的节

假日旅游安全事件相对较少。2019 年自然灾害事件为 2 起，分别是台风"米娜"登陆上海国际旅游度假区、杭州游客台风夜晚被暴雨所困。部分自然灾害虽具有不可预测性，但有些与人为因素有关，如冰川融化、全球变暖、泥石流等，因此需要继续进行绿色出游观念等宣传，保护旅游资源及自然环境。

（二）时间分布特征

1. 整体时间特征

国庆节、劳动节及春节假期为旅游安全事件发生密集时段，其余节假日较少，其主要受气候、假期时长、特定习俗影响。国庆节发生旅游安全事件数量最多为 59 起，约占总量的 44%。国庆期间秋高气爽，传统习俗活动较少，游客外出游玩机会多，且假期时间较长，多数选择长距离旅游，安全风险较大；春节虽与国庆一样同为 7 天长假，但由于团圆及探亲等传统习俗束缚，加之气候较寒冷，整体出游较少，安全风险较小；五一假期较短，但气候宜人，非传统节日习俗约束少，出游自由选择度高，出现旅游小高峰，安全事件较多；元旦假期较短，游客多近郊游、短距离跨年，安全事件较少；其余清明节、端午节、中秋节皆为中国传统节日，有祭祖、踏青、探亲等特定习俗，且时长较短，游客多为短途旅游，安全问题总体较少。从整体时间来看，节假日旅游安全与出游高峰期紧密联系，高峰期供需矛盾激增，旅游安全事件发生可能性较大（见图 2）。

2. 日均事件特征

2019 年，节假日旅游安全事件数量日均分布差距悬殊。国庆节居首位，高达 8 起/天；其次为劳动节，7 起/天；其余春节长假与清明节、端午节、中秋节日均事件数量较少，差别不大；元旦最少为 1 起/天。日均事件数量排名与各假期事件数量排名基本契合，再次印证了旅游高峰期安全风险较大。

（三）空间分布特征

2019 年，我国节假日旅游安全事件空间分布差异较大。节假日旅游安

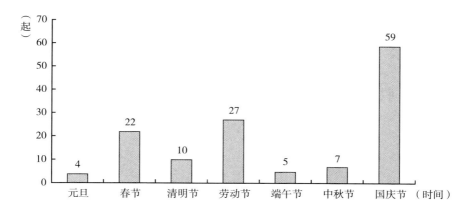

图2 2019年中国节假日旅游安全事件时间数量分布

全事件空间分布主要受距离、旅游资源、可进入性等影响，主要集中于华南、华北地区，两个地区合计占比约44%，需高度重视；西南、华东、华中地区安全事件数量排名居中，也不容忽视；西北、东北地区安全事件数量较少均为3%，但由于位置偏远、资源独特，未来随着游客猎奇感增强，必将成为目的地新选择，旅游安全需高度重视；此外，出境旅游安全事件数量占7%，是节假日旅游安全管理容易忽视的重要部分。

（四）出境旅游安全特征

2019年，节假日出境旅游安全事件10起，与2018年（13起）相当。"一带一路"倡议及"人类命运共同体"等背景下，我国与其他国家和地区不断深化交流合作，出境旅游发展。从事件类型看，主要为事故灾难，且主要为交通及娱乐设施事故，另外还有食物中毒、偷盗等。从空间格局看，出现全球范围扩散趋势，以中国港澳台及周边泰国、西班牙、澳大利亚、俄罗斯、菲律宾和日本等邻近国家为主，中国台湾、泰国较多各2起，其中中国台湾为低空和潜水旅游遇险，泰国为游船撞击和侧翻水上事故。未来出境旅游会持续发展，因距离远、耗时多及地域人文差异等局限，安全冲突隐患较多。

三　中国节假日旅游安全管理的进展与特点

（一）政府措施有力

2019 年，我国节假日旅游工作取得重要成绩，政府作用凸显。一是管理规范方面，依据《旅游安全管理办法》《旅游突发公共事件应急预案》等旅游安全法律法规，严格落实执行，使节假日旅游有法可依；据发展现状，文化和旅游部门及时颁布《关于改善节假日旅游出行环境促进旅游消费的实施意见》《国家体育总局　文化和旅游部关于发布"2019 十一黄金周体育旅游精品线路"的公告》等意见办法，保证节假日旅游规范开展。二是组织协调方面，专门化管理，实现巡查常态化、投诉畅通化、会议日常化、环境安全化，节假日旅游安全效果显著。如雁门关景区元旦期间，忻州文化和旅游部门强化景区安全管理，对应急机制、安全隐患、市场秩序、餐饮消防等详细排查并及时整改，景区旅游安全状况总体良好，未出现重大旅游投诉和旅游安全事故报告。

（二）景区管理有序

节假日景区容量严重超负荷，随着景区科学有序化管理，旅游安全事故减少。景区承载力方面，一是通过限流，利用旅游监测平台控制景区合理容量，减少拥挤引发的安全事件，提高游客旅游体验，如 2019 年春节故宫博物院每天限流 8 万人次；二是通过分流，减少热点景区客流量，如故宫新开放神武门外至东华门外城墙与筒子河之间通道。景区管理方面，建立智慧旅游系统，召开安全会议、完善应急预案、进行安全演练等。龙门石窟景区 2019 年春节旅游高峰期应急演练，通过普及消防知识、应急灭火、疏散及水面救援等演练检验应急预案的可操作性，确保景区旅游高峰期的安全。

（三）游客素养提升

游客安全意识仍有很大进步空间，但节假日旅游游客素养整体有所提高。经文化和旅游部门及相关部门正面引导，加之"黑名单"等配套制度落实，社会文明旅游氛围已成形。此外，随着网络技术的发达，游客获取能力的提高，掌握旅游信息较为全面，对目的地文化尊重理解程度增强、文化认同增强，主客冲突减少。据文化和旅游部2019年各假期文化和旅游市场情况显示，文明出行已成共识，游客普遍自觉践行"垃圾分类、绿色出行"等号召，争当文明旅游者，文明旅游蔚然成风。

四 2020年中国节假日旅游安全
管理建议

（一）强化安全综合管理机制

各级旅游及相关部门需高度重视并协同治理节假日旅游安全，从预警防控、投诉渠道、权责、反馈机制等方面严格落实。完善投诉渠道，权责明晰，减少旅游冲突事件；成立专门机构，及时公布汇总和总结反思，为以后有效防控提供借鉴；强化反馈机制，提供线上线下意见箱，重视反馈信息；定期召开政企学研专题研讨会，及时更新和补短板。不断加强旅游安全治理的可持续性和规范性，以及对旅游市场的规制力①，为游客提供更安全的假日旅游环境。

（二）创新旅游安全智慧平台

旅游安全突发事件向系统性、多因性方向发展，与现有跨部门、跨领域

---

① 谢朝武、郑向敏主编《旅游安全蓝皮书：中国旅游安全报告（2019）》，社会科学文献出版社，2019。

的分散管理体制不相适应①，一体化智慧平台成为必需。发挥大数据作用，创新假日旅游安全智慧平台，充分开发预警、动态监测、联合救援、资源配置等功能板块。一方面，强化检测预警，例如对景区容量、交通、设施承载力等，并及时发现处理各类旅游投诉，减少避免旅游事故；另一方面，利用平台技术快速感应求救信号，线上最优化组织协调救援，提高救援效率，最大限度地保证游客安全。

（三）完善自助游登记制度

自助游灵活性强，管理盲区较大，旅游安全事件发生概率较大。未来需完善自助游登记制度和严格门槛标准，如规定标准的身心素质、旅游线路、应急能力、人数要求等，达标方可申请。同时，注重过程中管理，成立专门监管机构暗访巡查，做到防控日常化、过程透明化，使游客深度体验的同时安全能得到保证，削弱自助游隐藏的高安全风险，助力其健康发展。

（四）鼓励支持社会援助力量

社会公益组织是不以利润为首要目标，而以社会公益事业为主要追求目标的公益组织②。2019年节假日旅游安全事件救援中，社会力量作用显著，作为补充性资源，既为相关部门减负，又提高了搜救效率，如"蓝天救援队"，年救援事件高达1000起。一方面，社会公益援助宣教及救援效果明显，社会影响力好；另一方面，旅游目的地民间力量由于对当地自然及人文环境熟悉成为重要辅助。政府应积极给予政策扶持，鼓励旅游安全社会组织的创建，为节假日旅游安全储备坚实的后援力量。

---

① 张永领、周晓冰、王伟：《我国旅游突发事件应急管理机制构建研究》，《资源开发与市场》2016年第1期，第116～119页。

② 陈岳堂、胡扬名：《政府职能转变与社会公益组织发展》，《湖南农业大学学报》（社会科学版）2007年第6期，第121～123页。

（五）警惕突发性公共卫生及社会安全事件

公共卫生及社会安全等突发性群体事件破坏性大、波及范围广，且发生频次较低，易被忽视。我国旅游业目前应对此类事件的经验较少，防控机制不够成熟，软硬件配备待改进，节假日又为客流高峰期，必须提高警惕，加强防范。需要提前做好预防突发性公共卫生及社会安全事件的相关准备，完善应急预案，对事件发生前、中、后进行科学部署，创新安全管理机制、改进设施设备、培养专业人员并进行科学演练等，将防控常规化，做到居安思危。

参考文献

［1］谢朝武：《假日旅游安全重在预防与调控》，《中国旅游报》2013年9月30日，第2版。

［2］《驴妈妈发布〈2016年自驾游十大趋势报告〉》，搜狐网，http：//www.sohu.com/a/59247318_334205，2016年2月17日。

［3］杨俭波、肖顺金：《当前我国自助游监管"空心化"的成因、根源及对策分析》，《人文地理》2007年第3期，第87、91~97页。

［4］《中国旅游研究院：2019年夜间旅游市场数据报告》，中文互联网数据研究资讯网，http：//www.liangjiang.gov.cn/Content/2019-03/17/content_512454.htm，2019年3月15日。

［5］谢朝武、郑向敏主编《旅游安全蓝皮书：中国旅游安全报告（2019）》，社会科学文献出版社，2019。

［6］张永领、周晓冰、王伟：《我国旅游突发事件应急管理机制构建研究》，《资源开发与市场》2016年第1期，第116~119页。

［7］陈岳堂、胡扬名：《政府职能转变与社会公益组织发展》，《湖南农业大学学报》（社会科学版）2007年第6期，第121~123页。

B.15

2019~2020年中国自助旅游安全形势分析与展望

曾武英　臧如心*

摘　要： 本文通过对2019年我国自助旅游安全事件的调查与分析，发现2019年我国自助旅游安全事件以及涉及人员数量较2018年均有较大幅度增长，其中安全事件特点仍体现在事件发生的个体差异性、非预期性、表现形式多样性等。2020年，自助旅游"疫"后将迅猛恢复，特别是自驾游将迅速恢复并持续高涨，安全形势依然不可忽视，因此建议，加强旅游安全宣传教育，提高安全意识；加强景区安全管理，降低景区安全风险；完善旅游安全管理体系，发挥制度治理效能。

关键词： 自助旅游　旅游安全　治理效能

随着大众旅游时代的到来，旅游业发展日新月异，出游人数激增，多数景区、旅游场所时常出现游客聚集扎堆情景；另外，自助旅游因其个性化、灵活自由而日益受到广大出游者的喜爱，但自助旅游引发的安全问题层出不穷，安全事件频发，值得有关专学者、社会各界的深思与研讨。

---

* 曾武英，华侨大学旅游学院副教授，主要研究方向为旅游企业服务与管理等。臧如心，华侨大学旅游学院硕士研究生。

一 2019年中国自助旅游安全的总体形势

2019年我国自助旅游迅猛发展的同时，自助旅游安全事件也持续攀升，根据中国旅游新闻网、中国新闻网、新浪网和腾讯网等新闻网站上有关自助旅游安全事件的数据统计分析，2019年国内自助旅游安全事件共184起，同2018年（143起）相比增长28.67%；2018年国内自助旅游安全事件数量同2017年相比增长仅为7.5%，说明我国自助旅游的安全问题不容忽视，在追求自助旅游发展的同时，要同步遏制旅游安全事件的发生。与近年发生的自助旅游安全事件进行对比（见图1），自助旅游安全事件分布于28个省、自治区、直辖市。其中，事件涉及1359余人，是2018年的2.06倍；其中死亡人数166人，是2018年的3.13倍；在事件发生类型上，可分为事故灾难（景区设施设备事故、安全管理事故、自组团纠纷等安全事故）、自然灾害（气象灾害、泥石流灾害、山洪等自然灾害事件）、公共卫生安全事件（食物中毒事件）以及社会安全事件（欺诈、海鲜宰客等安全事件）四大类。其中，事故灾难发生最为频繁，占四大类的86.41%，从整体来看，2019年的自助旅游安全事件中事故灾难相比前几年有显著上升，全国的自助旅游安全事件导致的伤亡人数相比2018年大幅度上升，所引发的后果也愈加严重。由此来看，自助旅游安全问题不容忽视。

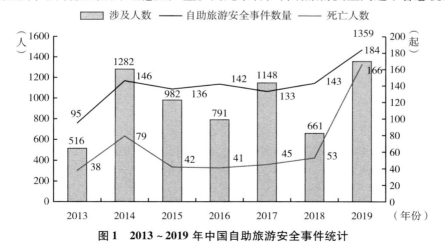

图1 2013～2019年中国自助旅游安全事件统计

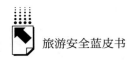

二 2019年中国自助旅游安全事件的特征分析

（一）自助旅游安全事件分布的特点

1. 时间分布

自助旅游安全事件在时间分布上，下半年比上半年多10起，主要原因是节假日较多集中在下半年；将地文景观类景区作为游玩地的游客依旧占大多数，受景区设施设备、安全管理、自组团纠纷等多重因素影响，事故灾难所占比例较高。数据显示，2019年自助旅游安全事件集中在4～8月，其中7月是高频月份，达到45起（见图2）。总体来看，2019年自助旅游在节假日旅游流的压力下，暑假期间发生安全事件的频率较高。

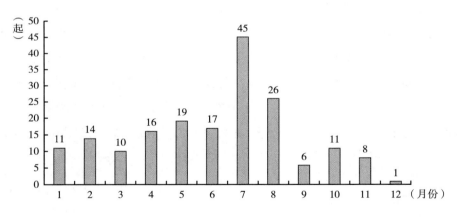

图2 2019年中国自助旅游安全事件月份分布

2. 空间分布

自助旅游安全事件在空间分布上，事件发生数量达到两位数的地区集中在8个省份，其中广西壮族自治区独占首位，共21起；四川、浙江两省并列第二位，各15起；广东省位居第四，共13起；湖南、山东两省并列第五位，各12起；安徽、湖北两省并列第7位，各10起。而事件数量为一位数的地区分散在其他 20 个省、自治区、直辖市，即北京、福建、甘肃、贵州、海南、河北、河南、黑龙江、吉林、江苏、江西、辽宁、青海、山西、陕西、天津、西藏、新疆、云南、重庆（见图3）。从景区事件发生的类型来看，地文景区和水域景区仍为引发安全事件的高频区，如 2019 年 5 月 24 日，一名男子独自登四川茂县九顶山时，迷路失联，靠吃野草维持生命①，2019 年 6 月 24 日，一名游客在秦皇岛金梦海湾浴场游泳时溺亡。②

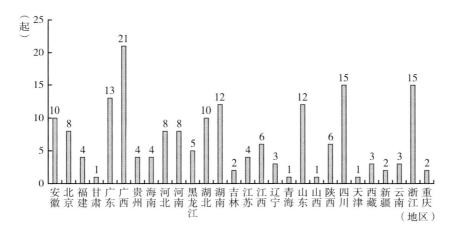

图 3　2019 年中国自助旅游安全事件在各省、自治区、直辖市的分布

3. 类型分布

在自助旅游安全事件的类型分布上，主要集中在事故灾难，共 159 起，占比高达 86.41%。此外，自然灾害事件 15 起，占比为 8.15%，公共卫生安全事件 1 起，占比为 0.54%，社会安全事件 9 起，占比为 4.89%。游客自身安全意识不足、非法穿越景区等引发的事故灾难是重要原因；还有少数事故是景区设施设备未达到安全标准所致。

---

① 《男子登九顶山迷路失联 7 天　靠吃山中野草等来民警救援》，新浪四川，http：//sc. sina. com. cn/news/m/2019－06－03/detail－ihvhiews6513912. shtml，2019 年 6 月 3 日。

② 《一男子海边游泳溺水》，河北新闻网，http：//yzdsb. hebnews. cn/pc/paper/c/201906/26/ c139597. html，2019 年 6 月 26 日。

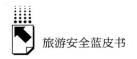

（二）自助旅游安全事件发生的特点

1. 自助旅游安全事件发生的个体差异性

自助旅游安全事件与旅游者自身的素质（包括思想道德、健康状况、体能素质）有着紧密的联系。旅游者通过自行设计旅游路线，充分利用互联网技术，追求旅游行程灵活性，依靠导航系统，进行自助旅游活动。然而，旅游者自身个体差异而导致旅游安全事件时有发生，并呈现各自的异质性，比如，健康状况较差的游客在自助旅游中容易突发心血管疾病、头晕等各类疾病，造成不同程度的伤亡后果。例如，2019年5月4日，1名男子到湖南郴州资兴东江湖景区龙景峡谷游玩时，英勇下水救落水者，并对溺水者进行心肺按压和人工呼吸，最终溺水游客得到有效救助。①

2. 自助旅游安全事件形成的非预期性

自助旅游产生的事故灾难中，不少是在瞬间发生的，甚至有的与游客出行前的准备是否充分、身体素质等方面无直接相关，事故的发生往往是意想不到、猝不及防。这就是事故发生的非预期性。例如，2019年6月4日，一名游客在陕西陇县关山牧场骑马时，所骑马匹突然失控，将他重重摔落在地，造成颅内出血②。同年，4月14日，一名男子在山东青岛浮山山顶失去意识，救援人员即刻采取急救措施，但男子已无生命体征③。

3. 自助旅游安全事件危害影响的扩大化

在自助旅游的过程中，旅游主体活动的空间范围不受限制，因此存在极大的不确定性，一旦有安全事件发生往往会给救援工作带来极大的施救困难。每一起自助旅游安全事件不仅给事件当事人带来痛苦与伤害，

---

① 《茶陵县出了一名"最美游客"不顾危险勇救溺水者》，株洲文明网，http://hnzz.wenming.cn/cj/wmly/201905/t20190516_5853431.htm，2019年5月16日。

② 《景区里骑马未曾想马竟失控 游客坠马摔成颅内出血》，宝鸡新闻网，http://www.bjsfdfs.com/baojijingji/19668.html，2019年11月24日。

③ 《悲剧！青岛一驴友浮山遇险，不幸身亡》，齐鲁网，http://qingdao.iqilu.com/qdminsheng/2019/0415/4245336.shtml，2019年4月15日。

而且给社会救援工作带来极大负担，甚至给救援人员造成极大的安全风险，这无疑加大了自助旅游安全事件负面影响的范围。例如，2019 年 8月 24 日，24 名驴友在广东惠州白马山溯溪遭遇突发溪水暴涨，蓝天救援队在历经各种艰难险阻后成功解救被困的驴友们，但不幸的是其中 2 名救援队员在救援过程中与救援大部队失联，几日后经现场确认已不幸牺牲。①

4. 自助旅游安全事件表现形式的多样性

自助旅游较其他旅游方式最大的特点就是旅游活动内容的自主性很强，随着旅游消费结构的不断升级，各种自助旅游的形式接连不断地出现，从而也存在着各式各样的安全隐患，安全事件产生的表现形式却是千差万别，如公共卫生事件有可能是游客海鲜食物中毒，也可能是游客身体健康原因突发的疾病，事故灾难可能是天气突降暴雨、暴雪、涨潮等产生的事故，也可能是游客迷路、坠入山谷、交通事故、旅游设施故障等导致的，总之众多的自助旅游安全事件中，其表现形式极具多样性。例如，2019 年 6 月 23 日，3 名自助游客在参加吉林白城极限俱乐部举办横渡团结湖挑战赛项目中不慎落水，溺水身亡。② 2019 年 5 月 2 日，一名约 70 岁的游客在广东鸡笼顶山上与亲友走失，所幸搜救及时，将其安全护送下山。③ 2019 年 1 月 22 日，一名大学生独自前往黑龙江大秃顶子山，只因贪恋雪景被困悬崖险处，通过 72 人组建的搜救队 6 个多小时的搜山行动，成功地将其救下山。④

---

① 《深圳蓝天救援队 2 名队员救助坠崖驴友后失联　已确认牺牲》，新京报网，http：//www. bjnews. com. cn/news/2019/08/27/620100. html，2019 年 8 月 27 日。

② 《白城又发生一起溺亡事故，请珍爱生命远离溺水》，搜狐网，https：//www. sohu. com/a/322845568_120065107，2019 年 6 月 24 日。

③ 《游客鸡笼顶迷路多部门联合救援　警方提醒：勿轻易尝试走陌生偏僻路线》，阳江新闻网，http：//www. yangjiang. gov. cn/mo/zwgk/ywdt/yjjw/201905/t20190507_219125. html，2019 年 5月 7 日。

④ 《江苏大学生雪乡迷路卡在冰川悬崖　70 多人 -30℃搜山 6 小时救回一命》，哈尔滨新闻网，https：//www. sohu. com/a/291349336_349336，2019 年 1 月 25 日。

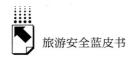

三 2019年影响中国自助旅游安全的主要因素

（一）自助旅游者自身因素

1. 旅游安全意识不到位

自助旅游是一种没有专门机构专业人员组织引导的自助式旅游，相对于团队游更不受控制，更容易发生自助旅游安全事件。从发生的安全事件来看，自助旅游者在自助游的全过程中因安全意识不到位，游玩中忘乎所以、不听劝告违反操作规程等是导致自助旅游安全事件的重要因素。从发生的安全事件中可以发现，不乏旅游者因无视安全标识警告或不顾安保人员劝阻，接近危险地带或违规闯入景区危险地带，然而在遇到险情时，自救能力又不足，这些都是引发迷路、坠崖、摔倒、溺水等事故灾难的主要原因。同时，一些旅游者纪律意识淡化、不遵守公共秩序，无疑加剧人群拥挤引发社会安全事件的发生。此外，旅游者在自行选择游览路线和游览项目时，往往高估自己的能力，忽视潜在的风险。例如，在没有结伴的情况下孤身一人探险，攀登未开发的险峰，偏爱夜间游览活动，挑战难度系数高的项目等，种种超常规的冒险活动极容易导致旅游安全事件的发生。

2. 行前准备不足

在整个自助旅游过程中，游客必须充分做好出发前的准备。但总有一些游客出发前准备不足，往往对旅游地的天气、路况、饮食、住宿情况及应知的安全知识缺乏详细了解，对应急设施设备和旅途中必须物品准备不足，从而造成的安全事件屡见不鲜。例如，2019年11月17日，1名游客在北京房山十渡附近攀爬某野山时遭遇九级大风，被风吹下悬崖而遇难[①]。

3. 家庭自驾游风险大

自助旅游最常见的出游方式是家庭自驾旅游。由于旅游者疏于对出游线

---

① 《北京女驴友九级风中爬野山　被风吹下悬崖遇难》，新浪新闻中心，https：//news. sina. com. cn/o/2019 - 11 - 18/doc - iihnzahi1591620. shtml，2019 年 11 月 18 日。

路基本情况的了解，以及驾驶人员驾驶技术、车辆性能等方面因素增加了自驾游的风险，从而导致自助旅游交通事故时有发生，例如，2019 年 7 月 16日，发生了一起高速路上因超车不当撞上一辆作业车，姐弟两家自驾游途中一家四口没了仨的惨剧①。此外，自助旅游出游以家庭为单位占多数，其弊端是缺少团队组织的监管与保护，小孩子缺乏自我保护意识，老人年龄偏大而行动不便，青年旅游者在游玩过程中对这些群体照看不到位、监管力度不足是造成摔伤、溺水等事故灾难发生的主要原因。例如，2019 年 7 月 24日，家长在杭州龙鳞坝只顾拍照，孩子们水中玩耍时溺水身亡②。

（二）自然环境因素

我国不少自然景区地形复杂，前往景区的道路也常常是蜿蜒曲折，正所谓"无限风光在险峰"，然而，那些"天然无雕饰的景区"往往更受自助旅游者的青睐，但也更容易诱发游客迷路、摔伤、溺水、遭受动物袭击等安全事件。2019 年发生的 184 起自助旅游安全事件中有 43 起是因为游客不熟悉当地地形而被困或遇难。另外，不可预期的自然灾害也是导致自助旅游者在自助旅游过程中被困、受伤、死亡等的另一个重要原因。还有 15 起是因为大雪、暴雨、山洪、泥石流、山体滑坡等自然灾害而导致游客被困或遇难。例如，2019 年 8 月 3 日，6 名游客在安徽石台县牯牛降景区游玩时遭遇突发山洪，造成 5 人溺水，1 人死亡③。

（三）景区管理因素

1. 安全管理不到位

目前，一些景区安全责任意识不强，安全措施缺失，安全管理工作被动

---

① 《悲剧！姐弟两家自驾游去海边，高速遇车祸，长春这一家四口没了仨!》，搜狐网，http：//www. sohu. com/a/332223052_394951，2019 年 8 月 7 日。
② 《杭州网红水坝一天 3 起孩子溺水意外：家长只顾拍照》，央视网，http：//news. cctv. com/2019/07/26/ARTIQjQGJg7tAnjlzrAtdwsc190726. shtml，2019 年 7 月 26 日。
③ 《石台 6 名游客河滩玩耍遇山洪一女童被冲走溺亡》，人民网，http：//ah. people. com. cn/n2/2019/0805/c358428‐33215306. html，2019 年 8 月 5 日。

是景区发生自助旅游安全事件的重要原因。一些景区安全管理工作仍停留在坐等游客报案或低效率巡逻的原始阶段，缺乏对景区安全的防范和监控。例如，2019 年 7 月 16 日，深圳 27 岁女子独自游览华山时遭遇"90 后"男子劫财而不幸遇难，山上却没有安装监控。① 景区自身地形复杂、气候环境多变、来往人员复杂、游客流动大，这些都在一定程度上形成了安全隐患。另外，一些景区内空间比较狭小，容纳游客量有限，景区缺乏对重大节假日游客量的管控，造成拥挤、摔伤、踩踏等安全事件。

2. 安全管理制度不健全

景区安全管理，涉及的工作有很多方面，核心是安全管理制度是否健全完善并落实到位。这其中包括必要的安全宣传制度，设施安全检查制度，应急预案制度，内部安全责任追究制度，等等，只有这些制度有效落实到位，才可能最大限度地从体制机制上控制好景区安全事故风险。如果景区没有做好宣传工作（不少景区缺乏必要的宣传资料、安全警示标识），致使游客难以对景区潜在的危险进行预判与防范而造成安全事件的发生；又由于对安全事件的应急处置预案缺失，一旦发生安全事件，面对危急伤亡人员抢救、善后处置、往往显得惊慌失措。如 2019 年 10 月 1 日，一对母子在山东烟台马家沟景区乘坐氢气球时由于固定气球的钢缆脱落，二人从空中坠地当场死亡。②

3. 安全管理人员配备不足

景区安全管理最终要落实到景区相关管理人员的工作上，但是，不少景区管理层常常抱有侥幸的心理，认为安全事件不可能那么容易就会发生，而且为了节省开支，尽可能地减少安保人员的数量，而当节假日黄金周旅游高峰期时，便临时调用一些没有安全工作经验和安全知识的人员充数，造成不可挽回的严重后果。另外，还有的景区安全管理人员疏于安全教育，例如，在野生动物出没的景区，时常对游客缺乏必要的安全提醒，或是相关安全知

---

① 《深圳 27 岁女子独游华山遇害 90 后男子疑劫财作案》，新浪网，https://news. sina. com. cn/s/2019 – 07 – 24/doc – ihytcitm4181228. shtml，2019 年 7 月 24 日。

② 《山东烟台一景区氢气球失控破裂母子遇难 暂停营业》，新浪网，http:// news. sina. com. cn/s/2019 – 10 – 05/doc – iicezzrr0152614. shtml，2019 年 10 月 5 日。

识的讲解等。例如，2019年5月2日，游客在云南西双版纳野象谷景区的野象活动区下车上厕所，遭到野象攻击而导致多处骨折。[①]

（四）政府及行业管理因素

我国《旅游安全管理办法》明确要求旅游管理机构应指导、督促、检查本地区旅游业贯彻执行涉及旅游安全的各项法律法规，要组织、实施旅游安全教育和宣传，要对旅游业单位进行开业前的安全设施检查验收等工作。然而随着旅游业的发展，政府职能在市场中的管理监督还亟待提高完善，现实中仍然存在这方面安全管理的问题，在体制机制上缺乏对自助旅游组织者的资质制度、缺乏健全的引入第三方应急救援体制；在实际工作中由于市场监管不到位、信息发布不及时而引发的自助旅游安全事件也时有发生。例如，北京市房山区石花洞景区停车场乱收费、村霸拉客骗客[②]事件。

四 2020年中国自助旅游安全形势展望与管理建议

（一）2020年新冠肺炎疫情后自助旅游安全形势展望

1. 自助旅游"疫"后迅猛恢复，安全形势依然不可忽视

2019年底发生的新冠肺炎疫情，给我国国民经济和社会发展造成了系统性的负面影响，旅游业遭受重创，倘若此次疫情持续时间较长，那么就意味着2020年第一季度或延续到第二季度的旅游业出现了空档期，旅游业呈现断崖式下跌后恢复很可能是"井喷"式直线上升。我国已进入休闲度假旅游时代，以自主性为特色的自助旅游受到越来越多人的青睐。如果2020年自助旅游需求总量与2019年相当，那么2020年出游人数在时间分布上将

---

① 《游客在野象活动区下车上厕所 遭野象攻击多处骨折》，新浪广东，http：//gd.sina.com.cn/news/2019-05-04/detail-ihvhiewr9693320.shtml，2019年5月4日。

② 《旅游维权 | 北京石花洞景区停车乱象投诉多，旅游记者继续走访调查》，中国交通广播，https：//chuansongme.com/n/3099931153830，2019年8月21日。

 旅游安全蓝皮书

更加聚集，旅游的旺季将更加火爆，相关的道路、景区、景点游客密集度很可能进一步增大，自助旅游中的交通安全、景区游客安全，特别是公共卫生安全等问题的防范将依然不可忽视。

2. 数字科技的应用将影响着未来自助游的出行方式

数字科技有望带动"疫"后在线旅游业实现新一轮的高速增长。这次疫情发生以来，为了减少人员聚集，采取口罩预约购买，交通智慧引导，网上参观等方式也为未来旅游业发展提供了新尝试，人们也因此尝试着更多的出行活动方式，据国家文物局网站报道，2020年北京、上海等省（市）推出"云看展"资源方便公众上网浏览，全国博物馆春节期间共上线展览2000余项，国家文物局在网站开放346万件珍贵文物信息。

3. 自驾休闲旅游在"疫"后将迅速恢复并持续高涨

我国已进入了汽车大众化时代，日益完善的公路建设，卫星导航技术的完善等为自驾游提供了有力支持和必要外部条件；而自驾游出行的便捷和舒适，旅程中观光休闲娱乐、随心所欲等优势是广大有车一族的出游首选；特别是2020年国内外新冠肺炎疫情暴发的惨痛，大大增强了人们安全和卫生健康旅游的意识，出境旅游或是在国内长时间乘坐拥挤的公共交通的旅游。将让不少人望而却步。疫情过后的节假日里，人们为了缓解长时间憋在家的紧张气氛，呼吸新鲜空气，也为了因疫情与长时间未谋面的亲朋好友欢聚，组织亲朋好友、同学、同事、甚至驴友来一次自驾休闲游体验将会是很多人的选择，疫情过后自驾游将成为休闲度假的首选出行方式。

（二）2020年自助旅游安全管理建议

1. 加强旅游安全宣传教育，提高安全意识

自助旅游安全事件中旅游者自身的原因是首位的也是最重要的，首先，游客思想上缺乏安全意识；其次，游客缺乏安全出游的必要准备（如汽车安全检查，人员健康检查，防护工具及随身物品）；最后是在游玩中安全防范意识不强，为追求刺激体验或过高估计自己的能力，而违规操作、擅自行动导致安全事件。显然，减少或降低安全事件的发生，就要加强旅游安全宣

传教育，对此，各地各景区应结合实际采取多种方式方法，比如借用手机互联网下的视听工具，采用景区入口的广播电视宣传、电子门票提示、景区引导标识、安全警示牌等宣传方式，将安全教育贯穿于游客游玩的各个环节和全过程，让旅游者增强安全防范意识，并了解遇到安全事件时如何自救；同时，还要加强景区从业人员特别是安全管理人员的安全防范工作培训，提高这部分人员的安全意识和安全应急处置能力。

2. 加强景区安全管理，降低景区安全风险

据有关资料分析统计，发生安全事件大多是因为迷路、受伤、不慎摔伤、滑坠、突发疾病、落水、受困等。上述事故产生原因大概可分为两方面，一方面是游客自身原因导致的；另一方面是景区设施设备和管理不当而造成的。因而加强景区安全管理，宏观上最主要的应从三方面着手，第一，加强景区的安全宣传，对于游客，可通过各种宣传告示等进行宣传；对于景区从业人员，应定期组织安全教育来提高他们的安全意识，并对其考核；第二，要加强景区安全设施建设：包括道路基础设施、游乐设备设施、安全标识、安全应急器材等；第三，应加强景区的运行管理，景区运行管理主要是体现在工作人员（包括景区导游，技术人员、安保人员等）组织引导游客参观、游玩的活动中，因此，景区要督促工作人员提高服务水平，坚持技术规程操作，坚守安全生产底线。特别强调的是，景区要定期对内部设施设备做安全检查和实时监测，及时排查存在的安全隐患。

3. 完善旅游安全管理体系，发挥制度治理效能

旅游安全管理体系建设是旅游安全管理的顶层设计，是一项复杂的系统工程。当前，旅游业的发展速度与安全要求还不是很协调，主要体现在以下三个方面：一是旅游安全管理不能适应综合协调要求。二是现行旅游安全管理机构行政级别低，力量薄弱。三是旅游安全管理职能分散，不利于常态化、规范化与高效化管理。[①] 面对这些问题，必须有完善的合作协调机制，在日常运营管理和安全处置、救援、保障等体系方面，建立权责合理、协调

---

① 郑向敏、王新建：《旅游行业安全管理实务》，中国旅游出版社，2012。

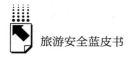

合理、配套合理的旅游安全管理制度体系。宏观上可以从以下四方面入手：第一，以各省区市为依托建立统一的旅游安全管理系统，其中主要应包括法规系统、控制系统、预警系统、救援系统等；第二，积极引进现代科学技术，加强地理信息系统、全球定位系统、卫星遥感、通信等先进技术的应用，建立以高新技术为支撑的、以旅游安全应急平台为主的旅游安全信息管理系统。第三，政策上引导和鼓励中间组织和志愿者参加救援，发挥好行业协会与民间救援的作用。第四，加强与国外旅游安全管理工作的交流，引进国外先进科技手段、设备和管理经验。

B.16
2019~2020年中国高风险旅游安全的形势分析与展望

杨文棋　曾　怡*

摘　要： 2019年，中国高风险旅游安全总体形势不容乐观。高风险旅游安全事件数与相关损失均达到了近4年之最，户外探险类与水上项目类高风险项目旅游安全事件频繁发生，境外旅游安全风险仍然显著，新型高风险旅游项目尚未得到有效监管与约束，参与高风险旅游的游客普遍缺少必要的安全意识与专业能力。本文基于2019年中国高风险旅游安全事件的特征及规律，提出2020年中国高风险旅游群体规模继续扩大、高风险旅游产品继续增加的趋势预测，同时提出了提高游客自救能力、增加高风险旅游产品运营成本、加强高风险旅游风险预警与建立跨境跨区域旅游救援合作机制的建议。

关键词： 高风险旅游　旅游安全　预警系统

一　2019年中国高风险旅游安全的总体形势

2019年，我国高风险旅游业保持高速度增长，旅游业态日益丰富，客

---

* 基金项目：泉州市社科规划青年项目（2016E13）。
杨文棋，华侨大学旅游学院教授，研究方向为旅游资源法规、旅游资源保护与利用；曾怡，博士，华侨大学旅游学院讲师，主要研究方向为旅游安全、火灾安全。

源市场进一步扩大，但同时旅游安全风险也进一步提高。高风险旅游项目专业性强、风险程度高，易因人员、天气、环境、设施和操作等因素影响而发生各种安全事故。本文借助百度搜索、救援装备网、搜狐网、新浪微博等平台，搜集 2019 年 1 月 1 日至 2019 年 12 月 31 日发生的我国境内及境外客发生的高风险旅游安全事件共 172 起。与 2018 年相比，2019 年我国高风险旅游从形势上看呈现以下特点：2019 年高风险旅游安全事件总数和伤亡人数均显著上升；户外探险类（75 起）和水上项目类（58 起）高风险旅游安全事件占比最高，损失最为严重；夏季为高风险旅游安全事件高发期；华东地区依然为高风险旅游安全事件集中发生地区，境外高风险旅游安全形势严峻；青年游客是高风险旅游主要参与人群与受害群体。总体而言，2019 年我国高风险旅游安全行业经营行为得到了初步的规范和治理，但整体安全形势不容乐观。

二 2019年中国高风险旅游安全事件的特征与管理问题

统计显示，2019 年 1～12 月国内共发生 172 起高风险旅游安全事件，与 2018 年相比增加 10.3%，分布于 27 个省、自治区、直辖市和境外地区，死亡 144 人，受伤 193 人，失踪 35 人，合计伤亡人数达 372 人，较 2018 年增长了 65.3%，事故损失显著增加。2019 年我国高风险旅游安全事件发生数量与伤亡人数均为近 4 年之最，安全形势非常严峻（见图 1）。

（一）安全事件类型分布特征

高风险旅游活动一般可分为高空（热气球、滑翔伞、索道、缆车等）、高速（过山车、滑雪、轮滑、高速骑行等）、水上（游泳、水上游乐设施、漂流、快艇、冲浪等）、探险（登山、露营、徒步、速降等）及其他（浮潜、极限运动、观潮等）等项目。2019 年我国高风险旅游安全事件类型及

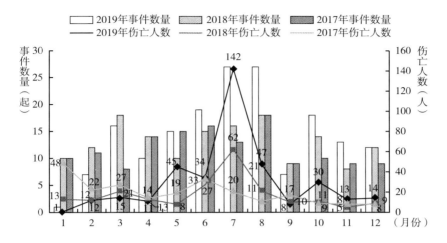

图1 2016～2019年中国高风险旅游安全事件发生数量及伤亡人数统计

其损失，如表1所示，户外探险类高风险旅游项目为2019年我国高风险旅游安全事件发生最多的项目类别，共发生75起，占事件总数的43.6%，其中登山类安全事件66起，徒步穿越类安全事件6起，洞穴探险类安全事件2起，露营类安全事件1起，共造成38人死亡，51人受伤，25人失踪；但同时，水上类高风险旅游项目造成的旅游安全事件损失最为严重，共发生58起，占事件总数的33.7%，其中游泳类安全事件26起，快艇、皮划艇、游轮类安全事件14起，漂流类事件9起，戏水类事件9起，共造成77人死亡，95人受伤，7人失踪；高空类项目发生17起旅游安全事件，占事件总数的9.9%，其中滑翔伞类安全事件6起，索道类安全事件5起，热气球类安全事件4起，玻璃栈道类安全事件2起，共造成8人死亡，11人受伤；其他类项目发生16起旅游安全事件，占事件总数的9.3%，其中潜水、浮潜类项目10起，其他极限运动类项目6起，共造成16人死亡，7人受伤，3人失踪；高速类项目发生6起旅游安全事件，占事件总数的3.5%，其中玻璃滑道类安全事件4起，滑雪类事件2起，共造成5人死亡，29人受伤（见表1）。

表1　2019年中国高风险旅游安全事件类型及其损失统计

项目类型	事件数量（起）	死亡人数（人）	受伤人数（人）	失踪人数（人）
高空项目	17	8	11	0
高速项目	6	5	29	0
水上项目	58	77	95	7
探险项目	75	38	51	25
其他项目	16	16	7	3
合计	172	144	193	35

与2017~2018年相比，2019年高风险旅游安全事件呈现以下特点：

1.典型高风险旅游活动安全形势依然严峻

2019年，我国户外探险类与水上项目类高风险旅游活动安全事件合计发生133起，较2018年增长9%；伤亡人数合计293人，较2018年增长52.6%，事故损失呈现扩大化。其中，户外探险类中的登山活动安全事件发生66起，造成103人伤亡的事故损失；水上项目类中的游泳旅游安全事件发生26起，造成37人伤亡的事故损失。这两类典型的传统高风险旅游活动由于活动的场地限制与设备限制较少，户外游玩体验良好，一直受到广大游客的青睐，参与人数众多；同时其项目中蕴含的风险和隐患不易被察觉，游客容易麻痹大意，这两类旅游安全事件近年来整体呈上升趋势，且类型多样化，多次酿成不可挽回的损失。如2019年5月3日，一名女游客擅自进入福建鼓山景区非登山区域，不慎滑坠，造成骨折[①]。

2.新型高风险旅游活动风险凸显

随着高风险旅游活动参与群众的人数日益增长，新型高风险旅游活动层出不穷，并成为一时的"网红打卡"项目，如高空玻璃栈道、玻璃滑道、悬崖自拍等，但这些项目缺乏严格的项目准入审核、建设投资门槛不高且投资回本较快，匆忙上马新型高风险旅游项目并且盲目提升项目惊险程度的景区（点）不在少数，也造成了严重的安全事故。如2019年6月5日，在广

---

① 《福州鼓山：女游客进入非登山区域　疑似滑坠骨折》，新浪微博，https://m.weibo.cn/u/1658552130，2019年5月6日。

西贵港市佛子岭景区，多名游客引体验高速玻璃滑道无法控制滑速，意外冲出玻璃滑道护栏，造成1死3重伤3轻伤的惨剧①。

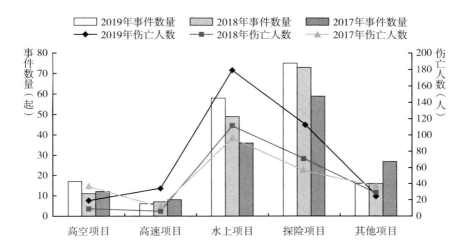

图2 2017~2019年中国高风险旅游安全事件类型数量分布与伤亡人数统计

（二）安全事件时空分布特征

1. 我国高风险旅游安全事件的时间分布特征

2019年我国高风险安全事件的时间分布如图3所示。2019年我国高风险旅游安全事件发生数在7月和8月达到峰值，均为27起，分别造成142人和47人的伤亡损失；6月发生19起高风险旅游安全事件，造成34人的伤亡损失；接下来依次为10月、3月、5月、11月、12月、4月，分别发生了18、16、15、13、12、10起安全事件，分别造成34人、30人、45人、13人、14人、11人的伤亡损失；而2月、9月、1月高风险旅游安全事件发生数较少，均为个位数，分别发生了7起、7起和1起旅游安全事件，分别造成12人、8人、1人的伤亡损失。7月和8月是2019年我国高风险旅游

---

① 《广西一景区玻璃滑道发生事故致1死6伤 负责人被约见》，新京报（百度百家号），https：//baijiahao. baidu. com/s?id=1636032102335455302&wfr=spider&for=pc，2019年6月11日。

安全事件的高发时期，比 2018 年显著增长，这与高风险活动的开展时间主要在夏季，且夏季为自然灾害多发季节、暑期出行人数也有所增加有关。其中 2019 年 7 月的高风险旅游安全事故损失尤为严重，是由于发生了多起游客因结伴参与潜水、野泳、戏水、登山等高风险旅游活动发生的安全事件，如 2019 年 7 月 21 日在江西靖安由于山洪暴发导致 283 名驴友被困，其中 4 人死亡①。

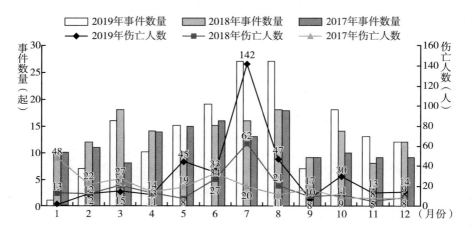

图 3　2017～2019 年中国高风险旅游安全事件数量和伤亡人数的时间分布

2. 我国高风险旅游安全事件的空间分布特征

2019 年我国高风险旅游事件分布于 27 个省（自治区、直辖市）和境外地区（见图 4）。华东地区仍然是高风险旅游安全事件发生最为集中的地区，发生 49 起旅游安全事件，较 2018 年增长 19.5%，造成 107 人伤亡，该地区高风险旅游活动类型丰富，发展基础稳固，游客人群数量众多，并且气候全年事宜开展高风险旅游活动，因此发生事故的频次也最高。其次为境外地区，发生 31 起旅游安全事件，与 2018 年持平，并造成 60 人伤亡，尽管我国外交部和文化和旅游部多次发出风险提示，但在马来西亚、泰国、马尔代

---

① 《7.21 靖安山洪》，https：//baike. baidu. com/item/7% C2% B721% E9% 9D% 96% E5% AE% 89% E5% B1% B1% E6% B4% AA/23631422?fr = aladdin，2019 年 7 月 23 日。

夫等热门旅游国家中国游客发生高风险旅游意外的数量仍居高不下。华南地区发生 23 起旅游安全事件，造成 33 人伤亡。东北地区高风险旅游安全事件数较往年有显著增长，达到 16 起，并造成 76 人伤亡，伤亡人数的增长与一起典型水上游乐设施事故相关，据报道，2019 年 7 月 29 日，吉林省龙井市发生因水上乐园海啸池水浪过大造成 44 名游客受伤的安全事件①。西南地区发生 16 起旅游安全事件，造成 31 人伤亡；华中地区发生 15 起旅游安全事件，造成 40 人伤亡；西北地区发生 13 起旅游安全事件，造成 13 人伤亡；华北地区发生 9 起旅游安全事件，造成 12 人伤亡。

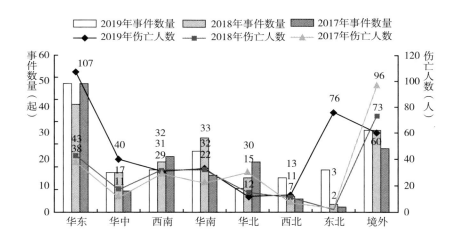

图 4　2017～2019 年中国高风险旅游安全事件数量和伤亡人数的空间分布

（三）高风险旅游活动遇难者特征

通过对已知年龄和性别特征的 86 名高风险旅游活动遇难者信息进行分析统计（见表 2），可以发现，男性遇难者为 63 人，女性遇难者为 23 人，男女比例为 2.7∶1，较 2018 年有所上升。其中，未成年遇难者人数有所上升（见

---

① 《44 人伤！吉林一水上乐园突发巨浪…官方最新通报来了》，搜狐网，https://www.sohu.com/a/330943907_172862，2019 年 8 月 1 日。

图5），这与 2019 年暑假期间，未成年人参与野泳、戏水、登山等高风险旅游安全活动频次增多有关。青年游客仍然是高风险旅游活动最为活跃的参与者，也是数量最多的受害者群体。青年男性游客遇难者 39 人，青年女性遇难者 14 人，合计 53 人，占遇难者总人数的 61.6%，较 2018 年增长 12.8%，其中有多人是因为参与登高自拍、急速降落，网红悬崖点打卡等新型高风险旅游活动遇难。如 2019 年 10 月 30 日，一女子在华山西峰登山时一直拿手机自拍至观景台处坠落山崖身亡并引起了家属与景区间的责任纠纷①。

表2　2019 年中国高风险旅游安全事故遇难者统计（不完全统计）

单位：人

性别	未成年人数	青年人数	中年人数	老年人数	合计
男性	11	39	11	2	63
女性	6	14	2	1	23

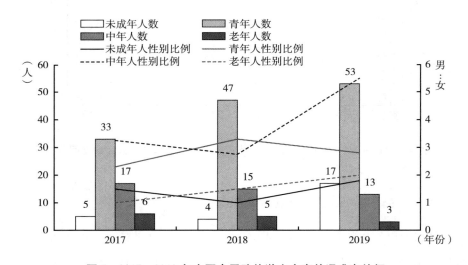

图5　2017～2019 年中国高风险旅游安全事件遇难者特征

---

① 《湖南大四女生在华山自拍意外坠崖，景区与家属达成协议并赔偿》，澎湃网，https://www.thepaper.cn/newsDetail_forward_4932798，2019 年 11 月 12 日。

（四）高风险旅游管理现状

1. 重视不规范的高风险旅游项目风险并开展相关治理工作

高风险旅游项目如玻璃栈道、玻璃滑道等，由于缺乏专门部门的监管，建设投资门槛较低，投资回报率高，凭借着自身的新奇性和刺激性，成为国内时兴的网红打卡点，随之而来的是频繁发生的高风险旅游安全事件，该类项目的风险继续得到有效控制。为此，各地均做出了不同的尝试，如河北省已关停省内所有32座玻璃桥类项目；北京市暂停新建玻璃栈道；浙江湖州出台了《湖州市乡村旅游促进条例》，进一步明确了监管主体，将"对玻璃栈道（桥）、滑草、滑道等具有一定风险性的乡村旅游项目，依照《中华人民共和国特种设备安全法》等有关法律、法规、规章执行使用、检验、检测和安全监督管理"。其他高风险旅游项目如水上快艇、滑雪、漂流等，也由归属地方政府出台相关管理办法加以约束。如国家联合检查组开展全国滑雪安全管理抽查工作[①]；湖北宜昌发布《秭归县辖区水域小型自用快艇专项整治工作方案》[②]；湖北随州举办漂流安全综合监管工作培训班[③]。

2. 境外高风险旅游安全事件风险提示力度加强

2019年，中国出境旅游人数达1.68亿人，较2018年增长11.3%。中国游客在境外参与高风险旅游项目潜水、热气球、滑翔伞等人数逐年递增，旅游安全风险持续增长。为此，我国外事部门与文化和旅游部门多次发布提示高风险旅游安全风险，如中国驻尼泊尔使馆提醒赴尼泊尔中国游客谨慎参加滑翔活动[④]；中国驻登巴萨总领馆发通告称，自9月15日起，当地旅行

---

① 《加强监管检查力度 确保大众滑雪安全——2019～2020雪季全国冰雪场所安全检查工作有序开展》，澎湃网，https：//www.thepaper.cn/newsDetail_forward_5421156，2020年1月3日。

② 《秭归专题部署辖区水域小型自用快艇专项整治工作》，宜昌市人民政府网，http：//ghj.yichang.gov.cn/content－10906－970706－1.html，2019年3月21日。

③ 《湖北：加强漂流安全综合监管》，第一旅游网，http：//toptour.cn/tabid/2019/InfoID/268451/frtid/1657/Default.aspx，2019年7月9日。

④ 《中国驻尼泊尔使馆提醒赴尼中国游客注意旅行安全》，广州日报大洋网，http：//news.dayoo.com/world/201902/02/139998_52475767.htm，2019年2月2日。

社暂不安排中国游客前往巴厘岛"恶魔眼泪"景区旅游①；中国驻宿务总领事馆提醒中国游客重视海岛旅游安全，谨慎参与高风险旅游项目②；中国驻马尔代夫大使馆提醒中国公民注意水上活动安全③。

3. 提升高风险旅游项目监管力度与应急演练水平

随着高风险旅游市场的兴起，漂流、速降、潜水、攀岩等刺激性与挑战性并存的高风险旅游活动受到游客广泛的喜爱。我国各地也根据地方旅游资源的特点，开展了丰富多样的高风险旅游项目。在总结往年高风险旅游安全事件的惨痛教训基础上，各地方政府均提升了高风险旅游项目的监管力度及风险应对应急演练的水平。如内蒙古针对骑马乘驼、沙地摩托等风险旅游项目进行重点安全监管，并督促各类旅游企业健全安全制度、完善应急预案④。河北省加大对景区玻璃栈桥、漂流等高风险旅游项目的安全监管，暴雨、山洪预警和发生期间，严禁高风险项目运营⑤。甘肃省文化和旅游厅发布高风险旅游安全提示，全面排查高风险旅游安全隐患，开展水上旅游突发事件应急演练⑥。

三 影响中国高风险旅游安全的主要因素

（一）人的因素

2019 年，影响我国高风险旅游安全事件的直接原因分类统计，如图 6

---

① 《印尼"恶魔眼泪"再出事故　刚暂停中国游客前往》，新浪新闻，http：//news. sina. com. cn/c/2019 – 09 – 16/doc – iicezzrq6267640. shtml，2019 年 9 月 16 日。
② 《驻宿务总领馆涉水活动安全提醒》，中华人民共和国驻宿务总领事馆，http：//cebu. china – consulate. org/chn/zytzhlsfw/t1574766. htm，2018 年 7 月 7 日。
③ 《中国驻马尔代夫大使馆提醒中国公民注意水上活动安全》，人民日报海外网（百家号），https：//baijiahao. baidu. com/s?id = 1628686861553560040&wfr = spider&for = pc，2019 年 3 月 22 日。
④ 《内蒙古将对骑马骑驼等高风险旅游项目进行重点安全监管》，包头新闻网，http：//m. baotounews. com. cn/p/659236. html，2019 年 4 月 8 日。
⑤ 《河北加大对高风险旅游项目的安全监管》，凤凰网，http：//hebei. ifeng. com/a/20190725/7646945_0. shtml，2019 年 7 月 25 日。
⑥ 《高风险旅游项目渐走俏　甘肃开展应急演练保游客安全》，中国新闻网，http：//www. gs. chinanews. com/news/2018/09 – 29/309281. shtml，2018 年 9 月 29 日。

所示，可见人的因素为 2019 年我国高风险旅游安全事件的最大致因因素，共导致 129 起高风险旅游安全事件，较 2018 年增长 24.1%。人的因素主要包括，如游客安全意识淡薄、擅自进入未开放领域、专业能力低下、身体素质不足等，如 2019 年 10 月 10 日，11 名"驴友"擅自进入广东韶关丹霞山未开放区域被困，并致两人受伤①。

（二）管理因素

由管理因素引起的高风险旅游安全事件 2019 年共发生 19 起，较 2018 年有显著下降，降低 29.6%，这与前文提及的行业主管部门加强对高风险旅游经营行为的约束、出台地方管理细则、喊停部分不规范的高风险旅游项目有关，但仍有因经营者疏忽大意而致意外事件发生，如 2019 年 5 月 18 日，广西一农家山庄无证经营且泳池未设置安全提醒标志导致一游客溺水身亡②。

（三）环境因素

2019 年，我国自然灾害和极端天气频发，由此导致的环境因素如泥石流、暴雨、山洪、雷击、冰雹、雪崩等也引发了 15 起高风险旅游安全事件，如 2019 年 4 月 9 日，新疆昌吉山区雪崩致 10 名"驴友"被困③。

（四）物的因素

由物的因素如设备老化、故障等引起的旅游安全事件也有所下降，共发生 9 起，如 2019 年 10 月 13 日，山东临沂凤凰欢乐大世界过山车突遇停电，多名游客被困在高处④。

---

① 《11 名驴友擅闯丹霞山未开放区，发生意外被困，1 人伤势严重》，搜狐网，https：//www. sohu. com/a/346681296_251996，2019 年 10 月 12 日。
② 《宁明发生一起游泳溺水身亡事件》，宁明网，http：//www. gxnmnews. gov. cn/nmxw/645850. shtml，2019 年 5 月 20 日。
③ 《新疆昌吉雪崩山区被困 10 名驴友全部获救》，澎湃新闻网，https：//www. thepaper. cn/newsDetail_forward_3275639，2019 年 4 月 9 日。
④ 《坐过山车遇突发停电，游客被困高空》，搜狐网，https：//www. sohu. com/a/346947965_260616，2019 年 10 月 14 日。

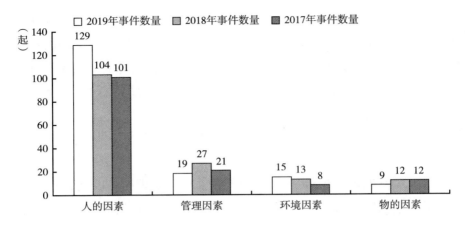

图6　2017～2019年中国高风险旅游安全影响因素分布

四　2020年中国高风险旅游活动安全的
趋势展望及对策建议

（一）趋势展望

1. 高风险旅游群体规模继续扩大，高风险旅游产品继续增加

追求个性化、惊险、新奇、刺激的旅游体验的游客群体数量逐年增加，也意味着其参与具备这些特征的高风险旅游的可能性持续提高。青年游客仍然将是高风险旅游的主要参与群体，应针对青年游客热爱冒险的心理特点加强游客安全意识教育和法制教育，有效保障游客身心安全。2020年东京奥运会的举办将促进高风险旅游产品结合高风险运动，更多地融入高新科技如5G、VR、AR等，创造更加新奇独特的旅游体验。同时，新冠肺炎疫情在全球的传播也使高风险旅游行业面临优胜劣汰的危机，这势必将促进高风险旅游业经营者加强创新，推出更具竞争力、更安全的高风险旅游产品。

2. 高风险旅游行业监管进一步加强，综合救援能力进一步提高

随着各地各部门陆续出台关于高风险旅游各项业态的管理条例与规定，高风险旅游业态尤其是新业态的监管主体将进一步得到明确，有关部门的监管力度与行业自律程度将有所提高。借助旅游安全智慧设施设备，针对专项高风险旅游活动的应急处置演练将定期举办，景区综合救援能力将得到进一步提升，景区有偿救援将进一步推进。

（二）对策建议

1. 加强行前安全教育，提高游客自救能力

2019年高风险旅游安全事件统计结果显示，因人的因素致伤致亡的游客普遍存在个人专业能力不足，自救能力缺乏的问题。高风险旅游项目如滑翔伞、速降、攀岩、骑马、浮潜等均需要一定的专业能力才能熟练驾驭与体验，但目前的高风险旅游项目经营者并未对游客提供系统的旅游前培训或者设置专业门槛，反而是将高风险旅游产品包装得"简单易学"，误导游客，降低其风险意识。一方面，应加强规范高风险旅游经营者的经营行为；另一方面，应在学校、媒体、旅行社普及急救、自救专业技能的培训，强制部分高风险旅游项目出行前为游客开展专业技能培训，配备安全防护用具及救生设备，提高游客自救能力和可能性。

2. 增加高风险旅游产品运营成本，规范网络直播行为

2019年，由于物和管理的因素造成的高风险旅游安全事件暴露了景区对于高风险旅游产品投入不足、建设水平低下、人员配备不齐、未购买商业保险等问题，应强制景区购买响应高风险旅游项目保险，增加建设投入，加强人员配备及培训，保障游客人身安全。同时，由于网络直播的兴起，游客和景区为了博取关注度，往往刻意在危险的边缘体验和设置旅游项目，安全隐患突出，并且安全事件一旦发生，舆情通过网络直播迅速扩散，将造成极为不良的社会影响。相关部门应规范网络直播行为，劝导游客少打"刺激卡"，勒令景区不得直播危险行为。

3. 加强高风险旅游风险监测与预警，促进跨境跨区域旅游救援合作机制的建立

借助物联网与大数据技术，如在景区安装网格监控设备，监测动态客流情况；对接气象与地震预测部门，提前告知自然灾害，规避环境风险；关注

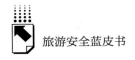

网络舆情动态，排查网红高风险旅游打卡项目的安全隐患。旅游行政主管机构应时刻关注境外旅游目的地安全形势，应构建跨国合作、多方参与、多元合作的应急救援体系，以各国旅游主管部门与民政部门的应急救援力量为基础，引入民间救援组织、商业救援力量共同建设国际应急救援团队，并开展跨区域应急响应与重点风险区域的巡查与监管。

参考文献

［1］谢朝武：《我国高风险项目的安全管理体系》，《人文地理》2011 年第 2 期，第132 ～ 138 页。

［2］国家旅游局《高风险旅游项目目录》。

B.17
2019～2020年中国旅游保险形势分析与展望

李勇泉 李蕊 张帆*

摘　要： 2019年，中国经济运行保持在合理区间，经济结构不断优化，旅游保险稳步前进。与此同时，文旅融合与全域旅游战略助推旅游保险发展。整体上，2019年我国旅游保险行业稳步前进，发展势头良好。本文在总结2019年政府、企业、旅游者三类旅游保险主体的发展情况和特征的基础上，剖析了2019年影响我国旅游保险发展的主要因素，并基于此对我国2020年旅游保险的发展趋势进行了预测，旅游保险产品进一步创新、旅游外交助推国际旅游保险合作稳步推进、数字科技助推旅游保险转型升级、游客投保意识在新冠肺炎疫情暴发后有望增强，最后提出了有关旅游保险未来发展建议与对策。

关键词： 旅游保险　保险产品　数字科技

近年来，旅游业已成为我国国民经济的支柱性产业，是我国人民群众幸福产业的重要构成部分。国内旅游市场逐渐转型升级；文化和旅游产业融合

* 李勇泉，华侨大学旅游学院教授，博士生导师，研究方向为区域旅游发展、旅游产业管理等；李蕊，华侨大学旅游管理专业硕士研究生，研究方向为旅游创新管理；张帆，华侨大学旅游管理专业硕士研究生，研究方向为旅游创新管理。

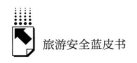
发展、数字化旅游时代到来、出境旅游异常火爆。旅游企业和保险企业不断增强旅游安全发展意识,联合推动游客投保工作的落实。本文通过回顾和总结 2019 年我国旅游保险发展形势和特点,分析影响该年度旅游保险发展的主要因素,对 2020 年旅游保险发展趋势做出前瞻性判断,为旅游保险未来的可持续发展提供对策及建议。

一 2019 年中国旅游保险的总体发展形势

综观 2019 年我国旅游保险运作状况,整体发展态势良好。首先,旅行社责任险统保示范项目稳步推进,成效显著,在保障模式和服务机制等方面均有所增强;其次,在文化和旅游融合发展的稳步推进下,旅游保险快速发展,产品逐渐趋向于场景化、特殊化和定制化趋势;再次,互联网保险产品备受旅游者青睐,旅游保险逐渐成为旅游者出游刚需;最后,OTA 平台搭售乱象得到有效解决,各大企业携手共创良好的网络投保环境。然而,我国旅游保险发展中仍然存在一些问题。第一,我国旅游保险市场细分不足,旅游保险产品仍待创新,旅游保险市场仍是一片蓝海;第二,我国境外旅游保险发展未跟上境外旅游发展脚步,仍需进一步规范境外旅游保险市场,加快推出行业示范条例;第三,旅游者投保意识仍需进一步提升,游客投保选择困难和盲目投保等问题明显,旅游保险产品普及宣传工作有待加强。

二 2019 年中国旅游保险的发展概况与特点

(一)保险类型的发展概况与特点

1. 旅行社责任保险统保示范项目成效显著,机制需继续完善细化

旅行社责任险是一种旅行社需对受保者依法应承担的赔偿责任为保险标的的国家强制性保险。其推出有利于为旅游安全事件中的受害者提供保

障，使其能够尽快获得相应赔偿[1]。在文化和旅游部及各级主管部门的统一部署下，2019 年旅行社责任险统保示范项目续保投保工作稳步向前推进。

2019 年，旅行社责任险统保示范项目成效显著。这一年是旅行社责任险统保项目实施运行的第十个年头，各省在这 10 年工作中收获颇丰。据统计，旅行社责任险统保示范项目 10 年中累计处理 70045 起责任险案件，接听 464957 个报案或咨询电话，为旅游业提供了 688 亿人次的保险保障①。从保险产品保障范围来看，其保障涵盖四大责任、两大事故、两大人群、六种常见疏忽与过失、五种费用和三种额外保障；从出境旅游安全风险高发地区来看，东南亚地区风险较高，其中泰国占比第一，印尼和马来西亚分别列第二、第三位；从出境安全风险项目来看，海上项目如浮潜和快艇以及交通问题发生频次较高②。江泰保险坚持以人为本的理念，首创了"依法赔偿、依约赔付、预赔垫付"的模式，并形成了"保、救、调、赔、防、管"的全方位保险与服务机制③，强有力地保障了旅游责任险统保项目的平稳发展。随着旅游需求多元化趋向与文化和旅游融合后旅游业态推陈出新的趋势，旅游中各类传统或非传统的风险问题仍不可忽视。因此，相关主体未来仍需针对过去 10 年旅行社责任险统保示范项目运行中存在的问题，结合旅游业未来发展趋势，进一步细化并完善其项目机制。

2. 旅游意外险快速攀升，但产品类型仍需细化

随着个体消费理念的逐步升级和各类旅游安全事故的频发，游客保险意识逐渐增强，旅游意外险需求呈现逐步增长的稳定趋势。同时，国家层面和旅游企业层面都在努力宣传和呼吁游客为其旅程购买完善的保险。总体来说，2019 年旅游意外险快速攀升，但其仍存在较大发展空间。

① 《广东旅行社旅游风险版图发布》，嘉兴旅游，http：//www. sh－jaxf. com/gny/12555. html，2019 年 11 月 4 日。
② 《广东 2091 家旅行社受益处置 7399 起》，投资快报，https：//baijiahao. baidu. com/s？id = 1648865089486840278&wfr = spider&for = pc，2019 年 10 月 31 日。
③ 《山西旅行社责任保险统保示范项目见成效》，山西经济日报，http：//www. shanxi. gov. cn/yw/sxyw/201911/t20191102_706904. shtml，2019 年 11 月 2 日。

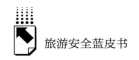

据统计，我国自 2012 年起境外旅游安全事件发生率不断增长，年均增长率为 2~3 个百分点，而 2019 年事件发生率较上一年增长了 2.5%①。此外，2019 年假期旅游业快速发展，也促进了游客购险意愿的增强。国庆假期前 4 天国内游客达 5.42 亿人次，境内游客投保率已超六成，一站式投保逐渐成为游客出行标配，境外旅游相关保险异常火爆②。据不完全统计，目前旅游市场上与旅游意外险相关的各类险种已经超过 450 种，但实际上看似产品种类繁多且市场投放量大的旅游保险市场依旧是一片蓝海，针对特殊人群或场景化等旅游意外险的价值仍未充分挖掘，例如针对老年人群的旅游意外险产品少之又少，其产品种类仍需进一步细分或定制化发展③。

3. 互联网旅游保险稳定发展，OTA 乱搭售现象极大缓解

旅游保险由于具有产品简单、保费不高和可场景化等销售特点，与互联网之间具有天然的结合点。旅游各个环节中的不同主体如游客、导游，或不同场景如酒店、车辆，均有可能引发旅游保险的需求④。蚂蚁保险、维保和慧择网等互联网保险平台成为游客热门投保点，消费者在线购买可享受节省时间、购买便利、价格实惠和产品丰富等优势⑤。酒店取消险等互联网保险备受消费者青睐，逐渐成为旅游市场刚性需求。与游客出行相关的互联网保险销售量持续增加⑥。此外，在线旅游平台（OTA）作为消费者购买旅游保险的主要渠道，过去一直存在饱受诟病的 OTA 平台默认保险搭售问题。为

① 《意外伤害险成暑期出行"标配" 质量服务应成首选因素》，新华网，http：//www.xinhuanet.com/2019 - 08/01/c_1124823068.htm，2019 年 8 月 1 日。
② 《国庆假期保险成游客标配 国内游投保者半数买 40 元以下旅游险》，证券日报，https：//finance.sina.com.cn/stock/relnews/cn/2019 - 10 - 08/doc - iicezuev0656847.shtml，2019 年 10 月 8 日。
③ 《旅游险市场仍需细分 规范化发展在路上》，同花顺财经，https：//baijiahao.baidu.com/s？id = 1641167162609490107&wfr = spider&for = pc，2019 年 8 月 7 日。
④ 《旅行高峰季，保险师细说旅游险那点事儿》，站长之家，http：//www.chinaz.com/news/mt/2019/0826/1042196.shtml，2019 年 8 月 26 日。
⑤ 《十一出游保险"护体"：低至十余元的旅游保险，靠谱吗?》，新京报网，http：//baijiahao.baidu.com/s？id = 1645795330489092200&wfr = spider&for = pc，2019 年 9 月 27 日。
⑥ 《"五一"出游，保险怎么买?》，中国经济网，https：//baijiahao.baidu.com/s？id = 1631862904598961347&wfr=spider&for=pc，2019 年 4 月 26 日。

了整治乱象，2019 年相关部门联合出击，电商法和原保监会均严禁任一
OTA 平台对旅游保险产品的默认搭售行为；民航局出台规定严禁任何与机
票相关的搭售行为，多家航空公司对搭售现象进行严格整治。由此，主流
OTA 平台默认搭售问题不复存在。要想继续保持这种状态，还需进一步规
范旅游保险市场的发展①。

（二）相关主体的发展情况以及特点

1. 政府稳步有序推进旅游保险工作，整体发展势头良好

2019 年，在文化和旅游部的监管下，全国各地旅行社责任保险工作有
序开展。如内蒙古银保监局主动与文化和旅游主管部门进行工作对接，全力
推动落实旅行社责任险工作②。2019 年假期旅游市场需求旺盛，旅游安全事
件频发，文化和旅游部第一时间发布旅游安全提示，提醒游客主动购买其所
需旅游保险次数多达 3 次，并明确提出："签订旅游合同，购买人身意外伤
害保险"③。此外，境外旅游险市场的逐渐崛起使得业内服务能力不足的问
题日渐突出，监管部门也正在积极准备推出相应的行业示范条款，规范境外
旅游险市场④。同时，各地政府部门也认真督促旅游保险的相关赔付工作。
例如，2019 年，南京一旅行团大巴在老挝遭遇较为严重的交通事故，南京
文化和旅游局在接到报告后，立即启动紧急处理机制，责成负责旅行社第一
时间前往事故发生地点给予协助⑤。总体来看，政府部门在旅游保险的发展

---

① 《旅游险市场仍需细分　规范化发展在路上》，同花顺财经，https：//baijiahao.baidu.com/
s?id = 1641167162609490107&wfr = spider&for = pc，2019 年 8 月 7 日。
② 《内蒙古银保监局加快推进旅游责任保险》，中国保监会内蒙古监管局，http：//
neimenggu.circ.gov.cn/web/site4/tab191/info4138622.htm，2019 年 4 月 9 日。
③ 《文化和旅游部发布 2019 年暑假旅游温馨提示，这几点要记住哦》，搜狐网，http：//
www.sohu.com/a/328097134_351362，2019 年 7 月 19 日。
④ 《监管部门正酝酿规范境外旅游意外保险市场加快推出行业示范条款》，东方财富网，
https：//baijiahao.baidu.com/s?id=1646791789863060940&wfr=spider&for=pc，2019 年 10 月 8
日。
⑤ 《旅行团老挝遇车祸 13 人遇难，43 名中国游客已购买过意外险》，澎湃新闻，https：//
baijiahao.baidu.com/s?id=1642360263260950088&wfr=spider&for=pc，2019 年 8 月 20 日。

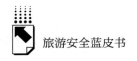

过程中一直秉承着认真负责、落实到位的态度，推动旅游险稳定向前大步迈进。

2. 旅游企业与保险企业强强联手，推陈出新

随着出境游的快速发展，旅游事件类型也在逐渐增多。而现有保险种类并不涵盖一些极端特殊情况，如绑架和战争等。2019 年鸿海德仁、易安财产保险和华盾 GCS 等公司联合发布了《全球旅游意外综合险》这一新型险种，以满足出境旅游者遭遇极端特殊事件时的需求①。据统计，近些年来，旅游公司与保险公司积极合作，针对一些特殊项目开发相对应的旅游保险产品，例如海岛游保险产品就是一个典型代表②。旅游企业和太平洋产险黑龙江分公司合作，在开办旅行社责任保险和旅游人身意外伤害险的基础上，又推出了"财富 U 保"系列保险产品，包括民宿旅游综合保险和风景名胜区责任保险等保险产品③。此外，为了进一步丰富旅游保险品种，满足不同游客的购险需求，平安保险商城针对国内游客开发了保障范围较广的国内自助旅游保险④。总体而言，2019 年旅游企业与保险企业合力推陈出新，不断完善国内旅游保险种类，未来也仍需进一步努力。

3. 游客投保意愿愈加强烈，各地投保率差异较大

各类旅游安全事件的频发为广大游客出游购险敲响了警钟，同时随着旅游消费的快速增长，游客投保意愿也愈加强烈。据统计，假期出游投保已逐渐成为游客标配，其中，国内游旅游者选择 40 元以下的旅游险占比约50%，选择 40 ~ 80 元的占比约40%⑤；出境游旅游者购买旅游保险 40% 倾

---

① 《出境游的安全卫士 全球旅游意外综合险给你"准军事级"的安全保障》，中国航空旅游网，http://news. cnair. com/c/201907/101163. html，2019 年 7 月 9 日。

② 《户外运动险、自驾险、海岛险……售价 3 元起！国庆旅游，你买保险了吗？》，央视财经，https：//baijiahao. baidu. com/s?id=1646289396971314887&wfr=spider&for=pc，2019 年 10 月 2 日。

③ 《旅游保险产品推陈出新 打造龙江安全旅游》，人民网—黑龙江频道，http：//hlj. people. com. cn/n2/2019/0711/c392866 – 33134124. html，2019 年 7 月 11 日。

④ 《国内旅游保险多不多？平安保险商城：满足不同旅游人士的购险需求》，慧择保险网，https：//xuexi. huize. com/study/detal – 297449. html，2019 年 12 月 6 日。

⑤ 《周边游要买旅游保险吗，假期保险成游客标配》，腾讯网，https：//new. qq. com/omn/20191010/20191010A0E4WI00. html，2019 年 10 月 10 日。

向于 100～150 元的旅游险，20% 旅游者选择高于 200 元的险种，选择 50 元
以下旅游险的旅游者仅占总数的 1.87%①。根据最新调查，中国游客投保意
识不断增强，有意愿购买旅游险的游客量近 50%，30% 左右的游客需要根
据具体情况再做决定，总体数量较之 2018 年增长不少②。携程平台推出的
"一日游旅游保险"在短时间内销量就已达 8.5 万份，且 2019 年投保境外
旅游险的人数年增幅近 40%③。然而，据统计，不同地区游客投保意识存在
一定差异，上海居民旅游风险意识最强，其旅游保险购买率位列全国第一，
黑龙江、深圳和天津等地紧随其后④。从整体来看，2019 年游客对保险问题
重视度逐渐提高，但各地投保率差异化问题凸显。

三 影响中国2019年旅游保险发展的主要因素及2020年旅游保险的趋势预测与管理建议

（一）趋势分析

2019 年底，新冠肺炎疫情在国内逐渐蔓延。国内保险业除新设专属保
险保障外，各保险公司根据所处区域的要求，制定了行之有效的应对疫情措
施，第一时间推出众多惠民政策，积极主动扩展现有保单的责任范围。多家
保险公司将新冠肺炎引起的医疗、身故等责任纳入保障范畴，同时，意外
险、旅游行程取消险等其他险种也考虑了新冠肺炎的情况⑤。受疫情影响需

---

① 《国庆假期保险成游客标配　国内游投保者半数买 40 元以下旅游险》，证券日报，http://finance. ce. cn/insurance1/scrollnews/201910/08/t20191008_ 33276998. shtml，2019 年 10 月 8 日。
② 《国庆长假八亿人次出游　近五成游客　有意愿买旅游保险》，四川在线，https://sichuan. scol. com. cn/cddt/201909/57049504. html，2019 年 9 月 6 日。
③ 《新春出游模式即将开启！境外旅游，你买对保险了吗？》，中国经济网，https://baijiahao. baidu. com/s?id = 1624334840527270988&wfr = spider&for=pc，2019 年 2 月 2 日。
④ 《数据发布｜ 2019 国庆旅游保险投保大数据报告》，中国旅游研究院，http://www. sohu. com/a/343975601_124717，2019 年 9 月 28 日。
⑤ 《不幸感染新冠肺炎，这 4 类保险也许可以帮你》，搜狐网，https://www. sohu. com/a/370161579_120537806，2020 年 2 月 2 日。

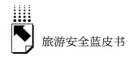
要取消旅游行程的游客若购买了旅游行程取消险，可获得因此而产生的出行费用损失赔偿。因疫情管控导致航班取消、延误的游客，可申请赔付交通费、住宿费和伙食费等。此外，购买了附加意外医疗费用保险的游客，若在旅途中意外感染新冠肺炎，可以主张赔偿应治疗而产生的医疗费用①。各保险公司多措并举做好保险公司理赔服务，例如，投保客户在泰国旅游期间感染新冠肺炎，出院后提出理赔申请，保险公司积极联系泰国医院，获取账单信息后5分钟就发出国际理赔的担保函②。保险公司周到的保险服务将有助于增强游客在出行时的投保意识。

（二）管理建议

1. 紧跟旅游发展需求，规范境外旅游保险市场

旅游业全面被纳入国民经济体系中，成为我国经济飞速增长的消费点之一，是国民幸福生活的刚需[5]。出境游作为旅游业发展的重要构成部分，近年来随着中国经济的高速增长也在快速发展[6]，旅游风险问题随之也愈加突出。目前，我国境外旅游意外险市场蓬勃发展，但是配套服务能力不足的问题也逐渐凸显，如保险产品标准不统一、投保渠道不畅通、理赔程序烦琐费时等。因此，政府部门和旅游企业需齐心协力，尽快推出旅游业示范条款，规范境外旅游意外险市场。第一，提升旅游意外险产品标准化程度，政府部门需根据产品的能保范围、能保额度和能保人群制定保险产品定价标准，旅游和保险企业需严格执行。第二，拓宽并规范旅游保险投保渠道，旅游和保险企业需进一步拓宽投保渠道，增设线上线下投保点。第三，规范简化旅游保险理赔步骤，旅游和保险公司需要加强专业人员培训，指导投保用户申请理赔，进而简化旅游保险理赔程序。

---

① 《新冠肺炎疫情期间保险理赔要点》，东方律师，http：//www.lawyers.org.cn/info/08bbfd9dd9de4c139f6466b8b38db26d，2020年2月23日。

② 《银保监会：捐赠保单视同正常保单，同样管理和理赔》，新浪财经，http：//finance.sina.com.cn/roll/2020－02－04/doc－iimxyqvz5466114.shtml，2020年2月24日。

2. 推进国际合作，完善旅游共保机制

中国出境旅游从20世纪90年代中后期开始飞速发展，带动了周边国家旅游业的发展，中国出境旅游对于国际旅游市场的扩大具有至关重要的作用[7]。据统计，"一带一路"沿线国家的国际旅游规模在全球旅游的占比已经达到70%左右[8]。2019年，我国出境旅游市场稳步增长，旅游外交成果颇丰，"中国—老挝旅游年""中国—新西兰旅游年""中国—柬埔寨文化旅游年"等中外旅游年活动成功举办。在此背景下，增强国际旅游风险管理，构建国际保险服务体系，完善国际旅游风险共保机制显得尤为重要。因此，我国需要进一步拓宽旅游外交战略的合作范围，推动国际旅游保险合作，为游客出境游安全提供放心保障。与此同时，"一带一路"倡议的提出也为完善与沿线国家的旅游共保机制打下了坚实基础，政府相关部门和旅游及保险企业都应抓住机会，争取获得"一带一路"沿线国家的支持。

3. 顺应"场景化"趋势，丰富创新旅游保险产品

旅游保险产品与不同场景间的较高贴合度便于消费者接受。随着人们日益增多的个性化旅游需求，旅游风险的种类也在逐渐增多。据统计，每10万出境游客中有6.5人会遭遇人身意外风险，而这一情况仍有加剧趋势①。因此，旅游保险产品场景化发展是必然趋势。此外，当前旅游保险虽然发展迅速，产品种类日益丰富，但整体上旅游保险发展仍落后于我国人民飞速增长的旅游需求。因此，旅游保险产品亟须进一步丰富与创新。旅游企业可以充分利用旅游大数据来了解旅游者遭遇的风险类型、不同类型旅游者投保情况等，在海量大数据中挖掘出核心信息并预测未来趋势，根据这些客观数据针对性地开发创新型旅游保险产品，解决部分盲点领域亟待开发的问题。同时，旅游企业也可以根据不同游客群体的具体需求，进一步细分旅游保险市场，为游客提供定制化的旅游保险服务工作。

4. 深化"旅保合作"，全方位完善保险服务体系

旅游业和保险业作为我国人民幸福产业不可忽视的重要组成部分，需要

---

① 《"场景化"成新趋势，旅游保险护航暑期》，云掌财经，http：//baijiahao. baidu. com/s?id = 1640360924493201018&wfr = spider&for = pc，2019年7月29日。

守初心、担使命、找差距、抓落实，进一步加强双方合作，携手为游客出游提供更好的保障，不断提升人民幸福感。保险相关机构应深入旅游市场，了解旅游者和旅游企业的具体需求，有针对性地开发符合市场需求的旅游保险产品；旅游企业应与保险企业积极合作，为保险机构了解其需求答疑解惑，深入了解旅游保险相关知识，为游客提供所需保险咨询、产品购买等服务。旅游企业和保险企业可以搭建两方之间相互学习和交流的平台，建立常态化对话机制，加强行业间数据资源共享，加强面向消费者的联合宣传。同时，政府、旅游企业和保险企业应努力调动资源，共同建立高效的旅游风险预警机制，协同开发合理的产品与服务，不断完善"保、救、调、赔、防、管"六位一体的全方位保险与服务体系。

5. 强化游客风险意识，提升旅游保险认知

普吉岛沉船事件、老挝车祸事件和新冠肺炎疫情都为游客出游投保旅游意外险敲响了警钟，虽然我国游客投保率较之以往提升幅度较大，游客保险意识逐步提升，但仍有将近五成游客投保意愿较低。[①] 据最新数据统计，酒店取消险和航班延误险最受旅游者欢迎。[②] 整体来看，游客对旅游保险产品的了解不足，投保选择难度大、容易陷入误区、投保产品与实际需求不匹配等问题屡见不鲜。故进一步加强游客风险意识和其对旅游保险产品的了解极为重要。首先，政府和旅游企业需加强游客出游安全警示工作，反复告知游客投保重要性，提醒游客购买旅游意外险。其次，旅游企业和保险企业应为游客提供旅游保险咨询服务，培训专业员工为游客投保答疑解惑，帮助游客从众多产品中挑选出符合自身实际旅游需求的旅游保险种类。最后，旅游者自身应该主动强化旅游风险意识，在投保前认真了解旅游保险产品的保障范围和保障日期等相关信息，合理选择投保种类，以得到最大化保障。

---

① 《国庆 8 亿人次出行旅游五成没买保险》，凤凰网房产，https：//baijiahao. baidu. com/s？id = 1643795163034168766&wfr=spider&for=pc，2019 年 9 月 5 日。

② 《"五一"出游，保险怎么买？》，中国经济网，https：//baijiahao. baidu. com/s？id = 1631862904598961347&wfr=spider&for=pc，2019 年 4 月 26 日。

参考文献

［1］印通：《旅行社责任保险赔付制度之反思与重构》，《旅游学刊》2017 年第 6 期，第 122～129 页。

［2］席建超、刘孟浩：《中国旅游业基本国情分析》，《自然资源学报》2019 年第 8 期，第 1569～1580 页。

［3］阮文奇、张舒宁、李勇泉等：《中国赴泰旅游需求时空分异及其影响因素》，《旅游学刊》2019 年第 5 期，第 79～92 页。

［4］蒋依依、刘祥艳、宋慧林：《出境旅游需求的影响因素——兼论发展中经济体与发达经济体的异同》，《旅游学刊》2017 年第 1 期，第 12～21 页。

［5］殷杰、郑向敏、李实：《合作态势与权力角色："一带一路"沿线国家旅游合作网络解构》，《经济地理》2019 年第 7 期，第 216～224 页。

B.18
2019~2020年中国旅游安全预警
形势分析与展望

张少平　罗景峰*

摘　要： 本文在对2019年中国旅游安全预警信息进行系统梳理的基础上，分析了本年度中国旅游安全预警的总体形势和存在的问题，并对2020年中国旅游安全预警总体形势进行了展望和建议。2019年，中国旅游安全预警工作总体平稳，但仍存在如下不足：旅游安全预警机制建设乏力，难以满足旅游业高质量发展的内在需求；旅游安全预警工作存在真空地带，难以满足旅游安全预警全覆盖需求；海外旅游安全预警工作推进迟缓，难以满足日益突出的出境旅游安全需求。2020年，把握时代机遇，利用5G技术实现旅游安全预警智慧化；建立夜间旅游安全预警机制，保障夜间旅游又好又快发展；剖析全域旅游安全内在要求，创新探索全域旅游安全预警模式；高度重视疫情频发态势，健全完善突发疫情监测预警制度体系。

关键词： 旅游安全　安全预警　智慧化

本文根据文化和旅游部官方网站、各省区市文化和旅游厅/局官方网站、

---

* 张少平，陕西宝鸡人，硕士，华侨大学旅游学院办公室主任、讲师，研究方向为高等教育管理、旅游安全等；罗景峰，博士，华侨大学旅游学院副教授，主要研究方向为旅游风险分析与安全评价、乡村旅游安全管理等。

281家5A级景区官方网站所公布的旅游安全预警资料，对2019年中国旅游安全预警工作进行了回顾、总结和分析，并对2020年中国旅游安全预警的总体形势进行了展望。

一 2019年中国旅游安全预警形势分析

（一）国家层面旅游安全预警形势分析

国务院办公厅《关于进一步激发文化和旅游消费潜力的意见》（国办发〔2019〕41号）（以下简称《意见》）指出，保障景区游览安全是推动景区提质扩容、发展假日和夜间经济的主要任务，要求旅游企业推广景区门票预约制度，合理确定并严格执行最高日接待游客人数规模，根据节假日及高峰期旅游消费集中的规律特征及时发布景区拥堵预警信息。文化和旅游部《关于实施旅游服务质量提升计划的指导意见》（文旅市场发〔2019〕12号）指出，为有效实施"旅游服务提升计划"并推动旅游业高质量发展，政府需全面落实景区流量控制预警制度、引导游客合理安排出行，在线旅游企业应不断完善高风险等旅游项目的风险提示机制，以提供良好的旅游消费环境。《关于改善节假日旅游出行环境促进旅游消费的实施意见》（发改社会〔2019〕1822号）要求加强部门沟通协作，充分利用大数据加强预警分析和信息发布，引导游客在节假日期间理性出行。

通过文化和旅游部官方网站的"出行提示"栏目，获得旅游安全预警信息共119条，较2018年增加了79条，增幅较大。将上述旅游安全预警信息依次以预警关键词、月份、内容进行统计分析，结果如图1、图2、图3所示。由图1可知，文化和旅游部官方网站发布的预警信息基本上以"提醒""提示""建议"三种形式向公众发布，相比2018年，新增"建议"发布形式，"提醒"较"提示"显著处于发布形式的主导地位。由图2可知，旅游安全预警信息发布数量由多到少依次为5月、7月、8月、4月、6月、9月、11月、1月、3月、10月、2月及12月，其中，暑假、五一劳动节及清明节等节假日较为集中，占比为 61.35%，与 2018 年旅游安全预警信息发布态势差异显著，且各月旅游安全预警信息分布波动性较大，最大峰值出现在 5 月和 7 月。由图 3 可知，预警内容主要集中在政治/治安预警、节假日预警、综合预警等三个方面，占预警信息总量的 60.5%，与 2018 年相比，政治/治安预警数量明显上升，节假日预警、综合预警及涉水预警数量显著上升，自然灾害预警数量略有上升，健康预警、高风险旅游预警及其他预警数量变化不大，消费预警、容量预警、交通安全预警、护照/签证预警、电信诈骗预警及出境携带物品预警等实现了零的突破，尤其是护照/签证预警、电信诈骗预警及出境携带物品预警等成为 2019 年新的预警内容，而文明旅游预警和反恐预警未见发布，预警内容多样化态势初现。

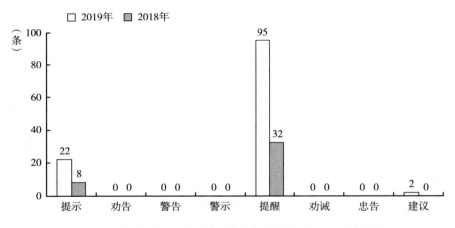

图 1　中国旅游安全预警信息按不同旅游安全预警关键词统计

（二）各省、自治区、直辖市层面旅游安全预警形势分析

2019 年，各省、自治区、直辖市层面旅游安全预警工作有序开展，但与 2018 年相比，旅游安全预警无论是从窗口发布机制，还是预警信息规范化程度，或是自主发布预警信息机制，都有所退步，且仍有江苏省和贵州省尚未制订本地区的《旅游突发公共事件应急预案》，各省、自治区、直辖市层面旅游安全预警工作仍任重道远。在各省、自治区、直辖市文化和旅游

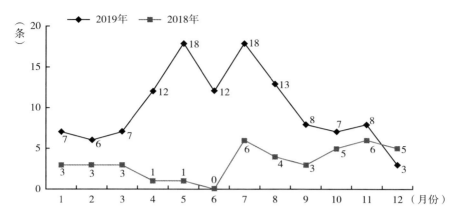

图2　中国旅游安全预警信息按月份统计

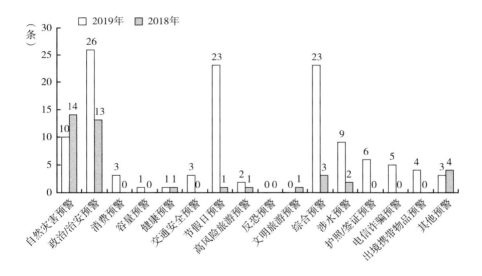

图3　中国旅游安全预警信息按内容统计

厅/局官方网站，在"出行提示"等相关栏目中对旅游安全预警信息进行搜索，或以表明旅游安全预警的主导关键词"提醒""提示"等进行预警信息检索，并加以整理，如图4所示。在旅游安全预警信息发布数量方面，四川、贵州、广西、江西居前四位，浙江、辽宁、山东、西藏居后四位。与

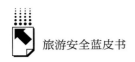

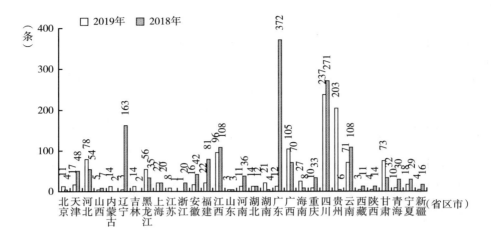

图4　中国各省、自治区、直辖市旅游安全预警信息发布统计

2018 年相比，贵州旅游安全预警信息发布数量骤增，广东、辽宁、浙江、福建、天津等五省市旅游安全预警信息骤减，其余地区增减幅度相对较小，旅游安全预警信息发布数量呈现不平衡和波动性态势。

（三）地市级层面旅游安全预警形势分析

根据各省、自治区所辖 334 个市、盟、自治州及地区旅游局预警状况统计，已经建立预警机制的有 187 个，占 55.99%。2019 年度新增 2 个城市中，营口市预警分级为四级〔Ⅰ级特别严重（红色）、Ⅱ级严重（橙色）、Ⅲ级较重（黄色）、Ⅳ级一般（蓝色）〕，铁岭市仅建立了简单预警机制。与 2018 年相比，2019 年地市级层面旅游安全预警机制建设情况进展缓慢，且预警标准不统一现状仍未得到改善，与《文化和旅游部关于实施旅游服务质量提升计划的指导意见》（文旅市场发〔2019〕12 号）中所要求的任务目标不相匹配，地市级层面旅游安全预警工作仍需努力前行。

（四）旅游景区层面旅游安全预警形势分析

对我国 281 个 5A 级景区官方网站以关键词"预警"进行检索，或对其官方网站"旅游安全""安全提示""文明提示""旅游注意事项""温馨提示""旅游小贴士"等专栏进行检索，预警内容主要包括景区容量预警、旅游舒适度指数预警、旅游气象灾害预警、空气质量预警、文明旅游预警、健康旅游预警、防范野生蘑菇中毒预警、旅游消费预警及综合预警等。其中，占据主导地位的仍是旅游景区容量预警，综合预警及其他预警较少。在预警机制建立健全方面，仅有伊犁哈萨克自治州阿勒泰地区布尔津县喀纳斯景区建立了四级预警机制、乐山市峨眉山市峨眉山景区建立了大气监测信息发布机制、东莞的"登革热"健康预警机制等。在预警系统建设方面，"一部手机游云南"预警系统进一步完善；宽窄巷子景区与中国电信合作构建5G智慧旅游预警系统；西溪国家湿地公园智慧旅游安全管控系统全面部署完成；贵州智慧旅游气象服务平台投入使用；山东移动携手浪潮共同打造"5G+智慧旅游"云服务平台预警系统；携程旅游成立我国首家"重大自然灾害旅游预警中心"等。与2018年相比，2019年旅游景区层面旅游安全预警工作推进缓慢，无论是预警机制建立健全方面，还是预警系统开发建设方面，或是预警内容形式创新方面，均显后劲不足，总体预警现状不容乐观，重庆磁器口古镇游客的一句"我要回家"则道出了景区旅游安全预警缺失的真实写照。

二 2019年中国旅游安全预警存在的问题

（一）旅游安全预警机制建设乏力，难以满足旅游业高质量发展内在需求

旅游安全预警机制建设进展缓慢，甚至有退步趋势。在预警机制建立健全方面，省级层面仍未达到100%，地市级层面尚有44.01%未建立预警机制，景区层面则仅有少数旅游景区建立了预警机制。在预警内容方面，多样化趋势初现，但覆盖仍不全面且分布不均衡态势明显，容量预警仍占预警内容的绝大部分，综合预警提升力度有待进一步加强。在预警标准方面，四级预警和简单预警并存现象仍然存在，预警标准不统一已成为制约预警信息共

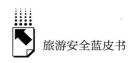
享的最大障碍。在预警信息发布方面，预警信息规范化程度、自主发布预警信息机制及窗口发布机制等方面成效不佳，甚至有所退步。根本改变旅游安全预警机制建设乏力现状已经成为旅游安全管理高质量发展的关键所在，对于实现旅游业高质量发展意义重大。

（二）旅游安全预警工作存在真空地带，难以满足旅游安全预警全覆盖需求

旅游安全预警工作仍存在诸多真空地带，如"野景区"、夜间旅游等。湖北省网红景区躲避峡突发山洪致 13 人遇难、江西省吕阳洞山区突降暴雨引发山洪致 4 名驴友遇难、四川省陡坎瀑布 1 人跳水失踪、青海省青海湖周边"野景区"宰客等，"野景区"安全问题开始进入大众视野，建立健全"野景区"旅游安全预警机制呼声甚高。根据《意见》，夜间旅游时代即将到来，而夜间旅游亦存在诸多安全隐患，补足夜间旅游安全预警机制缺失短板势在必行。文化和旅游部部长雒树刚指出"安全是文化和旅游的生命线"，道出了安全问题对于旅游业的重要性。旅游安全预警工作不允许出现真空地带，建立健全旅游安全预警机制且实现全覆盖才是实现旅游本质安全的内在要求。

（三）海外旅游安全预警工作推进迟缓，难以满足日益突出的出境旅游安全需求

根据中国旅游研究院（文化和旅游部数据中心）2019 年上半年全国旅游经济运行情况，中国公民出境旅游人数约 8129 万人次，同比增长 14%，中国公民赴海外旅游热度依旧不减。而同时，海外旅游安全问题也越发突出。"8.19"老挝旅游大巴事故、"4.23"中国女游客巴厘岛遭性侵事件、"4.29"中国旅行团巴黎遭抢劫事件等。2019 年我国海外旅游安全预警工作总体推进迟缓，基本维持在原有水平上，仅有文化和旅游部官网的"出行提示"栏目发布相关预警信息，而 2018 年启动的中国海外旅游安全预警平台建设项目尚未见到相关报道和建成消息。中国海外旅游安全预警形势不容

乐观，更难满足日益突出的出境旅游安全需求，加快推进中国海外旅游安全预警平台建设时不我待。

三 2020年中国旅游安全预警形势展望与管理建议

（一）形势展望

1. 基于5G技术的预警将成为旅游安全预警的新潮流

《意见》将智慧景区建设纳入推动旅游景区提质扩容任务的重要内容，"互联网＋旅游"在5G赋能旅游时代迎来新突破。5G技术，可为旅游安全预警提供全新解决方案。基于5G技术的旅游安全预警已经初露锋芒，如九寨沟基于5G技术的自然灾害实时游客预警系统、宽窄巷子基于5G技术的人流量预警系统、雄安新区基于5G技术的客流安全预警系统、天津市气象局基于5G技术的预警信息快速靶向发布系统等。基于5G技术的预警发布克服了以往各类App预警信息发布精度低、时效差和推送难等缺陷，正在成为旅游安全预警的不二选择。可以预测，2020年将迎来基于5G技术的旅游安全预警新潮流。

2. 夜间旅游预警将成为旅游安全预警的新趋势

《意见》明确了夜间旅游对于提振我国夜间经济的重要性，并强调鼓励有条件的旅游景区在保证安全、避免扰民的情况下开展夜间旅游服务。《关于夜间经济高质量发展的芜湖共识》就"城市提升安全保障服务体系"达成一致共识、《2019中国夜间经济发展报告》建议政府和主管部门应加强夜间安全等方面的政策协调保障等都表明开展夜间旅游须安全保障先行。夜间旅游安全已经成为限制游客夜间体验和制约夜间旅游健康可持续发展的关键因素。因此，夜间旅游安全保障服务体系建立势在必行。而作为旅游安全保障服务体系内容和手段之一的夜间旅游安全预警也必将成为旅游安全预警的新趋势，为游客夜间旅游提供安全服务保障。

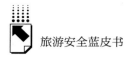

3. 全域旅游预警模式将在不断探索中艰难前行

根据《全域旅游示范区创建工作导则》（旅发〔2017〕79 号）和《国家全域旅游示范区验收标准（试行）》，各类旅游安全风险提示机制已经成为全域旅游建设的重要指标。为落实全域旅游建设"秩序与安全"验收指标任务要求，需构建科学合理的全域旅游预警模式。贵州盘州全域旅游大数据平台项目在建、山东省齐河县旅游大数据中心投入使用、福建省永泰县智慧旅游管理平台建成使用、湖南省南岳景区的全域共治自然灾害预警系统建成等，为建立全域旅游预警模式进行了有益探索，但其功能尚不能满足全域旅游预警的本质要求"各类安全风险提示"，且其普适性尚未得到验证。全域旅游预警模式将在不断探索中艰难前行。

4. 疫情预警必将成为旅游安全预警的必选项

进入 21 世纪以来，疫情频发态势明显加剧，SARS 疫情、禽流感疫情、中东呼吸综合征疫情、埃博拉疫情、新冠肺炎疫情等，均对我国乃至全球旅游业产生了深刻影响和改变，旅游安全将面临全新考验和严峻挑战。如"10.21"浙江金华跨境旅游输入性霍乱疫情导致全团 44 人中 5 人发病、"1.20"江苏常州游客赴台旅游期间因感染 H7N9 禽流感死亡、"3.29"青岛泰国旅游团集体感染诺如病毒、2019 年底武汉新冠肺炎等疫情事件，给我国旅游安全预警工作敲响了警钟，疫情等危及旅游者生命健康的预警内容必将成为旅游安全预警的必选项。

（二）管理建议

1. 把握时代机遇，利用5G 技术实现旅游安全预警智慧化

5G 浪潮即将全面涌来，万物互联时代即将开启，把握时代机遇，积极推进 5G 赋能旅游，利用 5G 技术实现旅游安全预警智慧化已成时代必选项。[1] 为此，各级旅游行政主管部门应统筹部署、积极作为、协调各方、加强引领，为 5G 赋能旅游做好制度保障、政策保障、服务保障，打好 5G 时代旅游安全预警先行牌；旅游景区等相关企业则应在政府引领下，科学辨识本企业范围内存在的各类旅游安全风险因素，建立不同类型的旅游安全风险

提示预警机制，并寻求与中国移动、中国联通、中国电信及中国广电等5G运营商的共赢合作，协同搭建适合本企业特点的基于5G技术的综合性旅游安全预警平台系统，实现对本企业范围内的旅游安全预警智慧化任务目标。

2. 建立夜间旅游安全预警机制，保障夜间旅游又好又快发展

"夜游锦江""成都博物馆奇妙夜""天津夜""深夜食堂"等，夜间旅游如雨后春笋般全面袭来，成为我国新时期旅游经济发展的新动能[2-4]。与此同时，夜间旅游安全预警工作也须及时跟进，为游客夜间旅游安全保驾护航。夜间旅游较之白天旅游风险更高、情况更复杂，如何构建夜间旅游安全预警机制将是摆在各级旅游行政主管部门和旅游相关企业面前的一个全新课题，也关系到能否保障夜间旅游又好又快发展的先决因素。为此，各级旅游行政主管部门应科学谋划、做好顶层设计、完善政策环境，建立系统的夜间旅游政府综合治理制度；景区等旅游相关企业层面，则应根据自身开展夜间旅游项目情况，进行全方位旅游安全风险辨识及评价，并据评价结果进行旅游安全预警信息发布。

3. 剖析全域旅游安全内在要求，创新探索全域旅游安全预警模式

全域旅游需要全域旅游安全预警[5]。依据《国家全域旅游示范区验收标准（试行）》，全域旅游安全预警涵盖了旅游相关各类安全风险提示内容，它对于降低风险、应对事故及减少损失意义重大。全域旅游安全预警是一项复杂的系统工程，并非一蹴而就，而需在对其深刻理解和剖析的基础上进行创新性探索。各级旅游行政主管部门及旅游相关企业在创新探索全域旅游安全预警模式过程中应注意如下问题：第一，全域旅游安全预警内容上要全，既要考虑到全域内的各类安全风险问题，又要据此建立相应安全风险提示预警机制；第二，全域旅游安全预警信息要实现共享，可通过与110、119、120、12301、12315等平台协同，构建全域性安全预警信息发布平台，进而实现全域旅游安全共治的目的。

4. 高度重视疫情频发态势，健全完善突发疫情监测预警制度体系

2019年，我国全球健康安全指数仅为48.2分，居第51位，与第1位的美国（83.5分）差距明显，表明我国疾病预防和疫情应对能力的形势不容

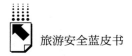

乐观。直面全球性疫情高发频发态势，健全完善疫情监测预警制度，保障我国公民旅游出行安全，已经成为我国政府及各级旅游行政主管部门工作的必选项和责任担当。为此，我国政府及各级旅游行政主管部门应从以人为本的角度出发，把人民群众的生命安全和身体健康放在第一位，整合疾控、应急、旅游等相关部门职能，借鉴美国等发达国家成功应对疫情预警经验，充分利用现代科技手段和大数据资源，建立和完善从国家到地方的多级综合联动突发疫情监测预警制度体系，为最大限度降低因突发疫情危及广大游客生命健康风险提供科学及时的预警信息服务保障。

参考文献

[1] 储召云：《浅议 5G 如何为旅游产业发展赋能》，《中国旅游报》2019 年 8 月 13 日。
[2] 杨复兴：《景区"夜间经济"大有可为》，《中国旅游报》2019 年 3 月 25 日。
[3] 邹统钎、常梦倩、韩全：《我国夜间经济发展现状、问题与对策》，《中国旅游报》2019 年 4 月 16 日。
[4] 靖伟、王珂：《"夜经济"如何红火起来》，《人民日报》2019 年 10 月 16 日。
[5] 翟向坤：《全域旅游需要全域安全》，《中国旅游报》2018 年 4 月 10 日。

B.19
2019~2020年中国女性旅游的安全
形势分析与展望

范向丽 吴阿珍*

摘 要： 2019 年，女性旅游安全形势大体上保持平稳，但仍有在旅途中被奸杀、游乐场所意外坠亡、跟团游期间意外猝死等恶劣或影响较大的安全事件见诸报端。2019 年女性旅游者安全事件总体表现为以下特征：女性旅游安全事件主要集中于各种类型的事故灾难，其次是社会安全事件，公共卫生事件、业务安全事件和自然灾害相对较少，事件给女性旅游者带来人身安全、财产安全和心理安全等方面的伤害。通过案例分析发现，我国女性旅游者的安全意识虽有明显提升，针对女性游客突发事件的应急处理水平也明显提升，但由于新型旅游形式，比如亲子游、出境自驾游、网红打卡游、单身旅游等的出现和风靡，女性旅游者安全仍存在较大隐患。

关键词： 女性旅游 安全事件 新型旅游

一 2019年中国女性旅游安全的总体形势分析

2019 年，我国女性旅游市场在增长中平稳发展。女性出游方式呈现多样化、个性化特点，但新型旅游方式也意味着更多的不确定因素和新的挑

---

* 范向丽，博士，华侨大学旅游学院副教授；吴阿珍，华侨大学旅游学院硕士研究生。

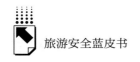

战，也可能会给女性游客带来新的安全隐患。

本文通过百度搜索、360 搜索、佰佰安全网、网易新闻等平台，搜索（不完全统计）2019 年 1 月 1 日至 2019 年 12 月 31 日发生且涉及我国女性旅游者的旅游安全事件共计 145 起。

二 2019年中国女性旅游安全的概况与特点

（一）2019年女性旅游安全事件的分布类型

本文共收集 2019 年女性旅游安全事件 145 起，与 2018 年相比，事件总数量有所上升。从事件发生地点看，出境旅游安全事故 56 起，占比 38.62%，国内旅游安全事件 89 起，占比 61.37%。在出境旅游安全事件中，仍以泰国 13 起（23.21%）占比最大，但事件具体分布国家范围比上年更广泛，涉及秘鲁、巴西、埃塞俄比亚等国家；具体事件类型以抢劫（18，32.14%）和交通事故（16，28.57%）为主，且交通事故全为旅游大巴事故。在国内旅游安全事件中，全国各地分布较为零散，具体安全事件类型比较多样，其中登山事故（15，16.85%）和游乐设施事故（16，17.98%）比较集中。从事件发生时间看，主要集中在春夏季节的 5 月、6 月、7 月、8 月，占总数量的 56.55%，其中 7 月数量最多（见图 1）。

进一步从发生诱因对旅游安全事件进行深入分析，本文将事件类型划分为自然灾害、事故灾难、公共卫生事件、社会安全事件和业务安全事件 5 种类型，再根据事件类型细分出具体的事件亚类[1]（见表 1）。

1. 自然灾害

自然灾害是指自然事件或自然力量导致的生命伤亡和人类社会财产损失事件，包括山洪、台风、龙卷风等气象灾害。[2]从本文所收集案例来看，旅游活动中对旅游者影响较大的自然灾害包括台风、暴雨、山洪等，因此暴发时间主要为夏季，以季风期暴雨及暴雨引发的山洪灾害为主。本文共搜集 6 起自然灾害安全事件，其中 3 起事件由夏季暴雨引致，另外还包括雪崩、台风等造成的安全事

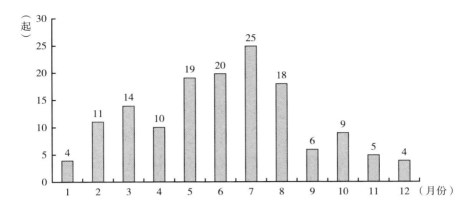

图1　2019年中国女性旅游安全事件数量时间分布

件。夏季出行应关注天气状况，特别是前往山区、农村地区旅游，暴雨及山洪容易造成山体滑坡、道路坍塌阻塞，轻则被滞留，重则生命安全受到威胁。

表1　2019年中国女性旅游安全事件类型分布

单位：起（数量）；%（占比）

事件类型	细分类型	数量	占比	事件类型	细分类型	数量	占比
事件灾难	交通事件	31	21.38	公共卫生事件	食物中毒	6	4.14
	游乐设施事件	16	11.03		猝死	2	1.38
	登山事件	16	11.03		病毒感染	1	0.69
	涉水事件	12	8.28		中暑	1	0.69
	酒店安全事件	9	6.21		小计	10	6.90
	动物袭击事件	3	2.07	社会安全事件	抢劫	19	13.1
	拍照事件	3	2.07		性侵	4	2.76
	景区设施事件	3	2.07		敲诈	1	0.69
	其他	4	2.76		其他	3	2.07
	小计	97	66.90		小计	27	18.62
自然灾害	暴雨	3	2.07	业务安全事故	导游宰客	2	1.38
	台风	1	0.69		旅行社信用	2	1.38
	雪崩	1	0.69		航班延误	1	0.69
	火山喷发	1	0.69		小计	5	3.45
	小计	6	4.14		合计	145	100

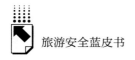

2. 事故灾难

事故灾难是指发生在人们生产和生活过程中，直接由人的生产活动或者生活活动导致，结果造成大量人员伤亡、经济损失、环境污染等严重后果的意外事件[3]。旅游活动中的事故灾难类型多样，涉及旅游活动方方面面，本文共收集事故灾难97起，占安全事故总数量的66.9%。其中，交通事故31起（31.96%），游乐设施事故、登山事故各16起（各占16.49%），涉水事故12起（12.37%），酒店安全事故9起（6.21%），还包括拍照事故、景区设施事故、动物袭击及其他等安全事故。

（1）交通事故

本文共收集涉及女性旅游安全的交通事故31起，主要以26起旅游大巴事故为主，自驾交通事故4起，飞机事故1起；19起境外事故，12起国内事故。交通是旅游行程中最重要的组成部分之一，旅游大巴载客量大，一旦发生交通事故，涉及的游客伤亡就相对严重。从事故分析结果可看出，女性旅游者在交通事故中受伤害比重更高、伤害程度更严重。交通事故通常是由司机操作不当、疲劳驾驶、汽车故障等原因造成。如3月25日，我国某旅行团在泰国旅行期间，司机急刹车导致大巴车失控侧翻，导致12名游客轻伤，1名女性游客重伤。交通事故一旦发生，人身伤亡、财产损失数量巨大，其影响波及范围大，会在短时间内对旅行社、目的地的旅游安全形象产生严重影响。因此，旅游途中的交通安全及其应急救援亟须进一步规范和管控。

（2）游乐设施事故

游乐设施事故是指由于游乐设施设备故障、工作人员操作不当等造成的人员伤亡，包括游乐园、公园、酒店等场所内的游乐项目。多数游乐设施的主要消费人群是带小孩出游的家庭，而小孩自我保护意识和能力弱，本文收集的16起游乐设施事故中，13起事故涉及小孩和中青年女性。如7月20日，安徽黄山某酒店游乐设施局部下陷造成5名游客受伤，其中1名8岁女孩死亡。此外，由于一些富有刺激性、挑战性的游乐项目对身体素质、状态、心理等方面要求较高，还有一些游乐设施需要严格的操作技能、安全保护装备及维修保养，女性游客携家人和小孩在游乐场游玩时，务必理性消费、量力而行。

（3）登山事故

登山逐渐成为一项大众活动，"女性驴友"越来越多。但是，登山运动对身体素质、野外求生技能要求较高。本文共收集登山事故16起，通过案例分析发现，造成事故的原因主要有擅自进入未开放山区、抄近路、缺乏专业救护知识等。如3月3日，1名外地女游客在歌乐山爬山游玩期间因自行闯入未经开发的山路，造成脚部扭伤。另外，天气状况也是影响山地旅游安全的重要原因，大风、雪崩、暴雨、山洪都会威胁驴友的生命安全。如11月17日，1名53岁女性驴友在北京某景区登山时被九级大风吹下悬崖，不幸身亡。随着越来越多的老年人，特别是中老年女性游客加入登山这项大众户外项目中，由于其户外自救经验不足、身体协调性有所下降，参加登山类项目时难免会遇到一些突发状况，甚至会丢掉性命。

（4）涉水事故

涉水事故主要包括海边游泳溺水事故、海上娱乐项目事故、游船安全事故。本文共收集12起涉水事故，12起发生在7月、8月；6起发生在境外，主要是东南亚国家。如2月22日，1名女游客在泰国某沙滩乘坐摩托艇时撞上礁石，造成肺部内伤、全身多处骨折。分析案例发现，海边溺水事故对于救助的及时性、专业性要求较高，一旦错过救助时间或者没有采取专业的救助，就容易造成伤亡。夏季是海边游玩、度假的高峰期，下水要注意安全措施到位，比如游泳前要热身预防腿抽筋、水上娱乐项目穿好救生衣、不去未开放的海区游泳等。

3. 公共卫生事件

旅游活动具有综合性和流动性，旅游目的地与惯常居住地在气候环境、公共卫生状况等方面存在差异，来自不同客源地的旅游者对旅游公共卫生环境的"抵抗"程度不同，容易发生旅游公共卫生事件[4]。本文共收集公共卫生事件10起，其中食物中毒事故6起，猝死事件2起，另外病毒感染和中暑事故各1起。食物中毒是旅游过程中比较容易发生的安全事件，且涉及人数一般比较多，比如2月4~10日，在黑龙江某度假村，来自68个家庭

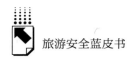

的 100 多名游客用餐后陆续出现腹泻、腹痛、呕吐、发烧等食物中毒症状，其中女性和儿童症状较严重。

4. 社会安全事件

社会安全事件是指威胁社会治安秩序和公民生命财产安全，需要采取应急措施进行处置的突发事件，具有社会性、紧急性、危害性和采取特别措施予以应对的必要性等基本特征[5]。女性旅游社会安全事件主要包括抢劫和性侵，本文共收集 27 起涉旅社会安全事件，其中抢劫事件 19 起，有 18 起发生在境外，性侵事故 4 起，敲诈及其他事故 4 起。如 7 月 15 日，泰国某旅游城市一天内就发生 3 起中国女游客遭遇抢包事件。因此，女性出游期间应注意保管好自己的财物，尽量少带现金和贵重首饰等。此外，女性在境外出游期间，一定要了解目的地文化，不随便与陌生人搭讪或同游，提高警惕。如 4 月 23 日，1 名中国女性游客在巴厘岛参加水上旅游项目时，被摩托艇教练带至偏僻处并遭性侵。

5. 业务安全事件

业务安全事件主要包括导游宰客、旅行社信用及航班延误等事件。导游强制购物事件近几年逐渐减少，但偶有发生，如 6 月 1 日，1 名女游客在广西某市旅游期间，被导游强制在购物店待 1 个小时，并必须消费 2 万元，这对目的地旅游形象造成了恶劣影响。

（二）2019年中国女性旅游安全的发生特点

1. 境外社会治安事件多发

在建设"平安中国""法治中国"工作不断推进的大背景下，我国人民的幸福感和安全感不断提升。随着我国出境游客所占比例的快速增加，游客境外安全保障也在不断完善之中，但 2019 年中国女性游客境外旅游安全事件比 2018 年明显增多，其事件形式、发生地点更为多样和分散。如 2019 年我国女性游客共发生境外抢劫事件 18 起，泰国、法国、巴西、马来西亚、西班牙等国家均有发生。

2. 亲子游安全问题较突出

随着越来越多年轻的父母喜欢带孩子出门游玩，亲子游成为重要的旅游细分市场，这为旅游安全管理提出了更高的要求，同时也要求父母在旅途中识别威胁，保障儿童安全。本文共收集 22 起涉及儿童伤亡事故和事件，其中以"妈妈＋孩子"的模式居多，妇女和儿童自我保护能力偏低，更容易在旅游安全事故和事件中受到伤害。

3. 打卡拍照安全事故不减

自媒体的出现使景区景点的营销方式多样化，很多地方借助自媒体成为网红打卡地，吸引大量年轻人前往拍照（或视频）打卡。好的拍摄效果需要特定的角度，旅游者往往为了拍摄角度、拍照效果以身试险，从而酿成灾难。

4. 游乐设施安全事故增多

游乐项目的建设运营对安全要求极高，设施设备故障、工作人员操作不当、游客不遵守或疏忽注意事项等任一环节都会造成严重的事故后果。2019年共发生 16 起游乐设施安全事故，相比于 2018 年的 6 起明显增多，并且多起事故造成严重的伤亡。

（三）2019年女性旅游安全事件处理特点

1. 安全事件处理及时有效

一方面，女性旅游者的求救意识、维权意识加强，在旅途中遇到人身危险或者利益受到损害时，能够第一时间向相关部门寻求帮助；另一方面，旅游安全部门应急处理能力加强，不论是国内旅游安全相关部门、景区安全管理部门等，还是驻外大使馆，对于旅游者安全事件极为重视，能够及时作出适当的应急处理方案并予以实施。

2. 有偿救援得到推广支持

救援应坚持生命至上、救人优先，不以营利为目的。但是违规出游本身是错误的行为，是对自己生命安全的不尊重，更是对社会资源的极大浪费。所以，很多景区实施先救人后收费、有偿救援和公共救援相结合的办法，建

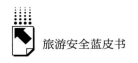

立事后追偿机制，从而实现教育和惩戒的目的。在禁止游泳区域游泳、进入未开发山区等事件中，有偿救援得到支持与推广。

3. 网络起到监督警示作用

网络媒体使每一个人都是信息的传播者，加上社会对于女性安全问题的敏感性，女性旅游安全事故往往会被迅速地传播和扩散。网络对于事件的曝光，一方面是给予广大女性朋友安全警示，吸取教训；另一方面也是对企业、政府保障女性旅游者安全方面施加压力，让其更加谨慎地对待和处理女性旅游安全事件。

三　2019年影响中国女性旅游安全的主要因素

（一）安全管理缺乏性别敏感性

女性的旅游需求与男性存在差异，女性往往更倾向于休闲、挑战度较低的旅游活动，对隐私保护更在意。旅游企业在产品、服务设计和安全管理中，忽略了女性游客的特殊性，没有采取更具针对性的保护女性旅游者安全的措施，导致女性入住酒店遭偷拍、景区漂流冲洗室内遭偷窥、海上项目被教练性侵等事故频频出现。

（二）游客安全意识淡薄

越来越多女性加入一人游行列，但是一人游存在较高的风险。此外，旅游成为一种生活方式，女性旅游群体日渐庞大，年龄层次日渐多样，但是女性在旅游安全意识、安全知识、安全技能方面仍然存在不足。因此，女性在旅途中更容易遭遇意外，并且不能及时有效地进行处理。

（三）旅游形式的多样化和个性化加大旅游安全管理难度

女性出游形式越来越多样化、个性化，她们热衷于尝试自驾游、驴友游等自助游形式，另外打卡游、追剧游、追星游、闺蜜游、拼团、拼桌、拼房等新兴旅游休闲形式也吸引着大量年轻女性旅游者的参与，新的旅游形式也带来了新的挑战和安全隐患。

四 2020年中国女性旅游安全形势展望与管理建议

（一）2020年女性旅游安全形势展望

1. 疫情期间的出行安全形势预判

新冠肺炎疫情对我国 2020 年上半年旅游业的影响巨大。在此期间，不少酒店推出送餐上门、景区推出提前预售等，游客在消费过程中一定要理性消费，注意公共卫生，不贪图折扣随意下单购买线上旅游产品。疫情期间，我国八大博物馆推出"云春游"，开启了我国旅游新方式，3D、AI、VR 等新技术支撑的"云旅游"以及新的旅游消费方式也可能会带来一些新的安全问题。

2. 疫情结束后，2020年下半年可能会发生旅游市场的反弹

根据非典等事件后旅游业发展形势推测，2020 年新冠肺炎疫情结束后，也可能会在下半年迎来旅游市场的反弹。市场一旦反弹，会给停工停产多日的旅游景区、酒店、旅行社带来考验，员工培训是否到位、应急管理体制是否健全等都将会对 2020 年女性旅游安全形势产生重要影响。

3. 旅游公共卫生安全管理水平将会大幅度提升

自 2019 年底以来，新冠肺炎疫情迅速传播，全国各地投入抗疫战，交通管制、景区关闭、居家隔离使旅游产业停止运转，同时疫情在一定程度上加速了旅游供给侧企业质量的提升，也推动了旅游企业的公共卫生管理、应急管理水平，同时，推动游客更加注重公共安全卫生礼仪、生活习惯以及相关知识和技能，这些也将在一定程度上推动我国旅游企业对公共安全卫生管理设施、措施的进一步提升。因此，2020 年下半年，游客文明和旅游安全公共卫生管理质量将会有大幅度提升，食物中毒等事件比往年同期会明显减少。

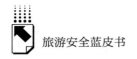

（二）2020年女性旅游安全管理的建议

1. 疫情期间加强旅游安全培训和教育工作

疫情期间，大家都居家隔离，大众传媒、移动互联网、社交媒体等成为人们的主要休闲方式。旅游企业或相关管理部门可以在推"云旅游"等类似相关项目之余，趁此机会，一方面对员工加强安全管理知识技能培训，对企业安全管理体制进行整改和完善；另一方面也可以利用社交媒体、自媒体等免费向公众推出"游客文明与安全知识"。

2. 疫情结束后，做好旅游市场反弹的应对

就女性游客安全管理而言，一方面，旅游企业可以做好迎接旅游市场复苏的准备：①将女性旅游者作为一个特定游客群体对待，比如酒店、下海区等女性安全事件高发地点应采取措施保障女性安全；②开发有针对性的亲子游产品，考虑妇女儿童的特殊性，采取更加严谨、细腻的措施保障女性与儿童的安全。另一方面，做好以下女性旅游安全事件处理工作：①开发相关女性旅游安全保险产品，让女性在发生安全事件之后有保障；②完善旅游安全警示系统和旅游安全救援系统，在旅游安全事故发生之前做好警示工作，在发生之时做好应急处理工作。

参考文献

［1］李月调、谢朝武、吴艺娟：《海南省旅游安全事故与时空因素的关联关系研究——基于最优尺度分析》，《旅游论坛》2015年第5期，第59～64页。

［2］黄崇福：《自然灾害基本定义的探讨》，《自然灾害学报》2009年第5期。

［3］张洁、宋元林：《事故灾难类突发公共事件网络舆论引导模式的构建及运用》，《重庆理工大学学报》（社会科学）2013年第3期。

［4］邹永广、朱尧：《突发旅游公共卫生事件合作治理的网络特征研究——以10·8海螺沟食物中毒为例》，《华侨大学学报》（哲学社会科学版）2018年第4期。

［5］周定平：《关于社会安全事件认定的几点思考》，《中国人民公安大学学报》（社会科学版）2008年第5期。

B.20
2019~2020年中国高聚集游客群
安全的形势分析与展望

殷杰 程云*

摘 要： 近年来，我国高聚集游客群安全事故频发。2019年高聚集游客群安全形势严峻。通过144起高聚集游客群安全事故的统计分析发现，高聚集游客群安全事故具有一定的时间与空间特征，10月是高聚集游客群安全事故的高发期，2月与5月是次高发期，其次高聚集游客群安全事故主要发生在国庆、春节黄金周和周末等时间段；事故主要发生在四川、广东、江苏、陕西以及浙江等省份；涉及历史圣地类、江河湖泊类、山岳类以及海滨海岛等多种类型的景区；其发生环节涉及游览、游乐、餐饮以及交通等；发生空间节点包括热门景区、交通要道、出入口以及停车场等10个空间节点。人员因素、设施设备因素、环境因素以及管理因素依然是影响高聚集游客群安全事故的主要因素。展望2020年，高聚集游客群安全仍然需要从加强人员安全意识、完善景区设施设备、加强环境监测预报以及提高景区管理水平等方面预防与改进。

关键词： 高聚集游客群 时空特征 管理能力

---

* 殷杰，博士，华侨大学旅游学院副研究员，研究方向为旅游安全；程云，华侨大学旅游学院硕士研究生，研究方向为旅游安全。

近年来，我国旅游业飞速发展，旅游已成为人们生活中一种常态化与大众化的活动。然而大多数游客偏爱知名景点或景区，且出游时间的集中性与固定性，加剧了高聚集游客群的出现。高聚集游客群是指在局部的空间所形成的特殊游客群体，是在特定范围内至少聚集50人且游客密度大于2.0人/平方米的游客群体[①]。高聚集游客群的出现在一定程度上给旅游者的体验质量、服务水平以及安全管理带来了较大压力。因此，梳理出高聚集游客群安全事故的时空分布特征，探究其事故成因，对于旅游者风险预防、旅游管理层强化安全管控具有重要意义。

本研究借助百度新闻和新浪微博的高级搜索功能搜索事故，将搜索时间限定为2019年1月1日至2019年12月31日，并通过"游客+爆棚""游客+堵塞""游客+井喷""景区+爆棚""景区+滞留""景区+井喷""景区+人满为患"等多组关键词进行高聚集游客群安全事故的搜索。此外，将搜索到的安全事故按照如下标准筛选：①所搜集的安全事故信息数据均来自新闻网站或报纸的网络版/微博版或客户端版以及地方政府的官方网站。②所搜集的安全事故须带有图片或视频，并确保能够直接从图片和视频中直观判断出该游客群体是否属于高聚集游客群；③所搜集的安全事故须带有关于高聚集游客群的相关描述。基于以上筛选标准，据不完全统计，本研究共搜集到2019年高聚集游客群安全事故144起，其中拥堵事故92起，占比达63.89%；滞留事故52起，占比达36.11%。

一　2019年中国高聚集游客群总体安全形势

（一）事故快速增长，安全形势严峻

本研究将2004~2019年出现的高聚集游客群安全事故数进行统计分析，

---

① 殷杰、郑向敏：《高聚集游客群安全的影响因素与实现路径——基于扎根理论的探索》，《旅游学刊》2018年第7期，第133~144页。

高聚集游客群群安全事故数量逐年变化，自 2011 年开始呈逐年递增态势，2004～2019 年高聚集游客群安全事故总数高达 529 起。其中，2019 年发生高聚集游客群安全事故数量达 144 起，占比 27.22%（见图 1）。2019 年高聚集游客群安全事故呈现快速增长态势，高聚集游客群安全的总体形势不容乐观，安全管控工作有待进一步强化。

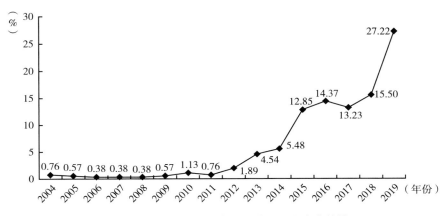

图 1　2004～2019 年中国高聚集游客群安全事故情况

（二）事故分散分布，安全防控困难

从时间尺度上来看，高聚集游客群安全事故发生时间较为分散，2019年各月均有发生，且主要发生在春节、劳动节、清明节、国庆节以及周末等多个时间段。

从空间尺度来看，2019 年高聚集游客群事故发生地域范围较广，涉及全国 25 个省区市；从发生环节分布情况来看，主要涉及游览、游乐、餐饮以及交通等多个环节；涉及 13 类旅游场所：历史圣地类、江河湖泊类、海滨海岛类、特殊地貌类、城市风景类、生物景观类、壁画石窟类、民俗风情类、纪念地类、陵寝类、山岳类、岩洞类以及其他类。从空间节点分布来看，主要分布在交通要道、热门景区、出入口、街区/游道/栈道以及停车场等多个节点。由此可见，高聚集游客群安全事故分布省区市较广，发生环节较多，发生场所多样，分布于多个空间节点，需要对其进行全面管理。

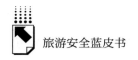

（三）涉及多个主体，亟须多元共治

高聚集游客群安全事故多发于游览、游乐、餐饮、交通等多个环节，主要涉及 13 类旅游场所。事故发生于旅游活动的不同环节、不同类型的旅游场所，势必涉及多个安全管控主体。此外，各管控主体的管控标准、管控方式、管控措施等均存在差异。因此，高聚集游客群安全管理亟须多元主体共治，建立协调统一、应急联动的风险防范标准、事故应对体系，从而共同应对高聚集游客群风险。

二　2019 年中国高聚集游客安全事故的时空特征分析

一方面，本文借助 Excel 软件对所搜集案例进行汇总、分类；另一方面，借助 SPSS19.0 软件进行 K – 平均值聚类，并从时空双维视角探究高聚集游客群安全事故的发生特征。

（一）2019 年高聚集游客安全事故的时间分布规律

本文从时间角度对 2019 年高聚集游客群安全事故进行剖析，具体从月份以及节假日两大方面阐述高聚集游客群安全事故发生的时间特征。

高聚集游客群安全事故主要发生在 2 月、5 月以及 10 月，其他月份不多但均有涉及。具体来看，10 月份是高聚集游客群安全事故的高发期，占全年安全事故总数的 34.03%，这主要是 10 月有大众集中出游的国庆黄金周，极易出现高聚集游客群安全事故；其次 2 月、5 月为全年高聚集游客群安全事故的次高发生期，各占比为 15.28%。这可能是因为 2 月游客经历春节黄金周、5 月则有五一小长假集中出行。此外，本研究将高聚集游客群安全事故的月份分布情况进行快速聚类，将聚类数设定为 3。聚类结果表明：2 月与 5 月被归为第一类；10 月被单独归为第二类；其他月份被归为第三类。结合事故发生月份比例来看，10 月为高聚集游客群安全事故的高发期，2 月与 5 月是高聚集游客群安全事故的次高发期（见图 2）。

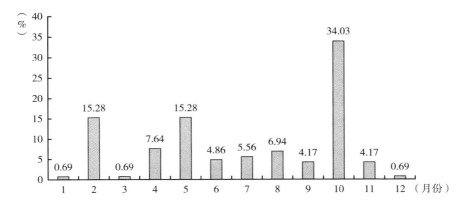

图2　中国高聚集游客群安全事故的月份分布

从高聚集游客群安全事故发生的节假日分布来看，高聚集游客群安全事故集中发生在国庆黄金周期间，占比高达32.64%；其次，春节、劳动节、周末以及平日发生频率也较高。在此基础上，对高聚集游客群安全事故发生的节假日分布情况进行快速聚类，聚类数为3，聚类结果表明：国庆节被单独归为第一类；春节、劳动节、周末以及平日被归为第二类；情人节、清明节以及重阳节被归为第三类。结合事故发生比例来看，国庆黄金周属于高聚集游客群安全事故的高发时段，春节黄金周、五一劳动节和周末等时段属于高聚集游客群安全事故的次高发时段。

（二）2019年高聚集游客安全事故的空间分布规律

本文从空间角度对2019年高聚集游客群安全事故进行剖析，具体从事故发生地区、发生环节、场所分布以及空间节点分布四大方面阐述高聚集游客群安全事故发生的空间特征。

从高聚集游客群安全事故发生的空间分布情况来看，主要分布于25个省区市，其中高聚集游客群安全事故发生的前五个省份分别是四川省、广东省、江苏省、陕西省以及浙江省（见图3）。

从高聚集游客群安全事故的发生环节来看，高聚集游客群安全事故主要分布在游览、交通、游乐以及餐饮环节。其中，游览以及交通环节是安全事

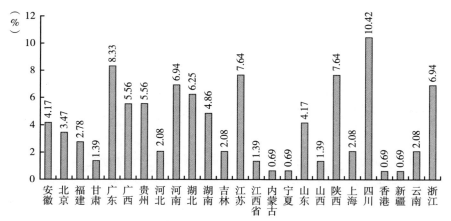

图3　中国高聚集游客群安全事故的空间分布

故发生的高发环节，分别占比为 61.81% 和 29.86%。这是由于游客在出行时，必须通过一定的交通媒介到达旅游目的地，而热门景区是绝大多数游客的目的地选择。

从高聚集游客群安全事故发生的场所分布情况来看，事故发生主要分散在历史圣地类、江河湖泊类、海滨海岛类等 13 个场所。其中，2019 年高聚集游客群安全事故主要发生在山岳类场所、江河湖泊类场所以及历史圣地类场所，分别占比为 20.83%、17.36%、10.42%（见图4）。本文就高聚集游

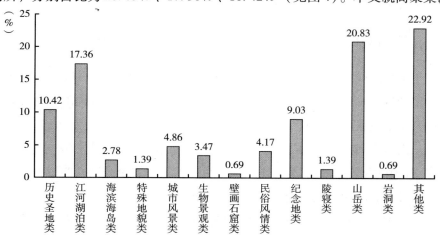

图4　中国高聚集游客群安全事故的场所分布

客群安全事故的场所分布情况进行聚类分析，将聚类数设定为3，聚类结果表明：江河湖泊类、山岳类和其他类被归为第一类，即高聚集游客群安全事故的高发场所，山岳类景区道路狭窄，游览空间受限，极易形成高聚集游客群；历史圣地和纪念地被归为第二类，即高聚集游客群安全事故的次高发场所；其余8个场所类型被归为第三类。

从高聚集游客群安全事故发生的空间节点分布来看，主要涉及出入口、公共休闲场所、观光车站点等12个节点。其中，高聚集游客群安全事件主要分布在热门景区，占比为45.83%。街区/游道/栈道次之，占比为22%（见图5）。此外，本文就高聚集游客群安全事故的空间节点进行聚类（聚类数为3），聚类结果表明，热门景区被单独归为第一类，即高聚集游客群安全事故的高发空间节点。热门景区依旧是游客出游的首选，且根据"二八法则"，80%的游客很可能只选择20%的景区，由此可见热门景区是高聚集游客群极易形成的空间场所也可能是高聚集游客群安全事故多发的场所；交通要道与街区/游道/栈道被归为第二类，其余空间节点被归为第三类。

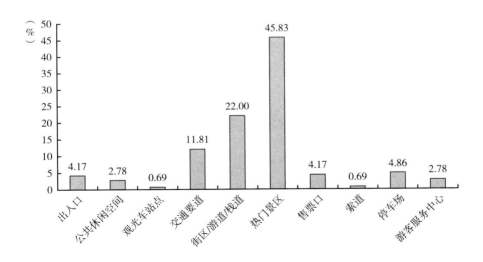

图5 中国高聚集游客群安全事故的空间节点分布

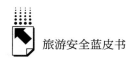

三 2019年影响中国高聚集游客群安全的主要因素

依据归因理论、事故因果连锁理论以及系统安全理论，本文认为高聚集游客群安全事故受到多方面因素的影响，可从人员因素、设施设备因素、环境因素以及管理因素等四大方面的因素来考虑[①]。

（一）人员因素

人员因素是引致高聚集游客群安全事故发生的重要因素，主要包括游客自身因素、现场工作人员因素以及旅游管理者因素。

1. 游客自身因素

游客应急能力弱、安全意识弱以及风险感不高是导致高聚集游客群安全事故发生的重要因素。旅游是旅游者从惯常环境向非惯常环境的空间转移过程[②]，游客往往对于这些非惯常环境较为陌生，再加上旅游安全意识不够，应急能力较差，极易导致高聚集游客群安全事故的发生。

2. 现场工作人员因素

高聚集游客群安全事故现场工作人员的安全意识与管理服务能力也是影响安全事故发生的一个重要因素。较高的安全意识以及管理服务能力将有助于避免高聚集游客群安全事故的发生。2019 年 10 月 6 日，玉龙雪山游客较往年大幅度增加，为了给游客们提供一个舒心愉快的旅游体验，景区安排工作人员放弃公休，全员上岗负责景区秩序维持、人群疏散工作。尽管玉龙雪山景区在十一黄金周前 5 天接待游客高达 13 万人次，景区游客游览依然秩序井然，为此景区获得了游客的极大好评[③]。这表明，现场工作

---

① 殷杰、郑向敏、董斌彬等：《游客高聚集场所：概念、特征、风险与研究议题》，《重庆工商大学学报》（社会科学版）2016 年第 2 期，第 34～41 页。

② 张凌云：《旅游：非惯常环境下的特殊体验》，《旅游学刊》2019 年第 9 期，第 3～5 页。

③ 《十一假期玉龙雪山景区游客爆棚，景区一系列措施服务游客》，丽江热线，https://www.lijiangtv.com/news travel/article/44683.html，2019 年 10 月 6 日。

人员的安全意识与管理服务水平较高，进一步避免了高聚集游客群安全事故的发生。

3. 管理者因素

管理者对于游客流量预估不足，风险认知不足也是导致高聚集游客群安全事故发生的一个重要因素。此外，景区为谋取最大利益不考虑景区的最大承载力也是重要诱因。如2019年8月17日，众多游客前往河北石家庄花溪谷景区游玩，由于景区管理者对承载力的预测不准确，且为了盈利过分宣传景区旅游资源，导致高聚集游客群安全事故的发生[1]。

（二）设施设备因素

由于游客人数众多，设施设备往往处于高负荷、超负荷的运行状态。2019年10月6日，湖南长沙一家网红饭店取号近2万桌，网友自嘲："排到号的欢迎明年十一再来一趟，运气好的话有生之年一定能吃上。"[2] 与此同时，景区的设施设备质量问题是高聚集游客群安全事故的一个重要风险源。2019年5月3日，桂林"两江四湖"景区一艘游船出现故障，导致本该当晚8时30分登船游览的50名游客滞留愚人码头[3]。

（三）环境因素

由于高聚集游客群往往发生在热门景区，而这些景区往往位于室外场所，因此，其事故发生必不可少地受到自然环境因素的影响。如2019年8月21日，受凌晨突降暴雨的影响，四川西岭雪山景区内发生道路损毁，部

---

① 《石家庄网红景点花溪谷大堵车，上万游客滞留景区遭吐槽》，新浪网，https：//k. sina. com. n/article_5093590656_p12f9a068002700yfdv. html，2019年8月18日。

② 《长沙一家网红饭店取号近2万桌　网友晒排队经历：排了3天没吃上饭》，东方网，http：//news. astday. com/s/20191006/u1ai20046198. html，2019年10月6日。

③ 《桂林两江四湖景点一艘游船发生故障，50名游客滞留》，广西新闻网，http：//news. gxnews. om. cn/staticpages/20190504/newgx5ccd0c7e－18281578. shtml，2019年5月4日。

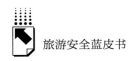

分地方通信中段,以致景区游客滞留①。同时,由于强降雨来袭,四川省汶川县卧龙镇遭遇泥石流,造成小金县—汶川县—成都路段行驶线路中断,大量游客被滞留在四姑娘山②。

(四)管理因素

高聚集游客群安全事故的发生往往由于管理不到位。这种管理不到位主要表现在以下两个层面:一是现场工作人员管理不到位;二是上位管理部门管理不到位。如2019年5月1日,四川达州巴山大峡谷由于景区管理协调不力,上万游客滞留景区7小时,然而景区也未安排观光车,致使无数游客包括老人、小孩徒步行走五公里以上,引来了大量游客的吐槽。由此可见,景区管理部门管理不到位将会导致高聚集游客群安全事故的发生③。

四 2020年高聚集游客群安全的发展趋势与管理建议

(一)2020年高聚集游客群安全的发展趋势

高聚集游客群安全事故的影响因素是多源的,主要包括人员、设施设备、环境以及管理等因素,且高聚集游客群安全事故具有一定的时间与空间分布特征。随着各界开始聚焦于高聚集游客群安全事故,其安全管理也朝着规范化、制度化以及精细化的方向迈进。

1. 出现频次减少化

由于2019年底我国暴发了新冠肺炎疫情,各地旅游场所纷纷关停,旅游活动受到极大抑制,聚集性活动纷纷暂停。因此,2020年,我国高聚集

---

① 《西岭雪山景区483名游客安全转移,电力通信设施部分恢复》,搜狐网,https://www. sohu. com/a/335415376_ 120044203,2019年8月21日。
② 《汶川泥石流致四姑娘山游客滞留 当地警方接力护送出州》,新浪微博 https:// weibo. com/1909377960/I37Mz7pdV?type = comment,2019年8月20日。
③ 《巴山大峡谷游客滞留?景区却是这样说》,网易首页 http://travel. 163. com/19/0504/00/ EE9REC VT00068AIR. html,2019年5月4日。

游客群的出现频次将有所减少。疫情期间，聚集性疫情被重点关注。目前，部分恢复生产运营的景区纷纷限定最大接待客流，避免出现游客聚集。由此可见，即使疫情过后，各地景区将逐步恢复生产与运营，但避免游客聚集性的公共卫生风险将是旅游管理部门未来的工作重点，游客拥挤、过度聚集等现象将得到有效缓解。由此判断，2020年我国高聚集游客群出现的频次将呈现减少化。

2. 隐患分布多源化

高聚集游客群安全事故的发生具有一定的空间特征，主要发生在不同的空间场所，如山岳类景区、江河湖泊类景区以及纪念地类景区；另外，发生的环节也各不相同，主要发生在游览、交通、游乐以及餐饮环节；发生的空间节点也呈现多样化，绝大部分发生在热门景区、、街区/游道/栈道交通要道以及出入口等。不同的空间场所内的风险类型、隐患特征均有所差异，风险排查、风险评估、风险管控的措施也存在差异，如何因地制宜地防控高聚集游客群风险将成为安全管理的重点。

3. 安全管理个性化

高聚集游客群的基本特征具有多样化的特点，其在年龄、性别、职业以及文化程度等均存在一定程度上的差异。同时高聚集游客群安全事故发生的场所也各不相同，主要发生在历史圣地类、山岳类、江河湖泊类等场所。因此，旅游管理层应首先针对不同的场所类型进行细分，差异化管理；其次，根据不同游客的特征制订相应的管理方案，做好安全应急机制。

4. 风险监管智能化

高聚集游客群安全事故的发生在不同的时间尺度与空间尺度具有一定的差异性，风险类型多样且复杂。此外，高聚集游客群聚集游客数量众多，人群难控难疏，管理人员较难介入人群实施有效管理。因此，仅仅依靠人防恐怕力所不逮。因此，借助相关智能设施设备，辅助人防进行安全管控，这将是今后高聚集游客群安全管理的趋势之一。在高聚集游客群安全风险、事故监测过程中，可引入智慧化的技术监测系统，如人群密度监控系统、人群异常行为监测系统、人群伤害监测系统。

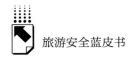

（二）高聚集游客群安全管理建议

1. 强化人员安全素质，加强高聚集游客群风险防范

（1）增强旅游者安全意识。旅游是旅游者从惯常环境到非惯常环境的一种空间转移过程，由于对于非惯常环境较为陌生，再加之旅游者个人安全意识不强，风险防控能力较弱，极易导致安全事故的发生。因此，旅游者在出游前应做好旅游攻略，充分了解目的地的相关情况，避免在异常天气出游。高聚集游客群安全事故往往发生在黄金周、春节等节假日，发生地集中在一些热门景点或景区，因此旅游者时间选择与空间选择上尽可能差异化，不盲目跟风出游。此外，旅游者需提高安全意识，加强对安全应急技能的掌握。

（2）强化现场工作人员安全技能。高聚集游客群现场的优质管理往往能在一定程度上避免高聚集游客群安全事故的发生。现场工作人员的优质管理要求其有较高的安全管理意识以及管理服务水平。因此，景区工作人员应尽可能多地参与安全管理的培训，掌握相关安全防控技能，提高服务水平。

（3）提升安全管理水平。高聚集游客群安全事故的防控还需要上层管理者的宏观调控，需要从行前、行中、行后进一步强化安全管控工作。在行前，需要安排相关人员检查与排查相关设施设备，发布相关天气信息，做好风险预防工作；在行中，加强客流监控与管控工作，按照景区的环境承载量严格控制客流；在行后，落实好高聚集游客群安全事故形成后的恢复工作。

2. 完善景区设施设备，为高聚集游客群提供安全防护

伴有大客流量的高聚集游客群往往会使旅游设施设备处于高负荷、超负荷运作状态，这极易引发高聚集游客群安全事故。因此，在旅游旺季时应尽可能增加旅游设施设备，严格按照最大日承载力限制客流，为游客提供一个良好的旅游环境与服务。与此同时，设施设备的操作人员需要持证上岗，严格按照设施设备操作规则进行设备管理，对于娱乐体验性设施设备，需定期做安全排查、维护、保养以及检修工作，以此强化游客安全。

3. 加强环境监测预报，为高聚集游客群营造安全环境

自然灾害是威胁旅游者安全和导致高聚集游客群安全事故发生的一个重

要因素，其具有一定的难预测性与突发性。因此，高聚集游客群安全管理需要多个环境监测部门的联动，如气象部门、水文部门、地质部门等。此外，可引进一些智慧化的安全管理技术，构建安全风险监测平台，实行风险动态监管评估，并根据所评估信息，实时通过预警平台进行播报，以便相关工作人员更好地进行实时防控。

4. 构建安全管理体系，全方位保障高聚集游客群安全

高聚集游客群安全事故是由多因素耦合引发的，其安全管控需要构建全方位的安全管理体系。一是建立高聚集游客群风险预防预备子体系，强化风险的识别、排查、监测、动态评估；二是建立高聚集游客群风险监测预警子体系，明确风险监测对象、监管职责、预警等级、预警信息发布渠道、预警信息接收确认机制等；三是构建高聚集游客群应急处置子体系，从应急体制、应急机制、应急预案角度全方面编制高聚集游客群安全事故应对的工作内容、工作要点、工作流程等；四是建立高聚集游客群安全事故的善后恢复子体系，从市场、人员、资源、声誉、心理等多个角度实现高聚集游客群事故发生后恢复工作。

B.21
2019~2020年中国研学旅行安全的形势分析与展望

董艺乐　赖菲菲　吴春安*

摘　要： 近年来，伴随着中国研学旅行规模的日益增加，研学旅行安全事故呈逐年上升趋势。中国研学旅行安全的总体趋势主要表现为：类型多样，时空分布广；隐患众多，防范难度大，总体安全形势不容乐观。本文采用案例分析法分析了2019年中国研学旅行安全事故的时空分布、类型特征与影响因素。研究发现，意外受伤事故、设施设备事故、疾病事故是主要的事故类型。研学旅行安全事故时空分布有一定规律，暑假期间和经济发达地区发生比例高，且研学旅行的安全受到研学旅行主管部门、研学旅行组织机构、研学旅行主体对象等多方面因素共同影响。基于2020年中国研学旅行安全的趋势展望，提出以下管理建议：顺应市场需求，加快开发高质量研学旅行产品；加强安全教育，提升学生安全防护意识；强化安全培训，打造专业化研学教师队伍；加大监管力度，健全安全管理机制。

关键词： 研学旅行　时空特征　市场监管

---

* 董艺乐，华侨大学旅游学院讲师，研究方向为教育管理；赖菲菲，华侨大学旅游学院硕士研究生，研究方向为旅游安全管理；吴春安，华侨大学旅游学院研究员，研究方向为教育管理。

2016 年 11 月，教育部、国家发展改革委等 11 部门联合印发了《关于推进中小学生研学旅行的意见》，将研学旅行定义为"由教育部门和学校有计划地组织安排，通过集体旅行、集中食宿方式开展的研究性学习和旅行体验相结合的校外教育活动"。该意见明确研学旅行的重要性，并提出将研学旅行加入中小学教学计划当中。为了响应国家号召，地方政府纷纷推行研学活动。随着研学旅行人数不断增加，事故发生率也逐年上升，如何保障研学旅行安全已成为大众关注的焦点。因此，本文针对日益扩大的研学旅行市场，研究研学旅行安全事故的时空分布与特征、引致因素和相应的管理措施，能有效地避免安全事故的发生，有利于促进研学旅行市场健康发展。

一　2019年中国研学旅行安全的总体形势分析

本文通过百度搜索、360 搜索等搜索引擎，以"研学旅行＋事故""研学旅行＋安全""研学＋受伤""研学＋死亡""夏令营＋受伤""夏令营＋死亡""冬令营＋受伤""冬令营＋死亡"等为关键词搜索事故案例，共搜集 2019 年中小学生研学旅行安全事故案例 37 起，从事故类型上看，意外受伤事件比例达到 62.16%，疾病事故、设施设备事故、交通事故比例相同，占 10.81%，治安事件比例较少，占 5.41%。总体安全形式表现如下。

（一）类型多样，时空分布广

从时间尺度上，研学旅行安全事故在全年 12 个月均有发生，暑假是事故发生的高峰期。从空间尺度上，2019 年研学旅行安全事故发生地域广泛，分布于广东、北京、浙江、江苏、天津等 14 个省区市，其中广东省发生研学旅行安全事故的次数最多。从事故类型上看，2019 年研学旅行的安全事故涉及意外受伤、食物中毒、交通事故、性骚扰类型，究其原因，有天气变化多端、交通工具使用不当、紧急事件处理不当、人员管理不周等所导致的伤害，也有中小学生自身因素所导致的受伤死亡等，安全事故类型多样。

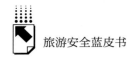

（二）隐患众多，防范难度大

2019 年研学旅行安全事故涉及交通、饮食、游览、休憩、研学等多个环节，存在的安全隐患多且安全管理较为复杂。研学旅行，安全是前提，教育为根本。这里的安全包含出行安全、研学活动与环境安全、研学基地安全、食宿安全等，涉及环节多，跨度大。因研学旅行强调教育的体验性，加上研学营地的陌生性和复杂性，研学旅行主体为未成年群体（研学旅行对象以中小学生为主），研学市场准入门槛低（近年来，旅行社、研学机构、教育机构、旅游景点、博物馆、农业基地等纷纷加入研学市场大军），缺乏高质量的研学产品（市场缺乏一套规范的研学产品的机制和标准），研学旅行安全的监管涉及教育、旅游、交通等诸多部门的联合协作，造成研学旅行隐患众多，防范难度大。

二 中国研学旅行安全事故的时空特征与类型分析

本文借助 EXCEL 对案例进行逐一分解、编码，从时间、空间两个维度来探究中国研学旅行安全事故的分布特征，分析事故的发生类型。

（一）研学旅行安全事故的时空特征分析

1. 研学旅行安全事故的时间分布

研学旅行安全事故多发于 4 月、5 月、7 月、8 月与 11 月。其中 8 月发生事故最多，占比为 21.62%；其次是 5 月和 7 月，分别占比为 18.92%；4 月和 11 月排名第三，分别占比为 10.81%。7 月、8 月正值中小学生暑假期间，是夏令营的高峰期，也成为研学旅行安全事故的高发月份。4 月、5 月和 11 月处于春秋季节，学校也经常在此期间组织研学活动，因此成为研学旅行安全事故的次高发期（见图 1）。

2. 研学旅行安全事故的空间分布

从研学旅行安全事故的省份分布上看，事故分布较为广泛，广州、北京

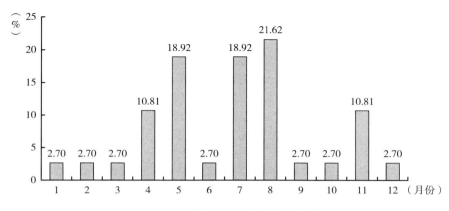

图1　中国研学旅行安全事故的月份分布

等14个省区市都有发生。其中广东、北京、浙江和江苏四个省市发生事故的比例较高，发生比例依次为16.22%、13.51%、10.81%、10.81%（见图2）。广东省十分重视研学旅行，2018年10月28日，广东省教育厅等12部门联合印发《关于推进中小学生研学旅行的实施意见》，以确保每位中小学生都参加有效的研学旅行，但同时广东省也成为2019年全国研学旅行安全事故最高发的省份。北京市历史悠久，拥有得天独厚的文化旅游资源；江浙一带经济较为发达，自然资源丰富，这两个省份都是中国热门的研学旅行目的地，因此安全事故发生的比例也比较高。

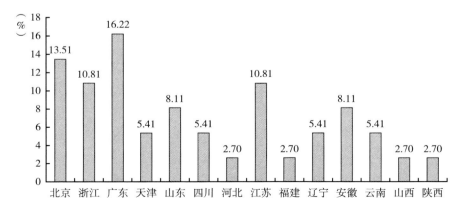

图2　中国研学旅行安全事故的省份分布

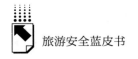

（二）研学旅行安全事故的类型

研学旅行安全事故分为如下几种类型，如图 3 所示。

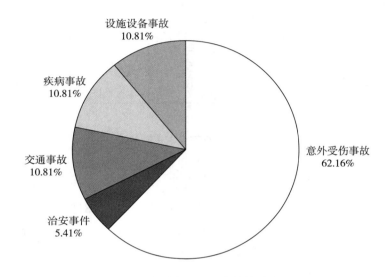

图 3 中国研学旅行安全事故的类型

1. 意外受伤事故

从研学旅行安全事故的类型上看，意外受伤事故共发生了 23 起，占 62.16%，成为发生比例最高的安全事故类型。意外受伤主要是因为研学旅行对象因好奇心强，做事缺乏理性判断，规则意识不强等所发生的诸如脱离集体擅自行动、因琐事产生纠纷、研学活动中违规操作等所造成的身体意外受伤，而且受伤程度不同，轻者瘀青流血、重则骨头错位或残疾等不可恢复的损伤。如河北张家口 14 岁女孩参加冬令营嘴唇磕穿，里面缝了三针，外面缝了两针[①]；忻州市 8 岁小学生参加暑期军事夏令营致骨折[②]。这类安全

---

① 《我家 14 岁女孩参加冬令营嘴唇磕穿》，华律网，https：//www.66law.cn/question/19262974.aspx，2019 年 2 月 22 日。

② 《忻州市 8 岁小学生参加暑期军事夏令营致骨折 孩子遭罪父母糟心！》，搜狐网，https：//www.sohu.com/a/330085482_100112098，2019 年 7 月 29 日。

事故发生频率特别高，并且难以预防需要作为重点进行预防。

2. 设施设备事故

设施设备安全事故是指研学目的地（如研学基地、旅游景区等）因服务设施或设备发生故障所引发的安全事故，是较为常见的研学旅行安全事故类型，在安全事故中占比 10.81%。研学旅行基地内的设施设备由于种类多且未能定期检查，经常出现设备老化、易脱落损坏等问题，还有一些观赏性设备没有进行加固处理，中小学生在研学过程中无意间碰撞容易发生安全事故。12 岁研学少年在江苏宿迁"项王故里"景区被一个石制灯具砸中，不幸身亡[1]。设施设备安全事故具有可预见性，完全可以通过完善设施设备安全检查等方式进行预防，以降低事故发生频率。

3. 疾病事故

疾病事故在研学旅行过程中较常发生。研学旅行过程中经常出现的疾病事故包括：天气炎热多变引发的中暑、感冒、上吐下泻，食品卫生不当导致的食物中毒以及中小学生本身患有的疾病在研学途中突发等。中暑、感冒和个人疾病多为学生自身体质原因造成的，涉及范围小。但在研学旅行过程中，中小学生的饮食是由学校或者旅游公司统一安排，一旦发生食物中毒，会连带一大批学生引发不适，涉及范围较广。7 月 23 日，四川内江二中共 392 人赴北京研学，在返程过程中食用了研学旅行机构准备的方便食物，共有 39 人细菌性集体食物中毒[2]，这一事件引发社会广泛讨论。

4. 交通事故

在研学旅行过程中，交通事故发生的频率较高，且涉及人群较广。交通事故造成的后果不言而喻，不仅会造成严重的财产损失，而且会导致多名人员伤亡。4 月 9 日，安徽合肥一辆载有学生的客车发生侧翻，造成 5 人死

---

[1] 《安徽一小学生研学旅行出意外 被石制灯具砸中身亡》，网易新闻，https：//news. 163. com/18/1112/18/E0EC2H710001875P. html，2018 年 11 月 12 日。

[2] 《研学团 39 人食物中毒入院，组织方称团员已全部康复》，新京报网，http：//www. bjnews. com. cn/news/2019/07/25/607615. html，2019 年 7 月 25 日。

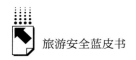
亡，多名人员受伤①；11 月 6 日，载有 37 名学生的秋游大巴车发生追尾事故，导致大巴车司机死亡以及 15 名学生受伤②。这类交通安全事故会造成严重的人员伤亡和财产损失，必须加以重视。

5. 治安事件

治安事件指的是群体或个人为了达到某种目的，采取不正当的手段以破坏社会秩序的行为。社会治安事件引发的安全事故对社会的负面影响较大。研学旅行营地一般是开放的社会场所，人员密集、人员结构复杂。因此，在研学旅行过程中，一旦发生社会治安事件，会对学生身心造成巨大创伤，对社会的负面影响恶劣。如 7 月 22 ~ 28 日，北京一对 12 岁的双胞胎在参加夏令营时，遭教练猥亵③。这一事件的曝光不禁让人们对研学旅行安全保障产生质疑。

三　中国研学旅行安全事故发生的主要原因

根据海因里希事故因果连锁理论④，即伤害与各原因相互之间具有连锁关系的观点，本文分析得出研学旅行安全事故的成因主要有以下几点。

（一）研学旅行规章体系缺乏，紧急联动机制缺失

安全管理是中小学生研学旅行安全事故发生的根本原因⑤。主管部门会直接影响到安全管理的效果。现阶段，教育及旅游等研学旅行相关主管部门尚未建立详细且完善的研学旅行安全保障制度与安全管理标准，因此，在研学旅行过程中，特别是遇到突发事件后难以做到"有法可依、有章可循"。

---

① 《突发！安徽合肥一载客 49 人客车发生侧翻　已致 5 人死亡》，万家资讯，http：//365jia. cn/news/2019 - 04 - 09/B9820A686B2C97FB. html，2019 年 4 月 9 日。
② 《学生秋游大巴车高速追尾致 1 死 15 伤，再次为研学旅行敲响安全警钟》，研学世界网，http：//www. yxsjw. org. cn/knowledge/show/117. html，2019 年 11 月 8 日。
③ 《北京双胞胎女童遭教练猥亵　类似事件 5 年内不下三起》，凤凰网，http：//news. ifeng. com/a/20180807/59681432_0. shtml，2018 年 8 月 7 日。
④ 赵立祥、刘婷婷：《海因里希事故因果连锁理论模型及其应用》，《经济论坛》2009 年第 9 期。
⑤ 王军海、任国友：《中小学生研学旅行安全风险分析》，《现代中小学教育》2019 年第 2 期。

另外，研学旅行活动不仅涉及教育和旅游行政部门，还涉及交通、公安、文化、食品药品监管等部门①，但各主管部门之间缺乏协调合作，中小学生的研学旅行安全难以保障。

（二）相关组织机构缺乏健全的管理机制

旅游企业是研学旅行活动的主要组织者、操作执行者。从研学旅行事故中可知，在用人培训方面，许多研学机构的研学教师专业化程度不够，对学生疏于管理；部分人员缺乏职业道德，对学生做出有悖伦理的事情；在设施设备方面，部分研学机构的设施设备存在缺陷，没有根据中小学生的习惯与特点进行定期修缮与加固，容易发生意外事故；在紧急预案及救援方面，对于研学旅行的风险评估和紧急预案有效准备不足，面对研学旅行突发事件应急能力缺失。

学校是研学旅行的主要管理者之一，首先，在研学旅行过程中，很多学校只是将研学旅行委托给旅游企业开展，自身并没有参与到研学旅行的课程设计之中，导致研学课程鱼龙混杂，存在安全隐患。其次，有些学校没有制定相关的管理制度和紧急预案，因此在突发事件时，会出现慌乱、无秩序的状况。再次，学校对研学机构监管视察和学生管理力度不够，特别是没有对食品卫生方面进行严格审查，学生容易误食过期变质的食品导致食物中毒。最后，中小学生在研学过程中极其容易意外受伤，这与中小学生受到的安全教育密切相关。

（三）研学旅行主体的安全意识薄弱

中小学生群体年龄普遍偏小，社会及生活经验不足，也缺乏一定自我保护意识和安全防范技能。在面临安全突发事件的时候，容易出现惊慌失措和逃避等问题，不能冷静面对。加上中小学生的知识面有限，思维模式较单一，心理素质通常比较差，在参加具有探险挑战性质的研学活动时，容易发

---

① 谢朝武、杨钦钦：《研学旅行须强化安全管理》，《中国旅游报》2017年1月9日，第3版。

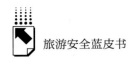
生安全问题。同时，中小学生处于身体发育期，心理和身体发育还不够健全、不容易适应新环境；还有些学生较为敏感，容易与他人发生矛盾。因此要及时察觉学生的动态，与这些学生进行良好沟通，防止在研学途中出现打架斗殴、恶意破坏社会秩序等行为。

四 中国研学旅行安全的发展趋势与管理建议

展望 2020 年，研学旅行人数增多，安全形势严峻，研学安全事故类型多样化，发生时间将较为集中。研学的社会关注度会持续增加，疫情会影响研学的发展形势。短途的研学旅行将有所增加。应采取的管理措施包括：

1. 顺应市场需求，加快开发高质量研学旅行产品

研学旅行产品供不应求、质量参差不齐是目前研学旅行市场面临的重要问题。对于管理部门而言，应针对日益增长的市场需求，出台价格优惠政策，鼓励有条件的民间企业开发高质量的研学旅行产品。中小学与研学机构共同协商设计科学可行的课程实施方案，保证研学课程的安全性与科学性；鼓励有经验的中小学教师与研学机构合作，提高研学机构的办学质量，加快研学产品往产业化方向发展，从而更好地适应市场需求。对于研学机构而言，要不断提升研学旅行产品的办学质量。定期对已有产品进行质量评估，总结各产品的优缺点，及时更迭低水准的研学产品；引进国外优秀研学旅行产品，加快促成本土研学旅行产品往高质量方向发展。

2. 加强安全教育，提升学生安全防护意识

研学旅行安全教育工作是有效避免安全事故的关键环节。因此，中小学在开展研学活动前要加强安全教育工作，确保全体师生树立"安全第一"的意识。首先，学校要加强研学旅行安全的教育工作，通过开展研学旅行安全课程、主题班会或聘请专业人士传授紧急自救技能等方式，提升学生安全意识及能力。其次，通过知识竞赛等方式激发学生的学习热情，提高学生自我保护意识。再次，向家长和教师们征集有关研学旅行安全教育工作的建议，进而完善研学旅行安全教育体系。最后，学校应加强中小学生的应急演

练，避免学生在遇到突发事件时惊慌失措，造成不必要的伤害。

3. 强化安全培训，打造专业化研学教师队伍

通过分析中国研学旅行安全事故案例可发现，因相关工作人员的从业素质、职业道德、专业技能等因素所引发的事故占据很大比例。为此须加强安全培训，打造专业化师资队伍，为研学旅行的安全开展提供重要保证。一是全面落实安全培训工作，培训对象包括研学旅行过程中涉及研学教师以及相关工作人员。如加大研学带队教师的专业素质、安全知识、管理能力等方面的培训；强化研学教师专业知识技能、急救知识与技能等方面的培训力度；提高相关工作人员对潜在风险的判断能力和掌控能力，有效避免人为的安全隐患。二是提高研学教师和其他研学旅行工作者的入职门槛，拓宽旅游人才的晋升空间，提高员工的工作积极性，从而打造高素质人才队伍，为研学旅行安全提供强有力的保障。

4. 加大监管力度，健全安全管理机制

中小学应对研学合作机构的安全卫生进行详细审查，为学生研学旅行建立安全防线；同时，加强对中小学生的秩序管理，防止学生在研学期间出现打闹、破坏公物等过激行为。研学旅行机构应加强研学基地的设施设备、器材等监督和审查，建设安全的研学基地；要建立研学教师的教育、培训、考核标准，提升研学基地的业务能力；向社会公开有关工作人员的健康证明、从业资格证、餐饮卫生等安全信息，切实做好安全监管工作。教育及旅游等研学旅行主管部门，要完善研学旅行安全的管理、评估等制度建设，推行研学基地的资格准入制度，同时明确研学旅行相关人员的安全责任，严格落实责任追究制度，逐步实现研学旅行安全管理的法制化。

参考文献

[1]《我家 14 岁女孩参加冬令营嘴唇磕穿》，华律网，https：//www.66law.cn/question/19262974.aspx，2019 年 2 月 22 日。

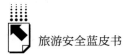

[2] 《忻州市 8 岁小学生参加暑期军事夏令营致骨折　孩子遭罪父母糟心!》,搜狐网,https://www.sohu.com/a/330085482_100112098,2019 年 7 月 29 日。

[3] 《安徽一小学生研学旅行出意外　被石制灯具砸中身亡》,网易新闻,https://news.163.com/18/1112/18/E0EC2H710001875P.html,2018 年 11 月 12 日。

[4] 《研学团 39 人食物中毒入院,组织方称团员已全部康复》,新京报网,http://www.bjnews.com.cn/news/2019/07/25/607615.html,2019 年 7 月 25 日。

[5] 《突发!安徽合肥一载客 49 人客车发生侧翻　已致 5 人死亡》,万家资讯,http://365jia.cn/news/2019 - 04 - 09/B9820A686B2C97FB.html,2019 年 4 月 9 日。

[6] 《学生秋游大巴车高速追尾致 1 死 15 伤,再次为研学旅行敲响安全警钟》,研学世界网,http://www.yxsjw.org.cn/knowledge/show/117.html,2019 年 11 月 8 日。

[7] 《北京双胞胎女童遭教练猥亵　类似事件 5 年内不下三起》,凤凰网,http://news.ifeng.com/a/20180807/59681432_0.shtml,2018 年 8 月 7 日。

[8] 赵立祥、刘婷婷:《海因里希事故因果连锁理论模型及其应用》,《经济论坛》2009 年第 9 期。

[9] 王军海、任国友:《中小学生研学旅行安全风险分析》,《现代中小学教育》2019 年第 2 期。

[10] 谢朝武、杨钦钦:《研学旅行须强化安全管理》,《中国旅游报》2017 年 1 月 9 日,第 3 版。

B.22
2019年旅游安全指数报告分析[*]

邹永广　李强红　关智慧[**]

摘　要： 本文使用前期构建且验证的旅游安全度和游客安全感测评指标体系评价目的地旅游安全状况，对 2019 年样本地旅游安全指数进行测度分析，研究发现，样本地旅游安全度总体上处于安全状态，部分旅游安全度较低城市亟待观照，旅游安全度空间分布非均衡性突出；从整体样本数据看，游客安全感知值略微高于游客安全期望值，处于良好状态；样本城市游客安全感知值略高于游客安全期望值，但游客安全感仍待进一步提升，游客安全感空间分布呈现两级分化态势。本文提出了完善旅游地安全监管制度；筑建旅游消防安全体系；有针对性地提高游客安全意识；开展旅游安全跨组织合作、产业合作、区域合作等管理建议，为提升旅游目的地安全管理水平提供科学依据和实践参考。

关键词： 旅游安全指数　旅游安全度　热点问题

一　2019年旅游安全指数的样本概况及测评方法

本文依照《2018 年旅游安全指数报告与旅游安全热点问题分析》中建

---

　*　本研究受国家社会科学基金项目（19CGL032）资助。

**　邹永广，华侨大学旅游学院副教授、硕士研究生导师；李强红、关智慧，华侨大学旅游学院硕士研究生。

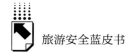

构的旅游安全度指数和游客安全感测评指标，分别搜集 2019 年样本地旅游安全指数的样本，具体样本情况及测评方法如下：

1. 旅游安全度的测评程序

目的地旅游城市是游客的重要活动场所，本文以全国 31 个重要城市作为研究对象，搜集旅游安全度测评指标的统计数据。2019 年评价指标数据主要来自《2019 年国民经济和社会发展统计公报》《统计年鉴》《中国城市统计年鉴》《中国统计年鉴》，部分统计指标数据来自样本城市政府官网和旅游政务网站的信息整理。其中部分数据由于统计口径和统计工作等多方面的原因存在空缺，因指标数据属于历时性统计数据。因此本文根据以往的数值进行趋势外推得到 2019 年的统计数据。基于前期的研究基础①，首先，将目的地旅游安全抵抗力和风险入侵度数值划分为五个等级：（0，0.25］为重警（恶劣状态）、（0.25，0.5］为中警（较差状态）、（0.5，0.75］为预警（一般状态）、（0.75，1］为较安全状态（良好状态）、（1，＋∞］为安全状态（理想状态）。其次将目的地旅游安全度划分为 5 个等级：Ⅰ（恶劣状态）为重警；Ⅱ（1.0～1.3）为中警（较差状态）；Ⅲ（1.3～2.0］为预警（一般状态）；Ⅳ（2.0～4.0］为较安全状态（良好状态）；Ⅴ（4.0，＋∞）为安全状态（理想状态）②。

2. 游客安全感指数测评的具体过程

本文依照前期研究开发设计的游客安全期望和游客安全感知的问卷③④，于 2019 年 9～12 月对全国 31 个主要样本旅游地进行问卷调查，采用随机拦访和在线随机抽样调查方法，共发放问卷 1880 份，有效问卷 1868 份。随后，采用探索性因子分析、验证性因子分析方法和结构方程模型验证并计算确定游客安全感知与游客安全期望各观测变量的权重，最后，将游客安全感

① 邹永广：《目的地旅游安全评价研究》，华侨大学博士学位论文，2015。
② 郑向敏、谢朝武：《中国旅游安全报告（2019）》，社会科学文献出版社，2019。
③ 邹永广：《目的地旅游安全度的时空分异研究——以全国 31 个重点旅游城市为例》，《经济管理》2016 年第 1 期，第 127～136 页。
④ 邹永广、郑向敏：《旅游目的地游客安全感形成机理实证研究》，《旅游学刊》2014 年第 3 期，第 84～90 页。

知值与游客安全期望值进行比较，得到游客安全感知数值。依据旅游目的地游客安全感指数的测算公式①，首先，按四等份分法将目的地旅游安全感知与安全期望指数划分为五个等级：（0~0.25］为重警（恶劣状态）、（0.25~0.5］为中警（较差状态）、（0.5~0.75］为预警（一般状态）、（0.75~1］为较安全状态（良好状态）、（1，＋∞］为安全状态（理想状态）。其次按四等份法将游客安全感状况划分为四个等级：安全状态（0~0.5］、良好状态（0.5~1.0］、预警状态（1.0~1.5］和较差状态（＞1.5］。

二　2019年样本地旅游安全指数的总体状况

样本地旅游安全度总体上处于安全状态，部分旅游安全度较低城市亟待观照。根据测算公式搜集全国31个样本地旅游安全度数据并进行分析，具体结果，如表1所示。整体来看，一是样本地旅游安全度平均得分3.3分，处于良好的较安全状态。处于较安全状态的样本城市有18个，占58%；处于预警状态的样本城市共有4个，占比为19.35%，中度预警的样本城市有1个（长沙）。二是在样本地旅游安全抵抗力排名中，处于预警的城市有22个，占比为70.97%；处于较安全状态的城市有8个，占比25.8%；处于安全状态的城市有1个，占比为3.22%，北京抵抗力最强，得分为1.0483分，为理想状态；兰州得分最低，得分为0.5466分，为预警状态。三是在样本地旅游风险入侵度排名中，入侵度较高的城市有3个（天津、重庆、上海），占比为9.68%；入侵度处于一般预警的城市有6个，占比为19.35%；处于重警状态的城市共22个，占比70.97%；入侵度最高的城市是天津，得分为0.6540分，处于中等预警状态，入侵度最低的城市是长春，得分为0.1148分，处于安全状态。四是样本地旅游安全抵抗力与风险入侵度势均力敌，整体悬殊较小。北京的旅游安全抵抗力最大，而风险入侵度较小，旅游安全度处于较高状态，而其他样本城市缺乏顽强的旅游安全抵抗力。

---

① 邹永广：《目的地旅游安全评价与预警》，社会科学文献出版社，2018。

表1 样本地旅游安全度指数得分与排名

城市	抵抗力	排名	城市	入侵度	排名	城市	旅游安全度
北京	1.0483	1	天津	0.6540	1	西安	6.1658
上海	0.9378	2	重庆	0.6046	2	长春	5.9118
广州	0.9273	3	上海	0.5095	3	拉萨	5.2655
重庆	0.8774	4	广州	0.4860	4	西宁	4.6961
杭州	0.8188	5	长沙	0.3452	5	济南	4.4781
成都	0.8167	6	石家庄	0.2864	6	贵阳	4.0982
昆明	0.8064	7	呼和浩特	0.2849	7	北京	4.0865
南京	0.7985	8	杭州	0.2669	8	郑州	4.0347
西安	0.7810	9	北京	0.2565	9	乌鲁木齐	3.7870
天津	0.7483	10	武汉	0.2471	10	昆明	3.7387
福州	0.7107	11	南宁	0.2431	11	哈尔滨	3.6821
武汉	0.6981	12	成都	0.2391	12	海口	3.5894
贵阳	0.6793	13	南京	0.2347	13	沈阳	3.4607
郑州	0.6788	14	合肥	0.2331	14	福州	3.4569
长春	0.6785	15	银川	0.2314	15	成都	3.4160
长沙	0.6641	16	昆明	0.2157	16	南京	3.4022
乌鲁木齐	0.6635	17	太原	0.2084	17	南昌	3.3099
南昌	0.6613	18	福州	0.2056	18	杭州	3.0680
沈阳	0.6607	19	南昌	0.1998	19	兰州	2.9457
南宁	0.6585	20	沈阳	0.1909	20	武汉	2.8253
济南	0.6563	21	兰州	0.1856	21	合肥	2.7420
合肥	0.6391	22	乌鲁木齐	0.1752	22	南宁	2.7086
哈尔滨	0.6382	23	海口	0.1741	23	太原	2.6551
拉萨	0.6340	24	哈尔滨	0.1733	24	银川	2.4208
海口	0.6249	25	郑州	0.1682	25	石家庄	2.0499
石家庄	0.5870	26	贵阳	0.1658	26	呼和浩特	2.0135
呼和浩特	0.5737	27	济南	0.1466	27	长沙	1.9239
西宁	0.5602	28	西安	0.1267	28	广州	1.9080
银川	0.5602	29	拉萨	0.1204	29	上海	1.8405
太原	0.5534	30	西宁	0.1193	30	重庆	1.4511
兰州	0.5466	31	长春	0.1148	31	天津	1.1495

样本地旅游安全度空间分布非均衡性突出。本文依据样本城市旅游安全度的得分和等级，整体上可以看出，旅游安全度处于安全状态的城市8个，分散在全国东西北各区域；旅游安全度处于较安全状态的城市共有18个，主要分布于华北地区（西安、长春、西宁、济南、北京、郑州）和西南地

区（贵阳、拉萨），具有两级分化态势；旅游安全度处于预警状态的城市有5个，分别为长沙、广州、上海、重庆、天津。一般预警状态多处于经济较发达地区而不是经济相对落后、自然环境较恶劣地区，更是敲响了区域旅游安全治理的警钟，有效旅游安全问题迫在眉睫。

样本城市游客安全感知值略高于游客安全期望值，但游客安全感仍待进一步提升，如表2所示。具体来看，一是样本地游客安全感知指数均较高，且各旅游地游客安全感知得分差距较小，游客安全感知指数得分最高的是成都市，为1.309分，为预警状态；得分最低的是石家庄市，得分0.763分，为良好状态；两者相差0.546分。二是游客安全感知平均得分为0.883分，说明整体游客安全感知高于游客安全期望，游客认为样本旅游地处于较安全状态，但游客安全感指数亟待提升。三是游客安全期望平均得分0.592分，处于预警状态，说明游客整体出游安全意识较高，较重视旅游目的地安全服务。四是游客安全感知得分平均为0.675分，高于游客安全期望，表示样本旅游地能提供较好的安全服务。

样本城市游客安全感区域显著，空间分布呈现两级分化态势。整体上可以发现，样本地游客安全感指数差异较小，30个样本城市游客安全感指数处于良好状态等级，占样本总数的96.77%；仅有1个城市处于预警状态，即游客安全感存在较明显的空间分异，两极分化现象显著。较2018年旅游地游客安全感指数态势而言，2019年旅游地游客安全感知指数空间分布具有集聚态势，游客安全感具有明显提升。

表2　游客安全感指数得分与排名

排名	城市	安全期望	排名	城市	安全感知	排名	城市	游客安全感
1	合肥	0.532	1	成都	0.516	1	石家庄	0.763
2	沈阳	0.533	2	呼和浩特	0.577	2	昆明	0.765
3	上海	0.534	3	合肥	0.601	3	福州	0.797
4	呼和浩特	0.538	4	西宁	0.613	4	哈尔滨	0.808
5	南昌	0.539	5	南昌	0.614	5	拉萨	0.841
6	西宁	0.542	6	郑州	0.615	6	济南	0.845
7	哈尔滨	0.546	7	上海	0.622	7	兰州	0.851

续表

排名	城市	安全期望	排名	城市	安全感知	排名	城市	游客安全感
8	南京	0.547	8	沈阳	0.623	8	沈阳	0.855
9	贵阳	0.547	9	南京	0.627	9	长春	0.857
10	郑州	0.548	10	乌鲁木齐	0.628	10	重庆	0.858
11	太原	0.556	11	武汉	0.632	11	上海	0.858
12	长沙	0.559	12	太原	0.633	12	长沙	0.860
13	福州	0.563	13	贵阳	0.634	13	贵阳	0.862
14	武汉	0.563	14	北京	0.648	14	杭州	0.865
15	北京	0.566	15	西安	0.648	15	南京	0.872
16	长春	0.569	16	长沙	0.650	16	北京	0.874
17	乌鲁木齐	0.573	17	南宁	0.653	17	南昌	0.878
18	昆明	0.583	18	长春	0.664	18	太原	0.879
19	拉萨	0.584	19	哈尔滨	0.676	19	西宁	0.884
20	济南	0.586	20	银川	0.679	20	合肥	0.885
21	西安	0.589	21	杭州	0.687	21	武汉	0.891
22	兰州	0.592	22	济南	0.693	22	郑州	0.892
23	杭州	0.595	23	拉萨	0.694	23	天津	0.892
24	南宁	0.595	24	兰州	0.695	24	海口	0.897
25	银川	0.644	25	福州	0.706	25	广州	0.903
26	天津	0.663	26	天津	0.743	26	西安	0.910
27	海口	0.672	27	海口	0.750	27	南宁	0.911
28	石家庄	0.673	28	昆明	0.762	28	乌鲁木齐	0.913
29	成都	0.675	29	广州	0.835	29	呼和浩特	0.933
30	广州	0.754	30	石家庄	0.882	30	银川	0.949
31	重庆	0.783	31	重庆	0.913	31	成都	1.309

三 2019年样本地旅游安全指数的主要特征

（一）样本地旅游安全度指数特征

1. 旅游安全抵抗力各指标的贡献程度显著

经济能力是激发旅游安全活力的重要条件。从统计数据结果来看，样本地旅游安全抵抗力处于安全状态的为北京，处于较安全状态的为上海、广州、重庆、杭州、成都、昆明、南京和西安，其他地区均处于预警状态，其中北京抵抗力最强，兰州的抵抗力最弱。不难发现过去一年大部分城市旅游安全抵抗力较弱，抵抗力较强的城市多分布在北上广等一线城市，其中经济因素影响较大，经济相对发达地区在旅游基础设施建设，旅游安全突发事件处理上会有更多的资金投入。

注重安全管理和营造安全环境是增强安全抵抗力的重要举措。通过计算31个城市旅游2019年安全度各指标得分，结果发现，安全管理和安全环境权重最高。建立安全制度，开展旅游安全培训，进行旅游安全监督检查，及时更新旅游安全和预警信息，制订应急预案和安排应急演练在旅游安全管理中都发挥着举足轻重的作用。安全的旅游环境是增强抵抗力的最直接举措，能有效提高城市应对自然灾害的能力。

2. 旅游安全风险入侵度各要素的影响程度差异明显

自然灾害在风险入侵中扮演重要角色。自然灾害对旅游的破坏力和影响力都是无法预料的，受灾地区主要集中在华中和西南地区，与旱涝灾害以及泥石流等频发有着重要联系，未来加快建立应急机制，营造旅游安全环境以保护游客的人生安全是刻不容缓的。

公共卫生事件等风险因子的影响越发突出。如果说自然灾害存在不可抗力因素，公共卫生事件的发生则可以预防，工业废水、工业二氧化硫和工业烟尘的排放给旅游安全带来最直接的威胁，例如雾霾、酸雨等。提高工业和生活中废水废气的处理率将有效降低公共卫生风险。

（二）样本旅游地游客安全感指数的特征

第一，从游客安全期望值看，样本城市的游客安全期望值均不高，在中等水平0.6分左右，其中银川、天津、海口、石家庄和成都市的游客安全期望值略高于其他样本城市；广州市和重庆市的游客安全期望值高于0.7分，分别为0.754分、0.783分。从游客安全感知值看，样本城市的游客安全感知值处在0.65分左右，安全感知值高于安全期望值，成都市的游客安全感知值最低，福州、天津、海口、昆明、广州和石家庄的游客安全感知高于0.7分水平，重庆的游客安全感知得分较高，为0.913分。

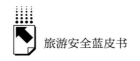

第二，从样本城市的游客安全期望值与游客安全感知值比较看，成都市的游客安全感知值高于安全期望值，游客安全感指数值大于 1 分，但游客安全感知值与游客期望值差距不大，比较接近。其他城市的游客安全期望值低于安全感知值，游客的安全感知稍微过大；游客实际的安全感知值高于安全期望值，游客心理存在落差较小，游客安全感指数低于 1 分。

第三，与整体样本数据看，游客安全感知值略微高于游客安全期望值，游客安全感知指数为 0.883 分，处于良好状态，但成都的游客安全感知指数高于整体样本城市，也凸显了游客安全感亟待提升。另外，整体样本数据的游客安全感知值和游客安全期望值均较低，为 0.6 分中等水平左右，银川、天津、海口、石家庄、广州和重庆 6 个城市略高于整体样本数据，说明上述 6 个城市的游客对安全状况较满意，心理落差波动不大。

第四，与 2018 年相比，大部分城市旅游安全期望值均有上升，旅游安全期望值下降的城市主要位于中国中部和西北部地区。31 个样本城市中有 24 个城市旅游安全感有不同程度的上升，旅游安全期望值上升的城市为成都、沈阳、拉萨、银川、重庆、杭州、合肥、武汉、昆明、西宁、福州、兰州、广州、上海、天津、石家庄、长春、南京、西安、海口、南宁济南和南昌等 23 个城市；旅游安全感知指数降低的城市有 8 个，分别为北京、郑州、长沙、哈尔滨、呼和浩特、贵阳、太原和乌鲁木齐。同时与 2018 年相比，除呼和浩特以外，其他城市旅游安全感均有上升。

第五，与 2018 年相比，大部分城市旅游安全感知指数有所降低，旅游安全感提升的城市主要位于我国西北部。31 个样本城市中有 23 个城市旅游安全感有不同程度的降低，旅游安全感降低的城市有重庆、太原、贵阳、杭州、南宁、合肥、武汉、昆明、西宁、福州、兰州、广州、上海、天津、石家庄、呼和浩特、长春、南京、西安、海口、哈尔滨、济南和南昌等 23 个城市；旅游安全感知指数提升的地区有 8 个，分别为乌鲁木齐、北京、沈阳、拉萨、郑州、长沙、银川和成都。

四　建议与对策

为有效规避 2019 年出现的旅游安全热点问题，保障广大游客的切身利益，本文提出以下建议与对策：

（一）筑建旅游消防安全体系

筑建以保障游客安全和保护旅游资源为出发点的旅游消防安全体系能增强旅游目的地安全抵抗力和降低风险入侵度。

一是明确旅游消防安全工作的主体责任，遵守"政府统一领导，部门依法监管，单位全面负责"的原则。旅游企业和单位场所的机构主体要严格承担起火灾防范和应急处理的主体责任，文化和旅游部和地方级旅游管理部门要扛起管理职责，消防部门要加强监督巡视，将旅游消防安全工作落到实处。

二是紧盯隐患问题，做到严查严治。形成以当地政府部门牵头，文化与旅游部门和消防部门相互配合的检查小组，对存在火灾风险重点区域做好记录，限期整改，并不定期进行核查。尤其针对易存在电路老化、使用明火进行家祭的老街、古镇等场所做到精细排查、重点防护。

三是增强火灾监测预警和应急处理能力。如积极利用先进的火灾视频监控系统、自动报警系统、自动灭火系统对火灾风险进行可视化监控、智能化处理，通过先进的技术手段实现"人防"和"技防"的有效统一[1]。此外，各旅游单位部门要事前制订火灾应急预案，积极开展火灾消防实战演练，确保在火灾发生时能快速做出反应，并积极开展消防安全培训讲座，提高游客及居民的消防安全意识。

（二）完善旅游地安全监管制度

涉及旅游"六要素"的旅游地安全监管制度不仅能有效提升旅游目的

---

① 谢朝武、黄锐《居安思危构建文旅消防安全治理体系》，《中国旅游报》，2019 年 4 月 19 日。

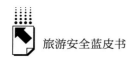
地安全度，亦是提升游客安全感的有效保证。

一是对"游、娱、购"要素而言，定期开展安全排查、应急疏散和紧急救援演练。尤其针对如古镇、商业区等密集人群进行应急疏散演练；对玻璃栈道（栈桥或平台）、索道、滑道（含滑沙、滑草）、攀岩、漂流、滑雪、跳伞、蹦极等"网红"旅游项目的建设、运营情况开展摸底调查，并进行安全技术检测、风险评估和专项应急救援训练；如对游乐园等娱乐场所的设施设备每天进行检查和维护。

二是对"食、住、行"要素而言，提高安全生产管理意识。如酒店和民宿应重点针对隐私安全、消防安全、食品供应和处理安全进行全方位的排查；旅行社开展安全培训班或座谈会，分享从产品设计、行程安排和供应商管理等各个环节，研学、邮轮产品以及如何加强员工的风险管理意识和能力等方面的经验。届时可邀请专业律师、旅游保险公司、旅游交通公司出席座谈会，共同就相关法律法规，阐述旅行社应如何履行安全保障义务以及旅游合同签订中的安全风险防控。

三是对内而言，建立长效机制，监督监管常态化。如每年按比例抽检、明察与暗访相结合、专业复核与专业指导相结合，用制度化的长效机制，使旅游"六要素"的管理者和经营者时时刻刻把质量等级标准当作游客在异地旅游过程中的安全线和生命线。总之，旅游地安全形象能够直接影响游客对旅游产业和旅游行业的形象感知，而旅游安全监管制度对于提升旅游地安全形象具有重要的贡献力量。因此，建立和完善常态化、制度化的旅游安全监督监管机制，是推进旅游高质量发展的有效保障。

（三）有针对性地提高游客安全意识

提高游客安全意识是提升旅游安全最直接有效的措施，唯有游客自身认识到安全问题并加以预防，才能从根本上规避风险。

一是利用大众媒体的扩散能力，并结合传统纸媒，创新宣传形式，加大力度宣传，树立游客安全意识，提升应对旅游安全事件的处理能力。如利用景区和当地政府在微博、小红书、抖音等新兴媒体上开设的官方账号，播放安全公益宣传片，使游客形成始终把安全放在第一位的安全意识。

二是要特别重视旅游旺季，重大节日，重大旅游活动等特殊时期的旅游出行工作。上述特殊时期是旅游安全事件频发的阶段，在事前做好安全提示，在事中及时进行监控和反馈，通过提高人们的安全防范意识来减少旅游安全事件发生的概率。

三是针对不同人群做好景区景点的安全警示标志。首先，对于景区景点可能存在的安全问题加以提示，时常检查安全标识牌有无丢失与破损，并根据实际情况判断有无新增安全牌的需要；其次，要针对不同人群，特别是弱势群体（老弱病残）设计人性化的警示标志，以提高游客旅游过程中的便利度，进而提升游客幸福感。

（四）开展旅游安全跨组织合作、产业合作、区域合作

合作与发展是新时代旅游发展的必然，建立城市之间、区域之间在旅游安全应急、旅游安全管理和旅游安全保障等方面的合作将有效提升国内旅游安全环境。

一是建立公共救援、商业救援和公益救援三位一体的应急合作体系。发挥政府的核心领导作用构建政府内部应急合作网络，并联合企业和公益救援组织构建政府外部应急合作网络，以便在旅游安全突发事件发生时，通过内外部应急合作网络，迅速整合资源，集中优势力量解决旅游安全突发事件。

二是继续推进旅游业和保险业之间的合作，扩大保险的覆盖范围和覆盖面，制定有效的定价策略，拓展旅游保险销售渠道，形成现代旅游保险服务意识，加强旅游保险人才的培养和管理，促进旅游市场的健康有序发展，从而增强旅游者、旅游企业等在旅游过程中的风险抵抗力。

三是建立旅游安全培训合作机制。提高旅游从业者的安全意识和危机应对能力是提高旅游安全的重要举措，定期举办区域之间旅游培训和考察观摩活动，宣传旅游安全管理新理念，通过知识和技能的传递，帮助暂时在旅游安全管理方面不突出的城市走出困境。

四是建立共享的安全治理体系。人们对于旅游安全的要求逐步提高，有

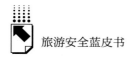

效保障游客的人身财产安全，成为提升游客幸福感的重要基础，因此构建一个以"软治理"和"硬治理"为着力点，包括制度、法律、道德意识、文化等的综合治理体系非常必要。其中"硬治理"的主要措施为加快旅游安全治理法制化和制度化以及明确各治理主体的责任，"软治理"主要包括建设旅游安全先进文化以及树立正确的旅游安全价值观等。

参考文献

［1］邹永广：《目的地旅游安全评价研究》，华侨大学博士学位论文，2015。

［2］郑向敏、谢朝武：《中国旅游安全报告（2019）》，社会科学文献出版社，2019。

［3］邹永广：《目的地旅游安全度的时空分异研究——以全国 31 个重点旅游城市为例》，《经济管理》2016 年第 1 期，第 127～136 页。

［4］邹永广、郑向敏：《旅游目的地游客安全感形成机理实证研究》，《旅游学刊》2014 年第 3 期，第 84～90 页。

［5］邹永广：《目的地旅游安全评价与预警》，社会科学文献出版社，2018。

B.23
在线旅游企业用户数据安全及其管理

李兆睿　张琪　厉新建*

摘　要： 随着移动互联网的普及，人们的出游越来越依赖于线上旅游服务，但是线上旅游服务越来越方便的同时，用户的数据安全问题也日益凸显。本文盘点了近期在线旅游企业用户数据泄露的几起重大事件，深入分析了造成在线旅游企业数据泄露的内外部原因，其中内部原因包括公司安全意识薄弱、"内鬼"频发以及数据安全系统防护体系缺失；外部因素包括黑客入侵、政策有待完善、技术进步和公众安全意识不强等。本文还列举容易遭到泄露的几种个人敏感数据类型，针对旅游主管部门、在线旅游企业、旅游者提出了数据安全防护的优化措施。其中旅游主管部门应该建立信息安全标准制度，加强宣传培养公众数据安全意识；在线旅游企业应该重视安全防护体系构建，及时更新技术，加强对员工培训和监管；最后旅游者应当重视个人敏感信息的保护，积极举报违法搜集个人敏感信息的组织。

关键词： 数据泄露　用户数据安全　旅游信息安全　在线旅游企业

---

* 李兆睿，硕士研究生，主要研究方向为旅游经济等；张琪，硕士研究生，主要研究方向为旅游经济等；厉新建，教授，博士生导师，主要研究方向为旅游经济发展战略、对外旅游投资等。

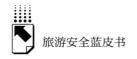

随着移动互联网的普及，人们的出游越来越依赖线上旅游服务。人们借助在线旅游（OTA）不仅可以预订机票、酒店，还可以定制个性化的旅行线路。但是线上旅游服务越来越方便的同时，用户的数据安全问题也日益凸显。本文盘点了近期在线旅游企业用户数据泄露的几起重大事件，深入分析了造成在线旅游企业数据泄露的内外部原因，列举容易遭到泄露的几种个人敏感数据类型，最后针对旅游主管部门、在线旅游企业、旅游者提出了数据安全防护的优化措施。需要说明的是，本文所讨论的用户数据安全不仅包含数据处理的安全，也包含数据储存的安全。其中数据处理的安全是指，有效地防止数据在录入、处理、统计或打印中由于硬件故障、断电、死机、人为的误操作、程序缺陷、病毒或黑客等造成的数据库损坏或数据丢失现象，其中数据的处理安全还要避免某些敏感或保密的数据被不具备资格的人员或操作员阅读，而造成数据泄密的情况。数据储存的安全是指数据库在存储中本身是否已经加密。

一 近期在线旅游企业用户数据泄露典型案例

据马蜂窝发布的《2019 年全球旅游消费报告》显示，截至 2018 年 12 月，我国手机网民规模达到 8.17 亿人，其中旅游预订应用在网民中的渗透率高达 49.5%。2019 年上半年马蜂窝移动端的预定旅游占比高达 94%。① 随着 5G 的提速，未来我国移动端的旅游预订量将会持续增加。然而当旅游者将自己的个人信息、预订信息等数据上传到这些线上旅游服务商的时候，这些数据是否安全呢？本文将盘点近期发生的几件在线旅游服务商用户数据泄露事件，这些事件的发生为我们敲响警钟，我们应该认真思考究竟如何保护我们的个人数据安全，防止个人敏感信息的泄露。

---

① 《马蜂窝旅游账单 2.0：全球旅游消费报告 2019》，品橙旅游网，http：//www. pinchain. com/article/199887，2019 年 8 月 16 日。

（一）华住酒店信息泄露事件

2018 年 8 月 28 日，网曝疑似华住集团旗下连锁酒店用户数据在暗网售卖。此次严重的信息泄露事件涉及华住旗下全部酒店品牌，包括汉庭、美爵、禧玥、诺富特、美居、CitiGO、桔子等。泄露数据总量高达 141.5G、4.93 亿条，涉及约 1.3 亿人的个人信息，泄露的信息范围包括：身份证、手机号、邮箱、账号、登录密码、入住登记身份信息、酒店开房记录，等等。这些数据信息被黑客挂到暗网黑市售卖，标价 8 个比特币，约合人民币 30 万元。[①] 华住集团信息泄露的主要原因是该集团的程序员将数据库连接方式上传至 Github（一个面向开源及私有软件项目的托管平台）。此次华住"数据门"导致华住集团股价盘前跌幅一度近 10%，截至 8 月 28 日收盘，最终下跌 4.36%。

（二）万豪酒店数据泄露门

2018 年 11 月 30 日，万豪国际集团官方微博发布声明称，喜达屋旗下酒店的客房预订数据库被黑客入侵，2018 年 9 月 10 日或之前曾在该酒店预订的最多约 5 亿名客人的信息或被泄露。消息一经公布，万豪国际美股盘前跌逾 5%。此次泄露事件中泄露信息包含 9 月 10 日之前曾在喜达屋酒店预订的最多 5 亿名客人的信息。这些客人中约有 3.27 亿人的信息[②]包括：姓名、邮寄地址、电话号码、电子邮件地址、护照号码、SPG 俱乐部账户信息、出生日期、性别、到达与离开信息、预订日期和通信偏好。对于某些客人而言，泄露的信息还包括支付卡号和支付卡有效期，但支付卡号已通过高级加密标准（AES – 128）加密。

（三）赛门铁克测试

2019 年 4 月 9 日，美国知名网络安全技术厂商赛门铁克的首席安全研

---

① 《华住酒店信息泄露事件背后，你所不知道的"暗网"与"黑产"》，搜狐网，https：//www. sohu. com/a/251017332_100258333，2018 年 8 月 30 日。

② 《万豪数据泄漏门再敲警钟 酒店数据安全保护建议》，杭州网警巡查执法网，https：//baijiahao. baidu. com/s?id = 1626686455314581940&wfr = spider&for = pc，2019 年 2 月 28 日。

究人员 Candid Wueest 测试了 54 个国家的 1500 多个酒店网站，他发现这些网站中约有三分之二（67%）无意中将预订参考代码泄露给第三方网站①，如广告客户和分析公司。这些第三方服务商不仅可以直接登录客人的订单，看到客人的个人信息，甚至还可以替客人取消订单。

在 Wueest 的测试中发现，这些数据泄露的原因是酒店公司向顾客直接发送包含未加密的预订链接的电子邮件的。虽然有一些网站通过了 Wueest 的安全测试，但大多数网站泄露了个人数据，例如：姓名、电子邮件地址、邮寄地址、手机号码、信用卡、卡类型和到期日的最后四位数字以及护照号。

（四）Amadeus 公司的以色列数据库泄露事件

2019 年 6 月 7 日，数百万以色列旅行者的私人信息被曝光。此次 Amadeus 公司泄露的数据库包含了 3600 万趟航班预订信息、1500 万名乘客个人信息、70 万份签证申请和 100 多万条酒店预订信息②，其中包括以色列总理本雅明·内塔尼亚胡（Benjamin Netanyahu）及其家人，以及其他高级官员的飞行行程。Amadeus 公司发表声明称，Amadeus 公司数据泄露原因是其公司在以色列业务使用的一个系统存在漏洞。

（五）法国旅游网站 Option Way 泄露了 100GB 的客户数据

2019 年 9 月 3 日，安全研究公司 VPNMentor 的网络安全团队从法国旅游预订网站 Option Way 中发现了 100GB 的不安全客户数据③。该数据库包括：姓名、电子邮件 ID、地址、电话号码和旅行详情等详细信息。其中不安全的信息还包含公司员工的详细信息和用于交易的信用卡。用户数据一旦泄露后果不堪设想，危害严重。对于在线旅游企业来说，发生用户数据泄露

---

① 《赛门铁克：三分之二的酒店网站泄漏客人预订详情》，中文互联网数据资讯网，http：//www.199it.com/archives/860531.html，2019 年 4 月 11 日。
② 《旅游公司数据泄露导致以色列总理及其家人行踪暴露》，安全讯息平台网，https：//nosec.org/home/detail/3535.html，2019 年 6 月 7 日。
③ 《Option Way 泄露了 100GB 的客户数据》，科技新闻网，http：//www.dogame.com.cn/gundong/2019/0903/15795.html，2019 年 9 月 3 日。

事件不仅严重影响公司声誉，还会直接导致集团股价下跌蒙受巨额的经济损失。对于用户来说，一旦个人敏感信息被盗取公开，将会面临着诈骗电话、垃圾短信、骚扰的困扰，更严重的甚至会面临被冒名贷款，冒名违法犯罪的风险。发生数据泄露的原因是什么？下面本文将从在线旅游企业用户数据泄露的内外部原因着手探究，分析如何解决数据安全防护问题。

二 在线旅游企业用户数据泄露的原因 与常见的泄露数据类型

（一）在线旅游企业用户数据泄露的原因

数据泄露事件屡发不止，我们只要能找出数据泄露的原因，并预先做好数据安全防护就可以防止泄露事件的发生。本文将数据泄露的原因分为内部原因与外部原因进行阐述。

1. 在线旅游企业用户数据泄露的内部原因

（1）公司对于数据的价值不自知，数据安全意识薄弱

很多公司本身数据安全意识薄弱，对于自己拥有的数据所具有的价值根本不自知，从而疏于对于员工数据安全意识的培养。员工数据安全意识不强，导致任何一个不经意的操作就会将用户数据公开暴露。如在未经保护的服务器、计算机上传输敏感信息，通过电子邮件发送未经加密的数据，在个人电脑上储存、处理未经加密的数据后电脑丢失，等等。2019 年，从公开渠道统计出数据泄露事件一共有 43 起，其中由于"公开数据库"导致的数据泄露事件有 7 起，占比为 16%，成为仅次于由于"黑客入侵"所导致的数据泄露的第二大原因。[①] "公开数据库"是指未加保护而暴露于互联网上的数据库。内部人员有意无意地拷贝、外发和上传等操作带来的数据泄露一般不容易被企业察觉，且造成的危害和事后追责也很难在第一时间内完成。

---

① 《2019 年数据泄露全年盘点，让人"触目惊心"》，腾讯云社区，https：//cloud. tencent. com/developer/news/561392，2019 年 12 月 26 日。

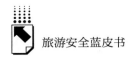

（2）公司缺乏对员工的监管导致"内鬼"频发

"内鬼"指的是窃取公司数据非法销售获利的内部员工。利益的驱使加之公司缺乏行之有效的监管措施，给予了"内鬼"可乘之机。首先，公司内部的员工可以通过获取公司管理员的权限轻易访问并盗取公司数据库信息，接着"内鬼"将盗取的信息通过非法途径进行销售而获利。由于企业对内部威胁的防范缺失，一旦发生诸如企业对数据存储、访问、使用的安全制度不完善，或制度执行不到位导致的数据安全事件时，在造成恶劣社会影响前企业是很难察觉到的。2018年6月，智联招聘发生内外勾结倒卖用户简历信息的事件，此次"内鬼"事件被盗取的16万余份简历以每份简历5~6元的价格在网上进行倒卖，对企业声誉影响严重。

（3）公司本身缺乏系统的数据安全防护体系构建

数据安全防护体系的构建需要一套自上而下的安全管理的解决方案，大部分企业公司安全体系更多是围绕着公司的网络基础设施而并不是数据安全而进行的。这就导致公司大部分的预算都投入公司防火墙和杀毒软件的构建中，而忽视了数据安全问题。这些传统的网络安全防护措施会随着未来技术的进步而逐渐淡化，取而代之的是更为高级的安全体系构建。数据安全防护体系的构建应该是一个系统化、持续性的迭代过程，这个过程不仅要从管理层面、技术层面通盘考虑，还要伴随着数据从创建保存、一直到清除的整个周期而不断优化。

2. 在线旅游企业用户数据泄露的外部原因

（1）黑客手段盗取用户数据

本文中的"黑客"是指利用公共通信网络，如互联网和电话系统，在未经许可的情况下，载入对方系统的人员。黑客利用漏洞入侵公司数据库，将盗取的重要的数据资料在暗网上挂网销售获利；一旦被黑客得到用户的账号、密码、信用卡等信息、黑客会利用"撞库"（"撞库"是黑客通过收集互联网已泄露的用户和密码信息，生成对应的字典表，尝试批量登录其他网站后，得到一系列可以登录的用户）等技术手段发掘用户更多的个人信息；黑客盗取是造成重大数据泄露事件最主要的原因。2019年发生的43起数据泄露事件中，黑客入侵和窃取有 14 起，占比约为 1/3，可见预防犯罪分子入侵公司的机密数据库是各大企业亟待解决的重要安全问题。

（2）保护数据信息安全的法律政策处于正在完善的阶段

我国对于保护数据信息安全的法律政策处于正在完善的阶段，现行的《中华人民共和国网络安全法》中对于数据安全有一定的保护作用，但在数据泄露的事件影响程度上、数据泄露的追责等方面解释力度还有所欠缺。其次，目前尚未有数据安全保护体系构建的国家标准，各大企业相应的安全审计制度强度不一，由于很多企业没有可遵循的国家标准，保护强度欠缺。2019 年 12 月 20 日，全国人大常委会法工委发言人宣布中国将在 2020 年制定个人信息保护法、数据安全法等。通过立法来明确安全责任单位的责任义务，一旦发生造成恶劣影响的数据泄露事件，安全责任单位的相关责任人将被追责。

（3）新技术进步迅速，企业来不及适应新技术的变化

大数据、人工智能、云计算等新技术的更新将带来全新的数据安全问题。如新技术的应用产生了诸如人的面部特征信息数据、用户消费行为数据、地图流数据等海量的新用户数据，这些数据的产生、储存和处理将会产生新的数据安全问题。即使企业有着极高的安全意识，拥有足够资金和系统的数据安全保护措施，也很难与新技术进步所带来的威胁同步演变。如何紧随新技术的步伐使企业安全解决方案快速更新迭代来确保用户数据的安全，是当今在线旅游企业重要的研究课题。

（4）公众尚未树立较高的数据安全意识

由于公众的数据安全意识不高，许多在线旅游企业的 App 过度获取权限采集个人信息，这些信息的暴露增加了数据泄露的风险。2019 年 3 月 27 日，上海市消费者权益保护委员会针对 39 款手机 App 涉及个人信息权限的评测结果通报，发现有 25 款存在问题。其中"穷游"申请的电话、通讯录权限，"猫途鹰"申请的电话权限，并未发现与之相对应的功能。"通讯录信息""位置信息""手机号码"等三种个人信息是最常见的过度采集的内容。公众应该保护好自己的个人信息，一旦发现旅游在

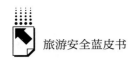

线企业过度采集个人信息或者未经用户同意采集使用用户信息的企业，应当予以追究责任。

（二）在线旅游企业容易泄露的用户数据类型

个人敏感信息是指一旦泄露、非法提供或滥用可能危害人身和财产安全，极易导致个人名誉、身心健康受到损害或歧视性待遇等的个人信息。本文参考 GBT 35273－2017《信息安全技术个人信息安全规范》中个人敏感信息的鉴定原则，对在线旅游企业容易泄露的用户数据类型进行了分类整理，其中容易泄露的用户数据分为基本信息、账户信息、社会关系信息、旅游信息、隐私信息、设备信息、用户行为信息七大类。

数据种类	详细分类
基本信息	姓名、性别、年龄、身份证号码、家庭住址、民族、国籍、电话号码、电子邮箱地址，有时甚至会包括婚姻状况、工作单位、生育情况等
账户信息	信用卡信息、支付软件账户与支付密码、社交账户信息、验证用二维码或链接等
社会关系信息	家庭成员信息、配偶信息、商务伙伴信息等
旅游信息	火车班次、航班号、旅游行程单、机票预订、酒店预订、门票预订信息等
隐私信息	个人生物特征信息、健康记录信息、通讯录信息、通话记录、短信记录、个人视频照片、社交软件聊天记录信息、个人财产信息等
设备信息	位置信息、Wi-Fi 列表信息、CPU 信息、MAC 信息、内存信息等
用户行为信息	网页访问记录信息，如上网时间、上网地点、浏览记录等

三 在线旅游企业数据安全的解决方案与优化措施

（一）旅游主管部门

1. 建立并实施符合现实发展需求的信息安全标准制度

首先，旅游主管部门一方面要制定可落地的安全体系构建标准制度，结合在线旅游行业的特点指导企业落实具体的数据安全保护手段，明确要求数据安全防护的技术手段，增强行业标准的可落实性和可执行性；另一方面主管部门要对在线旅游企业起到监管作用。对于不符合数据安全管理标准要求的在线旅游企业进行管制，限制其搜集保存用户的个人敏感信息资料。其次，制定的安全标准要紧随科技变化，保证信息安全制度标准能在快速发展的技术潮流中对在线旅游企业起到规范作用。随着数据安全立法工作的不断推进，建立符合现实发展要求的信息安全标准制度，对于在线旅游企业明确自己承担的数据安全保障义务与责任有着重要的作用。

2. 加强宣传培养公众的数据安全意识

旅游主管部门应该加大宣传力度，培养公众的数据安全意识。一方面应该利用媒体舆论的力量传播数据安全保护知识，让公众了解哪些个人数据是敏感信息，个人数据泄露可能造成的危害以及如何防范个人数据泄露的具体措施。另一方面旅游主管部门应加强对企业数据安全方面的监管，定期了解企业数据安全工作，对于那些在用户数据安全工作方面表现较好的企业应作为正面案例进行宣传，给予奖励；而对于那些在用户数据安全工作方面表现较差的企业进行批评教育，并派驻专业人士指导构建数据安全防护系统。同时定期举办数据安全防护交流会议，邀请各个在线旅游企业分享经验，学习数据安全防护知识，提高企业解决现存数据安全问题的能力。

（二）在线旅游企业

1. 重视数据安全防护体系的构建，重视新技术更新

数据安全防护体系是一个系统化、持续性的迭代演进过程，这个过程从数据创建一直持续到数据的销毁，旅游在线企业应该在管理、技术、工具等多个层面通盘考虑、系统规划，具体有以下几点：第一，做好数据资产统计，落实用户数据分级管理制度。对不同安全等级的数据采取不同级别的安全防护措施，既保证了核心用户数据的安全，又极大减少了公司资源的浪费。第二，及时更新网络系统，填补系统漏洞。公司应自觉扫描检测公司网络系统漏洞，对公司网络中存在的系统漏洞要

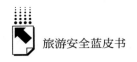

及时填补，不断更新公司网络系统，加强数据安全防护。第三，持续监测，提高预警。利用终端行为记录等技术对于接近核心用户数据的访问行为进行记录监管，对于异常的访问行为要及时预警，防止事态扩大。第四，完善风险处置流程，增强溯源取证能力，一旦发生数据泄露事件，完善的迅速反应的风险处置流程可以将事态影响最小化。第五，企业应当增强追踪溯源能力，找到数据泄露的根本原因，及时查漏补缺。第六，企业应紧随技术发展更新，不断完善数据安全防护体系的构建。

2. 培养员工数据安全意识，加强对内部员工监管

企业要培养员工数据安全意识，一方面要加强宣传工作，让员工了解用户数据作为公司核心资产的重要性，认识到用户数据一旦泄露会造成的影响。另一方面企业要加强对内部员工的监管，具体而言，首先制定详细的数据安全防护工作流程，为必须接触使用用户数据的工作人员制定详细的工作手册，规范工作中的操作细节，明确每个工作环节的负责人。其次，企业要对业务部门员工、网络与系统运维人员、网络与系统安全保障人员等有可能接触数据、使用数据的内部人员加强职业技能培训，开展职业道德宣传讲座。最后，企业日常加强对于异常操作行为的监控，并且通过态势感知技术量化可疑活动的风险。做好"内鬼"防范工作，做好数据被盗的准备，对核心用户数据加密脱敏。一旦发生信息泄露事件，做好追踪溯源工作，追究涉事人员相关法律责任绝不姑息。

（三）旅游者

1. 重视个人敏感信息的保护

近年来，随着公众数据安全意识的不断提高，在线旅游用户对于个人敏感信息的保护水平逐渐提高，但是随着技术的不断更新，很多曾经可以防范个人敏感信息泄露的措施渐渐失效，这对在线旅游用户个人敏感信息的保护提出了新的要求。首先，要关注了解个人敏感信息泄露的最新报道，并以此为鉴。如不要轻易相信大街上以注册新用户换取小礼品的推广活动，这些推广的 App 很多为非法运营软件，这些公司并没有安全管理用户数据的能力，

极易造成个人敏感信息的泄露。其次，要时常更新重要的密码，且不在不同的网络服务平台使用相同的用户名和密码，防止一旦账户信息被盗取泄露，黑客利用"撞库"技术造成更多的账户被盗。最后，重视新型数据的保护，比如个人的生物特征数据，手机位置数据等，将这些数据托管至有资质的企业管理，不轻易上传至不明网站。

2. 及时举报违法违规搜集个人敏感信息的组织

维护数据安全不仅需要主管部门和在线企业的不断努力，还需要全社会成员的共同参与监督。作为有责任心的公民，我们一方面要积极了解最新的数据安全方面的法律政策，不断学习保护个人信息的知识；另一方面要积极监督在线旅游企业是否存在过度搜集个人信息的行为，对于那些违法违规搜集个人敏感信息的组织，我们要及时向执法部门举报，切实维护自身的合法权益。

参考文献

［1］ 刘小霞、陈秋月：《大数据时代的网络搜索与个人信息保护》，《现代传播：中国传媒大学学报》2014 年第 5 期，第 125 ~ 128 页。

［2］ 董杨慧、谢友宁：《大数据视野下的数据泄露与安全管理——基于 90 个数据泄露事件的分析》，《情报杂志》2014 年第 11 期，第 154 ~ 158 页。

［3］ 王玮：《构建酒店信息安全防火墙迫在眉睫》，《中国旅游报》2018 年 12 月 6 日。

［4］《数据泄露频发 原因可能就在你身边!》，搜狐网，https：//www. sohu. com/a/129019805_502610，2017 年 3 月 16 日。

［5］《国内外敏感信息泄露案例分析 你的数据是如何泄露的?》，梦飞科技网，http：//www. mfisp. com/cnidc/cloud/yaq/20170731/15225_7. html，2017 年 7 月 31 日。

区域安全篇

B.24
2019~2020年北京市旅游安全形势分析与展望

韩玉灵 崔言超 周 航 陈学友*

摘 要： 2019年北京市旅游业发展平稳，北京市文化和旅游局紧贴文
化和旅游机构改革实际，注重系统建设、源头控制，强化综
合治理、整体管理，全市文化和旅游行业安全生产工作取得
明显成效，实现北京市旅游安全形势的整体稳定。2020年是
全面建成小康社会的决胜之年，也是"十三五"和"十四
五"承前启后之年，北京市文化和旅游局将继续聚集文化和
旅游系统合力，坚守安全底线，全力确保全市文化和旅游领
域安全稳定，推动文化和旅游高质量发展。

关键词： 北京市 旅游安全态势 安全突发事件

一 2019年北京市旅游安全的总体形势

2019年，北京市旅游业整体平稳发展，国内旅游市场发展迅速。全年
外联（组团）旅行社接待国内旅游总人数359.5万人次，较2018年同比增

---

* 韩玉灵，北京第二外国语学院教授、北京法学会旅游法研究会副会长；崔言超，北京市文化
和旅游局安全与应急处（假日办）处长；周航，北京财贸职业学院讲师；陈学友，北京市文
化和旅游局安全与应急处（假日办）主任科员。

长 31.5%；接待入境旅游总人数 96.2 万人次，较 2018 年同比下降 7.8%。旅行社组织出境旅游人数 484.5 万人次，同比下降 5.2%，其中赴泰国旅游人数的减少是导致总人数下降的主要原因。2019 年北京市 A 级及以上旅游区（点）和其他主要旅游区（点）接待旅游者 3.18 亿人次，同比增长 2.1%，收入合计 88.25 亿元，同比增长 1.7%①。

旅游业的平稳健康发展离不开安全保障，北京市文化和旅游局高度重视旅游安全工作。以习近平新时代中国特色社会主义思想和党的十九大精神为指导，深入贯彻落实中共第十九届四中全会精神，紧贴文化和旅游机构改革实际，以全国"两会"、第二届"一带一路"国际合作高峰论坛、亚洲文明对话大会、世界园艺博览会、新中国成立 70 周年庆祝活动等重大活动安全服务保障任务为牵引，按照中共北京市委、市政府安全生产工作的要求，注重系统建设、源头控制，强化综合治理、整体管理，认真研究机构改革新形势下文化和旅游安全管理对策，统筹谋划、明确责任、精心组织、狠抓落实，全市文化和旅游行业安全生产工作取得明显成效。

2019 年北京市文化和旅游局共接到旅游安全突发事件 38 起，较 2018 年下降 24%。按照事件级别，均属于一般事件。全部事件造成 27 人死亡，72 人伤/病，10 人滞留。根据应急处理流程，各项旅游安全突发事件均得到了妥善高效处理。

二　2019年北京市旅游安全形势的概况与特点

（一）旅游安全突发事件概况

1. 性质分析

根据突发事件的性质分类，北京市 2019 年发生的旅游安全突发事件涉及四类，分别是自然灾害、事故灾难、公共卫生事件以及社会安全事件。各类型旅游突发事件的统计情况如表 1 所示。

---

① 北京文化和旅游局官网：http：//whlyj.beijing.gov.cn/cycj/tjxx/。

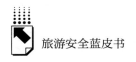

表1   2019年北京市旅游安全突发事件性质分析

事件分类	事件数量（起）	占比（%）	伤亡情况
自然灾害	1	2.63	1人死亡,12人伤
事故灾难	10	26.31	11人死亡,19人伤
公共卫生事件	18	47.37	15人死亡,41人病
社会安全事件	9	23.69	10人滞留
总计	38	100	27人死亡,72人伤/病,10人滞留

（1）自然灾害。2019年北京市共发生1起自然灾害旅游安全突发事件，约占全年发生的旅游安全突发事件总数的2.63%。该事件因山体松动破碎的岩石坠落，导致1人死亡，12人受伤，占全部事件导致死亡总人数的3.7%。

（2）事故灾难。2019年北京市共发生10起事故灾难类旅游安全突发事件，较2018年同类事件发生数量减少58%，占全年发生的旅游安全突发事件总数的26.31%。该类事件共导致11人死亡，占全部事件导致死亡总人数的40.74%，并导致19人受伤。其中，淹溺事故5起，导致6人死亡、1人受伤；道路交通事故4起，导致5人死亡、17人受伤；坠落事故1起，导致1人受伤。

（3）公共卫生事件。2019年北京市共发生18起公共卫生类旅游安全突发事件，较2018年同类事件发生数量减少31%，占全年旅游安全突发事件总数的47.37%。该类事件共导致15人死亡，占全部事件导致死亡总人数的55.56%，并导致41人病。其中，13起为旅游者突发疾病事件，导致12人死亡，1人病；2起中暑事件，导致3人死亡；1起食物卫生引起的集体性腹泻事件，导致26人发生腹泻症状；1起传染病事件，导致14人患甲型流感或有一般发烧症状；1起旅行途中突然分娩事件。

（4）社会安全事件。2019年北京市共发生9起社会安全类旅游安全突发事件，较2018年同类事件发生数量略有增加，占旅游安全突发事件总数的23.69%，均为境外滞留事件，滞留人数10人。

2. 时间分布

按照旅游安全突发事件发生的时间分析，2019年四个季度情况如下（见图1）：

第一季度共发生旅游安全突发事件5起，较2018年同期发生数量有所减少，占全年旅游安全突发事件总数的13.16%。其中，自然灾害1起，事故灾难1起，公共卫生事件3起。共导致4人死亡、12人受伤、1人病。

第二季度共发生旅游安全突发事件8起，较2018年同期发生数量有所减少，占全年旅游安全突发事件总数的21.05%。其中，事故灾难2起，公共卫生事件5起，社会安全事件1起。共导致6人死亡、14人受伤、40人病、1人滞留。

第三季度共发生旅游安全突发事件16起，较2018年同期发生数量有所增加，占全年旅游安全突发事件总数的42.11%。其中，事故灾难6起，公共卫生事件4起，社会安全事件6起。共导致9人死亡、5人受伤、1人病、7人滞留。

第四季度共发生旅游安全突发事件9起，较2018年同期发生数量有所增加，占全年旅游安全突发事件总数的23.68%。其中，事故灾难1起，公共卫生事件6起，社会安全事件2起。共导致8人死亡、2人滞留。

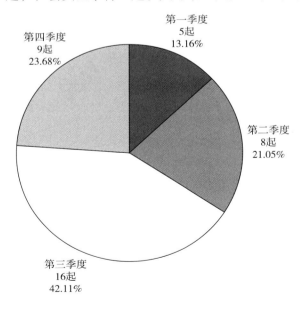

图1　2019年北京市旅游安全突发事件时间分布

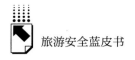

3. 空间分布

按照事件发生地分析，旅游安全突发事件分为境外旅游安全突发事件和境内旅游安全突发事件。2019 年北京市民在境外发生的旅游安全突发事件有 24 起，占全年旅游安全突发事件总数的 63. 16%。其中，事故灾难 8 起、公共卫生事件 7 起、社会安全事件 9 起，共导致 15 人死亡、18 人受伤、10 人境外滞留（见图 2）。

全年北京市民在境内其他地区旅游、外国籍旅游者以及外省市市民来北京旅游发生的旅游安全突发事件共有 14 起，占全年旅游安全突发事件总数的 36. 84%。其中，自然灾害 1 起、事故灾难 2 起、公共卫生事件 11 起，共导致 12 人死亡、13 人受伤、41 人病。

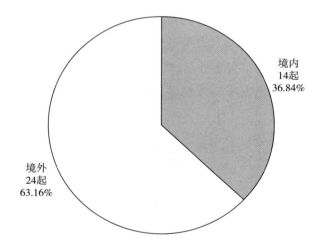

图 2　2019 年北京市境内、境外旅游安全突发事件空间分布

（二）旅游安全突发事件的特点

1. 旅游者突发疾病事件占比大且致死率居高

2019 年北京市共发生了 14 起旅游者突发疾病事件，约占全年旅游安全突发事件总数的 36. 84%，导致 12 人死亡，占全部事件导致死亡总人数的 44. 44%。近年来，旅游者突发疾病导致死亡的事件一直占比较大，旅游者

应加强对自身行为的约束，参加旅游活动时如实告知身体状况，量力而行。北京市旅游安全工作也将进一步加强对旅游者的安全宣传教育，提高旅游者安全意识，减少此类事件的发生。

2. 第三季度发生的旅游安全突发事件占比最大

2019年北京市各季度均有旅游安全突发事件发生，其中第三季度占比最大，共发生了16起旅游安全突发事件，占全年旅游安全突发事件总数的42.11%。该季度主要包含7月、8月、9月，正值暑期旅游旺季，旅游人数屡创小高峰，旅游安全管理压力加大，旅游安全突发事件发生的概率增加。

3. 境外旅游安全突发事件占比大于境内

2019年北京市旅行社组织出境旅游人数有所下降，但境外发生的旅游安全突发事件占比仍达到63.16%。全年共发生24起旅游安全突发事件，涉及事故灾难、公共卫生事件和社会安全事件，突发疾病、滞留、交通事故和淹溺事故较为突出，也是今后旅游安全防护的重点。

三 2019年北京市旅游安全工作的主要进展与特点

（一）推进主责落实，健全完善安全管理制度

1. 强化顶层设计，推进行业管理责任落实

2019年，北京市文化和旅游局认真研究文化和旅游机构合并后安全生产工作特点，主动建立文化和旅游行业安全生产基础台账，界定行业安全管理业态和范围，细化梳理文化和旅游行业安全生产工作任务，制定印发了《北京市文化和旅游行业2019年安全与应急工作要点》，抓紧抓实了全市文化和旅游行业安全工作的研究部署、落实责任制、宣传引导、教育培训、应急演练、规范化建设、景区防汛、假日旅游、督查检查（隐患排查）、应急处置、值班值守和信息报告等工作，强化了行业安全管理工作的顶层设计，明确了安全管理的主攻方向，推进落实了行业管理责任，确保了行业安全稳定。同时严格督导文化和旅游企业落实安全生产主体责任，加强协调区政府

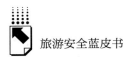

落实文化和旅游安全属地全面监管责任，北京市相关职能部门落实文化和旅游安全综合监管责任或专项监管责任。强化不同主体各司其职、齐抓共管、协同配合的安全生产监督管理体系。

2. 出台制度文件，健全安全管理制度体系

制度建设方面，一是编制《北京市文化和旅游局安全生产"党政同责、一岗双责"暂行规定》，明确了各级安全生产管理责任，建立了安全生产管理委员会工作机构、职责及制度，进一步健全完善了北京市文化和旅游局安全生产管理（监管）责任体系。二是调整北京市文化和旅游局防火安全委员会成员，加强防火组织领导，明确防火责任。三是修订完善《关于汛期景区关闭和恢复开放的规定》，进一步提高汛期景区关闭和恢复开放的科学性、规范性、可操作性及信息提示的时效性，确保了行业安全度汛。四是制订《北京市文化和旅游局城市安全发展工作实施方案》，突出风险分级管控和隐患排查治理体系双重预防机制建设。五是编制《北京市旅游景区反恐怖防范规范》《北京市旅游饭店反恐怖防范规范》，划分宾馆饭店、旅游景区反恐怖防范等级，明确了反恐怖防范重点部位，细化了常态反恐怖防范要求，完善了反恐怖防范应急管理，填补了行业反恐怖防范安全管理的空白。

（二）强化未雨绸缪，提高旅游安全突发事件处置能力

1. 超前谋划部署，打赢旅游行业防汛攻坚战

2019 年，北京市文化和旅游局高度重视防汛工作，重新修订了《北京市旅游防汛专项分指挥部防汛应急预案》《关于汛期景区关闭和恢复开放的规定（试行）》，进一步完善了防汛指挥体系、景区关闭和恢复开放机制，建立了全市 275 家景区防汛安全责任制台账，严格落实了旅游者疏散避险措施，做到防汛工作底数清楚、责任明确、措施有力。采取以日常督查、专家检查和双随机执法检查相结合的方式，及时做好汛前检查、汛中巡查、汛后排查和隐患治理。强化落实汛期预警提示、隐患排查、应急救援、值班值守等责任措施，每次强降雨前，北京市文化和旅游局均通过信息系统，对 16 个区文化和旅游局、275 家景区、2400 个乡村民宿、2893 个旅行社等单位

防汛工作负责人进行强降雨应对部署。汛期内对公众发布防汛提示信息 130 条，总阅读量达 244.95 多万人次，各区和旅游企业通过自己的平台共发布 1157 条提示信息，阅读量达 157.17 万人次。

2. 深化排查加强演练，有效遏制行业隐患事故发生

针对行业隐患，北京市区两级文化和旅游局全面推进企业安全生产主体责任落实，不断深化隐患排查治理内容、措施手段，实现了全覆盖安全检查，共出动检查人员 35000 余人次，检查文化旅游企业 18000 余家，消除各类安全隐患 6800 余处，有效遏制了行业隐患事故的发生。采用政府购买服务形式，对全市 300 家文化和旅游企事业单位开展安全生产督查检查，妥善解决了行业安全监管力量不足、企业落实安全生产主体责任不到位等薄弱问题。组织开展多次专项隐患排查治理活动，督导行业对标对表开展燃气使用、消防安全隐患排查专项治理，并按要求建立隐患排查治理台账。对部分宾馆饭店 544 部电梯存在的安全隐患进行整改，协同相关部门建立高风险电梯隐患治理工作台账，确保高风险电梯隐患治理得到有效落实。开展经营性演出场所安全监管，对 413 场次小剧场演出进行了现场暗访监督，现场监管大型营业性演出 52 场，协助属地文化和旅游执法队查处违法演出 1 场。为确保重大活动、法定假日、汛期和旅游高峰期等安全服务保障，北京市文化和旅游局以消防、防汛、治安反恐、水上救援、大客流人流疏散等应急演练内容为重点，组织市级应急演练 50 次，区级应急演练 231 次，总参训人数达 34000 人次，切实提升旅游主管部门以及旅游企业的实战处置能力，各项旅游安全突发事件均得到妥善处置。

（三）围绕重点难点，提升行业安全管理长效机制

1. 以重大活动为载体，充分发挥组织协调作用

北京市文化和旅游局充分发挥市假日办组织协调作用，加强全市假日旅游工作的组织领导、动员部署、信息统计、执法检查、投诉处理，以及旅游安全突发事件处置等工作，圆满完成元旦、春节等七个法定节假日旅游的安全和服务保障工作。以"精益求精、万无一失"为工作目标，以重大活动为载体，及

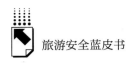

时启动全国"两会""一带一路"国际合作高峰论坛、亚洲文明对话大会、世界园艺博览会、新中国成立70周年庆祝活动等重大活动期间的战时会商机制，开展行业社会矛盾排查，分析研判行业维稳工作形势，做到维稳工作防范到位，对承担重大活动服务保障任务的文化和旅游企业以及周边文化旅游企业，开展隐患排查治理和安全风险评估，净化文化和旅游市场，确保了行业安全稳定。

2. 开展专项评估检查，推进安全生产标准化建设

北京市文化和旅游局研究制定了《安全隐患治理三年行动2019年监督检查计划》，明确年度检查目标、核查比例、检查内容。按照综治考核要求，组织所属事业单位开展了年度平安建设考核工作，圆满完成平安建设整改工作。组织开展行业扫黑除恶和扫黄打非工作，配合执法大队完成了中央督导组对北京市旅游行业的督查检查工作。在标准化建设上持续发力，以着力提高旅行社安全管理水平、减少旅游突发事件为目标，研究制订了《北京市旅行社落实安全生产主体责任情况检查评估工作方案》、北京市旅游企业落实安全生产主体责任情况检查评估标准（旅行社）以及北京市旅游企业落实安全生产主体责任情况检查评估制度。编制了北京市A级景区安全风险辨识评估标准、安全风险源辨识建议清单、安全风险辨识评估清单等。以落实北京市歌舞娱乐场所、营业性演出场所、社会旅馆、乡村旅游经营单位等四大行业地标为契机，印发《关于持续推进文化和旅游行业安全生产标准化建设和做好行业安全生产标准化二级企业期满复核工作的通知》，督促行业进一步落实安全生产标准化建设教育培训、对标自建、期满复核等工作，并将安全风险评估、隐患排查治理、企业落实安全生产主体责任情况和结果纳入标准化评审和复审，企业标准化建设质量进一步提升。持续推进文化和旅游企业投保安全责任保险工作，全市投保企业较2018年增长了115%，进一步提高了文化和旅游行业风险防控能力、化解和转移安全风险能力。

（四）强化培训宣传，增强从业人员和旅游者安全意识

1. 借助有效载体，提高从业人员应急能力

2019年，北京市区两级文化和旅游局以"强化安全意识、提高安全技能"

为主题，不断拓展宣传渠道，深化培训内容，市民旅游者和企业一线员工安全意识进一步增强，应急能力和水平不断提高。全年共培训 8930 余人次，发放各类宣传资料 111500 余份。面向行业安全管理和从业人员，北京市文化和旅游局，6 月组织开展了 2019 年防汛工作培训班，各区文化和旅游局防汛责任科室负责人、联络员，全市地质灾害隐患类景区和涉山涉水类景区及重点旅行社分管防汛工作的负责人和部分民俗村（户）防汛责任人，局机关、市文化和旅游局相关人员约 260 人参加了培训。11 月举办了 A 级景区安全风险评估班，16 个区文化和旅游局安全科室的主要负责同志和具体工作负责人、各 A 级景区安全风险评估负责人，共 280 余人参加培训。以"防范火灾风险、建设美好家园"为主题，开展了"119"消防宣传月活动，围绕消防法律法规知识宣贯、应急救援演练、参观体验、隐患查改等重点工作，积极推进消防安全宣传，进一步提升行业消防安全精细化管理水平以及火灾风险防范意识和化解能力。

2. 丰富宣传形式，增强旅游者安全意识

北京市文化和旅游局 6 月面向旅游者，举办了文化和旅游安全宣传咨询日，现场开展了专家讲安全、消防应急演练等活动，发放《旅游安全务实手册》《北京防汛安全知识手册》《居民安全用电手册》《燃气安全使用温馨提示》等各类宣传资料近万份，并在前门、北京西站等重点旅游集散地进行旅游安全宣传，受众达 60 多万人。针对出境旅游，开展了专场旅游安全保护咨询互动，向广大市民和旅游者发放旅游安全、领事保护、文明出行宣传材料。并以法定假日、暑期、汛期、冬防为重点，定时发布随团游、京郊游、景区游、出境游、假日游等安全提示信息，及时发布预警信息。全年共发布各类安全提示信息 208 条，预警预报信息 121 条，进一步提高了市民、旅游者安全意识，确保了人身和财产安全。

四 2020年北京市旅游安全形势的展望

（一）旅游安全突发事件形势

受新冠肺炎疫情影响，文化和旅游部办公厅于 1 月 24 日下发《关于全力

做好新型冠状病毒感染的肺炎疫情防控工作暂停旅游企业经营活动的紧急通知》（文旅发电〔2020〕29号），通知要求2020年1月24日起全国旅行社及在线旅游企业暂停经营团队旅游及"机票+酒店"旅游产品。此次疫情恰逢春节假期，做好疫情防控成为2020年北京市旅游安全工作的重点内容。疫情发展期间，旅游者旅游行程受到影响，出游需求被压抑，疫情过后，旅游业将逐渐复苏，预计2020年下半年旅游市场呈快速增长趋势，北京市旅游安全管理工作压力加大。但随着旅游安全管理能力的进一步提高，预计2020年旅游安全突发事件总数量不会大幅增加。公共卫生安全事件、事故灾难类旅游安全突发事件较难提前排除隐患，预计这两类旅游安全突发事件占比仍然较高，其中因旅游者突发疾病导致死亡的安全事件风险降低的可能性较小，旅游交通事故一般涉及的旅游者人数较多，致死致伤率预计较高。

（二）旅游安全管理工作要点

1. 完善安全管理制度，理顺安全管理机制

文化和旅游机构改革后，行业安全管理规章制度还不够健全、完善，部分区文化和旅游局安全管理职责需要进一步细化，执法检查与安全检查的职责需要进一步界定，各项安全管理机制需要进一步磨合。2020年，北京市文化和旅游局继续发布《北京市文化和旅游行业2020年安全与应急工作要点》，明确行业管理具体工作任务，明确安全管理职责和范围。进一步强化工作统筹部署，适时召开安全工作会议，切实提高政治站位，明确工作职责，讲究工作方法，抓实工作责任。充分发挥假日办组织协调作用，会同北京市交通委、北京市应急管理局、北京市市场监督管理局、北京市气象局，北京市公安局治安管理总队、交管局、特勤局，北京市消防总队等，开展假日、重大活动、暑期、汛期、旅游高峰期旅游安全联合督查检查，开展风险评估，深化隐患排查，严格落实安全措施。进一步推进旅游安全生产标准化建设工作，做好标准宣贯培训，并按照标准开展有关评估检查。

2. 落实安全生产主体责任，提高执法检查质量

针对2019年检查中发现文化和旅游企业存在安全生产主体责任落实还

不够到位的问题，2020年北京市文化和旅游局将进一步梳理行业安全管理职责，分级分层落实责任，明确企业主要负责人到一线从业人员的安全生产责任。进一步创新检查形式，结合日常检查和专项检查，督促企业将安全生产主体责任落到实处。对企业开展安全教育培训、应急演练、隐患排查进行督查，在督查检查中，将查找问题、督导整改和隐患治理形成闭环，避免隐患查找出来未整改或反复出现的情况发生。加强执法力度，采用批评教育以及约谈、曝光、罚款、纳入诚信系统等行政处罚措施，切实提高安全管理水平，促使全行业牢固树立安全意识和底线思维。

3. 着眼重点领域和时段，细化安全保障措施

贯彻落实党中央、国务院和北京市委、市政府关于新冠肺炎预防控制工作的部署，北京市文化和旅游局要求各区文化和旅游局落实属地责任，积极联合属地公安、卫健等部门，对属地星级饭店、快捷酒店等住宿企业接待旅游团队情况做好排查、监测和信息上报，全面落实安全防控工作，有效防控新冠肺炎疫情。做好防汛、消防、预防煤气中毒、烟花爆竹燃放等季节性安全工作，督查工作部署准备、安全管理、安全责任制落实、应急管理和服务保障等情况。做好国内外重大政治活动、重要会议以及节假日等重点时段的安全服务保障工作，提前筹划，全面做好工作部署，加强隐患排查，针对性开展综合演练、专项演练和现场处置应急演练，确保行业安全稳定。

4. 加大旅游安全宣传力度，提高全行业安全意识

创新宣传方式，丰富宣传内容，组织市区两级旅游安全管理干部、企业主要负责人、企业一线从业人员培训，要求各文化和旅游企业定期对从业人员进行安全生产教育，建立从业人员培训教育档案，完善考核机制。积极做好各类标准宣贯工作，扩展培训广度和深度，确保行业学习落实到位，进一步提升行业安全管理水平以及风险防范意识和化解能力。针对节假日、重大活动、暑期、汛期、旅游高峰期等重点时段，加强预警提示信息发布，有效引导旅游者理性出游、安全出游、文明出游。采取文化和旅游安全宣传咨询日、发放旅游安全宣传资料、专题讲座等形式，积极利用旅游者喜闻乐见的新媒体宣传渠道，进一步提升市民和旅游者安全意识。

B.25

2019～2020年贵州省旅游安全形势分析与展望

付 瑜 江泰罗 胡艳红 陈 旭 郑亚威*

摘 要： 2019年来，贵州省旅游业取得长足发展，旅游安全生产工作稳步推进。贵州省文化和旅游厅通过完善安全生产制度、全面深化安全治理改革、严格规范安全检查、强化风险源头管控、积极吸取经验教训、全面安全宣传教育、全力遏制事故等全方位举措扎实推进旅游安全管理工作。2020年，贵州省将重点关注新冠肺炎疫情冲击形成的旅游风险，着力推进安全生产治理体系改革、安全监管执法机制创新、安全生产智能监管平台完善、风险排查、安全培训、应急演练与事故应对等工作，全方位、多层次、宽领域地强化旅游安全生产工作，大力推进旅游业高质量发展。

关键词： 制度管理 完善平台 贵州省

一 2019年贵州省旅游安全总体形势

综观2019年，贵州省各级文化和旅游主管部门严格遵循国家安全生产的各项政策、标准与规范，将保障旅游安全作为工作首要目标，积极落实文

---

* 付瑜，贵州省文化和旅游厅市场管理处处长；江泰罗、胡艳红、陈旭、郑亚威，贵州省文化和旅游厅市场管理处主任科员。

化和旅游领域的安全生产制度，聚焦安全生产隐患风险防控工作，夯实安全生产基础，强化文化和旅游基础设施建设，全力应对文化和旅游领域的各项安全风险挑战，为促进全省文旅融合与高质量发展提供安全保障。

2019年，贵州省文化和旅游厅扎实推进各项旅游安全管理工作，先后组织开展了覆盖各市州的文化和旅游领域市场秩序政治及安全隐患排查6次，全省文化和旅游领域市场秩序及安全隐患暗访6次，水上游乐安全专项检查1次，组织全省旅游安全知识培训2次；开展省级旅游安全应急救援演练1次，以上举措为推进旅游目的地安全建设、保障旅游安全生产工作、促进文旅行业协调发展奠定了基础。

二 2019年贵州省旅游安全工作概况

（一）强化安全意识，完善安全生产制度

贵州省文化和旅游厅高度重视旅游安全生产工作，按照国家关于安全生产的相关规定与指示，积极防范旅游风险，严格落实旅游安全生产责任，具体内容体现在以下三个方面。

一是积极制定风险防范制度。贵州省文化和旅游厅积极学习国家关于安全生产的重要指示精神，总结经验教训。特别是江苏响水发生"3·21"特别重大爆炸事故后，省政府组织召开全省安全生产紧急电视电话会议，总结经验教训。贵州省文化和旅游厅印发了《贵州省文化和旅游厅关于做好近期安全生产和防范化解风险工作的紧急通知》（黔文旅办〔2019〕76号），并督促各级主管部门按照相关要求落实具体工作。

二是全员参与风险防范。按照"党政同责、一岗双责、齐抓共管、失职追责"和"三个必须"的要求，成立安全生产防范化解重大风险工作领导小组，制定并印发《贵州省文化和旅游厅关于成立安全生产和防范化解重大风险工作领导小组的通知》（黔文旅办〔2019〕87号）。通过定任务，设目标，常督促，形成了"一把手"亲自抓，厅领导班子成员主要抓，安

委会办公室统筹抓，相关处室及直属单位具体抓，层层抓落实的工作机制，把责任落实到每位班子成员和有关处室单位，全面细化量化安全生产工作任务，建立了各处室、直属单位全员参与、全员监管、全员覆盖的"三全"安全生产监管新模式。

三是明确规定责任细则。各市（州）文化和旅游局、厅直属各单位分别签订了 2019 年安全生产目标责任书，责任书明确要求各级管理部门确立安全生产监管（责任）主体、建立强化安全生产工作台账、完善安全宣传教育培训机制、健全安全生产应急预案以及安全生产问责等方面内容，明确监管部门及相关单位的安全生产职责。

（二）全面深化改革，优化安全管理体系

贵州省文化和旅游厅严格按照省安全生产委员会办公室（以下简称"安委办"）的安排，稳步推进《中共中央国务院关于推进安全生产领域改革发展的意见》落实，加强改革创新，不断优化全区文化和旅游领域安全监管体制机制。

首先，强化旅游风险研判。贵州省文化和旅游厅加强与省应急厅、省安委办、省气象局等部门的联系，每月编写文化和旅游风险研判报告；定期参加省应急组织开展的风险会商研判会议，及时获取预警信息，并于第一时间传达到各级文化和旅游部门以及全省文化和旅游经营企业、单位。督促全省文化和旅游企业自觉遵守安全生产法律法规，全过程、全天候、全方位落实安全生产主体责任，将风险研判、隐患排查、整改落实等有关工作落实到位。

其次，加强应急能力建设。贵州省文化和旅游厅组织专家编制《贵州省文化和旅游业突发事件应急预案》《贵州省文化和旅游厅突发应急事件处置"五个机制"》（《贵州省文化和旅游厅安全会商调度工作机制》《贵州省文化和旅游厅共建共享风险防范机制》《贵州省文化和旅游厅突发事件应急预案优化机制》《贵州省文化和旅游厅突发事件应急救援机制》《贵州省文化和旅游厅涉外旅游安全联动机制》），督促各级文化和旅游部门完善和修

订突发事件应急预案，形成自上而下的完整文化和旅游应急预案体系。同时部署各地加强预案演练，通过强化训练增强处理文化和旅游安全突发事件的实战能力。贵州省文化和旅游厅牵头联合省红十字会、毕节市文化和旅游局、上海金汇通用航空股份有限公司，于3月19日在5A级景区百里杜鹃，组织开展启用直升机救援的安全应急演练，全面检验景区旅游突发事件的应对处置能力和水平。

最后，完善风险预警机制。为满足游客在贵州省安全出行、满意旅游的美好需求，贵州省联合第三方机构开发建设"贵州省旅游安全预警提示系统"微信小程序，以快速简单有效的方式，为广大游客提供及时准确的旅游安全公共服务信息，为解决景区流量管控、预警信息发布等难题提供新途径。截至2019年12月9日，各景区共发布旅游安全公共服务信息87057条，获取游客相关留言579条，具体包括"建言献策"264条、"我报隐患"128条、"我要留言"187条。热门景区如梵净山、黄果树大瀑布等，充分利用安全预警提示系统，发布客流量预警信息，引导游客出行与疏导分流。

（三）规范安全检查，强化风险隐患治理

2019年，贵州省先后制定印发《贵州省文化和旅游厅关于开展全省行业安全生产工作交叉检查的通知》（黔文旅办〔2019〕78号）《贵州省文化和旅游厅关于开展"端午"节和暑期前文化和旅游市场秩序安全隐患排查工作的通知》（黔文旅办〔2019〕161号）《贵州省文化和旅游厅关于进一步加强"国庆"节期间文化和旅游市场安全隐患排查工作的通知》（黔文旅办发〔2019〕26号）等文件，对全省文化和旅游领域安全生产检查内容和责任体系进行了规范。

第一，指导旅游安全检查。贵州省明确制定了文化和旅游生产经营单位安全生产"五必查"制度，即检查安全生产管理责任落实情况、安全生产管理制度建立和执行情况、安全风险管控情况、隐患排查治理情况以及应急管理制度落实情况。

第二，制定隐患排查标准。贵州省严格制定旅游风险隐患排查治理标

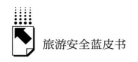

准，使文化和旅游经营企业、单位知道"何时查、查什么"，从业人员知道"做什么、怎么做"，文化和旅游监管部门知道"管什么、怎么管"，确保安全生产隐患排查治理工作有章可循、有据可依。

第三，落实安全生产责任。明确企业、个人的安全生产责任，积极落实"一必须五到位"的总体要求。"一必须"即安全责任必须明确到人，"五到位"即安全预案演练到位、安全隐患自查到位、安全防范措施到位、安全风险研判到位、安全隐患整改到位。督导企业建立全员安全生产责任制、全过程安全生产管理制度，实现"一企一标准，一岗一清单"，不断完善"人人有责、人人负责"的安全生产责任体系。

（四）强化源头管控，严把安全准入关口

贵州省文化和旅游领域安全生产形势保持稳定，但安全生产风险大量存在，特别是文物博物场馆、特种娱乐设施以及群众演出等重点行业领域安全风险突出。因此，贵州省加强源头管控，深入评估全省文化和旅游领域安全生产风险状况，严格把控文化和旅游企业安全准入条件，从源头切实化解系统性安全风险。一方面，依法将安全生产纳入文化和旅游企业行政审批过程，对审批的安全事项进行严格把关，加强网吧、旅行社等行政审批现场勘验工作，严格演唱会等文艺演出安全预案审查机制，将购买责任险纳入旅行社业务经营许可证颁发前置程序；另一方面，坚持在星级饭店、A 级旅游景区、星级旅行社等文化和旅游企业质量等级评定和年度复核中实施安全生产"一票否决"制。

（五）吸取经验教训，构建安全保障网络

贵州省深刻吸取省内外安全生产事故经验教训，举一反三，织密织牢安全生产保障网。贵州省文化和旅游厅厅长张玉广先后召开全省景区服务质量提升暨安全管理现场会、全省文化和旅游安全生产会等会议，组织文化和旅游管理部门、经营企业和相关单位，从安全生产事故中吸取教训，总结经验，提高安全防范意识，加强安全防范措施的落实。贵州省文化和旅游厅先

后印发《贵州省文化和旅游厅关于加强全省文化和旅游领域安全工作的紧急通知》（黔文旅办〔2019〕202号）《贵州省文化和旅游厅关于做好"国庆"期间文化和旅游安全防范工作的通知》（黔文旅办发〔2019〕35号）《贵州省文化和旅游厅关于进一步加强冬季文化和旅游安全工作的通知》（黔文旅办发〔2019〕56号）等文件，要求全省文化和旅游领域要牢固树立安全发展理念，强化安全生产意识，全力做好行业防汛和地质灾害防范应对工作。同时举一反三，要求各级文化和旅游部门、企业、单位要深刻吸取相关安全事故经验教训，在全省文化和旅游领域开展安全隐患排查工作的基础上，积极开展安全隐患自查工作，重点对文化和旅游企业特别是文博场馆、星级饭店、娱乐场所、A级景区等场所开展专项检查。

（六）全面安全宣传，营造旅游安全氛围

在全省文化和旅游领域大力普及安全生产法律法规，深入研究新时期安全生产工作新形势，不断创新安全生产法律法规普法宣传模式，运用新媒体和传统媒介，深入开展安全生产法律法规普法宣传活动。

一方面，加强安全生产宣传工作。将安全生产法律法规纳入普法宣传规划，及时汇编、解读安全生产法律法规，组织开展安全生产法律法规"进文博场馆、进文化单位、进景区、进饭店、进旅行社、进游客"六进活动，切实扩大安全生产法律法规在全省文化旅游领域的宣传覆盖面。此外，以"4·15"（《国家安全法》宣传日）、"5·19"（中国旅游日）、"6·16"（安全生产法制宣传日）为契机，通过发放宣传资料、制作宣传展板、设立咨询台等形式，先后发放宣传资料1000余份，大力宣传安全生产法律法规及相关政策。

另一方面，强化全面安全培训工作。分层级、分领域、分岗位开展全区文化和旅游领域人员专题培训、业务轮训。如2019年3月20日，在毕节市百里杜鹃景区举办了全省文化旅游领域安全生产管理培训班，让广大文化和旅游管理人员、从业人员进一步掌握安全生产工作的相关知识，提升文化和旅游从业人员安全素质，向全行业宣贯"履行安全生产主体责任、遵守安全生产法律规定"，提高安全生产意识。

（七）多举遏制事故，落实安全专项整治

严格按照文化和旅游部、省委和省政府的统一部署，紧紧围绕五一节假日、夏季旅游旺季、新中国成立 70 周年大庆等重大节假日，扎实推进全省文化和旅游领域安全生产百日专项整治行动。

一是进行全面安全检查。贵州省文化和旅游厅联合应急、消防、交通运输厅等部门开展旅游安全检查工作，对全省文化和旅游企业经营单位进行全面检查；根据《贵州省文化和旅游厅　贵州省交通运输厅关于联合开展暑期全省水上游乐和漂流安全隐患排查专项整治的通知》（黔文旅办〔2019〕209 号）文件要求，开展全省水上游乐和漂流安全隐患专项整治活动，贯彻落实"7.24 全省专题电视电话会议"精神和《贵州省人民政府办公厅关于进一步加强安全生产工作的紧急通知》文件要求，指导各市深入开展防风险、遏事故、保安全专项活动，并现场安排部署相关工作。

二是开展"回头看"检查活动。通过"回头看"活动的开展，确保已发现的安全隐患问题整改到位，同时可以进一步对文化和旅游经营企业、单位设施设备展开二次排查，确保安全隐患能及时发现和消除，防止安全事故的发生。

三是加强重点风险隐患管理。加强旅游景区地质灾害排查，要求各景区联合相关地质部门，组织进行地质灾害排查和安全评估，发布危险区域和项目风险提示，做实防范部署安排工作。严密防范游客拥挤、踩踏、溺水等安全事件发生，对大型活动、集会、游园等大型群众性活动开展过程中人员密集的情况，加强人员管理、疏导，防止拥堵、踩踏等安全事件发生，增加安保人员以维持现场秩序稳定。

四是做好应急准备工作。高标准做好应急救援准备以及节假日期间舆情监测工作。节假日期间实行单位领导在岗带班、工作人员 24 小时值班、单位干部职工实战备战、严阵以待。

五是部门联合督查。联合公安、消防救援、交通运输、卫生健康、市场监管等相关部门组建多个工作组，采取明察暗访的方式，对各地进行督导检查，对于存在重大安全隐患的文化和旅游企业，立即关停，不得开放接待游客和群众。

三 2020年贵州省旅游管理工作展望

面对文化和旅游融合发展广阔的新领域、繁重的新任务，贵州省将做好新时代文化和旅游安全生产管理工作作为重要任务，严格落实《中共中央关于坚持和完善中国特色社会主义制度、推进国家治理体系和治理能力现代化若干重大问题的决定》，紧密结合创新和发展文化和旅游安全生产管理制度，持续推进应急管理理论创新、实践创新、制度创新，运用制度威力应对文化和旅游领域的各种安全风险挑战，为全域旅游安定有序发展、文化和旅游融合发展提供有力保障。尤其是做好新冠肺炎疫情结束后的文化和旅游行业安全生产工作，扎实推进安全生产工作，确保文化和旅游行业健康、快速发展。

（一）完善安全监管执法机制

首先，强化联合执法机制。加强文化和旅游边缘领域和交叉环节的安全生产联合执法，建立联动执法机制，进一步形成安全生产执法合力。加强与应急管理、消防救援、公安、市场监管等相关部门的协调和配合，明确各职能部门的监管职责，杜绝管理上存在缺位、脱节等情况，相关安全主管和监管部门应切实履职，帮助相关企业建立健全安全管理制度，将安全工作做细致、做到位。其次，健全完善重特大文化和旅游安全生产事故违法行为向公安机关、检察机关案件移送制度，促进文化和旅游安全生产监管方式由行政管理模式向依法治理机制转变。再次，建立文化和旅游市场暗访常态化工作机制。定期委托第三方机构组织专业人员对贵州省文化和旅游市场安全开展明察暗访工作，及时发现存在的安全问题，保障贵州省文化和旅游市场稳定和服务质量的提升。最后，强化安全回访机制。继续开展"已整改问题回头看"专项活动。组织人员对全省"已整改"安全隐患问题持续进行抽查复核，确保安全隐患切实消除。

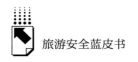

（二）完善安全生产智能监管平台

依托全国旅游服务监管平台，研发"互联网＋安全"管理模块，将日常安全生产与信息化管理系统深度融合，探索将企业智能监控与全省文化和旅游系统多个平台对接，实现在线实时监测文化和旅游重大危险源，引导企业推广运用物联网技术加强事故预警，构建高危区域智能巡查管控机制，为文化和旅游领域安全生产工作插上"智慧"的翅膀。

（三）开展大排查、大培训、大演练

结合《贵州省文化和旅游厅关于进一步加强冬季文化和旅游安全工作的通知》（黔文旅办发〔2019〕56 号）文件，从 2019 年 12 月到 2020 年 3 月底，持续开展行业大排查、大培训、大演练。开展应急处置演练活动，邀请全省文化和旅游监管人员、从业人员观摩学习；同时邀请消防专家、安全专家等开展安全生产培训专题讲座，强化对各级文化和旅游管理人员、从业人员安全生产意识的教育和培训工作力度。此外，切实广泛深入地在全省文化和旅游领域推行安全生产、应急避险和食品安全知识宣传教育活动，发动引导社会力量广泛参与，形成全社会共同参与安全生产的良好氛围。

（四）强化重点风险排查与应对

2019 年底发生的新冠肺炎疫情对文化和旅游行业产生了巨大冲击。疫情结束后，文化和旅游行业将继续恢复运行，应重点关注疫情后的风险隐患，如游客聚集性公共卫生风险。文化和旅游活动属于游客聚集活动，存在聚集性公共卫生风险，贵州省将加强游客聚集性公共卫生风险隐患的排查与评估，积极落实整治风险。此外，将进一步完善风险应对与事故应急措施。严格落实领导干部带班和 24 小时值班制度，及时掌握各个重点文化和旅游企业、单位等游客聚集点的旅游安全、市场秩序情况，保证信息渠道全时畅通。一旦发生旅游安全突发事件、投诉案件，要及时受理、果断处置，防止事态的进一步扩大和升级，确保第一时间有效处置旅游安全突发事件。

B.26

2019～2020年重庆市文化和旅游安全
形势分析与展望

方林江 罗 祺*

摘　要： 2019年，重庆市文化和旅游系统严格落实"党政同责、一岗双责"，强化安全管理，切实加强一线工作部署，坚决消除安全隐患萌芽，不断提升应急处置能力，全力确保中外游客在重庆玩得高兴、游得安全、行得顺畅。展望2020年，重庆市文化和旅游系统将牢固树立和践行新的发展理念，突出抓重点、补短板、强弱项，进一步压实安全生产主体责任，全面提升文化和旅游行业安全管理整体水平。

关键词： 文化旅游　应急处置　重庆市

　　2019年，重庆市文化和旅游系统始终坚持以习近平新时代中国特色社会主义思想为指导，全面落实习近平总书记关于安全稳定工作"发展决不能以牺牲安全为代价"和视察重庆重要讲话精神，认真贯彻市委、市政府关于安全稳定工作的重要部署，围绕文化和旅游安全管理中心任务，定期研究部署安全生产工作，依法督导安全生产责任落实，狠抓预防治本、深化源头管控，全市文化和旅游安全生产形势持续向好。

---

* 方林江，重庆市文化和旅游发展委员会安全应急处处长；罗祺，重庆市文化和旅游发展委员会安全应急处四级调研员。

一 2019年重庆市文化和旅游发展形势

2019 年，全市共有旅行社 676 家，其中出境旅行社 96 家，一般旅行社 580 家，持有电子导游证导游 12000 人；星级饭店 173 家，其中五星级 27 家，四星级 51 家，三星级 79 家，二星级 16 家；A 级景区 252 个，其中：5A 级 9 个，4A 级 110 个，3A 级 82 个，1A－2A 级 52 个。创建命名"重庆市级平安示范景区"27 个；拥有五星级游轮 24 艘，"两江游"游船 8 艘。全市共有互联网上网服务营业场所 5820 家，文化娱乐场所 4050 家，演出场所经营单位 99 个，博物馆 104 家，公共图书馆 43 个，文化馆 41 个，乡镇（街道）综合文化服务中心 1023 个，村（社区）综合文化服务中心 11053 个。

二 2019年重庆市文化和旅游安全概况

（一）2019年文化和旅游行业安全风险概况

2019 年，重庆市未发生一起文化和旅游安全生产责任事故。各类文化和旅游安全突发事件均受到了文化和旅游管理部门的高度重视，得到妥善处理。通过旅行社责任保险统保示范项目的实施，江泰保险经纪公司会同相关保险公司及时办理保险理赔，为涉事文化和旅游企业降低风险损失，推动了行业整体风险管理水平的进一步提升。

（二）特点分析

虽然重庆市文化和旅游行业未发生一起安全生产责任事故，但从全年处置的 22 起突发事件看，涉文化和旅游安全突发事件类型繁多，风险结构复杂，风险来源多样。按发生地区分析，其中 10 起突发事件发生在市内，7 起发生在市外，5 起发生在境外；按事件发生类型分析，交通安全事故 1

起，文物安全事件 3 起，意外事故 18 起；按诱发因素分析，由自然环境因素引发 1 起，由旅游从业人员忽视日常安全操作风险因素引发 1 起，由社会因素引发 2 起，由自身突发疾病引发突发事件 12 起，因游客自身不安全行为引发 6 起突发事件。

（三）综合判断

文化和旅游业是一个涉及面广的综合性产业，从事文化和旅游经营的企业有旅行社、旅游景区、文化馆、艺术馆、图书馆等，以及为游客提供交通、住宿、餐饮、购物、娱乐等服务的经营者，分属于不同主管部门。安全生产和自然灾害防治整体形势依然严峻，具体表现在以下两方面：

1. 外部环境

一是博物馆、文化馆、美术馆等人员密集场所及文物建筑火灾防控风险较大，特别是与民宅毗邻的文物建筑防控压力较大。二是旅游交通安全的隐患较大，旅游车驾驶者规避外部安全风险能力及严格按照规程操作的意识有待提高。三是滑坡、泥石流、暴雨等骤发自然灾害产生的风险隐患较大。

2. 游客安全意识

由于部分游客安全意识淡薄、安全知识匮乏、追求低价产品、忽视旅游保险等主观意识的缺失，以及部分游客在旅行过程中不遵守相关安全规定，不顾各种安全警示跨越安全栏、随意攀爬、接近危险水源，不顾生命安全刻意追求刺激的高风险旅游行为，对旅游活动中存在的各类风险缺乏足够的认识和警惕，对自身驾驭旅游活动的能力缺乏清醒的判断，存在风险隐患。

三 2019年重庆市旅游安全工作的主要特点

（一）健全完善制度，落实行业安全管理责任

牢固树立安全发展理念，压实安全责任，严格落实"党政同责、一岗

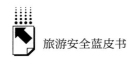
双责、齐抓共管、失职追责"，定期召开党委会、主任办公会、联席会传达学习习近平总书记关于安全生产重要指示精神和党中央、国务院关于安全生产重大部署，落实市委、市政府工作安排，研究部署文化和旅游行业安全生产工作，专题分析节假日、暑期、汛期等重点时段文化和旅游安全生产形势，及时解决工作中的重难点问题。一是组织召开文化和旅游行业安全工作大会，明确年度安全生产工作指导思想、工作目标、重点任务和保障措施。二是印发实施《重庆市文化和旅游发展委员会领导安全工作"一岗双责"职责分工》和《委系统安全工作"一岗双责"职责分工安排》，全面形成人人想安全、人人抓安全、人人为安全着想的良好局面。三是成立由委主要领导任组长的坚决打好防范化解重大风险攻坚战领导小组，设立6个专项办公室，制定"防风险保平安迎大庆"集中攻坚行动、消防隐患排查和着力解决旅游景区交通安全隐患突出问题等工作方案。指导各区县文化和旅游行政主管部门和综合执法机构、委系统各单位对应建立工作机制，各单位主要负责人承担风险防范化解第一责任人职责，分管负责人深入一线基层全程跟踪抓具体落实情况，对存在的风险隐患建台账、明目标，并逐一研究、逐一化解、逐一落实、逐一销账，确保风险化解在初始、萌芽阶段。四是印发《2019~2021年"平安景区"创建三年目标任务》及《2019年"平安景区"创建工作计划》，明确全市A级旅游景区安全管理发展目标、具体工作任务、时间节点和路线图，对维护景区和谐稳定安全发展提供了制度保障。五是加快推进旅行社、旅游星级饭店、旅游景区安全生产技术规范地方标准的编制进程，进一步推进涉旅企业规范化建设。

（二）构建长效机制，强化行业安全风险管理

高度重视，建立全方位、多线条、全覆盖安全管理机制，全力做到守土有责、守土负责、守土尽责。一是成立重庆市安全生产委员会旅游安全办公室，17个市级部门单位协同配合、分工负责。构建起统一指挥、专常兼备、反应灵敏、上下联动的文化和旅游应急管理体制，形成了人人想安全、人人抓安全、人人为安全着想的良好局面。二是建立文化和旅游市场秩序和安全工作"月点评、季通报、年考核"管理机制，重庆市旅游经济领导小组办公室印发《重庆市旅游市场管理水平督查通报方案》《全市旅游市场秩序月点评工作实施方案》，市政府常务会议以暗访视频短片形式对旅游市场秩序和安全工作进行了点评。委主任办公会议观看委属单位暗访检查片，通报委属单位暗访检查情况，专题研究部署整改工作。三是建立会议调度机制。实行定期调度、特殊情况随时调度的工作机制，传达中央、市委、市政府关于防范化解风险工作的决策部署，听取防范化解风险工作情况汇报，分析研判各类风险隐患发展趋势，部署工作任务，确保重大风险防范化解工作有序推进。先后于3次召开了工作部署、调度和消防集中约谈等相关会议。四是建立考核机制。将安全管理纳入全市旅游管理考核和委属单位、委机关年度考核重要内容，督促文化和旅游行业系统落实安全责任。五是建立风险隐患排查月报告机制。加强风险隐患点研判分析，系统组织开展全市文化和旅游重大风险排查工作，各区县文化和旅游委及所属各单位、专项办公室每月报告工作开展情况，重庆市文化和旅游发展委员会防范化解重大风险攻坚战领导小组办公室将风险分解到各责任单位，要求明确化解时限、责任人，制定切实可行的化解措施。六是建立重庆市出境旅游突发公共事件应急处置机制，迅速、有效处理旅游者在出境旅游过程中所遭遇的各种突发公共事件，尽可能为重庆市境外旅游者提供救援和帮助，全力保障旅游者的生命财产安全。七是与市委政法委、公安、应急管理、交通运输、市场监管、卫生健康、防汛抗旱、气象等部门建立工作协调配合机制，共同推进全市文化和旅游行业扫黑除恶、社会治安、反恐怖、安全生产、道路交通、特种设备、食品卫生、自然灾害防治等安全监管工作，保障行业健康发展。

（三）加大督查力度，夯实行业安全管理基础

发挥检查督导"指挥棒"作用，推动全市文化和旅游行业系统工作任务全面落实，切实把风险掌握在研判中、把问题发现在排查中、把隐患消除在萌芽中、把整改落实到行动中。一是加大安全工作明察暗访的范围、频次、力度。组织开展和安排部署重点区域、重点景区、重点时段旅游安全暗

访督查，先后 3 次由委领导带队共组成 24 个检查组，采取"体验检查、重点抽查"等方式，对全市各区县文化和旅游系统的文化和旅游安全工作开展检查。会同重庆市应急管理局开展"网红"景区安全检查，督导云阳龙缸景区安全工作。狠抓文物建筑火灾隐患排查整治。派出由委机关处长带队的旅游安全暗访工作组，暗访"两会""五一""国庆"期间重点区县、重点时段、重点景区旅游安全工作。组成 3 个暗访组对经营三峡国内游的旅行社、三峡国内游船、三峡国内游沿途相关景区、文化演艺项目及购物店开展暗访。组成 3 个暗访组对委属单位安全管理工作情况开展暗访。组成 13 个检查组开展区县（自治县）综合安全交叉督导检查和委属单位联合督查。二是组织开展专项检查。组织开展星级饭店消防安全和 A 级景区安全专项检查，通报并责成景区停业整改 13 家，取消等级 11 家。会同公安、交通运输等部门开展旅游包（租）车专项检查。全面加强城市文化和旅游设施安全检查和风险管控，依法强化城市"网红"景区景点安全评估和最大承载量核定，消防验收不合格不予评定 A 级旅游景区。挂牌督办梁平区双桂堂重大消防安全隐患整改，2019 年 10 月 30 日，会同重庆市民宗委、市消防救援总队开展现场整改验收。组织开展广播电视播出安全专项检查，全面加强和确保意识形态安全和广播电视网络安全，严把内容导向关、安全传输保障关和网络信息安全关。三是用好重庆市防范化解重大风险信息管理系统。根据摸排掌握情况，与各区县（自治县）比照"重庆市防范化解重大风险信息管理系统"上报的 90 个风险点进行分析，重点对风险点、风险等级、化解时限等进行了审核，分别对 4 个区县（自治县）6 个风险点提出审核修改意见。四是推进"渝云景安"景区安全视频系统建设，利用视频监控系统实时监控全市 4A 级以上景区出入口、游客中心、停车场和索道、廊桥等核心景点及人员密集场所安全情况。五是深入开展执法检查。2019 年，重庆市文化和旅游发展委员会结合扫黑除恶专项斗争，协同市公安、市场监管、交通运输、消防救援等市级部门，以及区县（自治县）旅游等有关部门，累计检查督导旅行社（分社及服务网点）、A 级景区等旅游企业 8500 余家次，检查督导旅游团队、导游领队 3000 余次，共立案 106 件，作出行政处罚决定 68 件，累计罚没款 120 余万元，责令 5 家旅行社停业整顿，协助有关部门关掉欺客宰客"黑店" 2 家，处理"黑社""黑导" 10 余个，促进了旅游市场秩序明显好转。

（四）聚焦重点工作，狠抓各项措施落细落实

一是全市文化和旅游系统新中国成立 70 周年安保维稳工作成绩突出。先后派出 7 个小组，由委领导带队，覆盖全市 38 个区县（自治县）和万盛经济技术开发区，累计出动检查人员 650 余人次，抽查旅行社 51 家、A 级旅游景区 71 个、星级旅游饭店 45 家、文物博物馆 44 个、文化市场经营场所 132 家。派出由委机关处长带队的旅游安全暗访工作组，暗访重点区县（自治县）、重点时段、重点景区旅游安全工作。重庆市委、市政府通报表扬市文化和旅游发展委员会，安全应急处被市委组织部、市委政法委记集体二等功。二是扫黑除恶专项斗争取得实效。深入推进扫黑除恶专项斗争，按期完成中央督导组反馈问题整改工作，顺利通过中央扫黑除恶第一轮"回头看"督导检查。委办公室、安全应急处、原市旅游监察执法总队被重庆市扫黑除恶专项斗争领导小组表彰为先进单位。

（五）加强培训宣传，提高全民安全防范意识

紧紧围绕提升文化和旅游从业人员安全管理水平，提高旅游者安全防范意识的目标，扎实开展文化和旅游安全培训和宣传教育。一是指导各区县（自治县）文化和旅游委和委属单位开展"安全生产月""全国防灾减灾日""全民国家安全教育日""食品安全宣传周"活动，发放《旅游安全手册》 4000 余册，使广大群众提高安全意识，营造全市文化和旅游行业系统浓厚的安全氛围。二是印发《重庆市文化和旅游发展委员会 2019 年消防安全宣传教育"七进"工作方案》，组织主城九区文化和旅游委、委属单位和委机关开展文化和旅游消防安全大约谈和消防培训，指导各区县（自治县）文化和旅游发展委员会及涉文化和旅游企业开展消防安全培训。三是加强工作经验梳理，参加全国旅游安全培训与应急演练。重庆市旅游监管服务平台

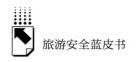

推广应用工作在全国旅游监管服务平台推广应用工作（陕西）片区培训班上进行交流发言。全市消防工作电视电话会议推广重庆市文化和旅游发展委员会工作经验。重庆市委政法委简报扫黑除恶专项斗争专刊刊发全市文化和旅游行业专项斗争开展情况及成效。四是加强业务培训，组织开展旅游质监执法、主城区文物安全工作、新任博物馆馆长等培训，全面提升文化和旅游安全管理水平。

（六）强化应急管理，提升突发事件处置能力

一是加强风险分析研判。重点围绕安全生产、自然灾害、公共安全等领域安全风险在不同时期的不同特征，形成了《2019 年全国"两会"期间旅游安全形势分析及应对措施》《2019 年下半年全市旅游安全风险分析研判及防控措施建议》《新经济新业态潜在风险点及防控措施》等分析报告，及时对涉文化和旅游突发事件风险作出评估，提出对策建议。二是加强应急突发事件处置能力建设，修订和完善应急预案。指导酉阳县开展旅游大巴追尾柴油罐车安全应急救援演练及水上应急救援演练；指导渝中区、大渡口区、永川区、长寿区、巫山县、垫江县等区县文化和旅游发展委员会开展文物古建筑、景区、酒店、文化经营场所消防救援演练。确保要求明确、任务明确、标准明确、责任明确、人员明确、重点部位明确、时间节点明确。三是切实抓好值班值守，严格落实 24 小时值班制度，及时处置突发事件，全市文化和旅游系统安全工作取得明显成效。

四　2020年重庆市文化和旅游安全风险预判及工作展望

（一）风险分析

近年来，重庆市文化和旅游发展委员会每年均开展年度涉文化和旅游突发事件趋势分析及制定应对措施。经综合分析研判，重庆市 2020 年文化和旅游行业可能存在以下安全风险：

1. 新冠肺炎疫情对文化和旅游行业公共安全带来较大风险

一是疫情防控期间，文化和旅游系统复工、复学、恢复开放和经营存在较大风险。疫情防控是当前最重要的任务，但一些企业及管理人员把疫情防控当成了唯一的任务，安全生产责任不落实的风险加大。文化和旅游行业的服务及消费具有人员聚集、点多面广的显著特征，复工、复学、恢复开放和经营后，即便各单位加强安全管理，严格落实测温、消毒、外地返岗人员隔离等措施，但是如果在进行文化和旅游活动过程中或在工作时间之外出现1例无症状感染者，将导致严重后果。二是疫情解除后，文化和旅游安全将面临较大风险挑战。疫情对文化和旅游行业的影响是巨大的，疫情解除后企业可能为了找回损失，片面追求经济效益或者赶工期、赶进度，而忽略安全方面的硬件投入和管理上的松懈，带来较大安全风险。企业员工从长假休息状态进入紧张的工作状态，岗位调整、工作量增加、疫情对心理上的压力等方面可能导致情绪变化，带来较大安全风险。特种设施设备或高风险游乐设备因长时间停运，未及时维护、保养、检修、检测和检验，"带病"运营的安全风险较大。疫情防控期间雨雪天气较多，对部分景区和文物建筑周边地质环境造成影响，带来风险隐患。

2. 消防安全风险

重庆市文化和旅游行业领域，多高楼古镇深宅，文博、林草资源丰富。文化经营场所点多面广，文化娱乐场所及互联网上网服务营业场所人员密集，采用易燃装修材料，所带来的风险隐患较高。

3. "网红"景区等热点景区安全风险

洪崖洞、鹅岭二厂、李子坝轻轨穿楼等网红景区景点受地形及空间限制，发生拥挤踩踏事故、暴恐袭击的风险较高。

4. 旅游交通安全风险

交通安全是文化和旅游领域存在的较大隐患之一。交通安全事故发生的主要根源，已由过去的路况差、车辆差，转化为人的安全意识不强、驾驶技能不高和开车习惯不好。游客身份散客化、自驾游增多也存在较大隐患。

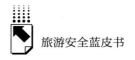

5. 自然灾害风险

根据水利、气象部门和预警中心等发布的预警和分析看，重点在文物建筑、高山峡谷景区的地质灾害监测预警、隐患排查方面存在安全风险。

6. 高风险旅游项目和特种设备安全风险

经依法普查，重庆市目前有 270 多个高风险娱乐项目，锅炉、电梯、索道、电瓶车等特种设备数量庞大，很多并未纳入国家特种设备名录，没有明确的国家质量认证标准，也没有明确具体的审批许可单位，安全风险隐患较高。

7. 大型群众性文化和旅游活动安全风险

随着重庆旅游知名度越来越高，各种主题和风格的大型群众性文化和旅游活动增多，加大了反恐怖防范、消防、拥挤踩踏、卫生防疫等风险。

（二）工作展望

1. 抓好组织机制建设

履行重庆市安全生产委员会旅游安全办公室职责，统筹协调各成员单位推进全市文化和旅游安全管理，压实各级安全生产与自然灾害防治责任。

2. 抓好文化和旅游安全管理

加强文化和旅游安全监管指导，持续加强安全隐患排查，抓好区县（自治县）文化和旅游主管部门及委属单位安全生产及自然灾害防治交叉检查，加大暗访频次和力度，推进文化和旅游安全大排查、大整治、大执法工作，重点突出春节、暑期汛期、国庆节等重点时段全市文化和旅游安全检查，确保安全稳定。加强人才队伍建设，用好用活全市文化和旅游安全专家库，及时对公众发布安全预警与提示信息。

3. 抓好防范化解重大风险工作

发挥重庆市文化和旅游发展委员会坚决打好防范化解重大风险攻坚战领导小组各项机制作用，抓好重要时节及重大活动的安全风险研判，加强突发事件风险识别、评估和管控。修订完善强化"重庆市防范化解重大风险信息管理系统"的管理及使用，抓好全市文化和旅游行业系统消防、反恐怖、交通、食品、特种设备、地质灾害等风险隐患整治，强化闭环管理，督促指导各区县（自治县）及委属单位严格落实属事、属地责任，进一步引导、规范文化和旅游企业安全经营、安全发展。修订重庆市《涉旅突发事件应急预案》，指导相关区县（自治县）及委属单位开展应急演练，落实好风险防控责任，提升突发事件处置能力。

4. 推进行业系统扫黑除恶专项斗争

抓好"平安景区"建设，加强检查调研。协同相关部门、区县（自治县）及机关处室抓好文化和旅游市场综合整治。加强线索摸排梳理，提升打击质效。

5. 抓好复工复学后的安全管理

加强督导检查，压实企业疫情防控主体责任，督查企业落实岗位责任制。指导企业加强隐患排查整治，确保企业疫情防控各项工作运转有序、执行有力、落实有效。对企业落实防控措施不到位的，对监督管理不担当、不作为的，强化追责问责。

6. 抓好标准化建设

推进旅行社、旅游星级饭店、旅游景区安全生产技术规范地方标准落地实施。

7. 抓好宣传教育培训

加强宣传教育培训，强化安全意识，提高应急处置能力。组织开展全市文化和旅游安全培训，指导各区县（自治县）文化和旅游委和委属单位开展安全培训，规范行业安全管理，提升安全监管水平。配合相关部门开展"安全生产月"等宣传活动，加大文化和旅游安全宣传力度，提升旅游者安全意识和防范能力。

B.27
2019~2020年港澳旅游安全形势分析与展望

陈金华　严尚霞　杨雪可　马少思*

摘　要：　2019 年，港澳旅游市场波动较大，旅游安全环境呈现不稳定状态。据统计，2019 年，港澳地区共发生旅游安全事件 134 起，相比 2018 年大幅增加 43 起，主要以社会安全事件和交通事故为主，社会暴乱影响大而深远；"修例风波"引起的持续极端暴力事件致使香港旅游形象严重受损，给香港旅游业造成沉重打击。展望 2020 年，港澳特区政府应加强社会管控与治理；与内地加强合作，共同防范新冠肺炎疫情的影响，完善重大自然灾害和社会安全事件的应急管理机制；完善基础设施，重塑安全舒适的国际旅游目的地形象。

关键词：　安全事件　应急管理　香港　澳门

　　2018 年，港珠澳大桥的开通以及广深港高铁的运行带动了内地游客赴港澳旅游的热潮，访港澳人次实现突破性增长，尤其是香港游客数量达到 6514.8 万人次①②，打破 2014 年以来最高记录。然而，自 2019 年 6 月以来，

---

* 陈金华，博士，华侨大学旅游学院副教授，主要研究方向为区域旅游资源开发与安全管理；严尚霞、杨雪可、马少思，华侨大学旅游学院硕士研究生。
① 香港旅游发展，https：//www.discoverhongkong.com/china/about‐hktb/news/visitor‐arrival.jsp。
② 香港政府统计处，https：//www.censtatd.gov.hk/home/index_tc.jsp。

香港持续的社会暴力行为，引起境内外游客对香港安全的担忧，第三季度开始香港入境游客规模直线下滑，2019 年香港游客数量跌至 5591 万人次，同比下降 14.2%，内地访港游客数量同比下降 14.2%，其中仅 11 月内地访港游客数量同比减少 58.4%，香港旅游业损失惨重。与此同时，2019 年澳门入境游客数量达 3940 万人次①，同比微增长 10.1%，其中内地访澳游客数量达 2792 万人次，占总人数的 70.9%，内地游客仍处于主导地位。相比于香港地区，澳门地区入境游客数量变动幅度较小，近年来呈现稳定的趋势（见图 1）。

图 1 2015～2019 年港澳入境游客数量及内地访港澳游客数量分析②③

一 2019年港澳旅游安全总体形势

通过百度等主流搜索引擎，结合人民网、文汇网、头条日报、香港大公网、《联合早报》等各大新闻网站查询涉及港澳旅游安全事件的新闻报道，

---

① 澳门特别行政区旅游局，https：//dataplus. macaotourism. gov. mo/Publication/Report?lang＝S。

② 香港政府统计处，https：//www. censtatd. gov. hk/home/index＿tc. jsp。

③ 澳门统计暨普查局 https：//www. dsec. gov. no/zh－MO/。

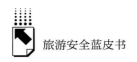

对香港和澳门两个地区 2019 年的旅游安全事件进行整理分析。据统计，2019 年港澳发生旅游安全事件共计 134 起，其中香港 95 起①，澳门 39 起，由此探讨两地旅游安全形势。

（一）社会氛围不稳定性增加，旅游安全环境总体变差

旅游安全事件在一定程度上可反映旅游目的地的社会氛围以及总体旅游安全环境的状况。2019 年，港澳社会安全事件占比最大，为 48.5%。据统计，澳门盗窃案件和暴力案件仍居犯罪案件之首，但总体呈下降趋势，社会整体未暴发冲突动乱，社会环境趋向缓和。且澳门旅游安全事件同比上一年降低 13.3%，侧面反映出澳门回归祖国 20 周年之际社会治安总体较好。不同于往年事故灾害占比较大的情况，2019 年香港旅游安全事件中社会安全事件较为突出，占比为 54.8%。受香港《逃犯条例》修订事件的影响，2019 年 6 月以来香港社会秩序、社会环境进入"半瘫痪"状态。"反派分子"不断发起"赶客行为"，火烧地铁站，占据马路、机场，恐吓游客，以及"反水货行动"等多起事件的发生致使香港旅游安全环境极度恶化，外部形象严重下滑，国际声誉严重受损。

（二）香港旅游业受重创，澳门旅游形势回暖

自香港发生极端暴力事件以来，香港旅游、零售、饮食及酒店等多个行业均受到"毁灭性"的打击。据 2019 年 11 月 22 日香港旅游业议会座谈会报道，餐饮业有 400 家被迫歇业、旅游业从业人员从过万人降至不足 200人，零售业生意额大幅下跌，商店被砸，多数关闭，多数人员面临失业困境。截至 2019 年 11 月 1 日，已有 40 多个国家及地区对香港发布旅游警示，令访港旅客数量急速下滑，8 月的入境旅游人次降至 359 万，同比下降39.1%；11 月入境旅游人次降至 264 万，同比下降 55.9%，创 2003 年

---

① 由于 2019 年 6 月起持续发生极端暴力事件，本统计数据仅记录涉及游客安全以及明显干扰旅游安全的事件。

SARS 以来访港旅客单月新低。澳门自 6 月以来入境旅游人次增长率呈逐渐下跌趋势，但全年总体入境旅游人次呈现平稳增长，如图 2 所示。

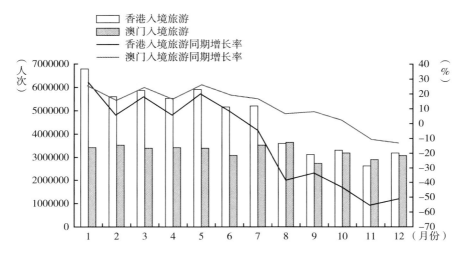

图2　2019 年港澳入境游客数量及同期增长率

（三）流行疾病多发，危害波及面广

2019 年冬季港澳地区进入流感高峰期，流感的蔓延不仅迫使 230 多所幼儿园停课一周，还造成几十人死亡，危害性极大。此外，麻疹暴发、登革热疫情、病毒感染、非洲猪瘟疫情等事件，危害严重，影响波及范围较大。传染性疾病不同于其他旅游安全事件，兼具传染性和流行性的特点，一旦发生和扩散将造成人员伤亡、财产损失等不可估量的破坏。

（四）海陆空交通事故频发，基础设施安全事件较多

交通事故在港澳旅游安全事件中占比仍然较大，尤其是陆上交通事故。2019 年，香港地铁多次发生意外，例如，东铁线大学站车厢出轨、荃湾线新信号系统测试港铁相撞、港岛线供电意外等，致使乘客滞留严重、市民出行受阻。此外，2019 年 12 月 10 日，澳门轻轨开通以来数次出现故障。海

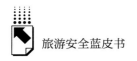

上交通事故中，事故发生主要为游艇碰撞、油轮爆炸、码头起火等。空中事故发生较少，其中一起为引擎故障致使班机折返急降，影响243名乘客出行。

港澳地区餐饮、住宿、娱乐以及相关基础设施较为陈旧，存在一定的安全隐患问题。例如，地铁相继发生架空电缆故障、香港牛头角站扶手电梯意外，酒店发生坠窗致游客死亡事件，大帽山景区无信号致使游客求救失败，饭店因电路起火等多起事件的发生表明基础设施问题带来了较大的安全风险。

二 2019年港澳旅游安全的概况与特点

（一）旅游安全事件的分布类型

依据国家公共安全突发事件类型以及旅游安全事件的特征等，将2019年港澳旅游安全事件划分为四大类，即自然灾害、事故灾害、公共卫生事件、社会安全事件。本文查询香港文汇报、大方报，新加坡联合早报等主流媒体新闻报道，选择2019年主要旅游安全事件22起进行归类分析，如表1所示。

表 1　2019 年港澳地区主要旅游安全事件

单位：人

事件类型	事件时间	地点	事件表现	伤亡情况		安全事件等级
				受伤	死亡	
自然灾害	4月22日	香港大坪山、香港机场	雷电击中大坪山行人致死，且击中一架由香港飞往上海的航班	1	0	一般
	4月18日	澳门机场	由澳门飞往高雄的航班因暴雨取消，约170位游客受影响	0	0	一般
	8月25日	澳门机场	受台风"白鹿"的影响，共有9个澳门往来台北、高雄的航班取消	0	0	一般

续表

事件类型	事件时间	地点	事件表现	伤亡情况		安全事件等级
				受伤	死亡	
事故灾难	1月22日	香港尖沙咀	酒店发生坠窗事件,导致内地游客1人死1人伤	1	1	一般
	1月26日	香港大帽山	三名游客至山中拍照取景,突然昏倒,因手机无信号求救失败	0	1	一般
	7月31日	香港大榄隧道	一辆旅游巴士失控,撞向另一辆旅游巴士的车尾,多人被抛出座椅	81	0	较大
	12月19日	香港粉岭	一辆巴士撞向路边大树,导致上层2名乘客抛出车外,4名乘客当场死亡,39人受伤	39	6	较大
	5月3日	澳门二龙喉街	一辆载满日本旅客的旅游巴士,失控撞向一咖啡室闸门,43名旅客及1名导游无伤亡	0	0	一般
	12月24日	澳门水塘湾	一辆载有2名内地乘客的的士,失控致使6人受伤	6	0	一般
公共卫生事件	1月19日	香港	冬季流感高峰使234所幼儿园停课,222起严重流感	102	222	特别重大
	4月3日	香港	麻疹暴发,累计44起确诊病例	44	0	较大
	7月27日	澳门丽景湾酒店	游客集体肠胃不适,内地游客130余人在访澳回程途中出现不适事件,怀疑集体胃肠炎	130	0	重大
	5月31日	澳门全境	澳门暴发乙型流感,各口岸每日出现的发热游客共有60～120人	120	0	重大
	7月9～27日	澳门全境	内地游客来澳旅游时至医院被诊出登革热Ⅰ型	7	0	一般
社会安全事件	1月10日	澳门路凼城	内地游客在美食广场用餐时,被盗13万港元现金	0	0	一般
	1月28日	香港上水	民主党在上水发起"反水货"游行,逼迫一些商店关门	0	0	一般
	7月13日	香港机场	千余名"黑衣人"在机场追袭老少旅客,至少2名旅客受伤	2	0	重大
	7月27日	香港上水	上水举行"光复行动",多条巴士线受阻,内地游客受惊	0	0	较大

续表

事件类型	事件时间	地点	事件表现	伤亡情况		安全事件等级
				受伤	死亡	
社会安全事件	8月10日	香港机场	连续3天"万人接机"集会游行影响香港机场的运行,多名游客被围攻	0	0	重大
	10月28日	香港尖沙咀	大批"黑衣人"在半岛酒店附近聚集并堵塞道路、袭击警员,百名市民及游客受惊	0	0	较大
	2月13日	澳门拱北	内地夫妇在拱北口岸暴力抗拒海关执法,被警方依法刑事拘留	0	0	一般
	5月19日	澳门四季酒店	在酒店天桥底下发生一起打斗案件,4名内地游客遇袭	3	1	一般

资料来源:查询香港文汇报、大方报,新加坡联合早报等主流媒体新闻报道。

1. 自然灾害

2019年,影响港澳地区的自然灾害以气象灾害台风、暴雨、风暴潮为主,共发生自然灾害事件9起。例如,4月18日,澳门飞往高雄的航班因暴雨取消,约170位游客受影响。8月25日,香港受台风"白鹿"影响,突发狂风暴雨,导致九龙、新界多达24处分别出现房屋停电,升降机故障,街灯及交通灯失灵等事故。气象灾害不仅给港澳地区居民和游客带来不便和风险,也导致旅游业经济受损。

2. 事故灾难

2019年港澳地区总共发生事故灾难44起,在旅游安全事件中占比较大,发生的安全事件类型主要是交通事故。在交通事故中,陆地上发生的事故占比最大,高达72.7%。较之于澳门,香港发生的游客安全事件居多,其中影响较大的包括菲律宾女子自拍失足坠崖、高空坠物砸中游客致死、大帽山景区无信号导致游客求救失败等。

3. 公共卫生事件

2019年,港澳地区发生的公共卫生事件主要涉及流行性疾病和食品安全问题,共计16起。流行性疾病影响较大,主要包括流感以及麻疹的暴发。1月上旬,香港共计有60起严重流感案例,其中22人死亡。1月19日起卫生署卫生防护中心相继公布了 234 所暴发流感导致幼儿园停课 7 天的消息。冬季为港澳地区流感高峰期，相关卫生局单位应密切监测流感疫情，并根据疫情适时调整防控策略，做好防护工作。

4. 社会安全事件

港澳地区目前应对的社会安全风险主要是极端暴力行为、偷盗诈骗等事件。截至 2019 年 12 月 31 日，社会安全事件同比增加 24 起，共计 65 起。其中偷盗诈骗案件多发生于澳门地区，其余事件型主要发生在香港地区。澳门的偷盗诈骗事件多与赌博产生关联，包括赌场偷筹码、"换钱诈骗案"、赌场趁乱偷盗等。香港自 2019 年 6 月以来共发生 400 余起社会暴力事件，严重扰乱香港秩序，居民和游客人身安全受到威胁，社会安全遭受严峻挑战。

（二）旅游安全事件发生的特点

1. 时空耦合性

内地游客一直占据港澳入境旅游市场的主导地位，旅游活动具有显著的季节性特征，内地节假日期间旅游安全事件发生的概率明显较大。在地域空间上，港澳地区发生的旅游安全事件具有明显的城市特点，多集中于住宿场所、购物场所、交通干道和娱乐性场所等人口聚集地。

2. 事故类型突出性

2019 年，港澳地区发生的旅游安全事件类型具有突出性特征，主要体现在事故灾难和社会安全事件两种事件类型上。其中事故灾难共计 44 起，社会安全事件共计 65 起，两者合计占旅游安全事件发生总数的 81.3%，呈现问题突出性特征。

3. 后果严重性

香港"反修例"风波引起的持续极端暴力事件致使香港旅游形象严重受毁，香港旅游业严重受挫，旅游从业人员面临失业，转行从事保安员、保险等工作，以维持生计。而以旅游业为支柱的香港经济也遭受沉重打击持续下滑，经济以及社会的不稳定性剧增。

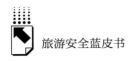

三 影响港澳地区旅游安全的主要因素

（一）环境因素

港澳地区的旅游安全除受台风、暴雨等自然因素影响外，更大程度上受社会因素影响。因港澳地区呈海岛经济体特征，表现出"敏感性"强、"易损性"强和"恢复性"弱的海岛脆弱性特点①。以香港为例，2014年"占中事件"和2019年"反修例"极端暴力行为等外界因素的干扰，对香港经济和整体社会环境产生巨大影响，需要花费相当长时间进行自我修复。这些冲击严重影响了香港原有整体环境的稳定性，使得香港经济及社会等受损严重，表现出社会环境脆弱性的特点。而澳门以博彩业为支柱性产业，产业单一也使得澳门经济脆弱性增强，所以，澳门未来应努力转型，形成多元化产业发展体系。

（二）人为因素

旅游者作为旅游活动的主体，其行为是旅游安全事件发生的主要原因之一。2019年，访港澳旅游中发生多起因游客自身安全意识以及防范意识薄弱而导致的安全事件，例如，游客自拍坠崖、轻信陌生人导致受骗财产损失等。还有一些由于游客自身修养和素质较低而产生的纠纷行为，以及由于游客个人身体健康状况产生的旅游安全事件。可见，旅游者的个人行为是诱发旅游安全事件的重要因素之一。

（三）设施设备因素

港澳地区旅游安全事件的诱因还体现在基础设施老化以及旅游相关设施

---

① 孙剑锋、秦伟山、曹万云、李世泰、孙海燕：《海岛经济体脆弱性综合评价与动态演变研究——以舟山市为例》，《海洋科学》2018年第6期，第96~106页。

设备故障等方面。旅游交通是游客出行的必要工具，而港澳地区机场、地铁站以及交通设施老化和薄弱问题较为突出，是引致意外事故的原因之一。例如，2019年香港发生了多起因地铁故障影响居民和游客出行的事件。在交通设施中，巴士、游轮因设施故障起火等事件也时有发生。基础设施薄弱也是导致旅游安全事件的原因之一，例如2019年发生了因电路老化、墙体脱落而导致的意外事故。

（四）管理因素

一方面，应对大型社会事件的预警与应急能力仍显不足。面对"修例风波"，香港特区政府、警方表现出较好的处置能力，及时发布动态、引导游客安全出行保护游客的人身安全。但对游行示威者长时间的违法、极端暴力行为等管治不足导致香港交通、商业瘫痪，香港特区政府在对重大社会事件的预警、应急和综合协调等方面有较大的提升空间。另一方面，旅游安全环境的构建需要两岸三地协同合作，但是粤港澳大湾区区域安全协同力度不足，政治体制差异等实际状况也成为区域合作的阻滞因素之一。

四 2020年港澳地区旅游安全形势展望与管理对策

（一）港澳地区旅游安全形势展望

1. 社会形势不确定性仍存在，旅游社会风险较突出

香港特区政府以及香港警界更要加强对香港社会的管理执行有力的制暴措施，旅游相关部门应及时发布动态以降低旅游者的风险感知。

2. 旅游安全受疫情不稳定性影响，政府应急管理和灾后恢复能力备受考验

2019年底从内地武汉暴发的新冠肺炎疫情危害内地与港澳旅游者和居民的生命安全与健康，严重影响经济社会的发展。随着内地与港澳频繁的人员流动，新冠肺炎疫情已开始蔓延到港澳地区，美国已启动对香港的旅游警示。疫情加重使港澳地区不得不关闭与内地的正常陆海交通，各种大型娱乐

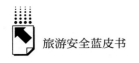

场所、旅游景点以及澳门的赌场等纷纷关闭。餐饮、酒店及零售业等服务业也受到巨大冲击。政府如何有效并快速地控制疫情的传播，制定一系列政策文件和管理办法来应对突发的新冠肺炎疫情，以及疫情后的社会与旅游服务业的恢复，将考验港澳地区政府的公共管理能力。

3. 粤港澳大湾区重大公共安全事件亟须区域协同制度创新

伴随着《粤港澳大湾区发展规划纲要》的贯彻执行，内地与港澳地区的交通、经济、人文联系日益加强，各要素的互动交流一方面促进了区域发展，但也加快和扩大了不安全因素的流动和影响范围。因此，在当前一段时间，内地与港澳在粤港澳大湾区协同抗击新冠肺炎疫情，以及疫情之后粤港澳大湾区的重大公共事件安全制度建设，需要两岸三地的制度创新。

（二）港澳地区旅游安全管理对策

1. 加强社会管控与治理，恢复安全宜游的目的地形象

香港持续性的极端暴力行为使香港社会处于半瘫痪状态，严重恶化旅游目的地形象，也使其旅游业遭受重创。因此，政府应该加强对社会的管控与治理，尤其是人员的监控，恢复稳定的社会环境。此外，未来很长一段时间内香港应致力于监控与引导社会舆情，制定目标，恢复其旅游目的地形象，降低旅游者的风险感知，重塑旅游者对香港旅游的信心，使香港旅游业重新步入正轨。

2. 加强疫情协作促进区域安全，推动旅游业复苏与振兴

粤港澳大湾区应加强合作，协同预警、防范与处理重大公共卫生事件，构成系统的合作管理体系，建立传染病疫情的安全大数据的共享交流平台，协同创建粤港澳大湾区疫情预警系统，在疫情通报、防控措施等方面积极沟通与互动；做好应对预案，保障医疗物资和卫生防护用品等，避免社会恐慌；共同制订灾后复苏与旅游合作计划，如疫情缓解后发挥政府职能激活市场，复苏社会经济；采取对旅游服务业提供信贷补贴服务、行业开展合作提供免费机票以赞助推广活动、行业合作为消费者提供各式优惠以刺激旅游消费、重塑形象的公关活动、与内地联合促进旅游联通等一系列的措施来恢复旅游业的健康发展。

3. 完善基础设施，维护市场稳定

政府相关部门应加大旅游服务业投入资金与力度，全面排查、修复与完备旅游基础设施，保障游客人身安全。此外，完善的旅游市场机制与稳定的市场秩序，能增强游客的安全感知，推动旅游业的发展。相关部门应完善与贯彻执行旅游法律法规，加强监管并严厉打击违法行为，维护旅游者的合法权益。另外，需建立规范的培训与惩罚制度来提高外来旅游从业人员服务素质与技能，以此促进港澳地区旅游业的持续健康发展。

B.28
2019~2020年台湾旅游安全形势分析与展望

黄远水　张梦娇　王芷安*

摘　要：　安全是旅游者对旅游目的地的基本需求。近年来，台湾旅游
　　　　　安全事件频发，在一定程度上降低了大陆游客赴台意愿。首
　　　　　先，本文通过对2019年台湾旅游安全事件的特点和成因进行
　　　　　系统性分析，并结合往年台湾旅游安全事件的情况，发现：
　　　　　①2019年台湾旅游安全事件数量和事故造成伤亡数较上年均
　　　　　大幅攀升；②在台湾旅游安全事件类型中，事故灾难占
　　　　　51%，仍以旅游交通安全事故为主；③旅游安全事件多发生
　　　　　在冬季，表现出明显的季节性波动；在空间上呈现不均衡分
　　　　　布。其次，本文认为：①2020年台湾旅游安全事件的数量虽
　　　　　会回落，表现出赴台游客主力人群锐减，继而旅游安全伤亡
　　　　　事故基数随之减少；②旅游安全事件类型仍将以旅游交通安
　　　　　全事故为主；③公共卫生事件防控工作将是全社会关注重点。
　　　　　最后，本文从自然环境、社会环境及旅游者管理的角度，提
　　　　　出了建议。

关键词：　旅游意愿　季度波动　台湾

---

* 黄远水，华侨大学旅游学院院长、教授、博士；张梦娇、王芷安华侨大学旅游学院硕士研
究生。

随着台湾旅游安全事件的频发，以及台湾当局对两岸关系的政策不明朗，赴台旅游安全不确定性显现，严重影响了台湾在大陆游客心中的形象及其安全感知。据此剖析2019年台湾旅游安全事件特征和影响因素，研究台湾旅游安全整体形势。

本文主要通过对主流网站采取关键词的方式进行检索，如百度新闻、网易新闻、凤凰网资讯、澎湃新闻、新浪新闻、中国新闻网、新华网、海外网、环球网、台海网、中国台湾网、你好台湾网、央广网、中国侨网等。关键词包含"台湾+旅游""台湾+游客""台湾+观光""台湾+酒店""台湾+景区""台湾+旅行社""台湾+游客+安全""台湾+旅游+安全""台湾+游客+诈骗""台湾+游客+失踪""台湾+游客+伤亡""台湾+游客+遇难""台湾+游客+失联""台湾+损失""台湾+疫情""台湾+意外""台湾+食物中毒""台湾+受伤""台湾+死亡""台湾+诈骗""台湾+失踪""台湾+安全""台湾+事故""台湾+事件"等。此外，本文通过台湾交通主管部门网站对2015～2019年的赴台游客数据进行搜集，据此对赴台游客总人数和台湾安全现状进行更全面的剖析。

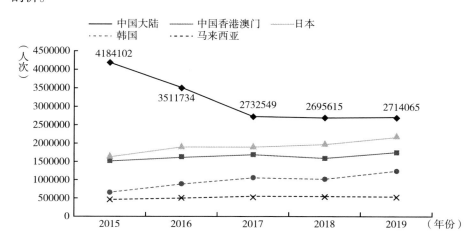

图1　2015～2019年亚洲主要客源国赴台游客总人数趋势

资料来源：台湾"交通部观光局"行政咨询系统，https://stat.taiwan.net.tw。

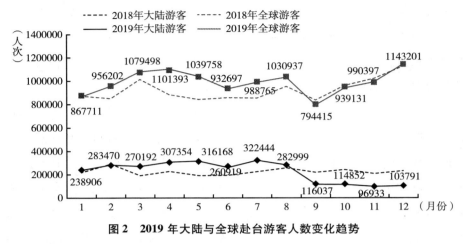

图2 2019年大陆与全球赴台游客人数变化趋势

资料来源：台湾"交通部观光局"行政咨询系统，https：//stat. taiwan. net. tw/inboundSearch。

一 2019年台湾旅游安全的总体形势

回顾近几年数据，从2016年起亚洲主要客源国赴台游客人次骤减，至2019年呈持续递减状态（见图1）。大陆赴台个人游试点于2019年8月正式暂停后，赴台大陆游客人数骤降。2019年大陆游客赴台总人数为2714065人次，与2018年大陆游客赴台总人数2695615相比，同比增长仅0.68%（见图2），台湾地区旅游安全事件的潜在伤亡人群基数呈减少趋势。

表1 2019年台湾旅游安全事件统计

事件类型	细分类型	编号	事件时间	事件地点	事件表现	伤亡情况	
						受伤	死亡
自然灾害	地震	1	4月18日	花莲县	4月18日13时1分发生6.7级地震	17	0
		2	12月10日	花莲县	中午12时13分发生4.0级地震	0	0
		3	12月16日	宜兰县	19时25分发生4.5级地震	0	0

续表

事件类型	细分类型	编号	事件时间	事件地点	事件表现	伤亡情况	
						受伤	死亡
自然灾害	气象灾害	1	8月10日	台湾	台风"利奇马"	不详	1
		2	8月24日	台湾	台风"白鹿"	2	0
		3	10月6日	台湾	冷空气致沿海狂风,平潭赴台海上航线停航	0	0
事故灾难	旅游交通安全事故	1	2月10日	嘉义县	台湾阿里山公路上发生厢型车擦撞护栏	6	0
		2	2月27日	桃园县	大陆参访团游览车撞上拖吊车	6	0
		3	3月7日	苗栗县	游览车失控,擦撞内侧护栏后侧翻	2	1
		4	3月14日	花莲县	游览车闪避车辆,撞树发生车祸	10	0
		5	3月21日	嘉义县	台湾阿里山小火车与轿车发生擦撞事故	1	0
		6	4月28日	桃园机场	机场支线发生6车连环追撞事故	2	0
		7	6月1日	台北市	游览车翻覆	13	3
		8	8月6日	台东市	游览车与大货车相撞事故	6	0
		9	8月11日	嘉义县	游览车与休旅车相撞事故	11	0
		10	8月26日	屏东县	休旅车意外冲入海里	0	0
		11	12月27日	花莲县	太鲁阁公园祥碌隧道发生落石砸车	3	1
		12	12月31日	花莲县	台湾花莲山区发生落石砸车意外	2	0
	旅游娱乐项目安全事故	1	2月10日	花莲县	发生飞行伞坠落意外	1	1
		2	10月2日	屏东县	垦丁海域发生潜水意外	0	2
		3	11月3日	屏东县	垦丁无动力滑翔机坠落意外	1	1
	住宿安全事故	1	4月24日	新北市	民宿内一氧化碳中毒事件	13	0

续表

事件类型	细分类型	编号	事件时间	事件地点	事件表现	伤亡情况	
						受伤	死亡
公共卫生事件	疫情	1	6月起	台湾	麻疹疫情	—	—
		2	8月起	台湾	流感并发重症病例持续增加	—	—
社会安全事件	航司业务事件	1	2月8日	—	中华航空公司罢工3天,影响1万多名旅客	0	0
		2	6月20日	—	长荣航空公司罢工17天,影响28万名旅客	0	0
		3	12月13日	—	远东航空公司无预警停飞旅客出行受限	0	0

由已公布的资讯可知,2019 年台湾旅游安全事件共发生 27 起,死亡或失踪人数共 10 人,受伤人数至少 96 人。事件具体情况为:自然灾害事件 6 起,其中地震灾害 3 起,气象灾害 3 起,受伤人数高达 19 人,1 人死亡;事故灾难高达 16 起,造成至少 79 人受伤,10 人死亡;发生公共卫生事件 2 起;社会安全事件 3 起。

二 台湾旅游安全事件回顾

通过系统分析近年来台湾旅游安全事件数据,发现自 2008 年以来台湾地区共发生旅游安全事件 226 起,平均每年约有 21 起安全事件发生。其中超过 200 名大陆旅客在台湾发生意外死亡,超过 1500 名大陆旅客在台湾发生意外受伤。近年来,台湾旅游目的地安全状况并不乐观,安全风险防控也低于预期,安全环境亟待改善。

(一)旅游安全事件伤亡情况与主要类型

本文对 2011～2018 年《旅游安全蓝皮书》中台湾旅游安全事件的数据进行分析[1]～[7]发现,2014 年是旅游安全事件发生数量最多的一年,2015 年伤亡人数是高峰值年份。自 2016 年起,在大陆赴台人数急剧减少的背景下,

2016～2019年，年均约24起旅游安全事件、91人受伤、25人失踪或死亡，旅游安全事件情况依旧棘手。2019年共发生27起旅游安全事件，导致至少96人受伤和10人失踪或死亡（见图3）。从数据上看，事故灾难数量共16起，该数量在同年旅游安全事件总数中占比约60%，也是2018年的1.6倍。仅事故灾难共造成79人受伤，10人死亡。故事故灾难是旅游安全事件中造成伤亡的主要类型，旅游交通安全事故数量及伤亡数量均在事故灾难的数量及伤亡数量中占比最大，即旅游交通安全事故是台湾地区旅游安全主要隐患。自然灾害对赴台游客财产及人身的破坏性居第二位（见图4），或得益于管理部门对自然灾害的监测与防控。

除此之外，值得注意的是，2019年台湾地区发生3起旅游娱乐项目安全事故（共造成4人死亡，2人受伤，死亡人数约占事故灾难死亡人数的45%，占死亡总人数的40%）和1起住宿安全事故（共造成13人受伤，受伤人数占事故灾害受伤人数的16%，约占受伤总人数的13%）。以上两类安全事故均与旅游经营者提供服务场所依托的设施、操作等问题有关，或在安全管理方面存在缺陷，或设施存在检修和更新的遗漏，或操作缺乏专业性。

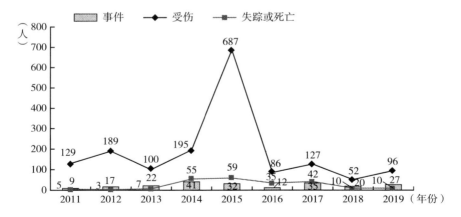

图3　2011～2019年台湾旅游安全事件发生次数与伤亡人数

注：由于部分安全事件伤亡人数不详，故实际伤亡人数与图表显示有一定出入。

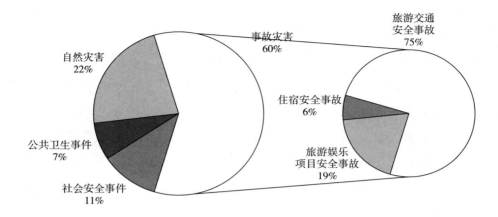

图 4 2019 年台湾旅游安全事件类型占比分布

（二）旅游安全事件时空特征

2011 年，旅游安全事件季节差异性不显著；2012 年和 2016 年以春、夏两季为主；2013 年和 2014 年，旅游安全事件多发于秋季；2018 年旅游安全事件集中在春季，而 2019 年与 2015 年、2017 年相符，旅游安全事件多发于冬季。从总体上看，旅游安全事件发生数量在季节上存在差异，表现出季节性波动（见表 2），且主要发生在秋、冬两季，共 14 起。其中 8 月和 12 月是事故高发月份；上半年共发生 13 起旅游安全事故，均匀分布在 2 月、3 月、4 月和 6 月（见图 5）。

从空间分布上看，旅游安全事件集中于台湾中南部，或因旅游线路集中于中南部。具体事件分布是：旅游安全事件集中发生于花莲县，发生 3 起旅游交通安全事故、2 起地震灾害和 1 起旅游娱乐服务安全事故；其次是屏东县和嘉义县，旅游交通和旅游娱乐服务两方面安全事故各发生 3 起；此外，在台湾范围内发生 8 起旅游安全事件，涉及赴台大陆游客财产及人身安全。8 起安全事件归类于自然灾害、公共卫生事件和社会安全事件，且以上三类安全事件危及赴台游客的安全，风险判定符合此类安全事件破坏面广的特性。

表2　2011~2019年台湾旅游安全事件数量季节分布

单位：起

年份	春季	夏季	秋季	冬季	总计
2011	2	3	3	1	9
2012	5	6	4	2	17
2013	5	5	7	5	22
2014	7	9	16	9	41
2015	7	8	4	13	32
2016	4	4	2	2	12
2017	8	5	10	12	35
2018	12	1	4	3	20
2019	7	6	6	8	27
总计	57	47	56	55	215

注：资料来源于参考文献［1］~［7］。

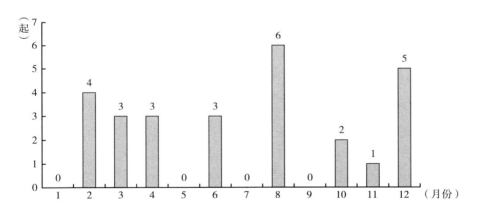

图5　2019年台湾旅游安全事件数量月份分布

三　2019年台湾旅游安全形势分析

（一）旅游安全形势不佳

2019年，台湾旅游安全事件共发生27起，是2018年的1.35倍，已

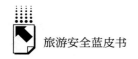

知伤亡人数 106 人，是 2018 年的 1.73 倍。其中，安全事件依旧以事故灾害为主，自然灾害数量居第二位。台湾旅游安全事件数量的成倍攀升，旅游安全形势实为严峻。值得关注的是，台湾地区 2018 年 11 月 24 日"九合一"选举拉开"2020 年台湾地方领导人选举"的序幕，2019 年是台湾地区公职人员和民意代表选举关键的一年，民进党为拉票煽动两岸敌意，发表大陆游客"危害国安"等错误言论，成为赴台大陆游客的潜在不安全政治因素。

（二）自然灾害事件周期性发生

2019 年自然灾害事件共发生 6 起，事件数量居第二位，并由地震灾害、气象灾害所引起，共导致 19 人受伤，1 人死亡。2019 年花莲县共发生 2 次地震，分别是 6.7 级和 4 级，共造成 17 人受伤；宜兰县发生 1 次 4.5 级地震，未造成人员伤亡。其因花莲县和宜兰县均位于欧亚板块与菲律宾海板块交界处，是地震多发地带。在气象灾害方面，受台风天气影响，游客出行受到限制。台湾地区也因位于太平洋高压路径上，是台风的转向点的特殊位置，因此具有台风周期性频发的气象特征。

（三）旅游交通安全事故多发且伤亡比重最大

2019 年旅游交通安全事故是 2018 年的 1.7 倍。其中旅游交通安全事故作为事故灾害的主要事故类型，具体情况是，旅游交通安全事故 12 起，造成 62 人受伤，约占事故灾害受伤人数的 81%，约占旅游安全事件受伤总人数的 65%；造成 5 人死亡，约占事故灾害死亡人数的 56%，占旅游安全事件死亡总人数的 50%。一般情况下，游览车载客数量较多，实时路况难测，一旦事故突发，其所造成的伤亡情况必然不容乐观。

（四）公共卫生事件警惕常在

与 2018 年相比，2019 年的公共卫生事件依旧不容忽视，共发生公共卫生事件 2 起，主要由传染病造成，如自 2019 年 8 月起，台湾地区仍处于流感流行期，流感并发重症病例持续增加。在流感等疫情流行期间，台湾地区公众对疫情的预防意识薄弱，增加了赴台游客公共卫生安全风险。

（五）社会安全事件形势面临困境

2019年，共发生3起由台湾航司引起的社会安全事件。其主要原因是雇佣双方发生劳资纠纷导致航司员工罢工，以及航司出现经营危机致使航班无预警停飞，造成大量游客出行受限。该3起安全事件持续时间长，扰乱社会秩序，影响严重。2019年台湾地区社会安全事件具有偶发性和必然性，作为旅游目的地来看，其社会安全环境有待改善。

四　影响台湾旅游安全的主要因素

海因里希提出事故因果连锁理论（Accident Causation Sequence Theory，ACST），认为伤亡事故是一系列具有因果关系事件相继发生导致的结果，是在同一时空下，人的不安全行为和环境的不安全状态同时发生导致的。基于该理论，本文将台湾旅游安全事件的主要成因归纳为以下三个方面：不安全的环境因素、不安全的旅游者行为因素、不安全的环境与旅游者行为交互作用因素。

（一）不安全的环境因素

不安全的环境因素分为不安全的自然环境因素和不安全的社会环境因素。其中，不安全的自然环境因素是指各种自然灾害和凶猛野生动物、有害植物、昆虫等，以及环境污染、传染病等因素。台湾地区存在台风、地震、暴雨等影响旅游的自然环境风险。

不安全的社会环境因素则是指与政治、经济、文化、法制等相关社会管理失职导致的社会不安定因素，如火灾、食物中毒、流感传染、人身攻击等因素。2019年，台湾旅游交通安全事故依旧频发，较之往年事故数量有增无减，事态愈加严重；因台湾涉旅企业经营及债务问题的多发，其能否依约

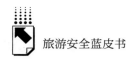

提供有保障的服务，维护赴台游客的合法权益受到质疑；台湾麻疹、流感等疫情流行，不仅威胁着台湾人民的人身安全，也威胁着赴台游客的旅游安全。

（二）不安全的旅游者行为因素

旅游者跨时空、跨文化的体验行为构成了旅游活动，旅游者的个人行为也是引起旅游安全事件的主要因素之一。往年常有赴台游客骑行观光电动车或摩托发生意外而丧生，也有游客不顾台风天气或地震灾害影响，前往危险地带出现意外而丧生，这些旅游安全事件都侧面反映了部分游客旅游安全意识薄弱的致命问题。2019年发生的3起旅游娱乐项目安全事故造成的游客伤亡悲剧，给游客敲响了提高安全意识的警钟。

（三）不安全的环境与旅游者行为交互作用因素

旅游安全由旅游目的地和旅游者构成，旅游目的地因素包括人员、设施、管理和环境四个维度[9]，旅游者自身因素包括旅游安全认知、旅游安全行为[10]。不安全的旅游目的地环境极易剥夺旅游者主观上的安全感，导致旅游者情绪紧张和焦虑，行为上无措甚至失控，进而增加旅游安全事件发生的概率；旅游者安全意识薄弱，做出危险行为，往往会造成无法挽回的致命后果，成为新的不安全旅游环境。两者之间相互依存，交互影响着旅游安全。

五 2020年台湾旅游安全形势展望与建议

（一）旅游安全形势展望

受各类因素的影响，预计2020年赴台大陆游客将持续大幅减少，旅游安全事件及伤亡规模将呈下降趋势。但是，各类旅游安全事件仍会交错发生。要想真正做到"安全旅游"，仍需要多方合作来实现。

1. 旅游安全事件数量虽会有所回落

近几年来，台湾接连发生多起重大旅游安全事件，尤其是在旅游交通安全事故方面，事故发生后的严重后果引起的社会关注和公众舆论，相信台湾相关管理部门会加大对旅游交通的安全管理力度，降低事故发生概率。另外，自然灾害和人为等因素导致的安全事件报道不断给旅游者敲响警钟，在一定程度上有助于提高旅游者安全意识，间接影响旅游者行为。此外，台湾地区旅游业已受到政治因素的恶性影响。大陆游客作为台湾旅游市场中赴台游客主力人群，自两岸关系陷入"冷对抗"的局面，2019年8月，大陆取消赴台个人游试点，赴台大陆游客数锐减，旅游业务数量跌入"寒冬"，旅游行业持续萎靡，相应地，旅游安全伤亡事故基数随之减少。故在赴台游客总数减少趋势的基础上，旅游安全事件发生数也会回落。

2. 旅游安全事件类型仍将以旅游交通安全事故为主

因台湾地势曲折，山路险要，易引发道路交通安全事故。从近5年数据来看，2015年旅游交通安全事故占旅游安全事件总数的近35%，2016年占比约为58%，2017年占比约为40%，2018年占比约为40%，2019年占比约为45%。可见旅游交通安全事故的高发性一直是威胁台湾旅游安全的痼疾所在，2020年也应以旅游交通作为重点预防的事故类型。

3. 公共卫生防控工作将是社会关注重点

近两年来，台湾持续出现麻疹、流感等感染病疫情，发生多起疫情导致多人感染甚至死亡。直至2020年初，流感并发重症病例不断攀升，预计这类疫情短期内依旧无法得到彻底控制。同时，2019年底，我国发生新冠肺炎疫情，随着疫情的迅速蔓延，截至2020年3月初，台湾地区共计45人确诊，其中1人死亡。随着新冠肺炎疫情的发展和病毒疫苗的研发工作持续推进，预测2020年公共卫生防控工作将是全社会关注的重点。

（二）管理建议

通过对2019年台湾旅游安全事件的特点和成因进行系统性分析，并结合回顾现状，本文提出以下建议：

1. 应端正政治导向

台湾当局应当正视和重视两岸关系对经济的决定性地位，为健康友好合

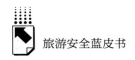
作共同做出努力，为台湾旅游业创造良好的政治环境；重视赴台大陆游客的旅游安全，制定合理及时的旅游安全管理规范，采取切实的旅游安全保障措施，最大限度地预防旅游安全事件的发生。

2. 预防和监测常态化

由于受地质条件和气象天气的不可抗力因素限制，无法杜绝自然灾害事件的发生，故台湾相关管理部门应做好预防和监测的常态化工作，减少由自然灾害造成的损失和伤亡。

3. 企业应积极担责履责

近年来，赴台大陆游客的持续性下降，加之受到新冠肺炎疫情的冲击，台湾旅游业发展彻底陷入困境。要想在困境中生存，台湾涉旅企业应妥善履行责任，积极参与旅游安全与公共卫生防控活动，排除已有旅游服务业务的安全隐患，为现有游客提供优质安全的旅游服务，维护旅游形象。

4. 安全防范常态化

首先，赴台游客自身应在行前了解安全知识，在游玩中规范自身旅游行为；其次，旅游企业也应做好游客安全知识宣传工作、自救技能培训工作以及接待人员的应急能力培训工作；最后，旅游企业相关工作人员应在行中密切关注游客不安全行为，及时提醒和预防意外发生。

参考文献

［1］黄远水、向飞丹晴：《2011～2012 年台湾旅游安全形势分析与展望》，载郑向敏、谢朝武主编《中国旅游安全报告（2012）》，社会科学文献出版社，2012。
［2］黄远水、张庆：《2012～2013 年台湾旅游安全形势分析与展望》，载郑向敏、谢朝武主编《中国旅游安全报告（2013）》，社会科学文献出版社，2013。
［3］黄远水、张庆：《2013～2014 年台湾旅游安全形势分析与展望》，载郑向敏、谢朝武主编《中国旅游安全报告（2015）》，社会科学文献出版社，2014。
［4］黄远水、孙怡盼：《2014～2015 台湾旅游安全形势分析与展望（2015）》，载郑向敏、谢朝武主编《中国旅游安全报告（2015）》，社会科学文献出版社，2015。

［5］黄远水、陈龙妹：《2015～2016年台湾旅游安全形势分析与展望》，载郑向敏、谢朝武主编《中国旅游安全报告（2016）》，社会科学文献出版社，2016。

［6］黄远水、陈龙妹：《2016～2017年台湾旅游安全形势分析与展望》，载郑向敏、谢朝武主编《中国旅游安全报告（2017）》，社会科学文献出版社，2017。

［7］黄远水、郁敏超：《2017～2018年台湾旅游安全形势分析与展望》，载郑向敏、谢朝武主编《中国旅游安全报告（2018）》，社会科学文献出版社，2018。

［8］黄远水、吴佩谕：《2018～2019年台湾旅游安全形势分析与展望》，载郑向敏、谢朝武主编《中国旅游安全报告（2019）》，社会科学文献出版社，2019。

［9］代慧茹：《游客安全认知与安全行为研究》，浙江工商大学博士学位论文，2017，第62页。

［10］黄起智（SRIVIKRANYOTIN THANA）：《泰国滨海旅游目的地安全氛围、游客安全认知与安全行为的关系研究》，延边大学博士学位论文，2019，第62页。

B.29
2019~2020年入境旅游安全形势分析与展望

王宇平　吴耿安　王　璐*

摘　要： 2019年，入境旅游安全形势基本稳定。2019年入境旅游安全事件类型中，财物丢失事件明显减少，迷路事件、扰乱社会秩序和游客自身不安全行为引发的安全事件明显增多，事件发生时间集中在春、夏、秋三季，事件发生的区域范围略有扩大，事件发生环节仍然集中在"行"环节。2019年，入境旅游安全事件发生特点主要表现在迷路事件偏多，公共卫生事件明显增加，但是安全救助相对及时。展望2020年，我国国际会展业的发展、全域旅游的推广和实施、共享住宿的发展、入境旅游者移动支付的发展及新冠肺炎疫情的发展将给入境旅游安全管理带来新的压力和挑战。

关键词： 入境旅游　事件特征　压力和机遇

一　2019年中国入境旅游安全总体形势

2019年，中国入境旅游安全形势相对稳定，没有较大的入境旅游安全事件发生。与2018年相比，2019年入境旅游安全事件略有增加，但事件类型分布有明显不同，公共卫生事件和事故灾难明显增加，社会安全事件和自

---

* 王宇平、吴耿安，华侨大学旅游学院讲师；王璐，华侨大学旅游学院旅游管理专业博士研究生。

然灾害明显减少；事件小类中财物丢失事件明显减少，迷路事件、扰乱社会秩序和游客自身不安全行为引发的安全事件明显增多。时间分布上，2019年入境旅游安全事件主要集中在春、夏、秋三季，其中春季安全事件发生明显多于夏季和秋季；空间分布上，事件发生范围略有扩大，海南省和重庆市是入境旅游安全的高发区域，重庆市入境旅游安全事件中公共卫生事件发生数量较多，海南省入境旅游安全事件中事故灾难发生数量较多。入境旅游安全事件的发生环节仍然集中在"行"环节，这与往年入境旅游安全事件发生情况一致。随着我国国际影响力和国际地位的提升，对入境旅游者旅游安全重视程度日益提高，入境旅游者安全保障工作日益重要。

二　2019年中国入境旅游安全的概况和特征

本文在百度、谷歌、搜狐等搜索引擎中采用关键词搜索的方法搜索入境旅游安全事件，采用的关键词主要有："外籍＋游客""外籍＋安全""外籍＋迷路""外籍＋丢失""外籍＋被困""外籍＋治安""外籍＋偷窃""外籍＋交通事件""外籍＋落水""外籍＋跌落""外籍＋受伤""外籍＋自然灾害""外籍＋雪灾""外籍＋山体滑坡""外籍＋泥石流""外籍＋洪灾""外籍＋海啸""外籍＋台风""外籍＋个人疾病""外籍＋食物中毒""外籍＋疫情传播""外籍＋不文明""外籍＋行为不当"等，所搜集的安全事件均被官方媒体报道，共搜集到从2019年1月到2019年12月入境旅游安全事件61起，涉及省区市24个。在此基础上，本报告进一步分析2019年入境旅游安全事件的现状与特征。

（一）入境旅游安全事件类型分布

本文按照《中华人民共和国突发事件应对法》和《旅游突发公共事件应急预案（简本）》的规定，将所搜集到的入境旅游安全事件划分为社会安全事件、事故灾难、自然灾害和公共卫生事件四大类，其具体分布情况如表1所示。

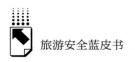
表1　2019年中国入境旅游安全事件类型分布

单位：起，%

事件类型	数量	占比
社会安全事件	16	26.23
事故灾难	31	50.82
自然灾害	1	1.64
公共卫生事件	13	21.31
总计	61	100

1. 社会安全事件

入境旅游社会安全事件是指在社会安全领域突然发生的，因人为因素造成的，使入境旅游者的人身、财产安全遭到威胁，社会秩序受到破坏，需要采取应急处置措施的危机事件，主要包括入境旅游者财物丢失、扰乱社会秩序以及旅游者自身不安全行为等对社会安全造成影响的事件。与2018年相比，财物丢失仍然是入境旅游者社会安全事件的主要表现，但是，2019年入境旅游者自身不安全行为以及扰乱社会秩序的行为出现次数也开始增加，具体事件表现情况，如表2所示。

表2　2019年中国入境旅游部分社会安全事件分析

单位：人

序号	细分类型	客源地	事件时间	事件地点	事件表现	伤亡情况	
						受伤	死亡
1	财物丢失	奥地利	2月6日	上海市	行李丢失,机场帮忙找回	0	0
2	不安全行为	奥地利	3月20日	湖北省宜昌市	非法放飞无人机拍摄三峡大坝被处以警告处罚	0	0
3	财物丢失	土耳其	3月25日	湖北省宜城市	衣服遗落超市,民警帮忙找回	0	0
4	财物丢失	不详	3月29日	重庆市	游客车站捡到外籍护照,民警寻找失主	0	0
5	财物丢失	西班牙	4月5日	安徽省黄山市	游客手机丢失,民警帮助找回	0	0

续表

序号	细分类型	客源地	事件时间	事件地点	事件表现	伤亡情况	
						受伤	死亡
6	不安全行为	意大利	4月14日	四川省攀枝花	丽江骑行经过攀枝花由于天黑路险,遂寻求中国警察帮助寻找住宿	0	0

2019年入境旅游社会安全事件中,入境旅游者扰乱社会秩序的事件增加,造成人员伤亡和财产损失。例如,5月23日,一位俄罗斯入境旅游者在海南省三亚市酒店醉酒袭击民警。此外,入境旅游者自身不安全行为引发的安全事件也应引起关注。

2. 事故灾难

入境旅游事故灾难是指入境旅游者在旅游过程中发生的,直接由入境旅游者自身引发的,违反入境旅游者意志的、迫使旅游活动暂时或永久停止,并且造成大量的人员伤亡、经济损失或环境污染的意外事件。2019年入境旅游事故灾难主要表现为意外受伤、迷路、被困等,具体事故表现,如表3所示。迷路是入境旅游者常发事件之一,这与入境旅游者语言不通、旅游地指引标识不清有关。此外,因为入境旅游者与交通驾驶员沟通困难,导致他们乘车困难的事件也常有发生。

表3　2019年中国入境旅游部分事故灾难分析

单位:人

序号	细分类型	客源地	事件时间	事件地点	事件表现	伤亡情况	
						受伤	死亡
1	迷路	以色列、荷兰	2月4日	云南省昆明市	情侣因天黑迷路,民警帮助	0	0
2	迷路	德国	2月13日	海南省三亚市	因拍照与家人走失,民警帮忙找回	0	0
3	迷路	多哥共和国	3月13日	广东省东莞市	夜晚迷路,民警送回酒店	0	0

序号	细分类型	客源地	事件时间	事件地点	事件表现	伤亡情况	
						受伤	死亡
4	迷路	阿尔及利亚	4月11日	山东省菏泽市	高速路口迷路,民警帮助化解	0	0
5	迷路	俄罗斯	4月12日	海南省三亚市	市区迷路,公安路管员巧用翻译器,成功帮助一外籍游客回归旅行社	0	0
6	迷路	俄罗斯	4月18日	海南省三亚市	帮助一对走失的外籍情侣圆满团聚	0	0

3. 自然灾害

入境旅游自然灾害是指给入境旅游者的旅游活动、人身和财产带来危害的自然现象。所收集的入境旅游安全事件中,2019年入境旅游自然灾害事件发生1起,具体表现为8月8日发生在四川阿坝州的地震灾害,造成4名加拿大、法国和韩国的入境旅游者受伤,入境旅游自然灾害事件发生数量逐渐减少,在一定程度上说明我国入境旅游自然灾害事件预防和处理水平的提高。

4. 公共卫生事件

入境旅游公共卫生事件是指突然发生,造成或者可能造成入境旅游者健康严重损害的重大传染病疫情、群体性不明原因疾病、重大食物中毒以及其他严重影响入境旅游者健康的事件。与2018年相比,2019年入境旅游公共卫生事件数量明显增加,尤其是入境旅游者突发疾病事件。所收集的入境旅游安全事件中,入境旅游者在旅游交通场所突发疾病事件频率最高,但都得到了比较及时的救助,没有造成生命危险。例如,5月31日,重庆飞往云南的飞机上,一位埃及旅游者突发疾病,工作人员及时救护,该旅游者脱离危险。此外,还有一起食物中毒事件发生,事件表现为入境旅游者误食野生毒蘑菇,造成7人中毒(见表4)。

表4　2019年中国入境旅游部分公共卫生事件分析

单位：人

序号	细分类型	客源地	事件时间	事件地点	事件表现	伤亡情况	
						受伤	死亡
1	突发疾病	不详	2月18日	福建省厦门市	邮轮上结肠癌复发，被送往医院治疗	1	0
2	突发疾病	不详	3月7日	黑龙江省牡丹江市	生病发烧，费用不够去医院看病，民警帮助解决	1	0
3	突发疾病	德国	3月10日	重庆市	船上突发心脏病，东海救助局及时救助	1	0
4	突发疾病	不详	3月14日	广东省广州市	飞机上突发癫痫，一乘客为医生及时救助	1	0
5	突发疾病	不详	4月3日	河北省保定市	动车上心脏病突发，列车人员及时救助	1	0

（二）入境旅游安全事件时间分布

1. 总体季节分布

对所收集的入境旅游安全事件进行季节分布时发现，2019年入境旅游安全事件的发生季节中春季的发生数量最多为26起，夏季次之，为15起，秋季和冬季发生数量最少，分别为14起和5起。这是因为春季和夏季是我国入境旅游的旺季，秋季和冬季是我国入境旅游的淡季。

2. 四类入境旅游安全事件季节分布

对所收集的不同类型入境旅游安全事件的发生季节进行分析，总体来看，春季是入境旅游安全事件的高发期，其中，社会安全事件、公共卫生事件和事故灾难在春季的发生率最高，但是自然灾害在夏季的发生率最高，这是因为夏季是我国自然灾害的高发期。

（三）入境旅游安全事件空间分布

1. 总体空间分布

对所收集的入境旅游安全事件的发生区域进行分析，如图1所示，共有

24 个省区市发生入境旅游安全事件，与 2018 年相比，2019 年入境旅游安全事件的发生范围有所扩大，海南省、山西省和内蒙古自治区入境旅游安全事件数量明显增加，这与近年来这些省区入境旅游人数增加，入境旅游安全管理相对落后有关。另外，海南省入境旅游安全事件发生数量最多，这是因为近年来海南国际旅游岛的建设吸引大量入境旅游者，入境旅游安全事件数量随之增加。山东省、广东省、北京市、陕西省入境旅游安全事件数量明显减少，这是因为这些省市是比较成熟的入境旅游区域，有成熟的入境旅游安全保障体系和丰富的管理经验，在一定程度上能够避免一些入境旅游安全事件的发生。

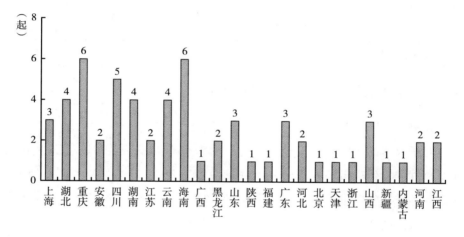

图 1　2019 年中国入境旅游安全事件空间分布

2. 四类入境旅游安全事件空间分布

对所收集的入境旅游安全事件的发生区域进行分析，如图 2 所示。社会安全事件上海市和湖北省发生数量较多，这是因为上海市和湖北省人员流动较大，社会安全管控难度大；自然灾害发生 1 起，发生在四川省，主要表现为突发地震，导致 4 位入境旅游者受伤，这是因为四川省是地震常发区；事故灾难发生区域最多的是海南省，这可能是海南国际旅游岛的建设吸引大量入境旅游者，导致入境旅游安全事件随之增加；公共卫生事件云南省发生数量较多，主要表现为2019年云南省发生1起入境旅游者群体食物中毒事件。与2018年相比，2019年广东省社会安全事件发生数量明显减少，这是因为广东省近年来加大对入境旅游安全的管理力度，管理成效较大。

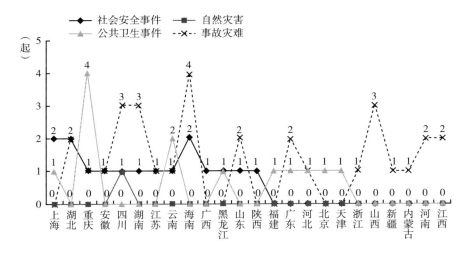

图2　2019年四类入境旅游安全事件空间分布

（四）入境旅游安全事件环节分布

1. 总体环节分布

对所收集的不同类型入境旅游安全事件的发生环节进行分析。2019年入境旅游者安全事件主要发生在"行"和"游"两个环节，"行"环节数量最多，这与2018年入境旅游安全事件环节分布一致。但是相比于2018年，2019年入境旅游安全事件发生在"住"环节事件数量有所增加，发生在"购"环节事件数量有所减少，这是因为随着我国旅游业的发展，国家加强对旅游市场的监管，旅游购物规范化程度提升，入境旅游者购物安全有所保障。此外，对所收集的数据分析发现，由于入境旅游者语言沟通方面的障碍，一些入境旅游者与当地居民和工作人员沟通不畅，迷路时无法问路的情况常常发生，导致发生在"行"环节的入境旅游安全事件数量较多。

2. 四类入境旅游安全事件环节分布

对所收集的不同类型事件的发生环节进行分析。公共卫生事件和事故灾难都发生在"行"环节,其中,公共卫生事件主要表现在入境旅游者搭乘交通工具时,在交通工具上或者交通场所突发疾病;事故灾难主要表现在入境旅游者在游览过程中迷路、被困或者因无法与驾驶员沟通导致乘车困难等方面。社会安全事件主要发生在"游"的环节,与往年一样,社会安全事件主要表现为入境旅游者在游览过程中不慎将等财物丢失。

三　影响2019年中国入境旅游安全的主要因素

（一）人员因素

人员因素是影响入境旅游安全的重要因素,主要表现在:（1）入境旅游者自身原因。入境旅游者安全意识不高,对我国的景区标识系统不熟悉,语言沟通存在障碍等因素导致入境旅游安全事件发生,且多表现为迷路、财物丢失等事件。2019年入境旅游安全事件中,有12起安全事件表现为入境旅游者将贵重物品遗落在交通工具、景区等场所,有21起安全事件表现为入境旅游者在景区、交通场所迷路。（2）旅游服务人员原因。我国一些景区的旅游服务人员,与入境旅游者语言交流困难,常常在入境旅游者遇到困难需要帮助时,无法与其沟通,使其得到帮助。

（二）设施设备因素

在设施设备方面,对入境旅游安全造成影响的是旅游景区标识,尽管随着旅游景区建设的日益完善,旅游标识系统也逐渐成熟,但是仍有一些景区标识缺失、标识不清、标识错误,误导入境旅游者选择路线。2019年入境旅游安全事件中,有多起迷路事件是因为景区标识缺失、标识不清、标识错误误导其路线选择而迷路的。例如,2019年4月11日,一位来自阿尔及利亚的入境旅游者在山东省菏泽市的高速路口迷路，因为高速路口标识提示多为中文，导致该入境旅游者无法通过标识确定路线。

（三）环境因素

自然环境对入境旅游安全的影响主要表现在：（1）由于我国的自然环境与其他国家存在差异，一些入境旅游者会因为自然环境的变化，身体无法适应，个人疾病突发。（2）突发自然灾害会对入境旅游者的安全产生重要影响。例如，2019年8月8日，四川省阿坝州发生地震，导致来自法国、韩国、加拿大的4位旅游者受伤。

（四）管理因素

尽管入境旅游者发生安全事件后，相关部门会第一时间采取行动开展救援工作，帮助入境旅游者解决问题，但是在入境旅游安全预防预警工作方面仍存在不足。2019年8月8日，四川省阿坝州发生地震，造成4名入境旅游者受伤，如果相关部门较早做好预防预警工作，在一定程度上能够避免事件的发生。因此，入境旅游安全管理不足也是入境旅游安全事件发生的主要原因。

四　2020年中国入境旅游安全趋势展望和防控管理建议

（一）趋势展望

1. 我国国际会展业的发展加大入境旅游安全管理的压力

近年来，随着我国国际地位的提升，诸多大型国际展览在我国举办，吸引大量国际参展人员进入，入境旅游者人数增加。他们以入境参展为目的，在参展过程中可能会遇到诸多问题引发安全事件，因其参展人员身份特殊涉及跨国问题，会展安全事件的预防、管理及应急与普通安全事件处理不同，

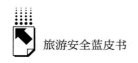

需要制定专项的预防、管理及应急体系。然而，当前我国会展安全管理重视程度较低，管理投入较少，专门针对入境参展人员的安全管理投入不足，导致当前我国入境旅游安全管理面临较大压力。

2. 全域旅游的发展扩大入境旅游安全管理范围

随着全域旅游的推进以及全域旅游示范区的创建，入境旅游者的旅游活动打破时间和空间的界限，入境旅游安全管理也应随之变化，主要表现在：（1）传统入境旅游安全管理集中在景区内部，景区外围不属于入境旅游安全管理范畴，当前景区内外部都成为入境旅游安全管理的空间范围；（2）白天和黑夜都成为入境旅游者的活动时间，入境旅游时空边界的消失，入境旅游安全管理应打破时间界限。全域旅游的推进给旅游目的地开展入境旅游安全管理工作增加难度。因此，全域旅游中的入境旅游安全将成为未来亟须解决的问题。

3. 共享住宿的发展导致入境旅游安全监管难度加大

共享住宿已经成为旅游者住宿的重要方式，然而当前我国共享住宿发展面临很多问题，尤其是对入境旅游者管控难度较大，存在诸多漏洞，导致共享房屋成为旅游者违法场所。例如，2019 年 12 月 10 日，江苏省南京市溧水区公安分局在对某娱乐场所例行检查时，发现该场所招聘了一批外籍工作人员，对其进行摸底调查后，发现他们租住在该市的一处共享房屋。由于共享房屋在共享平台上租住，监管体系不完善，一些共享房屋没有入住登记系统，成为一些入境旅游者开展违法活动的场所。因此，有必要进一步强化共享住宿的安全管理体系。

4. 入境旅游者移动支付的发展带来新的财务安全挑战

自 2018 年《中共中央国务院关于完善促进消费体制机制进一步激发居民消费潜力的若干意见》中明确提出要"完善入境游客移动支付解决方案，提高游客消费便利性"后，我国开始大力完善入境旅游者的移动支付方式。但是，由于移动支付使用方式的差异性，会导致入境旅游者在使用移动支付过程中出现密码、资金等信息安全问题和金融诈骗安全问题，给入境旅游者带来财产损失。因此，入境旅游者移动支付发展过程中要完善其安全保障体系。

5. 新冠肺炎疫情全球流行带来的公共卫生安全挑战

2019年底，中国发生新冠肺炎疫情，多国对我国进行限制措施，这势必影响到我国入境游客的人数，而游客入境后的安全卫生问题也是旅游业必须重视的问题；同时2020年2月底，新冠肺炎疫情开始在世界各地流行，中国国内的新冠肺炎患者开始有境外输入式病例，云南、浙江、北京等地陆续出现从境外入境后的病例。这也是对入境旅游安全的一个挑战，入境旅游相关管理部门须重视入境游客的健康问题，尽快建立旅游防疫管控体系，降低因疫情对入境旅游造成的不良影响。

（二）管理建议

1. 会展行业应完善入境参展人员安全保障体系

我国会展业刚刚兴起，对入境参展人员安全保障投入较低，进一步需要从人员、设施设备、环境和管理四个方面开展入境参展人员的安全保障工作。会展行业应加强对会展工作人员的安全培训工作，完善会展场馆的安全设施设备、安全通道等的建设，加强对会展场馆内部和周边环境的安全保障，最后从体制、机制上构建会展入境参展人员安全保障体系。

2. 全域旅游安全保障体系建设过程中应注意入境旅游者的安全问题

随着全域旅游的推进，入境旅游者活动的时空范围扩大，入境旅游安全保障难度加大，相关管理部门要提前做好预防措施，全时空开展入境旅游安全管理工作。例如，提高工作人员的英语水平，避免工作人员与入境旅游者沟通不畅的问题出现；加强对非核心景区的安全监管，预防入境旅游者进入迷路被困事件发生；在旅游安全应急预案制订时，应针对入境旅游安全事件高发类型制订专项入境旅游安全预案。

3. 进一步完善入境旅游移动支付安全管理工作

入境旅游移动支付方式的多样化发展使入境旅游者的财物风险增大，一系列金融诈骗、财物被盗事件频繁发生。从技术层面，相关机构应加强移动支付防火墙的建立和支付信息安全；从管理层面，相关机构应加强对移动支付安全管理体系建设与实施；从人员层面，加强对入境旅游者的移动支付安

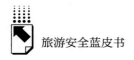

全提示，提高入境旅游者移动支付的安全意识。

4. 各区域加强入境旅游公共卫生安全管理工作

新冠肺炎疫情以呼吸道飞沫传播为主，已在多个国家暴发，因此，一方面，海关部门在入境旅游检查时应确保对入境旅游者的体温检验和双手消毒，同时对入境旅游者进行至少 14 天的隔离以防止输入性病例出现。另一方面，加强对入境旅游者的新冠肺炎的预防知识普及，以减少入境旅游者感染风险。

Abstract

"ANNUAL REPORT ON CHINA'S TOURISM SAFETY AND SECURITY STUDY (2020)" (Blue Book of Tourism Safety), is the annual research report written by experts organized by College of Tourism, Huaqiao University, Tourism Safety Research Institute and Center for Tourism Safety & Security Research of China Tourism Academy. It is an important part of BLUE Book Serial Publication of Social Sciences Academic Press. Blue Book of Tourism Safety in 2020 is consisted of two parts-General Report, Special Reports. And the Special Reports are further divided into four chapters of Industry Safety, Safety Incidents , Safety Management and Regional Safety.

Beginning with the overall picture of China's 2019 tourism safety and security situation, the General Report comprehensively analyzed the safety and security situation of the main branches of China's tourism industry-lodging, catering, transportation, attactions, shopping and entertainment, and travel agency, etc. , and deeply analyzed the situation of each type of tourism safety and security incidents including natural disasters, accidents, public health incidents, and social security incidents. By reviewing 2019's major administrative issues of different tourism subjects, the General Report analyzed the influencing factors of China's tourism safety and security in 2019 and provided prospects for China's safety and security situation of tourism in 2019.

In 2019, the overall situation of China's tourism safety has become stable. Under the unified leadership of the Party Central Committee and the State Council, under the guidance of State Leaders' institutions on safety production, with the full support of the pary committee and government at all levels and all relevant departments, the tourism administrations at all levels in China followed the concept of "Scientific development , safe development" , adhere to the principle of "Set Safety as First Priority, Integrated with Precaution and Comprehensive

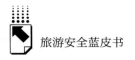

Treatment Policy", and gradually created a social governance structure for common governance and sharing, and the safe and orderly production of tourism was steadily carried out. The security and stability of the tourism industry has been further improved. However, the factors affecting the domestic and foreign tourism safety were more complex changeable. Predictable and unpredictable, traditional and non-traditional risk factors still existed, and had a certain degree of impact on the security and stability of the tourism industry.

In terms of tourism branch industry, the overall safery situation mainly includes: the number of tourist lodging safety incidents decreased, due to the increasingly comples and diverse risk facters; the security situation of the tourism and catering industry is getting better, and the scale of security incidents in the tourism and catering industry is declining; the safety situation in the tourism transportation industry was getting better, and the differences in various types of traffic safety issues were significant; the safety situation in the tourist attractions was stable and the number of casualities decreased; The development trend of tourism safety is getting better, and the shopping market environment has improved; tourism entertainment industry safety situation remain stable, but the number of security incidents increased; the number of food poisoning incidents in tourism increased, and the safety situation was still grave; the number of tourism social security increased, and the security situation was not optimistic.

The General Report indicatedthe national tourism security situation was generally stable in 2019, and the factors affectiong China's tourism safety were various and complex, predictable and unpredicted, traditional and non-traditional insecurity factors still existed. In response to the management and control of tourism emergencies in 2019, China has basically established advanced safety management systems and mechanisms such as enhanced prior risk control, effective risk supervision, improved emergency management dffiency, and continuous optimization of travel insurance. Looking ahead to 2020, China should build a comprehensive management system for tourism safety and an overseas tourism security early warning platform and a tourism security early warning mechanism. China should adopt measures to cope with new security challenges brought about by Novel coronavirus pneumonia, the development of new technologies, and promote international cooperation in tourism insurance, and innovate tourism safety supervision.

The Special Reports are consisted of four Chapters-Industry Safety, Safety Incidents, Safety Management and Regional reports. Chapter of Industry Safety synthetically analyzed the safety situation of tourist lodging, tourist catering, tourist transportation, senic spots, tourist shopping, tourist entertainment and travel agency industry. Chapter of Safety Incidents comprehensively analyzed the situation of tourism-related natural disaster, tourism-related accidents, tourism-related public health and tourism-related social security. Chapter of Safety Management, mainly consists of safety issues of tourism administration, holiday tourism safety, self-tourism safety, high-risk tourism safety, travel insurance, early-warning for tourist safety of female tourists, security of highly aggreated tourist crowds, Online Travel Enterprise User Data Security and Management.

Besides, the annual report establishes the special Chapter of Regional reports to present in-depth analyze on the safety situation and managing experience of Beijing, Fujian, Jilin, Guizhou, Shanxi, Chongqing etc. Furthermore, the tourism safety situation of Hong Kong, Macau and Taiwan areas as well as that of inbound and outbound tourism is also introduced in this article.

Keywords: Safety in Tourism Industry; Tourism Safety and Security Incidents; Tourism Safety and Security Management; Safety in Tourism Region

Contents

I General Report

II Special Reports

Industry Safety

Abstract: In 2019, China's tourism accommodation industry more diversified.
With the continuous expansion of the tourism market, the scale of security
emergencies in China's tourism accommodation industry has also expanded, mainly
because it's the first place to arrest criminal gangs. The characteristics of safety
emergencies in tourism and accommodation industry are as follows: The time of
occurrence is mainly concentrated in the third quarter, the structure of accident
types changes significantly, the conventional unsafe factors occupy the main
position, and the non-conventional unsafe factors emerge one after another.

Keywords: Tourist industry; Security emergencies; Security situation

B. 3   Analysis and Outlook on the Security Situation of China's

Tourism Catering Industry in 2019 −2020

Wang Jingqiang , Li Cong and Feng Ping / 033

Abstract: In 2019, China's catering industry still maintained a rapid development trend. The whole situation of tourism catering safety was good, but there were still many safety accidents. The types and causes of safety accidents werevarious and some of them were harmful, causing serious consequences. The main factors influencing catering safety came from government, operators and consumers. Looking ahead to 2020, tourism catering safety risks will remain diversified, and the prevention and control of infectious public health safety incidents will become a new target of catering safety management, and small restaurants will remain the main target of government regulation. To guarantee the safety of the tourist catering industry, and strengthen the awareness of prevention and control of infectious public safety incidents, government, restaurant operators and consumers need to work together.

Keywords: Tourism Catering Industry; Catering Security; Security Situation Outlook

B. 4   An Analysis and Prospect of the Safety Situation of China's

Tourism Transportation Industry in 2019 −2020

Lin Mingzhu , Yu Miaojing and Shi Yalan / 046

Abstract: In 2019, the national tourism traffic safety development trend is good, but there are still major traffic accidents inside and outside China, including road, sea and overseas safety accidents. They sound the alarm bell for the safety development of the tourism and transportation industry. Among them, travel road traffic safety risk accidents spread, overseas group tour and domestic self-service

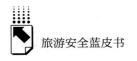

tour are accident prone characteristics. Major shipwreck incidents make maritime tourism safety issues surface. The accident of general aviation tourism becomes the key pain point of civil aviation safety. In 2019, the key factors affecting travel and traffic safety are the concentrated safety risks caused by the holidays, insufficient overseas safety supervision and unsustainable traffic management services. In 2020, the construction of traffic safety facilities should be accelerated through capital integration; smart new technologies should be used to facilitate high-quality tourism traffic safety; and comprehensive publicity should be carried out to promote overseas tourism safety supervision.

Keywords: Tourism Transportation Industry; Traffic Safety Accidents; Tourist Bus Accidents; Safety Situation; Safety Outlook

B. 5　Safety Situation Analysis and Prospects of 2019 -2020 Tourism Attractionsin China

Huang Anmin, Fan Manman / 059

Abstract: As the main link of the tourism industry, the scenic spot is the destination with the longest stay time in the tourism process. The safety of the scenic spot is closely related to the smooth development of the whole tourism activities. The safety of the scenic spot involves all levels of the scenic spot. Based on the statistics and analysis of the safety events (excluding Hong Kong, Macao and Taiwan) in China's tourist attractions in 2019, this paper further reviews the safety problems of the tourist attractions in 2019 from the following four aspects: the general situation, the general situation and characteristics of the safety events, the causes of the safety events, and the prospect and management suggestions, and puts forward practical suggestions for the safety of the tourist attractions in 2020 Management advice.

Keywords: Tourist Attractions; Scenic Security; Security Situation; Tourism Security

Abstract: In 2019, the security situation of tourism shopping in China was stable in general, the number of complaints about domestic tourism shopping increased sharply, the number of outbound tourism shopping disputes decreased significantly, and the number of inbound tourism shopping security incidents decreased significantly. Compared with 2018, the type, the timing and sectional distribution of tourism shopping safety events in 2019 are similar, the content of complaints changes slightly, and the success rate of returns is significantly improved. In terms of the safety management of tourism shopping, the construction of laws and regulations and special rectification actions have been carried out continuously, and new progress has been made in the aspects of tourism first compensation, compensation settlement training, online tourism operation service supervision, etc. With the improvement of laws and regulations, the strengthening of administrative law enforcement, and the improvement of tourists' ability to avoid shopping risks, the overall situation of shopping safety is getting better. In 2020, novel coronavirus pneumonia affected China's tourism industry. With the spread of the epidemic in the world, China's outbound and inbound tourism have been greatly impacted, and the security incidents of outbound and inbound tourism are likely to decline significantly.

Keywords: Tourist Shopping; Tourist Safety Situation; Crisis Response

Abstract: In 2019, the number of accidents in tourist recreation and entertainment spots declined. Weekends, summer vacations, and other statutory

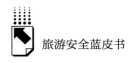

holidays are still the high accident times. East China is the region with high incidence of accidents. The water sports and general activities in amusement parks are those with high risk of accidents. Children and teenagers are more prone to be the targets of injury when accidents occur. Though the number of accidents occur in China's tourist recreation and entertainment spots decreased in 2019, the number of injuries and deaths did not decrease. It is necessary to strengthen safety education for both operators and tourists, formulate safety standards for facilities in tourist recreation and entertainment spots, establish platform for safety accidents in tourist recreation and entertainment spots, prevent and control natural disasters, and pay more attention to the safety issues in peak seasons.

In 2019, the number of accidents in tourist recreation and entertainment spots declined. Weekends, summer vacations, and other statutory holidays are still the high accident times. East China is the region with high incidence of accidents. The water sports and general activities in amusement parks are those with high risk of accidents. Children and teenagers are more prone to be the targets of injury when accidents occur. Though the number of accidents occur in China's tourist recreation and entertainment spots decreased in 2019, the number of injuries and deaths did not decrease. It is necessary to strengthen safety education for both operators and tourists, formulate safety standards for facilities in tourist recreation and entertainment spots, establish platform for safety accidents in tourist recreation and entertainment spots, prevent and control natural disasters, and pay more attention to the safety issues in peak seasons.

Keywords: Tourism Safety Accidents; Tourist Recreation and Entertainment Spots; Security Situation and Prospect

B. 8   The Security Situation and the Prospect of the Travel
Agency Industry in 2019 −2020

Hou Zhiqiang, Hu Xueping and Cao Mi / 096

Abstract: In 2019, China's travel agency industry continued to develop and the security situation was generally stable. And its main characteristics are as follows: summer vacation and holidays are still the concentrated periods of security accidents in the travel agency industry; potential security issues occur frequently while online travel platforms are unprecedentedly popular; the comprehensive quality and professional ability of tourism practitioners need to be improved; violent demonstrations in Hong Kong have led to an increase in tourism disputes. Also, the types of tourism safety accidents are mainly tourism disputes and tourism quality accidents. Looking forward to 2020, security accidents in the travel agency industry will continue to be dominated by tourism disputes and tourism service quality issues; Online Travel Agency remains the protagonist of security incidents in the travel agency industry; affected by the novel coronavirus, the number of cases of travel refund disputes will increase sharply in 2020. On this basis, in order to further reduce security incidents in the travel agency industry, the tourism supervision department should strengthen the supervision of the tourism market and create a safe tourism environment; tourism agencies should promote online and offline cooperation to protect the legitimate rights and interests of consumers; tourists should raise awareness of safety and precautions and dare to safeguard their rights in the event of injustice; tourism platforms should promote security information technology and build intelligent and personalized platforms.

Keywords: Travel Agency Industry; Security Situation; Trent Prospect

Chapter 2: Safety Incidents

B. 9   Analysis and Prospect of the Natural Disaster Safety
Situation of China's Tourism in 2019 −2020

Ye Xincai, Xu Tianlei / 109

Abstract: Natural disaster is one of the main factors affecting the safety of tourism in China. Based on the analysis of domestic cases of tourism-related natural disasters, it is found that the number of tourism-related natural disasters in 2019 is

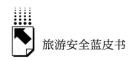
less than that in 2018, but the number of casualties has increased, and the impact of mountain floods on travel safety is more prominent. In 2019, China issued the 'tourism safety practice manual', established the national institute of natural disaster prevention and control, strengthened supervision and management to deal with tourism-related natural disasters, achieved good results. The number of tourism-related natural disasters is expected to decline steadily in 2020, But coronavirus will put a great pressure on travel safety and risk control. This paper suggest that we should strengthen collaboration between departments, increase the use of the intelligent monitoring device, strengthen the tourism safety supervision, and increase awareness of tourists and residents in tourism safety precautions. We should make every effort to prevent and respond to natural disasters involving travel.

Keywords: Tourism-related Natural Disasters; Travel Safety; Epidernic Countermeasures

B. 10　The Situation Analysis and Prospect of Tourism-related
　　　　Accidents in China in 2019 −2020

Wang Xinjian, *Chi Liping* / 122

Abstract: The research adopts case analysis and comparative analysis to analyze 2019 tourism-related accidents in China from the aspects of overall situation, accident characteristics, management progress and situation prospect. Findings are as follows : (1) The overall situation of tourism security continues to improve. Accidents are most frequent from May to August. The eastern China is the peak region. Human factors are the main cause of accidents. (2) China's tourism safety management environment continues to improve; Tourism special rectification efforts continue to enhance; Comprehensive management of tourism safety has been strengthened, and social consensus has gradually taken shape. (3) The self-organized high-risk tourism projects, water tourism projects, outdoor sports safety, and tourism traffic safety are the focus of the tourism safety accidents in 2020. The research proposes that the tourism safety education system of the whole society, the supervision of "no license, no qualification" water sports and the renovation of unqualified tourism organization projects should be strengthened, the compensation rescue mechanism should be improved, and the marketization of outdoor rescue should be promoted.

Keywords: Tourism Accident; Tourism Safety; Relif mechanism

Abstract: In 2019, the overall situation of tourism-related public health security in China was still severe, with an overall trend of aggravation. The numberof food poisoning incidents increased, but the total number of cases decreased, and the event level decreased. The incidence of travel-related infectious diseases increased at a high rate. In the winter, norovirus outbreaked and tourists infected with infectious diseases increased in southeast Asia. At at the end of the year, COVID-19 epidemic occurred in wuhan. The number of travel-related emergencies and cases in 2019 were basically the same as in 2018, but death toll rised. Travel-related public health incidents tended to occur in July, when summer heat and student holidays overlap In 2019, the state strengthened food safety legislation and supervision and assessment of food safety management personnel, and required food manufacturers to strengthen safety knowledge training, while strengthening the direct report of infectious diseases and public health emergencies. The key factors in the grim public health security situation in 2019 were the outbreak of viral infectious diseases, the weak awareness of tourists, and loopholes in supervision and control. Therefore, travel related departments at all levels throughout the country should strengthen safety awareness education and law enforcement supervision and management in 2020; and promote international collaboration on public health in tourism. And we will

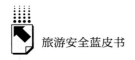

further improve the tourism public health risk prevention and emergency rescue service network.

Keywords：Travel-related Public Health Incidents； Food Poisoning； Infectious Diseases

B. 12　Situation Analysis and Prospect of China's Travel-related Social Security Incidents from 2019 −2020

Zhang Hui，*Dong Qing and Tang Ming* / 147

Abstract：Through the collection of 99 travel-related social security incidents in 2019, this paper USES case analysis to analyze the situation in 2019 and forecasts the trend in 2020. Through research and analysis, it is found that the overall situation is mainly characterized by：the overall situation is alleviated, and the control is still more difficult； The incident occurred in a wide range of areas, and the security prevention and control difficulties increased； Public opinion spread and ferment rapidly, and social attention increased day by day； The responsibilities of government departments are unclear and the division of management is not clear enough. In addition, the events of 2019 are decomposed and coded, the temporal characteristics of events are analyzed from month, quarter and node, and the spatial distribution characteristics are analyzed according to each link of region, province and tourism elements. From the personnel factor, equipment factor, environment factor, management factor involved four aspects analysis brigade social security events cause the main cause of, by combining involved in 2019 social security event analysis of the situation and characteristics of the rules, to wade in 2020 social security event trend prospect, and the journey involved social security events development trends are proposed on the basis of safety drills, improve emergency response capacity； Take the network technology as the carrier, pay attention to the post-recovery mechanism； Take system as the core, build the management suggestion of multi-direction management system.

Chaper 3: Safety Management

Abstract: This paper systematically reviews and analyzes the tourism safety management of all levels of tourism administrative departments in 2019. At the same time, this paper analyzes and looks forward to the tourism safety administration in China in 2020. In 2019, on the basis of the integration of culture and tourism, China's cultural and tourism departments will actively implement the adjustment and integration of tourism safety functions, and promote tourism safety administration around the construction of tourism legal system, supervision and inspection, risk warning, incident response, safety training and other aspects. All kinds of tourism emergencies have been dealt with promptly and effectively. Looking forward to 2020, China should strengthen the construction of tourism safety system after the COVID-19, Increase the publicity of tourism safety image, and actively promote the development of routine tourism safety administration.

Abstract: China's holiday travel safety situation in 2019 is generally stable and good. However, the holiday travel safety incidents of 2019 rises in number

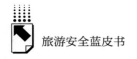

and the influencing factors are complex and diverse, emerging travel safety risk is increasingly prominent, self-help travel safety risk increases, night travel safety issues are highlighted. It presents the feature that accident disaster security subject position clearly, social and public health security impact seriously, business security development tends to be stable, natural disasters are relatively less. The safety and stability of tourism during the 2019 holiday season depends on the combined effects of strong government measures, orderly management of scenic spots and improvement of tourists' quality.

Keywords: Holiday Travel Safety; Accident Charactristics; Mangement mechanism

B. 15 Situation Analysis and Prospects of 2019 −2020 Self-Tourism Safety in China

Zeng Wuying, Zang Ruxin / 182

Abstract: From the investigation and analysis of the security incidents of self-tourism in the whole country in 2019, this paper shows that the number of security incidents and people involved in China's self-tourism in 2019 has increased significantly compared with 2018, and that safety incidents appear in individual differences, unpredictability and diversity of manifestations. Self-tourism will recover rapidly after epidemics of New Coronary Pneumonia stop in 2020, especially leisure tourism by self-driving will recover and continue to develop, so the security situation is still not negligible. Based on above analysis, a series of measures must be taken such as strengthening safety publicity and education to raise safety awareness, strengthening security management of tourist attractions to reduce safety risks, improving tourism security management system to exert institutional governance effectives.

Keywords: Self-tourism; Tourism Security; Safety and Security Situation; Therapeutic effect

B. 16　Situation Analysis and Prospects of 2019 −2020

　　High-Risk Tourism Safety in China　　*Yang Wenqi*, *Zeng Yi* / 195

Abstract: The overall situation of China's high-risk tourism security in 2019 is not optimistic. The number of high-risk tourism safety incidents and accident losses have reached the highest in the past four years. Outdoor adventure and water-based high-risk tourism safety incidents frequently occur, and the security risks of overseas tourism are still significant. New high-risk tourism projects have not been effectively monitored, tourists participating in high-risk tourism generally lack the necessary security awareness and professional competence. Based on the characteristics and rules of China's high-risk tourism security events in 2019, it puts forward the forecast of the trend of expanding the scale of high-risk tourism groups in China and the increase of high-risk tourism products in 2020. At the same time, it also proposes to improve the self-rescue ability of tourists, increase the operating costs of high-risk tourism products, strengthen the early warning of high-risk tourism risks, and establish cross-border &cross-regional tourism rescue cooperation mechanism.

　　Keywords: High-risk Tourism; Tourism Safety; Early Warning System

B. 17　The Development Situation and Prospect of Tourism

　　Insurance in China from 2019 −2020

　　　　　　　　　　Li Yongquan, *Li Rui and Zhang Fan* / 209

Abstract: China's economic operation has remained within a reasonable range, the economic structure has been continuously optimized, and travel insurance has progressed steadily in 2019. At the same time, the integration of cultural tourism and the global tourism strategy has promoted the development of tourism insurance. On the whole, China's travel insurance industry is advancing

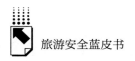
steadily with a good momentum of development in 2019. Based on the summary of the development status and characteristics of the three types of tourism insurance themes for the government, enterprises and tourists in 2019, This paper analyzes the main influencing factors of Chinese travel insurance development in 2019, And in the basis predicts the development trend of Chinese travel insurance in 2019: travel insurance products continue to innovate, international travel insurance cooperation continue to promote steadily under tourism diplomacy, and digital technology promote the transformation and upgrading of travel insurance, tourists' insurance awareness is expected to increase further after the outbreak. Finally, five suggestions and countermeasures about the development of travel insurance are put forward.

Keywords: Tourism Insurance; Insurance Products; Digital Technology

B. 18   Situation Analysis and Prospects of 2019 −2020 Tourism

Safety Early Warning in China

Zhang Shaoping, Luo Jingfeng / 220

Abstract: Based on the relevant information of China's tourism safety early warning in 2019, this paper analyzes its overall situation and existing problems of the year. According to the analysis, some forecasts and proposals of the overall situation in 2020 is put forward. In 2019, China's tourism safety early warning work is generally stable, but there are still the following shortcomings: the construction of the tourism safety early warning mechanism is weak, and it is difficult to meet the inherent needs of high-quality development of the tourism industry; there is a vacuum zone in the tourism safety early warning work, which is difficult to meet the full coverage demand of tourism safety early warning; overseas travel safety early warning work does not appear frequently, and it is difficult to meet the increasingly prominent safety needs of outbound travel. In 2020, we should grasp the opportunity of the times and use 5G technology to realize the intelligent tourism safety early warning; establish a nighttime tourism safety early warning mechanism to ensure the good and fast development of nighttime tourism; analyze the inherent requirements of global tourism safety, and innovatively explore the global tourism safety early warning model; attach great importance to the frequent epidemic situation, improve the system of epidemic monitoring and early warning.

Keywords: Tourism Safety; Early Warning; Intelligence

B. 19   Analysis and Prospect of the Security Situation of Chinese Female Tourism in 2019   *Fan Xiangli, Wu Azhen* / 231

Abstract: In 2019, the security situation of female tourists remained stable on the whole, but there were also some bad security incidents of female tourists, such as the rape and murder of the girl from Shenzhen in Huashan, the collapse of the amusement facilities causing the death of 8-year-old girl in the Huangshan Fengda International Hotel, and the sudden death of 71 year old Ms. Wu during the group tour in Inner Mongolia. Safety incidents of female tourists mainly occurs in various types of accidents and disasters, followed by social safety accidents, public health accidents, business safety accidents and natural disasters are relatively few, accidents bring personal safety, property safety and psychological safety to female tourists. Through the case analysis, it is found that although the safety awareness of female tourists in China has been significantly improved, and the emergency response for female tourists has also been significantly improved, but due to the emergence and popularity of new forms of tourism, such as parent-child tourism, outbound self driving tourism, "daka tours", single tourism, there are still major hidden dangers for the safety of female tourists.

Keywords: Female Tourism; Security Incident; New eonomy

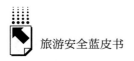

B. 20 　Analysis and Prospect of the Security Situation of Chinese

Highly Aggregated Tourist Crowds in 2019 −2020

Yin Jie , Cheng Yun / 241

Abstract：In recent years, there are lots of accidents of the high aggregated tourist crowds (HATCs) in China. The security situation for HATCs in 2019 is serious. This paper collects 144 accidents of the HATCs through Baidu news and Sina weibo. Then, through statistical analysis, we found that： there are certain time and space characteristics for accidents of the HATCs. October is the peak month for the accidents of the HTACs, February and May followed. National Day Golden week and Spring Festival are the most important periods for the HATCs accidents. The accidents mainly occurred in SiChuan, ShanXi, JiangSu, GuangDong and ZheJiang. In terms of distribution place, historical sites, rivers and lakes, mountains and coastal islands are the main place of the HATCs accidents. Its occurrence link involves the tour, the amusement, the food and beverage and the transportation and so on； the occurrence space joint include popular scenic spots, traffic arteries, entrances and exits, and parking. Personnel, facilities and equipment, environment and management are still the main reasons for accidents of the HATCs. Looking forward to 2020, for the HATCs, it still need to enhance and improve from the following aspects： strengthening personnel safety awareness, improving scenic spot facilities and equipment, strengthening environmental monitoring and forecasting and improving scenic spot management level.

Keywords：HATCs；Spatial and Temporal Characteristics；Management Abllity

B. 21 　Analysis and Prospect of the Safety of China's Study Tour

from 2019 −2020 　　　　*Dong Yile , Lai Feifei and Wu Chun'an* / 254

Abstract：In recent years, with the growing scale of study tourin China, the accidents have been increasing year by year. The overall trend of study toursecurity in

China is mainly manifested in such aspects as diversified types, wide spatial and temporal distribution, various hidden dangers, difficult to prevent, thus the security situation is not so optimistic. A case-analysis method is adopted in this paper to analyze the spatial-temporal distribution, type characteristics and influencing factors of China's study tour safety accidents in 2019 respectively. The paper has found that accidental injuries, facilities and equipment accidents, and disease accidents have accounted for the main types of accidents. Also, there is a certain correlation between the time and space distribution of study tour safety accidents, which reveals itself not only in the higher proportion of study tour safety accidents during the summer vacation and in economically developed areas, but also in the usual combination of various factors, such as the study touradministration department, study tour organizations, and subjects of study tour, that exert influences on the safety of study tour. Based on the outlook for the safety of study tour in China in 2020, the following management suggestions are put forward: to meet market demand, the development of high-quality study tour products should be accelerated; to enhance students' awareness of safety protection, safety education should be popularized and strengthened; to build professional study tour teaching teams, safety training should be provided and promoted; and to build a sound safety management mechanism, efforts should be stepped up in supervising.

Keywords: Study Tour; Spatial-temporal Characteristics; Martet Supervision

B. 22　Tourism Safety Index Report of 2019

Zou Yongguang, Li Qianghong and Guan Zhihui / 265

Abstract: In this paper, the evaluation index system of tourism safety and tourists' sense of safety constructed and verified is used to evaluate the tourism safety status of the tourism destination. The tourism safety index of the sample cities in 2019 is measured and analyzed. The main findings are that: (1) the safety of the sample cities is generally safe. Some cities with low tourism security need urgent attention, and the spatial distribution of tourism security is uneven. (2) From the

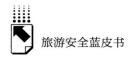
overall sample data, the tourists' safety perception is slightly higher than the tourists' safety expectations and is in a good state; the sample cities tourists' sense of safety perception is slightly higher than tourists' sense of safety expectation, but tourists' sense of safety still needs to be further improved. The spatial distribution of tourists' sense of safety shows a two-level differentiation.

Keywords: Degree of Tourism Safety; Tourists' Sense of Safety; Hot Issues

B. 23　Online Travel Enterprise User Data Security and

　　　　Management　　　　*Li Zhaorui, Zhang Qi and Li Xinjian* / 277

Abstract: With the popularity of mobile Internet, traveling is more and more dependent on online services. However, the security of users' data is becoming more and more serious when online travel services bring convenience. This article lists several recent data leakage events about online travel enterprises and analyzes the internal and external causes of data leakage. The internal reasons include the company's weak security awareness, the existence of "mole" and the lack of data security protection system; and the external reasons include hacking, regulations need to be improved, technological progress and weak public data security awareness. This paper also lists several sensitive personal data types that are easy to be leaked out, and puts some suggestions on data security protection for tourism authorities, online travel enterprises and tourists. Tourism authorities should establish the data security standard regulations and raise public data security awareness through promoting; Online travel enterprises should completely construct safety protection system, timely update technology, and positively strengthen staff training and supervision; Finally, tourists should pay attention to the protection of personal sensitive information and actively report organizations that illegally collect sensitive information.

Keywords: Data Leakage; User Data Security; Tourism Information Security; Online Travel Enterprise

Abstract：In 2019, Beijing's tourism industry has developed steadily. The Beijing Municipal Bureau of culture and Tourism closely adhered to the reality of the institution reform, focused on system construction and source control, and strengthened comprehensive management. The significant achievements have been made in the safety management of Beijing's cultural and tourism industries and the safety situation is generally good. 2020 is the decisive year for completing the building of a moderately prosperous society in all respects, and the connecting year between the 13th and the 14th five year plan. Beijing will continue to gather all efforts of the cultural and tourism system to stick to the bottom line of safety, to ensure the safety and stability of the cultural and tourism fields, and promote the high-quality development of culture and tourism.

Keywords：Tourism Safety Situation; Tourism Emergencies; Beijing

Abstract：Since 2019, the tourism industry in Guizhou has achieved considerable development, and tourism safety production has steadily advanced. The Guizhou Provincial Department of Culture and Tourism has comprehensively promoted tourism safety management through comprehensive measures such as improving the safety production regulations, comprehensively deepening safety governance reforms, strictly regulating safety inspections, strengthening risk source

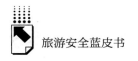
control, actively learning from lessons learned, comprehensive safety education, and all-out efforts to curb accidents jobs. In 2020, Guizhou will focus on the tourism risks caused by the impact of the new crown pneumonia epidemic, and work hard to promote the reform of the safety production governance system, the innovation of safety supervision and law enforcement mechanisms, the improvement of the intelligent production safety supervision platform, risk inspection, safety training, emergency drills and accident responding work, comprehensively, multi-level, and wide-ranging work to strengthen tourism safety production, and vigorously promote the high-quality development of the tourism industry.

Keywords: System Contro; Improve the Plafform; Guizhou

B. 26　Safety Situation Analysis and Prospects of 2019 −2020 Chongqing Tourism　　　　*Fang Linjiang*, *Luo Qi* / 309

Abstract: In 2019, the Chongqing Cultural Tourism System strictly implemented the "Party and Government Responsibility, One Post and Double Responsibilities", strengthened safety management, effectively strengthened the deployment of front-line work, resolutely eliminated the burgeoning of safety hazards, and continuously improved the ability of emergency response, ensuring that Chinese and foreign tourists are squatting. Have fun, swim safely, and behave smoothly. Looking forward to 2020, Chongqing's cultural tourism system will firmly establish and practice new development concepts, highlight key points, fill shortcomings, strengths and weaknesses, and comprehensively improve the overall level of safety management in the cultural tourism industry.

Keywords: Cultural Tourism; Emergency Disposal; Chongqing City

Abstract: The tourism safety environment presented an unstable state due to the fluctuating tourism market in Hong Kong and Macao in 2019. According to statistics, there were 134 tourism safety incidents in Hong Kong and Macao, a significant increase of 43 incidents compared with 2018. The social riots had a great and far-reaching impact on tourism environment, for example the continuous extreme violence caused by the "practice storm" caused serious damage to Hong Kong's tourist destination image. Looking forward to 2020, the Hong Kong and Macao SAR government should strengthen social governance, strengthen cooperation with the mainland to jointly prevent the impact of the new coronary pneumonia epidemic, improve the emergency management mechanism of major natural disasters and social security events, improve infrastructure, and reshape safe and comfortable international tourism destinations.

Keywords: Safety Incident; Emergency Management; Hong Kong; Macau

Abstract: In recent years, the frequent occurrence of tourism security incidents in Taiwan has been reduced the willingness of mainland tourists to visit Taiwan to some extent. Base on the systematic analysis of the characteristics and causes of Taiwan's tourism safety incidents in 2019, and combined with the situation of Taiwan's tourism safety incidents in previous years, this paper finds that: (1) the number of tourism safety incidents and the number of casualties caused by accidents in 2019 are significantly higher than that in the previous year;

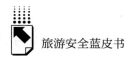

（2）in the types of tourism safety incidents, 51% of them are accidents and disasters, mainly tourism traffic safety incidents; （3）） Most of the tourism security incidents occur in winter, showing obvious seasonal fluctuations; and they are unevenly distributed in space. This paper holds that: （1）although the number of Taiwan's tourism safety incidents will drop off in 2020, part of them are caused by political malice, showing that the main number of tourists to Taiwan will sharply decrease, and then the number of tourism safety casualties will decrease; （2）the types of tourism safety incidents will still be dominated by tourism traffic safety incidents; （3）the prevention and control of public health incidents will be the focus of the whole society. Finally, from the perspective of natural environment, social environment, and tourist management, this paper puts forward some suggestions to create a safe and stable tourist environment for tourists.

Keywords: Willigness of Travel; Seasonal Fluctuations; Taiwan

B. 29　Analysis and Prospect of the Safety Situation of Inbound

　　　　Tourism in 2019 −2020

Wang Yuping, Wu Geng'an and Wang Lu / 346

Abstract: The safety situation for inbound tourism in 2019 is basically stable. In 2019, property loss events significantly reduced in the event type, and the getting lost incidents, disturbing social order incidents, the security incidents caused by unsafe behavior obviously increased. More incidents are taking place in the spring, summer, autumn three season. The area of the incident has narrowed. The incident area is slightly expanded. And the event link is still concentrated in the "line" link. The safety incidents of inbound tourism in 2019 are mainly characterized by a large number of property loss, and frequent occurrence of public health incidents. However, safety assistance is relatively timely. Looking ahead to 2020, the development of China's international exhibition industry, the promotion and implementation of all-for-one tourism, the development of shared accommodation, inbound tourists' mobile payment and 2019-nCoV outbreaks will bring new pressure and challenges to the safety management of inbound tourism.

Keywords: Inbound Tourism; Event Features; Pressure and Opportunity

权威报告·一手数据·特色资源

皮书数据库
ANNUAL REPORT(YEARBOOK) DATABASE

分析解读当下中国发展变迁的高端智库平台

所获荣誉

- 2019年，入围国家新闻出版署数字出版精品遴选推荐计划项目
- 2016年，入选"'十三五'国家重点电子出版物出版规划骨干工程"
- 2015年，荣获"搜索中国正能量 点赞2015""创新中国科技创新奖"
- 2013年，荣获"中国出版政府奖·网络出版物奖"提名奖
- 连续多年荣获中国数字出版博览会"数字出版·优秀品牌"奖

成为会员

通过网址www.pishu.com.cn访问皮书数据库网站或下载皮书数据库APP，进行手机号码验证或邮箱验证即可成为皮书数据库会员。

会员福利

- 已注册用户购书后可免费获赠100元皮书数据库充值卡。刮开充值卡涂层获取充值密码，登录并进入"会员中心"—"在线充值"—"充值卡充值"，充值成功即可购买和查看数据库内容。
- 会员福利最终解释权归社会科学文献出版社所有。

社会科学文献出版社 皮书系列
SOCIAL SCIENCES ACADEMIC PRESS (CHINA)
卡号：674445959115
密码：

数据库服务热线：400-008-6695
数据库服务QQ：2475522410
数据库服务邮箱：database@ssap.cn
图书销售热线：010-59367070/7028
图书服务QQ：1265056568
图书服务邮箱：duzhe@ssap.cn

中国社会发展数据库（下设 12 个子库）

    整合国内外中国社会发展研究成果，汇聚独家统计数据、深度分析报告，涉及社会、人口、政治、教育、法律等 12 个领域，为了解中国社会发展动态、跟踪社会核心热点、分析社会发展趋势提供一站式资源搜索和数据服务。

中国经济发展数据库（下设 12 个子库）

    围绕国内外中国经济发展主题研究报告、学术资讯、基础数据等资料构建，内容涵盖宏观经济、农业经济、工业经济、产业经济等 12 个重点经济领域，为实时掌控经济运行态势、把握经济发展规律、洞察经济形势、进行经济决策提供参考和依据。

中国行业发展数据库（下设 17 个子库）

    以中国国民经济行业分类为依据，覆盖金融业、旅游、医疗卫生、交通运输、能源矿产等 100 多个行业，跟踪分析国民经济相关行业市场运行状况和政策导向，汇集行业发展前沿资讯，为投资、从业及各种经济决策提供理论基础和实践指导。

中国区域发展数据库（下设 6 个子库）

    对中国特定区域内的经济、社会、文化等领域现状与发展情况进行深度分析和预测，研究层级至县及县以下行政区，涉及地区、区域经济体、城市、农村等不同维度，为地方经济社会宏观态势研究、发展经验研究、案例分析提供数据服务。

中国文化传媒数据库（下设 18 个子库）

    汇聚文化传媒领域专家观点、热点资讯，梳理国内外中国文化发展相关学术研究成果、一手统计数据，涵盖文化产业、新闻传播、电影娱乐、文学艺术、群众文化等 18 个重点研究领域。为文化传媒研究提供相关数据、研究报告和综合分析服务。

世界经济与国际关系数据库（下设 6 个子库）

    立足"皮书系列"世界经济、国际关系相关学术资源，整合世界经济、国际政治、世界文化与科技、全球性问题、国际组织与国际法、区域研究 6 大领域研究成果，为世界经济与国际关系研究提供全方位数据分析，为决策和形势研判提供参考。

法律声明

"皮书系列"（含蓝皮书、绿皮书、黄皮书）之品牌由社会科学文献出版社最早使用并持续至今，现已被中国图书市场所熟知。"皮书系列"的相关商标已在中华人民共和国国家工商行政管理总局商标局注册，如 LOGO（▮）、皮书、Pishu、经济蓝皮书、社会蓝皮书等。"皮书系列"图书的注册商标专用权及封面设计、版式设计的著作权均为社会科学文献出版社所有。未经社会科学文献出版社书面授权许可，任何使用与"皮书系列"图书注册商标、封面设计、版式设计相同或者近似的文字、图形或其组合的行为均系侵权行为。

经作者授权，本书的专有出版权及信息网络传播权等为社会科学文献出版社享有。未经社会科学文献出版社书面授权许可，任何就本书内容的复制、发行或以数字形式进行网络传播的行为均系侵权行为。

社会科学文献出版社将通过法律途径追究上述侵权行为的法律责任，维护自身合法权益。

欢迎社会各界人士对侵犯社会科学文献出版社上述权利的侵权行为进行举报。电话：010-59367121，电子邮箱：fawubu@ssap.cn。

社会科学文献出版社